LOS BIENES PÚBLICOS

INSTITUTO INTERNACIONAL
DE DERECHO ADMINISTRATIVO -IIDA

COLECCIÓN DE DERECHO
ADMINISTRATIVO COMPARADO

LIBARDO RODRÍGUEZ RODRÍGUEZ
(Director)

INSTITUTO INTERNACIONAL
DE DERECHO ADMINISTRATIVO -IIDA

COLECCIÓN DE DERECHO
ADMINISTRATIVO COMPARADO

LIBARDO RODRÍGUEZ R.
(Director)

VOLUMEN VII

LOS BIENES PÚBLICOS

FERNANDO LÓPEZ RAMÓN
(Coordinador)

Volumen en homenaje al profesor
JUAN PABLO CAJARVILLE PELUFFO

TEMIS

EDITORIAL TEMIS S. A.
Bogotá - Colombia
2023

978-958-35-2055-6 (impreso)
3211 2023020625
978-958-35-2056-3 (e-book)

Impreso por: Lightning Source, an INGRAM Content company para Editorial Jurídica Venezolana International Inc. Panamá, República de Panamá.
Email: editorialjuridicainternational@gmail.com

PRESENTACIÓN

El Instituto Internacional de Derecho Administrativo - IIDA (www.iida-deradm.com) es una institución sin ánimo de lucro, de carácter académico y científico, que tiene como objeto el fomento y la promoción de la ciencia del derecho administrativo en los diferentes países y en el marco de la comunidad internacional, para lo cual desarrolla actividades tendientes al cumplimiento de los siguientes objetivos específicos:

a) Promover el estudio, la investigación, la profundización y el conocimiento de las diversas expresiones del derecho administrativo en los diferentes países y desde la perspectiva del derecho comparado.

b) Propiciar la reflexión, el debate, el diálogo y el intercambio de ideas y experiencias entre sus miembros y entre ellos y otras personas u organizaciones interesadas en los temas propios del derecho administrativo.

c) Fomentar y fortalecer la docencia, la investigación, la divulgación y el desarrollo del derecho administrativo en los diferentes países.

d) Las demás que sean conducentes para el logro del objetivo general.

En cumplimiento de esos objetivos, el Instituto tiene la satisfacción de entregar a la comunidad jurídica la Colección de Derecho Administrativo Comparado, cuyo propósito es publicar obras colectivas sobre temas básicos y actuales del derecho administrativo, que permitan, con fundamento en trabajos nacionales que desarrollen el respectivo tema desde la perspectiva de cada país, acometer un análisis de derecho comparado que contribuya al mejor conocimiento y comprensión de esos temas.

Para lograr ese cometido comparatista, el contenido de cada uno de los trabajos, en general, se circunscribe a los elementos conceptuales, doctrinales, normativos y jurisprudenciales vigentes en el respectivo país, sin perjuicio de las referencias necesarias a la doctrina, la normativa y la jurisprudencia de otros ordenamientos jurídicos nacionales o internacionales que sean indispensables para la comprensión del propio ordenamiento nacional. Sobre esa base, el Coordinador del Volumen respectivo diseña algunas pautas que permitan responder los interrogantes básicos que plantea el tema analizado y que faciliten el análisis comparativo, los cuales deben ser respondidos por los autores, sin perjuicio de los demás análisis que ellos quieran incluir en el desarrollo del trabajo.

A su vez, con fundamento en los trabajos de los diferentes países, el Coordinador de cada volumen tiene a su cargo la elaboración de un documento de análisis comparativo del tema al cual está dedicado el volumen respectivo.

En ese orden de ideas, el Volumen VII de la Colección, que hoy publicamos, está consagrado al estudio de *Los bienes públicos*, con el objetivo de que los estudiantes, especialistas y lectores en general puedan tener una visión global y comparada de este tema que, como se sabe, constituye uno de los más importantes del derecho administrativo.

En este Volumen han participado académicos de diez países, miembros del Instituto, cuyas ponencias se publican en orden alfabético de los países, junto con la traducción al español de la ponencia correspondiente a Francia, cuya versión original fue redactada en la lengua materna de su autor. La coordinación del Volumen y el trabajo final de derecho comparado entre las diez ponencias nacionales ha estado a cargo del profesor español Fernando LÓPEZ RAMÓN, miembro del Instituto.

De otra parte, este volumen está dedicado a la memoria del ilustre administrativista uruguayo y miembro del Instituto JUAN PABLO CAJARVILLE PELUFFO, de quien se incluye una semblanza a continuación de esta presentación, redactada por el profesor CARLOS E. DELPIAZZO, igualmente colega del Instituto.

Finalmente, la dirección de la Colección agradece a los autores, a la traductora y al coordinador el importante y generoso aporte realizado para la publicación de este volumen, que contribuye positivamente al cumplimiento de los objetivos del Instituto. De igual manera, agradece a la Editorial Temis por hacer posible la publicación de estos trabajos académicos.

LIBARDO RODRÍGUEZ RODRÍGUEZ
Presidente del IIDA y Director de la Colección

Profesor Juan Pablo Cajarville Peluffo

SEMBLANZA

I

A la edad de 83 años, falleció en Montevideo el 5 de junio de 2022 el Profesor Juan Pablo Cajarville Peluffo, maestro de muchas generaciones de estudiantes y administrativistas del Uruguay y del exterior.

Había nacido en esta misma ciudad el 5 de febrero de 1939 y obtenido su título de Doctor en Derecho y Ciencias Sociales en la Facultad de Derecho de la Universidad Mayor de la República el 2 de diciembre de 1971.

Su desaparición física fulminante e inesperada hace que cueste enormemente dimensionar la trascendencia de no tenerlo más entre nosotros ya que continuaba siendo una referencia para todos. Menos de un mes antes de su partida, el 12 de mayo había presidido el solemne acto académico en el que se presentó la actualización del "Tratado de Derecho Administrativo" de Enrique Sayagués Laso que encaramos con la Profesora Cristina Vázquez y con la colaboración de los Profesores Natalia Veloso Giribaldi y Gabriel Delpiazzo Antón. En esa oportunidad produjo una brillante exposición, que nunca imaginamos que se convertiría en un discurso de despedida.

II

Desde el punto de vista académico, Juan Pablo Cajarville ingresó a la docencia del Derecho Administrativo como Ayudante de Clase en 1972, fue designado Profesor Adjunto en 1975, Profesor Agregado en 1981 y Profesor Titular en 1987. Con relación a su carrera docente, hay dos hitos que merecen especial destaque.

Por un lado, en lo que seguramente constituye un episodio único en los anales de la Facultad de Derecho, tras ser contratado como Profesor Adjunto el 9 de diciembre de 1975, ante la aprobación de un Reglamento para la formación de Aspirantes a Profesores Adscriptos, resolvió ajustarse al mismo y reiniciar su periplo docente desde abajo y así formalmente, por propio decisión, comenzó su Aspirantía cuando ya era Profesor, obteniendo al cabo del cumplimiento de todos los requisitos previstos, el grado académico de Profesor Adscripto el 22 de agosto de 1978, al aprobarse su excelente monografía sobre "La ley Nacional de Electricidad".

Por otro lado, es inexcusable referir a su carta de renuncia a la Cátedra de Derecho Administrativo fechada el 13 de febrero de 2008. En ella, con dolor, luego de décadas de docencia y participación en los órganos de gobierno universitario, puso de manifiesto la importancia de la relación entre Profesor y alumno en el fermental proceso de enseñanza aprendizaje y señaló la preocupación por su deterioro. Escribió: "Entonces ya no puede verse la docencia como una actividad intelectualmente estimulante y enriquecedora sino al contrario, como un tiempo sustraído a tantos otros estudios que quisiera emprender y a algunos trabajos que quisiera escribir".

Cumplió su palabra al concretar obras de la importancia de multiplicidad de trabajos de alta calidad y sus libros (con varias ediciones) sobre "Procedimiento Administrativo", "Recursos Administrativos" y "Sobre Derecho Administrativo (3 tomos).

El Instituto Uruguayo de Derecho Administrativo lo homenajeó con la publicación en julio de 2011 de un importante volumen de Estudios Jurídicos en el que participaron más de 60 Profesores del país y del mundo.

Aunque tardíamente, en mayo de 2018 fue reconocido por la autoridad universitaria como Profesor Emérito, distinción que la Universidad Mayor de la República sólo asigna excepcionalmente a quienes han acreditado méritos sobresalientes en su trayectoria académica.

A esa altura, el prestigio de Juan Pablo Cajarville excedía las fronteras de nuestra patria. Era referencia para las más prestigiosas Universidades y fue miembro destacado de la Asociación de Derecho Público del Mercosur, del Foro Iberoamericano de Derecho Administrativo y del Instituto Internacional de Derecho Administrativo entre muchas otras instituciones que hoy lloran su pérdida.

III

Paralelamente a su actividad docente y de investigación, Juan Pablo Cajarville ejerció intensamente la profesión de Abogado y se destacó como servidor público ejemplar.

En el ámbito nacional, desde antes de graduarse se desempeñó como Procurador del Banco de la República Oriental del Uruguay primero y del Banco Central del Uruguay desde su creación en la Constitución Nacional de 1967, ascendiendo luego al cargo de Abogado Asesor de dicha institución, cargo que desempeñó desde el 15 de agosto de 1979 hasta el 5 de febrero de 1999, en que renunció para jubilarse de la función pública.

Además, entre 1995 y 1999 se desempeñó como asesor en materia legislativa de la Presidencia de la Asamblea General del Poder Legislativo y del Senado.

En el ámbito internacional, fue miembro del Tribunal Arbitral de la Comisión Técnico Mixta de Salto Grande (organismo internacional uruguayo argentino) y también del Tribunal Administrativo del Fondo Financiero para el Desarrollo de la

Cuenca del Plata (FONPLATA, que reúne a Uruguay, Argentina, Brasil, Paraguay y Bolivia).

IV

Esta apretada reseña de la vida y trayectoria de Juan Pablo Cajarville no sería completa si no hiciera referencia a su vocación por la familia y la amistad.

En tal sentido, fue protagonista de un matrimonio ejemplar con Cora Sanz, del que nacieron sus hijas Cecilia e Irene que prolongaron luego la familia ampliándola a los nietos que tanto amó.

Su culto por la amistad fue mucho más allá del mundo del Derecho, siendo alguien presente en las buenas y en las malas de quienes le rodeábamos. En estos últimos años, ya retirado, disfrutaba de compartir largas charlas muchas veces ajenas a lo jurídico.

V

Sin duda, Juan Pablo Cajarville fue un jurista destacado que no concibió la enseñanza separada de la investigación y de la activa participación en el gobierno universitario pero, por sobre todo, fue un hombre bueno que hizo de la familia el centro de su vida. Por eso, la enfermedad de Cora, su querida esposa y el fallecimiento de esta el 10 de mayo de 2021, menoscabaron su ilusión de vivir. No se concebía sin ella. Ambos estarán ahora disfrutando del reencuentro para siempre.

Mientras tanto, la escuela administrativista uruguaya queda huérfana y el Derecho Administrativo iberoamericano se ve privado de uno de sus centros luminosos.

El desafío que deja su ausencia es procurar mantener el nivel científico y la categoría humana y ética de quien se ha marchado con la misma sencillez con la que vivió.

CARLOS E. DELPIAZZO
Profesor Emérito de la Facultad de Derecho
De la Universidad Mayor de la República

ÍNDICE GENERAL

CHILE

EL RÉGIMEN JURÍDICO DE LOS BIENES PÚBLICOS EN CHILE

Alejandro Vergara Blanco

COLOMBIA

LOS BIENES PÚBLICOS EN COLOMBIA

RAMIRO SAAVEDRA BECERRA

PÁG.

COSTA RICA

RÉGIMEN JURÍDICO DEL DOMINIO PÚBLICO EN COSTA RICA

ERNESTO JINESTA L.

SECCIÓN I. FORMACIÓN Y EVOLUCIÓN DEL DOMINIO PÚBLICO CONSTITUCIONAL

SECCIÓN II. DESARROLLO LEGISLATIVO SECTORIAL DEL DOMINIO PÚBLICO CONSTITUCIONAL

Sección III. Desarrollo legislativo del dominio público de configuración legislativa

ECUADOR

LOS BIENES PÚBLICOS EN ECUADOR

Efraín Pérez

PÁG.

ESPAÑA

RÉGIMEN DE LOS BIENES PÚBLICOS EN ESPAÑA

FERNANDO LÓPEZ RAMÓN

ESTADOS UNIDOS Y PUERTO RICO

BIENES PÚBLICOS EN ESTADOS UNIDOS Y EN PUERTO RICO

Javier A. Echevarría Vargas

FRANCIA

LES BIENS PUBLICS DE L'ETAT

JACQUELINE MORAND-DEVILLER

I. CATÉGORIES

II. TITRES ET SOURCES RÉGLEMENTAIRES

III. ORGANISATION

IV. PRÉROGATIVES

V. DOMAINE PRIVÉ

VI. DOMAINE PUBLIC

VII. DOMAINE COLLECTIF

LOS BIENES PÚBLICOS DEL ESTADO

JACQUELINE MORAND-DEVILLER

I. CATEGORÍAS

PÁG.

II. TITULARES Y FUENTES REGULADORAS

III. ORGANIZACIÓN

IV. PRERROGATIVAS

URUGUAY

BIENES PÚBLICOS EN URUGUAY

Carlos E. Delpiazzo

VENEZUELA

LOS BIENES PÚBLICOS EN VENEZUELA

Víctor Rafael Hernández-Mendible

ESTUDIO DE DERECHO COMPARADO

EVOLUCIÓN DEL RÉGIMEN DE LOS BIENES PÚBLICOS EN EUROPA Y LATINOAMÉRICA

FERNANDO LÓPEZ RAMÓN

CHILE

EL RÉGIMEN JURÍDICO DE LOS BIENES PÚBLICOS EN CHILE

Alejandro Vergara Blanco*

Abordo en este trabajo, de partida, el estatuto jurídico de los bienes públicos, ocupándome del cambio de panorama a partir de la Constitución de 1980, que en su artículo 19 numeral 23 incorpora una *summa divisio* de los bienes. Me refiero, en seguida, a la actual tendencia legislativa en materia de bienes públicos y recursos naturales de alta significación social, sin dejar de lado el desarrollo doctrinario en este ámbito. A partir de este esquema se podrá comprender, ante la Constitución, las posibilidades de adquisición del dominio, o de derechos reales, respecto de estos bienes, y el papel que le corresponde tanto a la Administración del Estado, en su cometido de ordenación, como a los particulares. A continuación, ofrezco un análisis de la afectación de los bienes a la categoría de públicos y desarrollo el tema de la naturaleza jurídica de aquellos terrenos que aun estando inscritos a favor de particulares han permanecido abiertos ostensible y pacíficamente al uso público, como caminos públicos, durante tiempos prolongados o inmemoriales. Finalmente, a bordo de manera breve las dificultades de las autoridades administrativas para probar la naturaleza pública de ciertos bienes dada, entre otras cosas, la inexistencia de un sistema registral de bienes públicos en Chile[1].

1. Estatuto jurídico de los bienes públicos: titulares y fuentes reguladoras

Hoy la propiedad, en su acepción constitucional (art. 19 num. 24 CPR) es más bien una garantía: la titularidad protegida[2]. Es una suprainstitución; y su relación con la expresión "dominio" no siempre es de sinonimia. Si nos centramos en la propiedad raíz, y observamos su estatuto histórico-jurídico, veremos que este ha tenido una evolución marcada por dos grandes sistemas

* Profesor titular de Derecho Administrativo Pontificia Universidad Católica de Chile.

[1] Este trabajo sintetiza los desarrollos anteriores del autor, para lo cual he contado con la ayuda de Tomás Verluys Vergara, ayudante de investigación del Programa de Derecho Administrativo Económico de la Facultad de Derecho de la Pontificia Universidad Católica de Chile, de lo cual estoy agradecido. Trabajo entregado en julio de 2022.

[2] *Vid.* A. Guzmán Brito (1995), págs. 235 y ss.

opuestos: por una parte, lo que se ha llamado la "propiedad simultánea", que habría regido en los derechos europeos desde el siglo X hasta fines del siglo XVIII y, por otra, la "propiedad exclusiva", impuesta a partir de la Revolución francesa, utilizando para ello elementos (más o menos renovados o deformados) del derecho romano[3]. No podemos olvidar que la raíz de la codificación civil chilena (en donde se reguló por vez primera de modo sistemático la propiedad de las cosas y bienes) descansa en la francesa, llevada adelante en ese modelo de lo exclusivo; de ese modo se extendió a todo el territorio nacional el estatuto de la propiedad[4]. Si bien el Código Civil estableció una regulación básica, la propiedad se ha reconfigurado de distintos modos, dada su constitucionalización, que devino más intensa a partir de 1967, regulaciones constitucionales que no solo consagraron la usual inviolabilidad sino vinieron a alterar su estatuto íntegro[5].

Pero la realidad es más amplia, y junto a esos bienes tradicionalmente resguardados por la titularidad propietaria, descubrimos otros recursos (por ejemplo, las minas, las aguas) y bienes (de uso público), los cuales originan una dualidad en el derecho general de los bienes, que podemos llamar *publicatio/apropriatio*, en que las titularidades estatales y posibilidades de acceso de particulares han recibido un rediseño a partir de la Constitución Política (CPR) de 1980.

A) *Bienes, recursos naturales y de uso público*

No obstante, la realidad de las cosas de este mundo nos muestra que no solo son regulables y reguladas por las legislaciones aquellas cosas susceptibles de propiedad, sino también aquellas otras que quedan fuera de su alcance, como las cosas que llamamos "recursos naturales" (aguas, minas) y aquellas abiertas al uso público (calles, plazas), todas las cuales tienen una importante interrelación.

Muy lejos de intentar un estudio profundo de esta situación, en este momento se ofrece un sencillo esquema sobre la regulación básica de las cosas ante la actual Constitución Política (CPR) de 1980; esto es, del modo en que la Constitución de 1980 ha clasificado las cosas, ya sea que las consideremos como bienes (desde la perspectiva del derecho civil) o como recursos naturales o de uso común (desde la perspectiva de las especialidades respectivas: aguas, minas, calles, plazas, por ejemplo), y la estructura de su dominio. A partir de este esquema podremos comprender, ante la Constitución Política, las posibi-

[3] *Vid.* A. Patault (1989), pág. 129.

[4] E. Barros (2001), pág. 29.

[5] *Vid.*, por todos, los trabajos de E. Evans de la Cuadra (1967) y E. Brahm (1994), E. Brahm (1996), págs. 7-12 y E. Brahm (1999).

lidades de adquisición del dominio, o de derechos reales, respecto de ellas, y el papel que le corresponde tanto al Estado (como regulador/legislador o como administrador) como a los particulares (ya sea las personas naturales o las personas jurídicas privadas o públicas que en este caso han de actuar como tales: es el caso del fisco, los gobiernos regionales y las municipalidades, y otras personas jurídicas de derecho público, con estatutos especiales).

A partir de la delimitación indicada, quedan fuera de este análisis el contenido de la propiedad civil, su inviolabilidad u otros análisis relativos al papel de la misma como titularidad de otros derechos (que llamo la "propietarización de los derechos"[6]), por la vía de considerarlos bienes incorporales[7]. Me centraré en ofrecer el esquema indicado.

B) *La bipolaridad publicatio/apropriatio*

Los bienes, el dominio y su adquisición es un tema que, a primera vista, pareciera que solo cabe analizarlo desde la perspectiva del derecho civil; pero resulta que solo aquellos que son susceptibles de propiedad son regulados por esa parcela del derecho. El sector jurídico de la realidad que abarca el derecho civil en relación a las cosas, para distinguirla de su bipolaridad, es aquel que llamo de la *apropriatio*.

La disciplina que, entre otros aspectos, estudia y sistematiza las relaciones de los particulares con las cosas es el derecho civil, que siempre ha visto reducido su análisis a aquellos bienes que han quedado situados por el ordenamiento jurídico en el gran sector de los bienes "apropiables", esto es, susceptibles de apropiación, de hacerlos propios; susceptibles, en definitiva, de propiedad. Y tal propiedad puede ser adquirida por los modos normales que disciplina el derecho civil para las relaciones *inter privatos*: transferencias (compraventas), prescripción, previa ocupación o posesión más un plazo. Así, los particulares libremente van transfiriendo los bienes de propietario (re)conocido; o los particulares van, en su caso, ocupando, poseyendo y prescribiendo aquellos otros de propietario (des)conocido (o que se le desea desconocer su titularidad). Ese es el gran sector de los bienes que podemos llamar de la *apropriatio*, o sea de todos aquellos bienes que el régimen jurídico permite a los particulares apropiar(se): ya sea directamente (mediante un título histórico que hoy ha devenido legítimo por su inscripción registral incluso) o traslativamente (por medio de la transferencia o adquisición a quien ostentaba previamente la titularidad respectiva). Y este sector de la *apropriatio* es el sector de las cosas regulado por el derecho civil.

[6] *Vid.* A. Vergara Blanco (1991).

[7] *Vid.*, entre otros, desde diferentes perspectivas: Guzmán (1995); E. Aldunate Lizana y J. Fuentes Olmos (1998); H. Castellón Venegas y L. Rebolledo Contreras (1999).

De frente, y como una bipolaridad, esto es, contraponiendo naturaleza jurídica, principios e instituciones cardinales, podemos situar el sector de los bienes que han sido publificados, esto es, el sector de la *publicatio*. El sector al que han quedado relegadas las demás cosas no susceptibles de ser apropiadas por los particulares es el que llamamos de la *publicatio*: es un sector jurídico en el que se sitúan las cosas y bienes publificados, que no son susceptibles de propiedad. Usualmente son recursos naturales y bienes abiertos al uso público, de especial significación social. La doctrina y las legislaciones a estos últimos bienes les llaman de diversos modos: dominio público, bienes públicos, o (como es el caso chileno desde el Código Civil de 1857), "bienes nacionales de uso público"[8]. Pero, en todo caso, todos percibimos la existencia de esta dualidad de regímenes, en especial de estos bienes o cosas publificadas. A estos bienes publificados se le suele asignar características de la propiedad, previos algunos "retoques"; así, se dice, por ejemplo, que constituirían unas "propiedades especiales"; o se predica de tales cosas, para distinguirlas por oposición, de la propiedad, su: (in)alienabilidad, su (in)embargabilidad, su (im)prescriptibilidad[9].

Esta bipolaridad está incorporada a nuestro derecho desde sus inicios del siglo XIX, pero a partir de la Constitución de 1980 adquirió una nueva estructuración, en especial en cuanto a la regulación estatal y a las posibilidades de que tal ente pueda ostentar titularidades especiales. A ello se refiere el esquema de trabajo que se ofrece a continuación.

C) *Reserva de bienes públicos y acceso al dominio de los bienes*

Estos dos ámbitos jurídicos que llamo *apropriatio* y *publicatio*, en cuanto a su contenido, deben ser establecidos por las leyes, de acuerdo con un mandato constitucional hoy existente. En palabras breves, veremos que de acuerdo con el actual texto del artículo 19 numeral 23 de la Constitución, podemos decir que "todas las personas" tienen garantizado por la Constitución Política que el legislador no impedirá la adquisición de "toda clase" de bienes o cosas, salvo que, en casos calificados, hayan sido declaradas *res communis omnium* o *res publica* (esto es, en este segundo caso, pertenezcan a la Nación toda). Así, se ha establecido por la Constitución una "reserva nacional" de cosas o bienes; esto es, una efectiva posibilidad de que el legislador (actuando con un quórum calificado) pueda reservar ciertas categorías de bienes (o, masas

[8] Antes, el art. 118 de la ley de municipalidades de 1854 les llamó "bienes de uso común de los habitantes".

[9] No es objetivo actual introducir elementos sobre la naturaleza jurídica de este sector de la *publicatio*, sino, como se verá, ofrecer un esquema básico de la manera en que lo estructuró la Constitución de 1980.

de bienes) a la "Nación toda", esto es, establecer bienes públicos. Al mismo tiempo, se ha dejado en esa misma condición de reserva o inapropiabilidad privada, a los bienes que la naturaleza ha hecho comunes a todos los hombres.

Con el objetivo de identificar claramente el ámbito de esa garantía, desarrollaré el contenido de esta *summa divisio* establecida en la Constitución.

D) *La "summa divisio" de los bienes en el derecho positivo chileno*

Esta *summa divisio* está incorporada en una disposición constitucional que limita el régimen legal a que pueden ser sometidas las cosas o los bienes (es la novedosa disposición del artículo 19 numeral 23 de la Constitución de 1980), que reconfigura el ordenamiento jurídico chileno a este respecto.

A partir de los términos del artículo 19 numeral 23 se precisa una antigua clasificación, describiendo ahora el texto constitucional las posibilidades de acceso de los particulares al dominio de los bienes[10] y, de paso, dejando claramente eliminadas las posibilidades de que el Estado pueda llegar a ostentar un papel de titular de los bienes no privados. Así, según veremos (dejando de lado los bienes comunes a todos los hombres) las cosas: o son públicas (nunca estatales, a raíz de la clara contraposición Estado/Nación que articula la Constitución en esta materia) o son privadas.

A la dualidad público/privado (*publicatio/apropriatio*), que hemos reseñado (y que es la que tiene una real operatividad práctica), la Constitución ha antepuesto las *res communis omnium*; por lo que la clasificación de las cosas que resulta en la CPR[11] es la siguiente: los bienes comunes a todos los hombres (1), los públicos (2) y, en fin, los privados (3).

a) *Los bienes comunes a todos los hombres.* Usualmente se considera en tal categoría al aire (no el espacio geográfico) y el alta mar (y la estratosfera). El régimen de estos bienes es de la no apropiabilidad. Son los llamados bienes "libres". Su régimen jurídico consiste precisamente en su no-regulación. Salvo casos muy excepcionales, cercanos a su regulación, como la contaminación del aire (cercano al "medio ambiente libre de contaminación", a la "preservación de la naturaleza" o a la "protección del medio ambiente", art. 19 num. 8 CPR —o Constitución— al "patrimonio ambiental", art. 19 num. 24 inc. 2º *in fine* CPR).

[10] Con razón, ALDUNATE y FUENTES (1997), pág. 217, creen ver en esta disposición no la descripción de un derecho subjetivo, sino una limitación al legislador en el modo que ha de configurar el acceso al dominio.

[11] En relación con esta clasificación, es expresivo el siguiente texto de EVANS DE LA CUADRA (1999), al señalar que "no son susceptibles de apropiación y de dominio privado: a) los bienes que la naturaleza ha hecho comunes a todos los hombres, como el aire, la atmósfera; b) los que una ley declare que deban pertenecer a la nación, como calles, caminos...; c) los que tengan dueño fijado en la Constitución, como las minas que pertenecen al Estado (art. 19 num. 24 inc. 6º)".

b) *Los bienes públicos o nacionales de uso público.* En una situación claramente definida han quedado los bienes públicos o nacionales de uso público (como los identifica el art. 589 del Código Civil) o "que deban pertenecer a la Nación toda" (en los términos del art. 19 num. 23 CPR), concepto este cercano a "pueblo", en quien reside la soberanía (art. 5° inc. 1° CPR), pero que por eso mismo lo aleja de cualquier titularidad estatal. Por lo tanto, estos bienes que deban pertenecer a la "Nación toda" no corresponden ni pertenecen al Estado, ni a alguno de sus órganos. Debe recordarse que el Estado es un concepto al que la propia Constitución le da expresamente un contenido diferente a "Nación" (*vid.* arts. 6° y 7° CPR); aclaración esta que podrá parecer trivial desde el punto de vista de la ciencia política, en que estos conceptos son claramente distinguibles, pero que en el habla común suele confundirse o teñirse de confusiones, lo que hacen al tema algo ambiguo; así, se suele decir que existirían bienes "nacionales del Estado", como si decir que un bien "es" de la Nación fuese lo mismo que decir que un bien "es" del Estado[12].

Son bienes públicos los que denomina la legislación como "bienes nacionales de uso público", como las "calles, plazas, puentes y caminos", según los ejemplos que da el artículo 589 inciso 2° del Código Civil; o las aguas (art. 6 Código de Aguas, en adelante, "CA"); o los álveos o lechos de ríos o lagos (art. 30 CA), el mar adyacente (C. C., art. 593), entre otros. La propia Constitución menciona algunos ejemplos de esta clase de bienes, reconociendo su existencia y aspectos de su régimen; así, al referirse el artículo 19 numeral 13 inciso 2° a las "plazas, calles, y demás lugares de uso público".

Algunos rasgos del régimen de estos bienes emanan de varias menciones de la propia Constitución:

(i) *Su uso público.* Por ejemplo, el artículo 19 numeral 13 del inciso 2° de la Constitución al referirse a *"plazas, calles y demás lugares de uso público"* está remarcando no solo su condición de bienes abiertos al "uso público", sino, además, al mismo tiempo, que este uso "público" implica falta de apropiación, de dominio.

(ii) *Inapropiabilidad.* De acuerdo con el artículo 19 numeral 23 del inciso 1° de la Constitución, los bienes que deban pertenecer a la Nación toda (en los casos en que "la ley lo declare así": esto es, quede afecta toda una clase o

[12] *Vid.* E. SILVA CIMMA (1969), en un texto antiguo cree ver en la expresión "bienes del Estado" una genérica referencia a bienes nacionales y fiscales; incluso denominando a los nacionales de uso público como "dominio administrativo del Estado". El mismo autor (1995), pág. 271, en un texto posterior a la CPR 1980, al referirse a estos bienes que "pertenecen a la nación toda", señala que constituyen lo que él llama "dominio público del Estado"; concepto claramente ambivalente y erróneo a la luz de las fuentes vigentes, pero que se atempera en el texto de tal autor cuando señala correctamente que la relación del Estado con estos bienes es de "tuición, guarda y administración" (pág. 273).

categoría de bienes a tal *publicatio*) no pueden ser adquiridos en dominio por las personas (naturales o jurídicas, de derecho privado o público); ley esta que debe ser de quórum calificado (inc. 2º), y solo respecto de "algunos" bienes, pues la regla general para "toda clase de bienes" es la libertad de adquirir, como fluye de esta disposición constitucional. Por lo tanto, este de los bienes nacionales o públicos es un régimen de "excepción", para "algunos bienes", como dice la propia Constitución, y la regla general es la libertad para adquirir "toda clase de bienes"[13].

Y esta inapropiabilidad o impedimento general para adquirir rige no solo para todo tipo de personas, naturales o jurídicas (particulares) y otras personas de derecho público (como el Estado/fisco, los gobiernos regionales y las municipalidades, que actúan en materia de bienes igual que los "particulares"), sino que también para el propio Estado, en ese sentido genérico que los anteriores textos constitucionales lo han entendido. Por lo que, a partir de la vigencia de la Constitución de 1980, el Estado (sin más, como aparece en el art. 19 num. 24 inc. 6º CPR en el caso de las minas) no es una "entidad" habilitada para ser titular, en bloque, de bienes o categorías de bienes de alto interés social; solo la "Nación toda" podrá serlo.

Y, en este caso, la única excepción válida es la contenida en la propia Constitución (lo que prueba la regla), en el caso de las minas[14].

(iii) *Inenajenabilidad.* La inenajenabilidad, o inalienabilidad, de los bienes públicos surge del propio hecho de que no hay libertad para adquirirlos (art. 19 num. 23), por lo que las disposiciones civiles no podrían, por ejemplo, amparar su legado, venta o prescripción (como de hecho ocurre: *vid.* arts. 1105, 1464 num. 1 y 2498 inc. 1º del C. C., respectivamente), ni tampoco en virtud de las leyes podría disponerse su "enajenación", palabra esta última desajustada para este tipo de bienes en que no opera el comercio jurídico-privado, al que se aplica tal concepto. En materia de bienes públicos, no cabe hablar de enajenación, pues es un supuesto imposible, dado que para que la enajenación operara previamente los bienes tendrían que ser desafectados, acto este por

[13] Por lo tanto, cada vez que las leyes deseen declarar como nacionales de uso público o públicos toda una clase, toda una categoría de bienes, tendrán que hacerlo mediante una ley de quórum calificado. Al mismo tiempo, se entiende que cumplen ese requisito aquellas leyes anteriores a la Constitución que declararon publificadas algunas categorías de bienes, en virtud a lo señalado por la Disposición 5ª transitoria. Es el caso del Código de Aguas, que declara "bienes nacionales de uso público" a todas las aguas, en bloque, el que debió aprobarse con tal quórum en su momento (pero que no se hizo; fue peor: ¡se hizo a través de un decreto con fuerza de ley!): *vid.* el DFL núm. 1.122, de 1981, que "fija texto del Código de Aguas" (*Diario Oficial* de 29 octubre 1981).

[14] Para el desarrollo de la naturaleza jurídica de la riqueza mineral, véase al respecto A. Vergara Blanco (2010).

el cual comienzan a ser apropiables. La desafectación es, en los hechos, un traslado de bienes específicos desde la *publicatio* a la *apropriatio*[15].

Lo que sí puede suceder con estos bienes es dejar de ser nacionales o públicos, ya sea por una desafección genérica (cuando desaparezca el "interés nacional" a que se refiere el art. 19 num. 23 del inc. 2º de la Const., y se realice por ley de quórum calificado), o por una excepcionalísima desafección particular (un trozo de camino público abandonado).

Su régimen, en definitiva, lo establecen las leyes, del mismo modo que las posibilidades de uso público o privativo de los particulares. Pero el hecho de su afectación o desafectación, en sus rasgos esenciales, debe respetar el quórum calificado que consagra la Constitución.

Al respecto la jurisprudencia del Tribunal Constitucional ofrece una caracterización de estos bienes, señalando que sus características principales son: "a) que su dominio pertenece a la Nación toda; b) que su uso pertenece a todos los habitantes de la Nación; c) que nadie puede disponer de ellos; d) que están fuera del comercio humano, y e) que debe ser la ley la que los declare bienes nacionales de uso público"[16]. Además, tal jurisprudencia confirma la necesidad de una ley de quórum calificado en una sentencia de 1990[17], para luego mostrarse ambigua en otra sentencia de 1997[18].

E) *Los bienes privados o sometidos a su régimen*

Trátase del régimen general de los bienes de las personas, naturales o jurídicas (particulares), y de las otras personas jurídicas de derecho público (como el Estado/fisco, los gobiernos regionales, las municipalidades y otras entidades con personalidad jurídica propia, distinta del fisco, que actúan en materia de bienes igual que los "particulares"). Todos los bienes no publificados (esto es, que no son públicos) están sometidos al régimen de los bienes privados, o

[15] Por eso el art. 63 num. 10 de la Const. al referirse a la enajenación de los bienes fiscales y municipales no cubre los bienes públicos, pues no son susceptibles de tal figura jurídico-privada; los bienes públicos solo son susceptibles de uso público o de concesión para su aprovechamiento; nunca de enajenación.

[16] Sentencia del Tribunal Constitucional de 2 diciembre 1996 (rol Nº 245/acceso a playas), publicada en *Revista de Derecho y Jurisprudencia* (1996) II, 6, págs. 138-158. Lo citado en considerando 6º.

[17] La sentencia del Tribunal Constitucional de 3 diciembre 1990 (rol Nº 115/ley de pesca y acuicultura), en sus considerandos 21 y 22 es explícita al respecto.

[18] La sentencia del Tribunal Constitucional de 13 octubre 1997 (rol Nº 260/modificación Código de Aguas), publicada en *Revista de Derecho de Aguas*, vol. 8 (1997) págs. 299-317, en su fallo de mayoría vacía la garantía del art. 19 num. 23; véase voto de minoría de Luz Bulnes, que no se aparta de los términos del constituyente. Véase, además, lo que decimos más adelante

a la "legislación común aplicable a los particulares". Estos bienes son todos los que no son "comunes a todos los hombres" o "que deban pertenecer a la Nación toda", y al respecto existen varias clases: los de los particulares, los fiscales, los regionales, los municipales y, en fin, los de personas jurídicas de derecho público con estatutos especiales.

Podemos decir que estos bienes son todos aquellos que no son públicos, o sea, todos aquellos "cuyo uso no pertenece generalmente a los habitantes", y que pertenecen directamente a una persona, ya sea un particular, o a personas jurídicas de derecho privado o de derecho público; o, entre estas últimas, están destinados por el Estado a uno de sus organismos fiscales o son regionales y municipales[19].

Todos estos bienes se rigen por el derecho común (esto es, el derecho civil), y cualquier alteración de su estatuto de adquisición está regulado por el artículo 19 numeral 23 de la Constitución.

a) *Los bienes privados (o propios) de los particulares.* Tradicionalmente han estado regulados en un texto codificado ("codificación": art. 63 num. 3 CP), en donde se establece una legislación aplicable a todos los bienes de particulares (ya sean personas naturales o jurídicas, de las que llamamos de derecho privado). Tales bienes privados de un particular (C. C., art. 582) se rigen por el derecho llamado *común* creado para ello; pero, a pesar de los términos del artículo 4° del Código Civil es en el fondo el régimen que corresponde solo a los bienes de tales personas, y que es común supletorio solo respecto de los bienes de otros titulares sometidos al régimen privado, que se enumeran en seguida (pero tal régimen privado no podrá ser en ningún caso supletorio del régimen de los bienes públicos: hay una incompatibilidad de naturaleza y principios, *ab origine*: es la consecuencia de la dualidad *publicatio/apropriatio*).

b) *Los bienes privados (o propios) del Estado/fisco.* También llamados "fiscales", están sometidos a este mismo régimen general de bienes privados, por lo que sobre ellos el Estado/fisco tendrá propiedad; se los ha podido apropiar, por su naturaleza. El "Estado", como fisco, es una verdadera persona jurídica de derecho público, a cuyos órganos se les destinan algunos bienes. Así los órganos del Estado, para llevar adelante sus tareas (arts. 6° y 7° de la Const.) deben adquirir bienes, con los fondos que obtiene por la vía tributaria (obviamente que históricamente el fisco ya tiene un patrimonio).

Los bienes fiscales o bienes del Estado, que pertenecen a este con arreglo al artículo 590 del Código Civil (según el art. 11 del DL 1939, de 1977), o que este haya adquirido a cualquier título, todos los cuales, por expresa disposición de la ley especial que regula su administración (art. 29 DL 1939, de

[19] A la clasificación ofrecida en VERGARA (1999) incorporo, a raíz de la nueva ley especial, los bienes de los gobiernos regionales.

1977) se rigen por el "derecho común", al igual que todo otro bien privado. No obstante, ser bienes que están sujetos al régimen del Código Civil (en cuanto a su adquisición, inscripción, venta, etc.) también necesitan de un acto administrativo que los "destine" a un específico servicio u órgano público.

Mediante la destinación se asigna, a través del Ministerio, uno o más bienes del Estado a la institución que los solicita, con el objeto de que los emplee en el cumplimiento de sus fines propios (art. 56 DL 1939).

Entonces, respecto de los bienes fiscales la propia legislación vigente es explícita: tienen la misma naturaleza de un bien privado; lo que ocurre es que su titular es una persona jurídica de derecho público: el fisco. El artículo 26 del decreto ley 1939, de 1977, citado, señala que estos bienes del Estado "se someterán a las normas del derecho común", y a lo que señalen, en cuanto a su uso y goce a favor de los particulares, las leyes especiales, que es un caso de "excepción" legal a que se remite el artículo 26 del tal cuerpo legal. De este modo, por ejemplo, pueden verse los artículos 5°, 18 letra d), 19 inciso 1° *in fine*, 21, 24 letra e) y 26 inciso 1° *in fine*, del DFL 4, de Economía, de 2007, Ley General de Servicios Eléctricos, que pone en un pie de igualdad a los bienes fiscales con los demás bienes de particulares, pues ambos están sometidos al régimen jurídico de los bienes "privados".

En cuanto a estos bienes fiscales, cabe tener presente:

1°) por lo dicho anteriormente, aun cuando la Constitución Política dice que las minas son del "dominio" del Estado (art. 19 num. 24), a partir del propio régimen a que somete su otorgamiento, queda clara su aptitud no-fiscal;

2°) cuando el Estado/fisco desarrolla actividades empresariales, lo ha de hacer en un completo pie de igualdad con los particulares (Const. Pol., art. 19 num. 21 inc. 2°) por lo que en todo lo que respecta a la adquisición, ejercicio y extinción del dominio, se rige por las mismas reglas de los particulares. A partir de lo anterior, las reglas especiales que se puedan dictar para los bienes del fisco, como posibles privilegios (inembargabilidad, por ejemplo) solo son legítimas si se refieren a las actividades no empresariales del Estado, y

3°) según el artículo 63 numeral 10 las normas de enajenación de los bienes del Estado, como su arrendamiento o concesión, son materia de ley, por lo que al respecto existe una modificación a la libre disponibilidad (que rige en el "derecho común" respecto de cualquier particular) de estos bienes, esto es, si una ley no autoriza estos actos, no puede regularlo la Administración por decreto supremo.

En todo lo que no se diga en estatutos legales especiales, estos bienes del Estado quedan sometidos a la legislación "civil" o "común" de los demás dominios; así, por ejemplo, todos los bienes fiscales son perfectamente prescriptibles (C. C., art. 2497), pues la imprescriptibilidad no es un privilegio de los bienes fiscales y ello difícilmente podría establecerse por ley, dada la necesaria igualdad de régimen con los bienes de particulares.

(i) *Los bienes privados (o propios) de los gobiernos regionales.* Son aquellos que integran el "patrimonio propio" de la persona jurídica de derecho público denominada "gobierno regional" (Const. Pol., art. 111 inc. 3° *in fine*). A su respecto rigen las mismas apreciaciones señaladas para los bienes fiscales, salvas las reglas especiales establecidas en la ley respectiva (*vid.* art. 70 de la Ley Orgánica Constitucional sobre gobierno y administración regional, 19.175, que establece un régimen de bienes especial).

(ii) *Los bienes privados (o propios) de las municipalidades.* Los llamados bienes municipales son los propios de cada municipalidad, esto es, son los que integran el "patrimonio propio" de la persona jurídica (corporación autónoma) de derecho público denominada municipalidad (Const. Pol., art. 118 inc. 4°). Los bienes municipales, por expresa disposición de la Ley Orgánica Constitucional de Municipalidades (art. 33), se rigen por el derecho llamado *común.*

La legislación sectorial municipal también es explícita, al señalar el artículo 33 inciso 1° de la ley 18.695 (en adelante LOCM o Ley Orgánica Constitucional de Municipalidades), que estos "se sujetan a las normas de derecho común", y, en seguida, que estos "solo podrán ser enajenados, gravados o arrendados en caso de necesidad o utilidad manifiesta" (art. 34 inc. 1° LOCM). En todo caso, las referencias sobre la administración de estos bienes que contienen los artículos 5° letra c), 53 letra f), 55 letra e) y 78 letra c) LOCM, en nada alteran la condición de los bienes municipales de estar sometidos al derecho común; trátese tales referencias de actos voluntarios de órganos del Estado, y que no empecen en nada a los gravámenes y obligaciones a que los somete la ley, en concordancia con la habilitación constitucional que existe para ello.

De acuerdo con lo anterior, la naturaleza jurídica de los bienes privados o propios del fisco (fiscales), de los gobiernos regionales (regionales) y de las municipalidades (municipales) se ha de estudiar en general a la luz de los principios del derecho privado, pues estos bienes son, en efecto, una propiedad estatal, cuya titularidad está asignada a los servicios o reparticiones fiscales o a los gobiernos regionales o a las municipalidades, respectivamente, a las que está destinada.

2. Desarrollo doctrinario del derecho de bienes públicos en Chile

A) *¿Autonomía de la materia o parte del Derecho Administrativo?*

El caso de Chile. En el derecho comparado es donde verdaderamente hay obras sobre esta disciplina. En efecto, en el extranjero (especialmente en Francia, España, Italia y Alemania) existe un gran desarrollo al respecto, desde cursos de derecho de bienes públicos en las Facultades de Derecho, hasta numerosas publicaciones e importantes obras en la materia. La formulación que, por ejemplo, la doctrina española ha realizado del dominio público, como en otras materias, es claramente tributaria de las construcciones de doctrinas extranjeras: en un principio, de la doctrina del *domaine public* francesa (muestra palpable de ello es la consideración "patrimonialista" del dominio público, de indudable procedencia francesa); en menor medida del sistema italiano de los *beni demaniali e patrimoniali indiponibili* (que ha dejado huella incluso en la importación doctrinal del italianismo "demanial"), y sobre todo, de la tesis de procedencia alemán de las *öffentlichen Sachen.*

En el caso de Chile, en cambio, nos encontramos ante una disciplina aun poco desarrollada. Los primeros acercamientos a esta materia proceden, paradójicamente, de autores de derecho privado (del derecho civil para ser más precisos). Es el caso de las obras de grandes civilistas chilenos, que al momento de escribir obras (o partes de obras) relativas al derecho de bienes (o propiedad en general) dedican un análisis a esta clase de bienes distintos de los bienes privados. Están los ejemplos de Luis Claro Solar[20], Arturo Alessandri y Manuel Somarriva[21] y Victorio Pescio Vargas[22]. Por el lado del Derecho Administrativo, los aportes más importantes son los trabajos del autor de estas líneas, de Santiago Montt Oyarzún y de Eduardo Cordero Quinzacara, los que reviso brevemente más adelante.

B) *Realidad chilena desde mediados del siglo* XIX *hasta fines del siglo* XX

Con la entrada en vigor del Código Civil chileno en 1857, se reguló en nuestro país en su artículo 589 a los *bienes nacionales de uso público* o *bienes públicos,* específicamente en su Libro segundo, *De los bienes, y de su dominio, posesión, uso y goce*, título III, "De los bienes nacionales", el cual aparece luego de los títulos que hablan "De las varias clases de bienes" y "Del dominio".

No es raro entonces que los primeros y principales desarrollos relativos a los bienes públicos en nuestra doctrina nacional provengan del mundo del derecho privado. Sin embargo, y como es de esperarse, la extensión de dichos desarrollos se limita a meras nociones superficiales de su régimen, y siempre desde el punto de vista civilístico. Esto, lejos de ser positivo, quizás dificulta aún más la labor sistematizadora de la disciplina de los bienes públicos, porque su análisis y estudio se han realizado bajo los principios de derecho privado, en circunstancias que se trata, como es notorio, de una institución propiamente de derecho público; basta señalar como ejemplo lo difícil que sería configurar el principio de autonomía de voluntad en esta materia.

[20] L. Claro Solar (1930).

[21] A. Alessandri Rodríguez y M. Somarriva Undurraga (1974).

[22] V. Pescio (1978), págs. 222-238.

C) *Cambio de panorama en 1980, a partir del artículo 19 numeral 23 de la Constitución*

La novedosa disposición del artículo 19 numeral 23 de la Constitución Política de 1980 reconfigura el ordenamiento jurídico chileno en materia de bienes públicos. Esta disposición vino a consagrar la vigente *summa divisio* de los bienes públicos y privados (y, dentro de los privados, los fiscales, esto es, los de titularidad del Estado/fisco, bajo el mismo estatuto de los particulares), tiene una virtualidad: rompe la clasificación del artículo 589 del Código Civil, que debe entenderse hoy derogado tácitamente en cuanto contradice al artículo 19 numeral 23 de la Constitución Política. En efecto, el artículo 589 establecía una *summa divisio* entre bienes nacionales/privados y, enseguida, a los bienes nacionales los clasificaba como bienes nacionales de uso público o bienes públicos y fiscales, incluyendo a estos últimos en el género de los "nacionales", como si estuviesen fuera del régimen de los demás bienes privados. Esta clasificación está caduca, es un arcaísmo, que solo un romántico del respetable Código Civil podría invocar hoy, pero sin discernir que la Constitución Política de 1980 la arrumbó en el baúl del derecho histórico.

3. Intervención administrativa en materia de bienes públicos

A) *Las utilizaciones privativas de los bienes públicos: la concesión como forma de intervención Administrativa en bienes públicos*

Las fuentes históricas confirman que la amplia y sostenida intervención que el Estado a través de la Administración (o su símil de antaño) realiza en el sector de los bienes públicos es una realidad que hunde sus raíces en la historia.

La intervención en esta materia deviene intensa desde un primer momento, especialmente desde la vigencia de los regímenes provinciales de los romanos. Antes de esta época, esto es, en la etapa del derecho romano clásico, no cabe ni siquiera sospechar una intervención como la que hoy efectúa el Estado-Administración en estas materias, por la notoria acentuación del contenido de la propiedad propugnado en aquella época.

En la etapa medieval, con la infiltración de la idea de los bienes públicos como regalía, la intervención adopta un tinte "patrimonial" (distinta a la intervención durante la época romana), cuyas características son similares a las que permanecen hoy; así, existen:

a) una *publicatio* previa y total de todos los bienes públicos; luego de ello,

b) la exigencia de una concesión previa para el acceso a su aprovechamiento privativo;

c) de la que surgían los derechos reales administrativos y, en fin,

d) la fiscalización a cargo de un funcionario del Estado.

Este mismo esquema se mantendría en toda la posterior historia jurídica, hasta nuestros días, sin solución de continuidad.

B) *La explicación de la intervención administrativa en el sector de los bienes públicos*

La explicación dogmática de la intervención de la Administración en este sector, como en otros, según se ha dicho, es la utilización de la técnica jurídica de la *publicatio* (explicada *supra*); es la declaración previa y global de la publificación de todo el sector lo que constituye el título de todas las facultades que se arroga la Administración.

Debe vincularse esta materia con lo que se ha señalado de los bienes públicos en general, pues jurídicamente, cada bien público es una forma de *publicatio,* y, como los hemos señalado allí, fuente de potestades. Así, no solo recibe explicación dogmática a través de la *publicatio* la intervención administrativa, en general, sino también los bienes públicos, en particular.

Por lo tanto, la intervención administrativa en materia de bienes públicos está emparentada con los orígenes de la disciplina, y a partir de ella se explican varias instituciones del derecho de los bienes públicos:

a) desde la misma *publicatio*, que transforma, cual vara mágica, unos bienes en públicos, que los administra la Administración;

b) que encadena a los particulares que quieran aprovecharlos privativamente, a seguir los procedimientos que ella instrumenta, llamados aquí procedimientos concesionales;

c) que fiscaliza, no solo en aras del interés público, del público, una utilización eficaz de estos bienes, sino también en interés de las arcas fiscales, del fisco, que no siempre es del público;

d) en fin, todo ello sujetando al particular en una especial relación jurídico-administrativa, que es la culminación de la intervención administrativa.

Todo ello hoy se engloba en un interés público, y para cumplirlo el Estado ha ideado una serie de técnicas ordenadoras, que señalaré a continuación.

Así, actualmente, la intervención administrativa en materia de bienes públicos se manifiesta, globalmente, en estas formas:

(i) *La publicatio*. Según la he descrito, ha sido largamente mantenida y continuamente acogida y acentuada por la legislación. Ella significa impedir que los bienes públicos ingresen al tráfico jurídico-privado (al que no obstante, en definitiva, en algunos casos tiene que llegar, como en las minas y aguas pero ya no como riqueza nacional, sino, una vez extraídas las aguas o los minerales, como una mercancía más del tráfico jurídico-privado) no sin antes cumplir una serie de requisitos: reconocimiento de la titularidad estatal y previa concesión.

(ii) *El procedimiento concesional.* La intervención en la constitución de las titularidades privadas que, limitadas a lo señalado anteriormente, permiten actuar legítimamente a los particulares en el sector.

En otras palabras, la Administración se reserva la potestad de otorgar a los particulares el título que les permite acceder a la explotación: la concesión. Y es mediante la concesión como se inician dos efectos muy importantes:

1°) nacen a través de ella, los derechos reales administrativos, aquí llamados derechos de aprovechamiento; la administración crea tales derechos, *ex novo,* como se ha dicho, pues no existían antes, y

2°) nace, también, una relación de derecho público, en donde se ve claramente la gran carga de intervención administrativa; a esta relación se la denomina relación jurídico-administrativa, y significa que, de aquí en adelante, Administración y concesionario quedan ligados por especiales vínculos jurídicos, los que especialmente determinan una mayor potestad para la Administración, frente a las obligaciones que debe cumplir el concesionario titular del derecho de aprovechamiento.

(iii) *Fiscalización y fomento.* Luego, al nacer los derechos reales administrativos (sobre todo porque, como se ha dicho, estos están inmersos en una especial relación jurídico-administrativa), estos derechos estarán constantemente limitados al cumplimiento de los deberes que le impone la ley, y que cautela o fiscaliza la Administración, ya sea en relación con la seguridad para las personas que trabajan en la actividad; al cumplimiento de su obligación de aprovechar, de trabajar efectivamente la riqueza (al "uso óptimo", de que habla Villar Palasí). En esta función también la Administración se reserva el derecho de solucionar ciertos conflictos, a crear medios de fomento de la actividad (pues, como se ha dicho, no olvida el Estado la "clave fiscal", que deambula más de lo que se imagina en la explicación dogmática de todo el sistema del derecho de los bienes públicos).

C) *Institucionalidad administrativa vigente en Chile. Repartición competencial en materia de bienes públicos*

La institucionalidad en materia de bienes públicos está dispersa en sin número de órganos de la Administración del Estado, de diferente naturaleza y jerarquía; todos ellos con disímiles potestades no muy bien precisadas y en la mayoría de los casos con un contenido ambiguo o vago.

a) *Órganos de la Administración Central.* Son los siguientes:

Ministerio de Bienes Nacionales. El órgano de la Administración central encargado del control general y catastro de los bienes nacionales de uso público es el Ministerio de Bienes Nacionales, en virtud de lo establecido en el DL

3274, Ley orgánica del Ministerio de Bienes Nacionales (en adelante LOMBN). Potestad que ejerce en coordinación y con la información proporcionada por las secretarías regionales ministeriales.

Este ministerio es el principal órgano de la administración del Estado en materia de administración de bienes, pero pese a lo que su nombre hace suponer, se encarga principalmente de los "bienes fiscales" y no de los bienes nacionales, tal como se puede apreciar al estudiar sus funciones.

Competencias que le entrega su ley orgánica. El artículo 1º LOMBN establece sus funciones y atribuciones y señala que es la Secretaría de Estado encargada de aplicar, controlar y orientar las políticas aprobadas por el Supremo Gobierno, como asimismo aplicar la legislación correspondiente y controlar su cumplimiento, en las siguientes materias:

(i) *Las relativas a la adquisición, administración y disposición de bienes fiscales.*

(ii) *La estadística de los bienes nacionales de uso público, de los bienes inmuebles fiscales y de los pertenecientes a las entidades del Estado*, mediante un registro o catastro de dichos bienes.

(iii) *La coordinación de las demás entidades del Estado, cualquiera que sea su naturaleza*, en la elaboración de las políticas destinadas al aprovechamiento e incorporación de terrenos fiscales al desarrollo de zonas de escasa densidad de población, y disponer la ejecución de los actos de su competencia encaminados a su realización. Le corresponderá, además, en esta materia, la proposición y ejecución de las políticas, planes y programas destinados al asentamiento humano en aquellas áreas del territorio nacional de escasa densidad poblacional.

(iv) *Las relativas a la regularización de la posesión de la pequeña propiedad raíz particular y constitución del dominio sobre ella*, como asimismo de la regularización y constitución de la propiedad de las comunidades, en los casos y condiciones que señala la ley, y

(v) *Las demás a que se refieran otras disposiciones legales y reglamentarias.*

Competencias entregadas por otros cuerpos legales, tales como:

(i) *El Ministerio, a través de la Subsecretaría y sus organismos regionales, estudiará, planificará, resolverá o propondrá, según corresponda, la afectación, desafectación y supervisión y control sobre los bienes nacionales de uso público* (art. 2º letra c) decreto 386 de 1981, Reglamento Orgánico del Ministerio de Bienes Nacionales).

(ii) *Cuidará que los bienes fiscales y nacionales de uso público se respeten y conserven con el fin a que están destinados. Impedirá que se ocupe todo o parte de ellos y que se realicen obras que hagan imposible o dificulten el uso común, en su caso* (art. 19 DL 1939).

Ministerio de Obras Públicas. El Ministerio tiene diversas funciones respecto a los bienes nacionales de uso público, las cuales ejerce principalmente a través de la Dirección General de Aguas y la Dirección de Vialidad.

Además, el Ministerio como tal tiene funciones respecto a los bienes fiscales, la construcción de obras en ellos, aportarlos a sociedades, entregarlos en concesiones, etc.

Dirección General de Aguas. Le compete la administración y conservación de las aguas, que implica la planificación, otorgamiento de los derechos de aprovechamiento, la policía y vigilancia de las aguas (art. 23 DFL 850, Ley orgánica del Ministerio de Obras Públicas, en adelante LOMOP y arts. 298 y ss. CA).

Dirección de Vialidad. Es la encargada de la administración de caminos, puentes y las calles o avenidas que unan caminos públicos, que hayan sido así declarados por decreto supremo. Le corresponde la realización del estudio, proyección (proponer el ancho de los caminos), construcción, mejoramiento, defensa, reparación, conservación y señalización de caminos, puentes rurales y sus obras complementarias, que no estén entregadas a otras direcciones del Ministerio de Obras Públicas. Esto no incluye la conservación y reparación de las obras entregadas en concesión, las que "serán de cargo de los concesionarios" (art. 18 LOMOP).

Ministerio de Vivienda y Urbanismo, encargado de la planificación urbana y rural, de la urbanización y construcción, la cual incluye la planificación y construcción vial (calles o avenidas, plazas y demás espacios públicos) (arts. 1° y 3° DFL 458, Ley General de Urbanismo y Construcciones).

SERVIU. Los Servicios de Vivienda y Urbanismo, dependientes del mismo Ministerio, si bien ya no tienen la obligación de construcción y reparación de pavimentos de calles, aun retienen algunas funciones relativas a la obras de pavimentación.

En efecto, para realizar dichas obras se requiere la aprobación previa del respectivo SERVIU, según lo previsto en la ley 8.946 (sobre pavimentación comunal) que prevé normas para la pavimentación de calles, plazas, calzadas y aceras.

También los SERVIU respectivos tienen la obligación de fiscalizar las obras de pavimentación, salvo las que se ejecuten dentro de la comuna de Santiago (art. 11 inc. 1° ley 8.946).

Ministerio de Transportes y Telecomunicaciones. A este Ministerio le corresponde determinar, en forma exclusiva, y de acuerdo con los convenios internacionales ratificados por Chile, la señalización del tránsito en las vías públicas (dentro de él las calles y caminos) (art. 93 Ley de Tránsito, LDT).

Asimismo, las normas técnicas conforme a las cuales debe efectuarse la instalación y mantención de las señales del tránsito, deben ser emitidas por el citado Ministerio (art. 94 inc. 2° LDT).

Subsecretaría para las Fuerzas Armadas del Ministerio de Defensa Nacional. A ella le corresponde el otorgamiento de concesiones, así como el control, fiscalización y supervigilancia de todas las costas y mar territorial, de los ríos y lagos que son navegables por buques de más de 100 toneladas (arts. 1° y 2° DFL 340 de 1960, sobre concesiones marítimas, en adelante LCM y art. 36 inc. 2° ley 20.424).

Dirección de Fronteras y Límites del Estado. Este órgano depende del Ministerio de Relaciones Exteriores, tiene como función el regular las actividades que se desarrollen en los terrenos fronterizos y en la zona antártica, para lo cual puede establecer regímenes especiales para ellos y prestar su autorización para que se realicen ciertas actividades en esos sectores.

Delegaciones Presidenciales Regionales y Provinciales. Les corresponderá supervigilar que los bienes nacionales de uso público se conserven como tales, impedir su ocupación con otros fines y exigir su restitución, en su caso (art. 6° LGUC y art. 4° letra h) LOCGAR).

b) *Órganos de la estructura administrativa descentralizada.* Son los siguientes:

Gobierno rgional. Es el gobierno regional a quien corresponden las potestades relativas a la construcción y conservación de los pavimentos, calzadas y aceras en las calles de las comunas (art. 16 letra j) ley 19.175, orgánica constitucional sobre gobierno y administración regional, en adelante LOCGAR).

En el caso de vías que hayan sido declaradas expresamente caminos públicos en áreas urbanas, el gobierno regional tiene la obligación de construir y mantener los pavimentos, pero solo de las "aceras y soleras", y no de las calzadas de dichos caminos (art. 27 DFL 850, ley de caminos, en adelante LDC).

Municipalidades. A ellas les compete la administración de los bienes nacionales de uso público, incluido el subsuelo de estos, existentes en la comuna, salvo que, en atención de su naturaleza o fines y en conformidad a la ley, la administración de estos bienes corresponda a otros órganos de la Administración (art. 5° letra c) LOCM). Es lo que la doctrina denomina "administración residual", pues las municipalidades ostentan la administración de los bienes nacionales de uso público como potestad general, siempre que no haya sido entregada a otro órgano de la Administración.

Potestades que emanan de la administración municipal de los bienes nacionales de uso público (LOCM y Ley de Rentas Municipales):

(i) *Otorgamiento de concesiones o autorizaciones sobre bienes nacionales de uso público y el cobro de los correspondientes derechos.*

(ii) *Respecto a las calles.* En forma resumida se le entrega a las municipalidades las siguientes potestades:

• *La declaración de calles o espacios públicos en los planes reguladores.* Las municipalidades planifican y regulan las normas referentes a los límites urbanos, zonificación, uso del suelo y la estructura vial que regirá en la comuna, la cual comprende las calles y espacios públicos (de conformidad con el Plan regulador regional). La afectación en este caso también podrá darse por la denominada "afectación tácita" regulada en el artículo 135 LGUC, que considera como bienes públicos todas las calles, avenidas, plazas y espacios públicos en general desde el momento de la recepción municipal definitiva.

• *Administrar los bienes nacionales de uso público.* "El concepto de administración, referido a los bienes nacionales de uso público, es un concepto amplio, y que abarca todo acto que no signifique la disposición del bien administrado". Esta interpretación ha sido obra de la jurisprudencia, la cual ha entendido que la municipalidad tiene la obligación de reparación, conservación, inspección y señalización de las calles y aceras. Pero no, por ejemplo, entregar a particulares, previa licitación, la construcción de una obra vial urbana; esta facultad solo la ostenta el Ministerio de Obras Públicas a través del procedimiento concesional correspondiente.

• *Instalar y mantener señales de tránsito.* Es obligación de las municipalidades la instalación y mantención de la señalización del tránsito (art. 94 LDT).

Salvo que se trate de vías cuya instalación y mantención corresponda al Ministerio de Obras Públicas.

(iii) *Asignar y cambiar la denominación de tales bienes.* Esta facultad es derivada de la facultad general de administración que poseen las municipalidades; así lo reconoce expresamente la misma LOCM en su artículo 5° letra c).

(iv) *Obras de pavimentación.* Las municipalidades pueden efectuar directamente, dentro del territorio de la comuna, obras de pavimentación de calles, avenidas, plazas y aceras, con recursos propios (art. 80 letra b) LGUC).

Aunque, como ya dijimos, es al gobierno regional a quien corresponde las potestades relativas a la construcción y conservación de los pavimentos, calzadas y aceras en las calles de las comunas.

(v) *Cierre o medidas de control de acceso.* Las municipalidades pueden autorizar, respecto de calles y pasajes, el cierre de estos o la adopción de medidas de control de acceso (art. 5° letra c) LOCM).

4. Afectación de los bienes a la categoría de públicos

A) *De la afectación en general y su tipología*

a) *Variedad de papeles estatales en la "publicatio" de los bienes.* El papel de los órganos del Estado en relación con los bienes públicos comienza desde la regulación (dictando leyes en el área: por ejemplo, *Ley de Caminos*; Código de Aguas); la acción administrativa en el cuidado de los bienes públicos y el otorgamiento de derechos privativos a los particulares (mediante concesiones). En la realidad, toda *publicatio* (dentro del marco que autoriza el art. 19 num. 23 de la Const.), origina en los órganos del Estado títulos especiales de intervención, que le permiten realizar las siguientes funciones:

i) El legislador lleva adelante la creación de fuentes normativas y, al respecto, a partir del instituto de la *publicatio* que cubre todo un sector, clase o categoría de bienes, lo afecta, estableciendo a su respecto un régimen especial;

ii) La Administración, por un lado, es la encargada de llevar adelante los procedimientos concesionales, a través de los cuales se crean *ex novo* las titularidades privadas para obtener derechos privativos en dicho sector (por ejemplo, instalar un kiosco en una plaza), y, por el otro, debe llevar adelante la aplicación de la afectación de los bienes públicos, que será distinta según la clase de bienes que se trate.

b) *Del concepto jurídico de afectación de bienes a la categoría de públicos.* La afectación es un derivado normativo de la *publicatio*; es aquella acción regulatoria por medio de la cual se especifican y determinan clases o categorías (como cosas) de bienes que, por tal razón, quedan excluidos del tráfico jurídico-privado. La afectación normativa está dirigida hacia bienes, cosas (las calles, los caminos, las playas).

La afectación pública es una figura instrumental, que opera por los medios normales del derecho positivo y en virtud de la cual se integra un bien, o una categoría de bienes, o una masa de ellos, dentro de la categoría pública; consecuentemente, tales bienes quedan excluidos, como tales, de una apropiación privada directa. La afectación es esencial dentro de la construcción dogmática de los bienes públicos, y es una figura central del derecho administrativo de bienes públicos, pues en su virtud una masa de bienes queda excluida del tráfico jurídico-privado.

Si bien es cierto que la afectación cumple este importante papel en la construcción de la categoría de los bienes públicos, como hemos visto, en realidad, no opera como un título de propiedad a favor del Fisco (o de la Nación, como algunos quisieran pensar, olvidando que, jurídicamente, Nación-bienes, es un vínculo imposible desde el punto de vista patrimonial). Más bien la afectación es un título de potestades, y no sobre unos bienes sino sobre la actividad de aprovechamiento que los privados realizan en relación con tales bienes. Se evita así aquella disyuntiva falsa: o "dominio público" o "dominio privado". En esta línea, los vínculos entre estas cosas o bienes del dominio público y la Administración se configuran como "potestades", derivadas de la competencia del ente sobre la finalidad pública concreta o destino a que está afectado el bien. La afectación no es posible entonces configurarla teóricamente como el origen de un derecho de propiedad estatal sobre bienes. Si bien dogmáticamente podemos concebir que la afectación es un gozne que instrumenta la consideración de una masa de bienes como públicos, ello en la *praxis* se produce por disposiciones normativas expresas.

Ahora, ¿por qué se ha producido esta afectación? La *ratio legis*, además de la herencia histórica, dice relación con la teleología o finalidad de esta afectación; hay, o debe haber, razones muy precisas para ello, muy cercanas a las finalidades propias de la actividad de la Administración y de las necesidades de uso público. La afectación de los bienes como bien público, siempre ha tenido como justificación, en forma amplia, el "interés público"; expresión repetida profusamente en la propia Constitución y en todos los demás cuerpos legales que desarrollan los preceptos constitucionales relativos a los bienes públicos, así como en su historia fidedigna.

El acto normativo que produce la afectación de las clases o categorías de bienes públicos, mediante la técnica de considerarlas como parte de un pretendido "dominio" de la Nación, adicionalmente dota a tal "dominio" de los caracteres de inalienable e imprescriptible. El objetivo de estos artificiales caracteres de inalienabilidad e imprescriptibilidad es, en realidad, impedir la operatividad de los modos originarios de adquisición del dominio civil, de la prescripción por la vía de la ocupación, en esencia; y posibilitar la plena operatividad del esquema concesional como único título creador originario de derechos en el sector.

De lo anterior surge que es el elemento teleológico el esencial de la figura jurídica de la afectación en relación con los bienes públicos, dado que es la vinculación a un determinado destino el elemento vertebrador de la incorporación de bien específico a la categoría. Así, la afectación, entendida como vinculación a un bien público se convierte en el elemento esencial, que goza de la cualidad de configurar jurídicamente a un bien como público. La afectación es el elemento determinante de la condición de bien público de un bien específico.

c) *Las clases de afectación.* El acto de afectación es el vehículo formal que determina la incorporación de un bien a la categoría de público. Es el acto que expresa, garantiza y predestina el fin a cuyo cumplimiento se adscribe un bien. Así, el acto de afectación cumple dos funciones fundamentales: i) declara la vocación pública de los bienes sobre los que se proyecta, y ii) impone la aplicación de un régimen jurídico administrativo de protección y cuidado[23].

Este acto de incorporación de determinados bienes a la categoría de bienes públicos o nacionales de uso público, en virtud de su vinculación a finalidades públicas puede producirse de diversas maneras. Atendiendo al criterio de su origen y contenido, pueden distinguirse tres tipos de afectación:

[23] Sigo parcialmente el esquema y definiciones fundamentales de: Gallardo (1995), págs. 33 y ss. Véase también a Franch i Saguer (2009), quien mantiene la clasificación.

i) Afectación realizada por ley: *publicatio*;
ii) Afectación realizada por un acto administrativo singular, y
iii) Afectación por la costumbre: la afectación presunta.

B) *Afectación realizada por ley: "publicatio"*

En su virtud queda incorporada como bienes públicos una categoría genérica de bienes en atención a sus cualidades naturales. En este caso se produce, por una parte, una afectación genérica y originaria, a través de la cual determinadas categorías de bienes son declarados públicos y, por otra, una afectación concreta y sucesiva, automática, *ipso jure*, en virtud de la cual se producen futuras incorporaciones en la medida que determinados bienes vayan adquiriendo las condiciones o características determinadas previamente por la ley. Así, no se requiere actividad administrativa alguna para la incorporación de los bienes a la categoría de públicos.

En este supuesto la afectación es genérica y se usa, para describirla, como sinónimo, la expresión *publicatio*. En otras palabras, la *publicatio*, como tipo de afectación general, siempre es materia de ley, y está sujeta al régimen del artículo 19 numeral 23 de la Constitución. Es el caso de la afectación de los llamados bienes públicos naturales, como las playas de mar, las orillas de ríos y lagos, las masas de aguas, como los ríos y lagos. La afectación, y consiguiente delimitación, se produce con la mera hipótesis o tipo legal, pues es suficiente que la ley diga que todas las playas son bienes públicos, para que la afectación, y consiguiente delimitación, se entienda efectuada. Son solo algunos los aspectos que pueden faltar por precisar, pero que vienen enunciados por la ley (por ejemplo, línea de más alta marea o de mayor crecida de ríos y lagos, cabrá precisarla según lo que señale el criterio legal, y puede ser necesaria alguna delimitación ulterior).

C) *Afectación realizada por un acto administrativo singular de la Administración*

En esta clase de afectación, la incorporación se produce respecto del o de los bienes concretos que el propio acto especifica. Es una afectación específica para cada bien. A su vez, la afectación realizada por acto singular puede ser:

(i) *Afectación expresa*. A través de un acto expreso de afectación un órgano de la Administración manifiesta de manera inequívoca su voluntad de incorporar un bien específico al uso público.

(ii) *Afectación implícita, tácita o refleja*. En este caso, la afectación es una consecuencia directamente derivada de actos administrativos dictados con una finalidad distinta, pero que producen, entre otros efectos, el de la afectación[24].

[24] *Vid.* GALLARDO (1995), pág. 46 y MORELL (1989), pág. 32.

En ambos casos la Administración actúa a través de actos administrativos expresos o tácitos. Reviso en seguida separadamente los casos recién mencionados de afectación por acto singular.

D) *Afectación expresa de un bien público: terreno adquirido o expropiado, materialmente ocupado y apertura al uso público*

En este caso existe un previo acto expreso y formal que establece las necesarias delimitaciones artificiales del terreno que será destinado a bien público; y, en seguida, es necesario que el terreno respectivo sea destinado efectivamente y realmente al uso público. Es un caso en que la acción administrativa, y el uso público, se ha efectuado ordenadamente. Es el caso más perfecto, y el caso más típico de afectación de caminos. En este caso se produce la alteración inmediata de la calidad jurídica del bien respectivo, que pudo haber sido precedido de un acto expropiatorio, en que se transforma un bien de propiedad particular a fiscal; y en seguida, este bien fiscal, al ser destinado a un uso público formalmente, se transmuta en público.

La situación de terrenos expresa, formal y previamente delimitados tiene varias etapas:

(i) *Planificación o delineamiento formal y administrativo de un bien público artificial.* Al respecto, es menester la existencia de un acto administrativo, en el que el bien público (calle o camino) está delineado; este es el caso de los planes reguladores, en los que los trazados de caminos constan en dicha documentación administrativa. Se trata, pues, de una planificación. Sin embargo, en los hechos, los terrenos aún no se abren al uso público. En tales casos, los terrenos respectivos pueden incluso aún permanecer en su condición de bien privado e inscrito correctamente a nombre de un propietario privado; pero aún no se compran o expropian. O si es un terreno ya fiscal, aún no se destina al uso público.

(ii) *Adquisición o expropiación de los terrenos.* Lo usual es que operen los mecanismos de compraventa, en que la Administración, a través de su faz patrimonial (el fisco), intenta comprar tales terrenos a su actual dueño, para destinarlos con posterioridad al uso público (camino o calle); si ello no es posible, la Administración hace operar los mecanismos expropiatorios. En estos casos, tales bienes, en la práctica, se inscriben a nombre del fisco, como nuevo propietario, cancelando la inscripción privada anterior; y según la propia garantía constitucional, solo se toma posesión de dichos terrenos, una vez pagada la indemnización correspondiente.

Paralelamente, lo usual es que tales bienes así adquiridos sean: (i) inscritos a nombre del fisco en el Registro de Propiedad del Conservador de Bienes Raíces y, (ii) sean objeto de posesión material por un órgano administrativo, para la realización de los acondicionamientos necesarios para que ese terreno quede en condiciones regulares para ser abierto al uso del público como calle o camino.

(iii) *Posesión material del terreno y acondicionamiento a bien público.* Una vez adquirido el bien raíz por alguno de estos medios, la Administración puede tomar posesión material del terreno respectivo, y efectuar los acondicionamientos que corresponda para que pueda cumplir el destino de bien público o de uso público. Por ejemplo, en el caso de caminos, efectuar las obras respectivas de delimitación en el terreno o de pavimentación, en su caso.

(iv) *Posesión material y apertura al uso público de los terrenos: afectación material y jurídica del bien respectivo.* Pero es la apertura al uso público, previos los acondicionamientos necesarios para su uso por el público (ausencia de cercados, carpeta de asfalto, etc.), la que produce la afectación del bien respectivo, a partir de lo cual puede considerarse bien nacional de uso público, con todas las consecuencias jurídicas que ello conlleva. En el momento preciso en que tales bienes son abiertos al uso público, se perfecciona la afectación de dichos bienes al uso público.

En resumen, en los casos de un bien cuya afectación se ha producido de manera expresa, formal y material, los pasos son los siguientes: 1º) delimitación de un camino público en un documento o plan administrativo; 2º) adquisición del bien raíz a su dueño por la vía convencional o expropiatoria; 3º) posesión material y acondicionamiento físico del terreno para ser destinado a bien público, y 4º) destinación y apertura efectiva del bien al uso público: uso del bien respectivo como calle o camino.

Una vez abierto al uso público un bien, en los hechos, ya se hace innecesaria la inscripción en el Conservador de Bienes Raíces, pues dicho terreno ha dejado de ser un bien de estatuto privado ("fiscal", en este caso en que se ha expropiado), y ha pasado a ser un bien público, con todas las consecuencias que ello tiene.

E) *Afectación por acto implícito, tácito o reflejo*

En estos casos el acto administrativo no está dirigido directa y principalmente a afectar un bien como público, sino que opera como efecto reflejo de un acto administrativo que tiene otros fines principales pero que, secundariamente, produce la afectación de unos bienes o terrenos anteriormente privados, transformándolos en públicos. Es un efecto reflejo, pues se produce como efecto indirecto de un acto dirigido principalmente a otros fines. Es el caso de las aprobaciones de la planificación urbana. En este caso, es posible que sea necesario que obre la figura de la expropiación (para cumplir la planificación) o del destino voluntario de los particulares de unos bienes al uso público al solicitar la aprobación de sus loteos o subdivisiones, por ejemplo.

Se puede producir una afectación implícita o tácita, por ejemplo, en el caso en que un particular aprueba para sí un loteo, y en cumplimiento del artículo 135 de la Ley General de Urbanismo y Construcciones, dado que por el solo hecho de que la Dirección de Obras Municipales, una vez que recibe los trabajos de urbanización, se considerarán "incorporadas al dominio nacional de uso público todas las calles, avenidas, plazas y espacios públicos en general que existieren en la nueva zona urbanizada"; bien público que pasa a ser parte del plan regulador, al tenor del artículo 69 de la referida ley: "Todo plano de loteo aprobado por la municipalidad pasará automáticamente a ser parte del plan regulador de la comuna [...]".

F) *Afectación presunta de caminos: la fuerza de la costumbre como fuente de Derecho*

En el caso de los llamados bienes públicos artificiales, esto es aquellos bienes que deben ser delimitados artificialmente, como una calle o un camino, la afectación opera de dos modos: o por un acto administrativo singular (expreso o tácito) o de modo presunto; esto es, por la costumbre. Reviso ahora brevemente solo este último modo de afectación. Este tipo de afectación opera por la fuerza de los hechos, de los usos del público (en eso consiste la costumbre, por lo demás) y está consagrada en el artículo 26 inciso 1° LC.

G) *Afectación presunta: definición y dificultades*

La hipótesis de la afectación presunta que aquí analizo deriva de la costumbre. Es un caso de aceptación legal de la costumbre como fuente del derecho, como lo preceptúa y anuncia desde 1857 el artículo 2° del Código Civil: "La costumbre no constituye derecho sino en los casos en que la ley se remite a ella". La costumbre está relegada a la necesidad de ser consagrada, caso a caso, por una ley específica que la consagre. Este es el caso en materia de uso público prolongado de caminos públicos.

a) *Consagración y definición de la afectación presunta.* Se configura la afectación presunta en el caso de un terreno materialmente ocupado y abierto al uso público, en que además haya transcurrido un tiempo inmemorial, como mínimo el tiempo de prescripción de las acciones de reclamo por dicha ocupación. El caso paradigmático de afectación presunta, en Chile, es el regulado por el artículo 26 inciso 1° LC que dispone de manera enfática: "Todo camino que esté o hubiere estado en uso público se presumirá público en todo el ancho que tenga o haya tenido [...]".

Puede ser definida como aquella técnica de incorporación de terrenos específicos a la categoría de los bienes públicos, como un derivado de actos, hechos, usos y costumbres que, aunque no constituyan manifestación específica del destino del bien, sí permiten entender su vinculación a un uso público, el que se prolonga por un tiempo inmemorial. Es la aplicación de la fuerza de los hechos, junto con el transcurso del tiempo, lo que determina y produce el tránsito o transmutación de un bien privado al régimen jurídico a que están sometidos los bienes públicos, sin necesidad de un pronunciamiento administrativo ni judicial expreso; es la fuerza de los hechos, reconocidos por la ley. Esto es, se produce la afectación presunta por el solo ministerio de la ley y de la costumbre *unidas*.

La afectación producida de este modo presunto "puede entenderse como el resultado de una situación fáctica cuya perduración en el tiempo de una manera ininterrumpida revela la esencialidad del bien en el cumplimiento de los fines propios [públicos]"[25]. Siempre los supuestos de afectación presunta están vinculados al transcurso del plazo de prescripción, en que normalmente un particular habría adquirido ese bien para sí, pero dado el destino fáctico, se produce la transmutación de categoría: de bien privado a público. Es el resultado de la adscripción sucesiva, continuada e ininterrumpida de un bien específico a un destino de uso público, por obra y fuerza de la costumbre.

H) *La hipótesis: uso público prolongado de un camino*

En los casos en que durante un largo transcurso de tiempo, más allá incluso del plazo de la prescripción de los bienes raíces, si un terreno ha estado destinado al uso público, y ello se ha realizado sin que pueda encontrarse algún acto administrativo previo que haya planificado la apertura de dicho terreno al uso público, ni menos un acto expropiatorio, ni convencional de adquisición, sino una pura y simple ocupación de un terreno, ya no por un órgano administrativo únicamente, sino por el público que ha comenzado a ejercer su garantía de la libre locomoción sobre dicho terreno, ya clasificado contemporánea o posteriormente como calle o camino público, cabe entender ante el derecho vigente que se ha producido una afectación de dicho bien al uso público, ya no de manera expresa, formal, sino de manera presunta. Ello en aplicación de la hipótesis legal del artículo 26 inciso 1° LC, por la fuerza jurídica de los hechos cuando son constitutivos de una costumbre reconocida por la ley.

La principal consecuencia de considerar a ese terreno como un bien público, es que no caben a su respecto actos o acciones reivindicatorias de un supuesto y antiguo dueño o sucesor de sus antiguos dueños, dado que una vez que un terreno ha quedado afectado como bien público, ese particular *pierde*

[25] GALLARDO (1995), pág. 50. La base normativa en España es el art. 8° del Reglamento de Bienes de las Corporaciones Locales, según el cual se considera producida la afectación de bienes a un uso o servicio público o comunal, excluyendo la necesidad de un acto formal, cuando durante un período de veinticinco años fueren utilizados bienes de propios a un uso o servicio público o comunal.

la posesión de su terreno, por el hecho concreto y prolongado de estar ese terreno *abierto al uso del público*, ante el cual ya nada cabe reivindicar. Acaso se podrá intentar alguna indemnización si no ha transcurrido el plazo de prescripción de las acciones respectivas para reclamar del uso público, que es el hecho radical que transforma el bien desde privado a público en la hipótesis del artículo 26 inciso 1° LC, en caso de uso inmemorial (más allá de los plazos de prescripción).

En estos casos de bienes destinados al uso público hace muchos años, más allá del plazo de prescripción, ha operado la figura jurídica denominada *afectación presunta*, cuya cabida en nuestro ordenamiento jurídico (si bien escueto en estas materias, pues carecemos de un código o ley general relativa a los bienes públicos) se produce por la vía de lo dispuesto en el artículo 26 inciso 1° LC.

5. Sistema registral de bienes públicos

A) *Las dificultades de las autoridades administrativas para probar la naturaleza pública de ciertos bienes*

Para las autoridades administrativas encargadas de administrar los bienes nacionales de uso público resulta muchas veces difícil probar la naturaleza pública de ciertos terrenos, pues la jurisprudencia ha entendido que la Administración debe probar la forma por las que este bien fue adquirido o pasó a su patrimonio antes de la posterior afectación[26]. Hecho que se agudiza por las deficiencias de nuestro derecho positivo sobre la materia, lo que ya hemos señalado *supra,* y en especial por lo siguiente:

1°) Se obvia comúnmente el hecho concreto de que los bienes públicos, en especial los caminos públicos, tienen diversos orígenes: algunas vías formales, otras menos formales, como las siguientes:

i) En terrenos de propiedad privada que han sido formalmente expropiados.

ii) En terrenos que, derivado de su urbanización, según la Ley de Urbanismo y Construcción, han sido objeto de formales ventas o cesiones gratuitas.

En ambos casos, posteriormente los terrenos (antes de propiedad privada) con posterioridad, son formalmente afectados mediante un acto administrativo (y quedarán sujetos al régimen de los bienes públicos).

Muchas de estas cesiones, en la práctica administrativa, se concretaban antiguamente en simples aceptaciones de los particulares para que, dentro de la urbanización, se construyeran calles o plazas públicas, o incluso caminos

[26] La experiencia que aquí recogemos es la referida a caminos, para lo cual hemos tomado ciertos casos de la jurisprudencia y la práctica del Ministerio de Obras Públicas.

urbanos, es decir no mediaba acto jurídico alguno, y así se han urbanizado muchas de las ciudades de Chile incluso antes de la creación del Conservador de Bienes Raíces.

iii) En terrenos simple e informalmente usados por el público como caminos públicos, pero respecto de los cuales no hay antecedentes sobre su eventual expropiación o cesión gratuita. Simplemente se ha producido durante largos años su uso continuo y notorio como vía pública.

En estos casos es necesario producir algún mecanismo de regularización de estos bienes públicos informalmente afectados, de tal manera de producir completa certeza sobre tal situación. Sobre todo que, como se verá, esta falta de formalidad no priva a tales bienes de la calidad de públicos, ni priva de legalidad y juridicidad al origen informal de su afectación. Solo se trata de situaciones consuetudinarias, comunes en los ordenamientos jurídicos, las cuales requieren regularización.

2º) En el caso de los bienes informalmente usados consuetudinariamente como tales, existe la dificultad de probar su naturaleza demanial de frente a la habitual inscripción paralela de tales terrenos como propiedad privada. Esta duplicidad de regímenes (por un lado: uso público evidente; y por otro, inscripción paralela a nombre de un particular) es perjudicial, dado que origina incerteza para la administración de estos, y ha sido causa de juicios en que la Administración ha sido condenada a la reivindicación de un particular. En la realidad chilena, donde no existe una potente doctrina jurisprudencial administrativista, esto se agrava, pues los tribunales tienden a dar preeminencia a la inscripción de tales terrenos en los Registros de Propiedad de los Conservadores de Bienes Raíces, pasando por encima incluso de la realidad, también jurídica, del uso público de tales bienes.

3º) Consecuencia de lo anterior es la aplicación que se ha dado en los regímenes comparados y en Chile (con la única excepción actual de España, pero que ha tenido problemas en su aplicación práctica, como se analiza más adelante), del principio según el cual los bienes públicos no tienen acceso a los registros de la propiedad privada. Principio este que ha sido mayormente entendido *no como la prohibición de inscripción* de los bienes públicos, sino de *la falta de necesidad de inscripción registral*. En efecto, como consecuencia de los privilegios exorbitantes de que goza el demanio, como la imprescriptibilidad, inalienabilidad, inembargabilidad, en algunos casos potestades de autotutela (hoy consideradas de dudosa legitimidad), se les reconoce por sí mismos de una publicidad y de una protección que muchas veces no es tal.

A raíz de lo anterior, según el pensamiento jurídico tradicional, y de lo cual se han derivado las regulaciones vigentes, pareciera que en materia de bienes públicos no existiese la necesidad de acudir a un registro en busca de publicidad y protección jurídica de la certeza que todo registro proporciona. Pero ello, no es real, y cabe analizar la necesidad y posibilidad de tal registro.

Pese a lo anterior, actualmente, existe ya regulado en la legislación vigente un *Catastro nacional de bienes nacionales de uso público,* en la Ley Orgánica del Ministerio de Bienes Nacionales, registro que en los hechos opera de un modo parcial, en cuanto al cumplimiento de objetivos de protección de la certeza jurídica de tales bienes públicos.

6. Conclusiones

1º) Existe un sector de los bienes que podemos llamar de la *apropriatio*, en el que se encuentran todos aquellos bienes que el régimen jurídico permite a los particulares apropiarlos, que es regulado por el derecho civil.

De frente, y como una bipolaridad, esto es, contraponiendo su naturaleza jurídica, principios e instituciones cardinales, podemos situar el sector de los bienes que han sido publificados; este es el sector de la *publicatio*, en el que han quedado relegadas las demás cosas no susceptibles de ser apropiadas por los particulares, que no son susceptibles de propiedad.

2º) La Constitución Política ha diseñado una clasificación de los bienes o cosas, que los sitúa en tres posiciones: ya como comunes a todos los hombres; ya como pertenecientes a la nación toda (bienes públicos); ya como susceptibles de ser adquiridos por las personas naturales y jurídicas de derecho privado y público (esto es, ser apropiados, susceptibles de ser convertidos en algo propio). En esta última categoría se encuentran no solo los bienes de los particulares, sino también los del fisco, de los gobiernos regionales o de las municipalidades, y de toda otra persona jurídica de derecho público.

3º) En el caso de Chile, nos encontramos ante una disciplina aun poco desarrollada en materia de derecho de los bienes públicos, panorama que comenzó a cambiar a partir de 1980 con la consagración legal de la *summa divisio* de bienes.

4º) La explicación dogmática de la intensa intervención de la Administración en materia de bienes públicos es la utilización de la técnica jurídica de la *publicatio* lo que constituye el título de todas las facultades, asociadas al interés público, que se arroga la Administración del Estado, cuya institucionalidad está dispersa en un sinnúmero de órganos.

5º) Quedó de manifiesto que la afectación, entendida como figura instrumental y derivado normativo de la *publicatio* es aquella acción regulatoria por medio de la cual se especifican y determinan clases o categorías de bienes que, por tal razón, quedan excluidos del tráfico jurídico-privado. Su materialización, que puede ser por ley, por un acto administrativo singular o por la fuerza de la costumbre (afectación presunta), cumple tres funciones fundamentales: i) declara la vocación pública de los bienes sobre los que se proyecta; ii) impone la aplicación de un régimen jurídico administrativo de protección y cuidado, y

iii) consolida la situación jurídica de terrenos que aun estando inscritos a favor de particulares han permanecido abiertos ostensible y pacíficamente al uso público, como caminos públicos, durante tiempos prolongados o inmemoriales.

6º) Finalmente, la inexistencia de un sistema registral representa una dificultad para la Administración del Estado y origina incerteza no solo para la administración de los mismos sino también para probar la naturaleza pública de ciertos bienes públicos.

BIBLIOGRAFÍA

Aldunate Lizana, Eduardo y Fuentes Olmos, Jessica (1997): "El concepto del derecho de propiedad en la jurisprudencia constitucional chilena y la teoría de las garantías de instituto", en *Revista de Derecho de la Universidad Católica de Valparaíso*, XVIII, págs. 195-221.

Alessandri Rodríguez, Arturo y Somarriva Undurraga, Manuel (1974): *Curso de derecho civil*. De los bienes y los derechos reales, Santiago, Editorial Nascimiento.

Barros, Enrique (2001): "Lo público y lo privado en el derecho", en *Estudios Públicos*, núm. 81.

Brahm, Enrique (1994): "El concepto de propiedad en la ley Nº 15.020 sobre reforma agraria", en *Revista Chilena de Derecho*, vol. 21.

— (1996): "El concepto de propiedad en el Código napoleónico", en *Revista Chilena de Derecho*, vol. 23, págs. 7-12.

— (1999): *Propiedad sin libertad: Chile 1925-1973*. Aspectos relevantes en el avance de la legislación socializadora, Santiago, Universidad de los Andes, 268 págs.

Castellón Venegas, Hugo y Rebolledo Contreras, Laura (1999): *Aspectos sobre la constitucionalización del derecho civil*, Santiago, Editorial Jurídica Conosur, 316 págs.

Claro Solar, Luis (1930): *Explicaciones de derecho civil chileno y comparado*, tomo 6, De los bienes, Santiago, Imprenta Cervantes, I.

Evans de la Cuadra (1967): *Estatuto constitucional del derecho de propiedad en Chile*. La ley 16.615 de enero de 1967, modificatoria de la Constitución. Su historia fidedigna, contenido y análisis de la reforma, Santiago, Editorial Jurídica de Chile.

— (1999): *Los derechos constitucionales*, tomo III, Santiago, Editorial Jurídica de Chile, págs. 170-171.

Franch i Saguer, Marta (2009): "Afectación y desafectación de los bienes y derechos públicos", en *Dominio público: naturaleza y régimen de los bienes públicos*, Buenos Aires, Editorial Heliasta, 523 págs.

Fuentes Olmos, Jessica (1998): *El derecho de propiedad en la Constitución y la jurisprudencia*, Santiago, Editorial Jurídica Conosur, 397 págs.

Gallardo Castillo, M. J. (1995): *El dominio público local: procedimientos administrativos constitutivos y de gestión*, Granada, Editoriales de Derecho Reunidas, págs. 73-93.

Gónzález Carvajal, Paola (2001): *Régimen jurídico de protección del patrimonio cultural y de los pueblos indígenas en la legislación chilena*, Memoria para optar al grado de Licenciado en Ciencias Jurídicas y Sociales, Santiago, Universidad de Chile, 295 págs.

Guzmán Brito, Alejandro (1995): *Las cosas incorporales en la doctrina y en el derecho positivo*, Santiago, Editorial Jurídica de Chile.

Miranda, Jorge (2010): "Notas sobre cultura, Constitución y derechos culturales", en *Revista de Derecho Constitucional Europeo*, núm. 13, págs 47-66.

Morell Ocaña, Luis (1989): *Apuntes de derecho administrativo: dominio público, bienes patrimoniales, régimen administrativo de la propiedad privada*, Madrid, Universidad Complutense de Madrid, 143 págs.

Patault, Anne-Marie (1989): *Introduction historique au droit des biens*, Paris, Presses Universitaires de France.

Pescio, Víctor (1978): *Manual de derecho civil*, Santiago, Editorial Jurídica.

Prott, Lyndel y O'Keefe, Patrick (1984): *Law and the cultural heritage*, Abingdon: Professional Books.

Silva Cimma, Enrique (1969): *Derecho administrativo chileno y comparado*, vol. II, Santiago, Editorial Jurídica de Chile, tomo II, 184.

Schmidt-Hebel, Klaus (1999): "Patrimonio cultural: aspectos económicos y políticas de protección", en *Perspectivas en Política, Economía y Gestión*, núm. 2, 33 págs.

Vergara Blanco, Alejandro (1991): "La propietarización de los derechos", en *Revista de Derecho de la Universidad Católica de Valparaíso*, vol. 14, págs. 281-291.

— (2004): "La summa divisio de bienes y recursos naturales en la Constitución de 1980", en *Ius Publicum*, núm. 12, Santiago, Universidad Santo Tomás, págs. 105-126.

— (2010): *Instituciones de derecho minero*, Santiago, Editorial Abeledo Perrot Legal Publishing, págs. 145- 175.

— (2015): "Derecho de bienes públicos en Chile. Recuento doctrinario y actualidad normativa", en *El dominio público en Europa y Latinoamérica*, López-Ramón, Fernando y Vignolo Cueva, Orlando (Coords.), Lima, Red Internacional de Bienes Públicos y Círculo de Derecho Administrativo, págs. 299-334.

— (2018): *Derecho administrativo económico. Sectores regulados: servicios públicos, territorio y recursos naturales* (Santiago, Thomson Reuters).

— (2019): "Afectación presunta de caminos públicos. El efecto del uso público prolongado en la transmutación de propiedades inscritas", en J. Arancibia y P. Ponce Correa (Eds.), *El dominio público*. Actas de las XV Jornadas Nacionales de Derecho Administrativo, pp.173-205. Universidad de Tarapacá, 2019.

Villey, Michel (1976): "El 'ius in re' del derecho romano clásico al derecho moderno", en *Estudios en torno a la noción de derecho subjetivo*, Valparaíso, Ediciones Universitarias de Valparaíso.

COLOMBIA

LOS BIENES PÚBLICOS EN COLOMBIA

RAMIRO SAAVEDRA BECERRA*

1. CATEGORÍAS

El régimen jurídico de los bienes públicos en Colombia se caracteriza porque su regulación no está concentrada en un solo cuerpo normativo, sino en múltiples fuentes de rango constitucional, legal e incluso sectorial.

Este régimen, originalmente civilista como corresponde al estudio del patrimonio, ha derivado en una parte considerable del derecho administrativo contemporáneo, al cual pertenecen la mayoría de las instituciones jurídicas que actúan y se expresan por medio de los bienes públicos.

A) *El régimen particular de los bienes públicos*

Lo primero que debe advertirse es que el régimen de los bienes públicos en Colombia no siguió la distinción francesa entre dominio público y dominio privado, en la que, el primero incluye los bienes que no son susceptibles de propiedad privada por estar fuera del comercio, como ocurre con los caminos públicos, los ríos navegables o las carreteras. El segundo dominio está compuesto por aquellos bienes productivos, susceptibles de propiedad privada y cuyos rendimientos entran al erario[1]. El Código Civil colombiano[2], en cambio, optó por la distinción entre los bienes de uso público y bienes fiscales —categoría inexistente en el derecho francés— y decidió someterlos al dominio de la persona pública, consagrando un sistema basado en formas particulares de propiedad sobre los bienes del Estado.

B) *Fundamentos del régimen particular*

El sistema se basó en el ordenamiento colonial, que a su vez estuvo fuertemente influenciado por el derecho romano. En este, los bienes se podían

* Abogado de la Pontificia Universidad Javeriana, con especialización en Derecho Administrativo y Sociología Política de la Université de París II. Egresado del Programa Alto Gobierno de la Universidad de los Andes. Profesor de responsabilidad del Estado en la Pontificia Universidad Javeriana. Exconsejero y expresidente del Consejo de Estado de Colombia.

[1] MARGARITA SERNA VALLEJO, "Los bienes públicos: formación de su régimen jurídico", en J. GONZÁLEZ GARCÍA (dir.), *Derecho de los bienes públicos,* Valencia, Tirant lo Blanch, 2005.

[2] Adoptado por la ley 57 de 1887.

clasificar dependiendo del derecho aplicable; así, juristas como GAYO plantearon que los bienes se dividían en una primera categoría llamada *divini iuris*, compuesta por la *res religiosae*, la *res sacrae* y la *res sanctae* y una segunda categoría denominada *humani iuris*, compuesta por la *res privatae* y la *res publicae*. Esta última incluía la *res publicae in usue destinatae* y la *res in patrimonio populi* o *in patrominio fisci,* o aquellos bienes que en principio se destinaban a producir beneficios económicos para satisfacer las necesidades del Imperio y que eran propiedad de una persona distinta, denominada *fiscus*[3].

En el ámbito municipal romano, las *universitates* tenían un patrimonio conocido como *communia*, compuesto por dos grandes categorías de bienes según su uso: en una primera categoría, estaban los bienes de uso público, sobre los que no había claridad respecto de su propietario; sin embargo, dentro de estos se encontraban las calles, plazas, acueductos y coliseos, y en una segunda categoría, los bienes de las comunas que se recibían a título de donación como los esclavos, los bosques o las tierras que no habían sido divididas entre los colonos[4].

A su vez, durante la colonia española, el patrimonio público podía ser estudiado desde dos niveles: el primero era el patrimonio nacional, compuesto por los bienes que pertenecían a la Corona y por los bienes del rey —categoría que no tuvo mayor influencia en el ordenamiento jurídico colombiano—, y el segundo, el patrimonio municipal, compuesto por los bienes de uso común, como los ríos, puertos, montes, ferias de mercado, entre otros, y los bienes propios, que se caracterizaban porque no estaban dispuestos para todos los particulares, sino que estaban destinados a producir rentas en beneficio de la colectividad. Estas construcciones jurídicas aterrizaron en las Indias occidentales, con algunos cambios o adaptaciones locales y con un fundamento distinto.

En este sentido, el redactor del Código Civil chileno adoptado en Colombia, ANDRÉS BELLO, fue esencial en el desarrollo del régimen de los bienes públicos, y su clasificación, puesto que, como se explicó, se alejó del modelo francés y adoptó una perspectiva que puede apreciarse en dos de sus textos: *Las Instituciones del derecho romano* (1843-1849) y sus *Principios de derecho internacional* (1832), en los que sostenía que las cosas públicas se caracterizan porque su propiedad está en cabeza de un Estado o Nación, su uso se dirige a todos los individuos de ese Estado y esos bienes son distintos de los que forman parte del patrimonio de la persona pública, tal y como ocurre con los predios o las oficinas destinadas al servicio nacional.

[3] JULIÁN ANDRÉS PIMIENTO ECHEVERRY, "Elementos históricos para la construcción de la noción de bienes de uso público", en *Derecho administrativo de bienes*, Bogotá, Universidad Externado de Colombia, 2015, págs. 87-88.

[4] *Ibid.*, págs. 90-91.

La novedad de la postura de ANDRÉS BELLO consiste en que afirmó la existencia de la propiedad sobre los bienes públicos, de modo que el Estado tenía una *soberanía-imperium* sobre todos los bienes del territorio y una *soberanía-dominium* de propietario, sobre los bienes públicos. Ambos poderes coexistían sobre un mismo bien, pero variaban en cuanto a las prerrogativas que surgían de cada uno de ellos. BELLO planteó que los bienes públicos se dividían en dos categorías: la primera denominada bienes comunes de la Nación, los cuales podían ser usados indistintamente por todos los individuos, como las calles, ríos, lagos, y la segunda categoría, llamada bienes de la Corona o la República, los cuales estaban destinados a diferentes objetos de servicio público, tales como las casas, haciendas, minas y fortificaciones[5].

Consecuentemente, el Código Civil en su artículo 674[6] establece que los bienes de la Unión[7] pertenecen al dominio de la República y que pueden tener las siguientes categorías: de un lado, los bienes de la Unión, de uso público, cuyo uso pertenece a todos los habitantes del territorio y, de otro, los bienes fiscales, cuyo uso no pertenece generalmente a todos los habilitantes.

A su vez, el artículo 102 de la Constitución Política de Colombia le atribuye a la Nación el *dominio eminente* sobre el territorio, que no es un derecho de propiedad, es decir, un dominio de contenido económico sino más bien de contenido político[8].

No obstante la aparente simpleza de la clasificación civilista de los bienes públicos en bienes de uso público y bienes fiscales, lo cierto es que esta categorización se torna insuficiente para abarcar la totalidad de bienes públicos existentes; por ello es importante repasar la concepción de la Constitución Política de 1991 en esta materia.

C) *La concepción constitucional de los bienes públicos en Colombia*

El artículo 63 de la Carta de 1991 eleva a rango constitucional el régimen jurídico de los bienes de uso público, pero extiende las garantías de protección

[5] JULIÁN ANDRÉS PIMIENTO ECHEVERRY, "El elemento nuevo: el Código Civil y la construcción constitucional", en *Derecho administrativo de bienes*, Bogotá, Universidad Externado de Colombia, 2015, págs. 151-154.

[6] "Se llaman bienes de la Unión aquellos cuyo dominio pertenece a la República.

"Si además su uso pertenece a todos los habitantes de un territorio, como el de calles, plazas, puentes y caminos, se llaman bienes de la Unión de uso público o bienes públicos del territorio.

"Los bienes de la Unión cuyo uso no pertenece generalmente a los habitantes, se llaman *bienes de la unión* o *bienes fiscales*.

[7] Entre 1863 y 1885 Colombia tuvo un régimen gederal, pero cuando se adoptó el Código Civil, se había implantado un régimen centralista (1886).

[8] LIBARDO RODRÍGUEZ RODRÍGUEZ, *Derecho administrativo. General y colombiano*, vol. 1, Bogotá, Temis, 2021, pág. 542.

a otros bienes no solo públicos sino privados, conforme a las necesidades de interés general, de manera que la norma establece el género bienes inalienables, imprescriptibles e inembargables, del que los bienes de uso público son una especie. En este sentido, ampara al Sistema Nacional de Parques Naturales, lo mismo que las propiedades colectivas indígenas y afrocolombianas. A su vez, el artículo 60 se refiere a la propiedad accionaria del Estado, cuya enajenación es un instrumento de acceso a la propiedad privada por los trabajadores; el artículo 72, por su parte, expresa que "el patrimonio arqueológico y otros bienes culturales que conforman la identidad nacional, pertenecen a la Nación y son inalienables, inembargables e imprescriptibles", con lo que protege la afectación al interés cultural de propiedades públicas y privadas. De igual manera, el artículo 75, en una forma que resultaría totalmente extraña a la concepción técnica, clasifica el espectro electromagnético como un "bien público inenajenable e imprescriptible sujeto a la gestión y control del Estado"; el artículo 82 protege la afectación al espacio público urbano[9], y el artículo 332 reafirma la concepción que ha existido durante más de un siglo en el sentido de que la propiedad del suelo y los recursos no renovables le corresponden al Estado.

Estos bienes, a pesar de compartir similitudes con los bienes de uso público, tienen una serie de diferencias que los hacen únicos.

Así, los parques naturales se diferencian de los bienes de uso público en que la afectación de las tierras que los componen está destinada únicamente y exclusivamente a una finalidad ecológica, y no a satisfacer necesidades individuales.

El patrimonio arqueológico está ligado a la identidad cultural de la Nación y por eso es también inalienable, imprescriptible e inembargable; sin embargo, puede ocurrir que haya bienes privados que sean patrimonio arqueológico.

Por último, las tierras comunales, de grupos étnicos y resguardos se caracterizan porque el titular de los derechos es la comunidad y su afectación se da por razones culturales; además, mientras las tierras de grupos étnicos pueden ser enajenables, los resguardos no lo son[10].

2. Titulares y fuentes reguladoras

Independientemente de las discusiones relacionadas con la insuficiencia de la categorización civilista clásica de los bienes públicos en Colombia, a

[9] Const. Pol., art. 82: "Es deber del Estado velar por la protección de la integridad del espacio público y por su destinación al uso común, el cual prevalece sobre el interés particular". Las entidades públicas participarán en la plusvalía que genere su acción urbanística y regularán la utilización del suelo y del espacio aéreo urbano en defensa del interés común".

[10] Consejo de Estado, Sala de Consulta y Servicio Civil, sent. de 2 noviembre 2005, exp. 1682.

continuación, se precisa la definición, las características con sus fuentes reguladoras y la titularidad de los bienes de uso público y de los bienes fiscales.

A) *Los bienes de uso público*

a) *Definición.* Bienes de uso público son aquellos bienes cuyo dominio pertenece a la Nación, y se caracterizan principalmente porque están destinados al uso, goce y disfrute de todos los habitantes del territorio nacional y, por lo tanto, la ley o las autoridades públicas competentes son quienes regulan su utilización[11].

Dentro de esta categoría de bienes, según el artículo 674 del Código Civil se encuentran las calles, plazas, puentes y caminos, listado que no debe ser entendido de manera taxativa, puesto que a lo largo del ordenamiento jurídico colombiano hay otros ejemplos, como es el caso de las playas, los terrenos de bajamar y las aguas marítimas, que están definidos como bienes públicos en el artículo 166 del decreto- ley 2324 de 1984[12].

Desde la perspectiva constitucional[13], por ejemplo, hay otros bienes de uso público, como es el caso ya mencionado del espectro electromagnético, que se declara inenajenable e imprescriptible y sujeto a la gestión y control del Estado; también figuran dentro de esta categoría los recursos naturales renovables, las plazas de mercado, los puertos marítimos y fluviales y los aeropuertos. Estos bienes están determinados no solo por su calificación legal sino por su destinación o afectación, y pueden ser bienes dedicados al fomento de la riqueza nacional como es el caso del patrimonio cultural, arqueológico e histórico y los bienes de dominio privado o estatal destinados al uso público, como las fachadas de los inmuebles que poseen un valor histórico o arquitectónico, cuyo dominio es exclusivo de una persona, pero no pueden ser alterados por el valor que representan para la sociedad. Bienes afectados al espacio público que comprenden el conjunto de inmuebles públicos y los elementos arquitectónicos y naturales de los inmuebles privados destinados por su naturaleza, por su uso o afectación a la satisfacción de necesidades urbanas colectivas que trascienden, por tanto, los límites de los intereses individuales de

[11] Consejo de Estado, Sala de lo Contencioso Administrativo, Sección Tercera, sent. de 30 abril 2012, exp. 21.699.

[12] "*Bienes de uso público.* Las playas, los terrenos de bajamar y las aguas marítimas son bienes de uso público, por tanto intransferibles a cualquier título a los particulares, quienes solo podrán obtener concesiones, permisos o licencias para su uso y goce de acuerdo a la ley y a las disposiciones del presente decreto. En consecuencia, tales permisos o licencias no confieren título alguno sobre el suelo ni subsuelo".

[13] "Los bienes de uso público, los parques naturales, las tierras comunales de grupos étnicos, las tierras de resguardo, el patrimonio arqueológico de la Nación y los demás bienes que determine la ley, son inalienables, imprescriptibles e inembargables" (art. 63).

los habitantes. Dentro de los bienes de uso público están también los parques públicos y las zonas verdes[14].

b) *Titularidad y fuentes reguladoras.* Aunque según el artículo 674 del Código Civil el titular de los bienes de uso público es la Nación, es decir, la entidad administrativa central del Estado[15], existen dudas sobre si la propiedad de estos bienes puede estar en cabeza de otras personas públicas.

Al respecto el profesor LIBARDO RODRÍGUEZ RODRÍGUEZ señala que una interpretación podría consistir en que los bienes de uso público pertenecen, en efecto, a la Nación, mientras que los bienes de los departamentos y municipios deberían considerarse bienes fiscales. No obstante, concluye en que tal posibilidad es inaceptable a la luz de la estructura del Estado contemporáneo, que se caracteriza por la descentralización de sus actividades a través de diversas entidades con personalidad jurídica propia, como son los establecimientos públicos, las agencias, las asociaciones de municipios y las áreas metropolitanas[16].

c) *Afectación y desafectación de los bienes de uso público.* En el ordenamiento jurídico colombiano la afectación es entendida como la manifestación de la voluntad de la autoridad pública competente para incorporar un bien al uso o al goce de la comunidad, para lo cual es necesario que exista un bien que sea adecuado a tal determinación.

Al respecto, la Corte Constitucional[17] ha indicado que debe existir, en primer lugar, una manifestación de la voluntad o actitudes de la administración que permitan entender que el uso de un bien estará dispuesto para el uso público. Por lo que puede ocurrir que el ente estatal adquiera un bien y lo destine al uso público —artículo 17 del decreto 855 de 1994—, O expropie un bien, cuyo uso sea necesario para ponerlo a disposición de los habitantes del territorio nacional (el art. 58 constitucional faculta al Estado para expropiar bienes por motivos de utilidad pública o de interés social que el legislador defina).

En segundo lugar, debe existir un título de dominio o una ley que faculte al Estado a ostentar la titularidad sobre el bien, de modo que este título va a depender de la forma como se adquiera el bien; por ejemplo, si fue por adquisición directa habrá un título traslaticio de dominio o si fue por expropiación habrá una sentencia o un acto administrativo.

En tercer lugar, la afectación tiene que ser real y efectiva, lo que significa que el bien que se afecta debe ser apto para un uso público, o dicho en pala-

[14] Catastro Distrital, Bienes de uso público. [sitio web]. En glosario (consultado el 21 septiembre 2021). Disponible en http://www.catastrobogota.gov.co/glosario/bienes-de-uso-publico.

[15] En el derecho colombiano, se ha entendido que la Nación es la persona jurídica en tanto que el Estado es un concepto político, si bien en la Constitución de 1991 esta distinción es menos clara.

[16] RODRÍGUEZ RODRÍGUEZ, *op. cit.*

[17] Corte Constitucional, sent. T-150 de 4 abril 1995.

bras del artículo 5° de la ley 9ª de 1989, debe tratarse de un bien que tenga un interés público manifiesto y conveniente.

En cuanto a la desafectación, ella es entendida como el fenómeno jurídico mediante el cual un bien de uso público deja de serlo, por cuanto pasa a ser un bien patrimonial del Estado o de los particulares. Resulta importante aclarar que respecto de su procedencia existen diversas tesis:

De una parte, está la tesis que acepta la procedencia de la afectación, fundamentada en que, si bien las características de que trata el artículo 63 constitucional se predican de los bienes que han sido catalogados como públicos, lo cierto es que si el bien cambia de categoría, este puede ser sometido a las reglas de los bienes patrimoniales establecidas en el Código Civil.

Además, desde esta perspectiva, se indica que la calificación de un bien como de uso público dependerá de la voluntad del legislador, por lo que resulta lógico que si el legislador tiene la voluntad inequívoca de desafectarlo, tendrá que emitir un acto que manifieste dicha voluntad. Así pues, la ley, en situaciones excepcionales ha efectuado la desafectación de un bien por hechos de la naturaleza, tal y como ocurre en la figura del aluvión[18].

Según esta teoría, los requisitos para que pueda existir desafectación son: que el bien de uso público haya perdido su propósito, siempre que ello no se derive de actos negligentes u omisiones de la autoridad pública que los preserva. Adicionalmente, debe existir una manifestación clara de la autoridad competente de querer desafectarlo y, por último, para aquellos casos de bienes de uso público ubicados en áreas urbanas o suburbanas, debe haber un canje del bien por otro de similares características, tal y como lo dispone el artículo 6° de la ley 9ª de 1989.

Otra tesis niega la procedencia de la desafectación de los bienes públicos, por cuanto el constituyente en el artículo 63 les ha otorgado el carácter de inalienables; además porque su uso se ubica en cabeza de todos los habitantes del territorio nacional; por tanto, el Estado no tiene poder de disposición, más allá del de administrarlos y preservarlos. En línea con esta posición, el artículo 170 del decreto 1333 de 1986 prevé que las vías, puentes y acueductos públicos no pueden ser enajenados, ni reducidos en ningún caso.

B) *Los bienes fiscales*

a) *Definición.* Al no existir el concepto de dominio privado en el derecho colombiano, el Código Civil declara[19] que los bienes de la Unión cuyo

[18] "Se llama *aluvión* el aumento que recibe la ribera de un río o lago por el lento e imperceptible retiro de las aguas" (C. C., art. 719).

[19] C. C., art. 674.

uso no pertenece generalmente a todos los habitantes del territorio nacional son *bienes fiscales.*

La Corte Constitucional ha entendido que los bienes fiscales pertenecen a cualquier sujeto de derecho público, y se caracterizan porque están destinados al cumplimiento de servicios públicos. La Corte menciona entre ellos a las fincas, edificios, terrenos, equipos, enseres, acciones, entre otros, que se encuentran afectados al desarrollo de una actividad pública o que pueden incluso constituir una reserva patrimonial para fines de utilidad pública[20].

El Consejo de Estado[21], por su parte, ha considerado en algunas sentencias que los bienes fiscales son de naturaleza residual, dado que no cumplen las características propias de los bienes de uso público.

Por su parte, la doctrina[22] ha establecido que los bienes fiscales se pueden dividir en dos subcategorías: la primera denominada *bienes fiscales propiamente dichos,* entendidos como aquellos bienes que poseen las personas de derecho público, sobre los cuales ejercen una propiedad similar a la que ejercen los particulares respecto de sus bienes, y por lo general están destinados a ser usados en determinadas actividades públicas o misionales; y la segunda, que se compone de los que denomina *bienes fiscales adjudicables*, y son usados por el Estado para traspasarlos a los particulares que cumplen con las exigencias que indica la ley. Es el caso de los llamados *bienes baldíos*.

Los bienes fiscales por naturaleza son tanto muebles como inmuebles, fungibles, divisibles, presentes, futuros, singulares, universales, comerciales, apropiables, alienables, lo mismo que derechos reales y personales, todos connotados por la imprescriptibilidad como común denominador y por un régimen jurídico propio[23].

Los bienes fiscales adjudicables son aquellos radicados en cabeza del Estado en cualquiera de sus formas de organización, es decir, de aquellos entes u organismos que la Constitución o la ley otorgan autonomía, personalidad y capacidad para adquirir derechos y contraer obligaciones para la prestación de servicios públicos[24].

[20] Consejo de Estado, Sala de lo Contencioso Administrativo, Sección Tercera, sent. de 30 abril 2012, exp. 21.699.

[21] Consejo de Estado, Sala de lo Contencioso Administrativo, Sección Tercera, sent. de 28 enero 2015, exp. 31612.

[22] Ismael Hernando Arévalo Guerra, "La propiedad pública", en *Bienes: constitucionalización del derecho civil,* Bogotá, Universidad Externado de Colombia, 2017. pág. 541.

[23] Luis Alfonso Rico Puerta, *El derecho de propiedad del Estado*, Medellín, Universidad de Medellín, 2003, pág. 270.

[24] "Los bienes fiscales o estatales, son aquellos que pertenecen a sujetos de derecho público y que, por lo general, están destinados al cumplimiento de las funciones públicas, es decir, los utilizan para el giro de sus actividades". Consejo de Estado, Sala de lo Contencioso

Por ende, cualquier entidad pública puede tener en su patrimonio bienes fiscales por naturaleza. La lista es muy amplia: edificios, escuelas, granjas, estadios, centros educativos, computadoras, papelería, muebles de cualquier índole, dinero de las rentas, de las tasas, de las contribuciones, vehículos automotores, maquinaria para la construcción o el mantenimiento de obras públicas, etc.[25].

C) *Los bienes baldíos*

En relación con los llamados *bienes baldíos*[26], se debe resaltar que se trata de bienes que, estando dentro del territorio, no pertenecen a ninguna persona en particular y por ende son propiedad de la Nación como bienes fiscales. El Estado utiliza estos bienes para adjudicárselos a las personas que cumplan con las exigencias establecidas en la ley, con el propósito de materializar políticas públicas como reparar víctimas de desplazamiento o para la promoción y desarrollo de la agricultura[27].

Estas tierras baldías tienen imprescriptibilidad, previo el cumplimiento de los requisitos establecidos en la ley vigente (160 de 1994).

Además de los bienes baldíos, son también ejemplo de bienes fiscales las redes e instalaciones de las empresas de servicios públicos, siempre que quien preste el servicio público sea directamente el Estado, pues si se trata de un particular las redes o instalaciones son de naturaleza privada. El artículo 594 del Código General del Proceso distingue los bienes de uso público, de los destinados a un servicio público, cuando este sea prestado directamente por una entidad descentralizada o autónoma de cualquier orden[28].

a) *Modo de adquisición de los baldíos.* Se logra a través del modo denominado adjudicación, aportado por el derecho administrativo, que viene

---

Administrativo, Sección Tercera, rad. 52001-23-31-000-2002-1750-01(AP), ref. Acción popular (18 marzo 2004).

[25] Luis Alfonso Rico Puerta, *op. cit.*, pág. 270.

[26] C. C., art 675. "*Bienes baldíos*. Son bienes de la Unión todas las tierras que estando situadas dentro de los límites territoriales carecen de otro dueño".

[27] "Son de uso público aquellos bienes de propiedad pública, administrados por el sujeto público titular del derecho de dominio para el uso y goce de la comunidad. Son bienes fiscales los bienes de propiedad pública que están dentro del comercio y que la Administración generalmente utiliza para el giro de sus actividades. Dentro de esta última categoría están los bienes fiscales adjudicables que son bienes públicos rurales dispuestos para ser transferidos al dominio privado previo el cumplimiento de los supuestos jurídicos de la ocupación". Consejo de Estado, Sala de lo Contencioso Administrativo, Sección Tercera, sent. de 22 febrero 2001 (18503), rad. 76001-23-31-000-1999-0043-01.

[28] Consejo de Estado, Sala de lo Contencioso Administrativo, Sección Primera, sent. de 14 marzo 2019, rad. 05001-23-31-000-2010-01164-02.

a complementar los ya existentes en el Código Civil[29]. No obstante este es un asunto muy polémico; mientras el Consejo de Estado hace importantes precisiones distinguiendo entre acto administrativo de adjudicación y modo de adquisición, la Corte Suprema declara que los baldíos se adquieren por ocupación. A su vez, la Corte Constitucional en la sentencia T-566 de 1992, señala que "el modo para la adjudicación de terrenos baldíos es la ocupación, dando cumplimiento a las leyes 200 de 1936, 2ª de 1959, 135 de 1961 y el decreto 2275 de 1988"[30].

La Corte Constitucional se pronunció en sentencia SU-288 de 2022, sobre las sentencias en procesos de pertenencia que declaran la prescripción adquisitiva sobre predios sin antecedentes registrales o sobre los cuales no se evidenciaron los presupuestos para probar la propiedad privada según lo establecido en el artículo 48 de la ley 160 de 1994.

La Corte se refiere al problema creado por la Agencia Nacional de Tierras (ANT) al interponer acciones de tutela a las sentencias que declararon la prescripción a favor de particulares de 13 diferentes predios que, a juicio de la ANT, eran baldíos de la Nación.

Por ello la Corte resolvió unificar la jurisprudencia y emitir reglas concretas con las cuales se revisen los diferentes casos de prescripciones adquisitivas de predios potencialmente baldíos.

Para la Corte, la única forma para probar la propiedad privada sobre un predio rural es acudir a lo establecido en el artículo 48 de la ley 160 de 1994, es decir: 1) acreditar el título original expedido por el Estado que no haya perdido eficacia legal, o 2) con los títulos debidamente inscritos otorgados con anterioridad a la vigencia de la ley 160 de 1994, en que consten tradiciones de dominio por un lapso no menor del término que señalan las leyes para la prescripción extraordinaria (que era de veinte años para la fecha de la expedición de dicha ley).

D) *Características de los bienes fiscales*

Ante todo, es importante advertir que, desde la perspectiva del derecho positivo, no es posible predicar un régimen jurídico unitario porque se trata de una categoría cuya variedad es tan amplia que no permite catalogarla adecuadamente y es necesario acudir al régimen de protección que, en relación con

[29] Luis Alfonso Rico Puerta, *op. cit.*, pág. 233.

[30] Además de lo cual precisa: "Cosa distinta pero no menos importante son las obligaciones que su condición de ocupador le impone a la persona, por motivos de orden social, económico y ecológico, en cuanto a la utilización del terreno en vía de titulación. El acto administrativo de adjudicación es un acto constitutivo que reconoce la titularidad del derecho real en cabeza del ocupante, y su inscripción en el competente registro de propiedad inmueble sirve de prueba de esta titularidad a partir del hecho de esa ocupación".

bienes determinados, se haya dispuesto. Hay afectaciones de diversos tipos y pueden aplicarse simultáneamente sobre un mismo bien.

Hecha la anterior salvedad, según la doctrina y la jurisprudencia de las Altas Cortes, los bienes fiscales se caracterizan por las siguientes notas:

En primer lugar, son bienes alienables, es decir que pueden ser enajenados y ser objeto de múltiples operaciones comerciales y civiles, como la venta, la donación, el arriendo, o la hipoteca, entre otras. Operaciones que, obviamente se realizan de acuerdo con los requisitos establecidos en los diferentes códigos o normas aplicables.

En segundo lugar, son también imprescriptibles, pues a pesar de que con arreglo al Código de Procedimiento Civil de 1970 se admitía que eran bienes susceptibles de posesión y de ser adquiridos por prescripción, lo cierto es que en la actualidad no se permite que ellos sean adquiridos por usucapión; es más, en el artículo 375 del Código General del Proceso se indica que la declaración de pertenencia no procede frente a bienes fiscales o bienes fiscales adjudicables.

En tercer lugar, son embargables, es decir que pueden constituir prenda general de los acreedores. Sin embargo, existen excepciones a esta característica: i) las indicadas en el artículo 594 del Código General del Proceso que habla sobre los bienes inembargables, particularmente en sus numerales 3 y 5[31]; ii) la prevista en el artículo 19 del decreto 111 de 1996, en el que se indica que son inembargables las rentas incorporadas en el Presupuesto General de la Nación, así como los bienes y derechos de los órganos que lo integran, y iii) las transferencias recibidas de la Nación por parte de las entidades territoriales de acuerdo con el artículo 64 del decreto 1221 de 1986[32].

En cuarto lugar, respecto del régimen jurídico aplicable, hay autores[33] que consideran que los bienes fiscales no tienen un régimen jurídico propio, sino

[31] "Artículo 594. *Bienes inembargables*. Además de los bienes inembargables señalados en la Constitución Política o en leyes especiales, no se podrán embargar:

"[...].

"3. Los bienes de uso público y los destinados a un servicio público cuando este se preste directamente por una entidad descentralizada de cualquier orden, o por medio de concesionario de estas; pero es embargable hasta la tercera parte de los ingresos brutos del respectivo servicio, sin que el total de embargos que se decreten exceda de dicho porcentaje.

"Cuando el servicio público lo presten particulares, podrán embargarse los bienes destinados a él, así como los ingresos brutos que se produzca y el secuestro se practicará como el de empresas industriales.

"[...]

"5. Las sumas que para la construcción de obras públicas se hayan anticipado o deben anticiparse por las entidades de derecho público a los contratistas de ellas, mientras no hubiere concluido su construcción, excepto cuando se trate de obligaciones en favor de los trabajadores de dichas obras, por salarios, prestaciones sociales e indemnizaciones".

[32] Consejo de Estado, Sala de lo Contencioso Administrativo, Sección Tercera, sent. de 30 abril 201, exp. 21.699.

[33] PIMIENTO ECHEVERRY, *op. cit.*, pág. 175.

que sus normas van a depender de la actividad o del servicio público que se desarrolla por medio de ellos; no obstante, el Consejo de Estado[34] en algunas sentencias ha considerado que esta categoría de bienes se rige por regla general por la legislación común y solo excepcionalmente por la administrativa.

Esta postura del Consejo de Estado, se expresa cuando se admite la procedencia de la extinción del domino[35] en bienes fiscales, pues se ha entendido que estos bienes al igual que los privados deben cumplir una función social y ecológica de la propiedad, por ende, existe la viabilidad jurídica de la expropiación de bienes fiscales prevista en el artículo 31 de la ley 160 de 1994[36].

E) *Titularidad*

La titularidad de los bienes fiscales al igual que la de los bienes de uso público recae en el Estado; de allí que el artículo 674 del Código Civil señale que los bienes fiscales son bienes de la Unión cuyo dominio pertenece a la República. En este mismo sentido, el Consejo de Estado[37] ha reiterado que los bienes fiscales se caracterizan por pertenecer al Estado o a los entes estatales.

3. Organización

En el Estado colombiano no existe una única autoridad centralizada que se encargue del manejo y control administrativo de los bienes, sino que cada

[34] Consejo de Estado, Sala de lo Contencioso Administrativo, Sección Tercera, sent. de 12 diciembre 2014, exp. 36251.

[35] Según la ley 1708 de 2014 (art. 15) tal institución jurídica se aplica como consecuencia patrimonial de actividades ilícitas o que deterioran gravemente la moral social, y consiste en la declaración de titularidad a favor del Estado de los bienes a que se refiere esta ley, por sentencia, sin contraprestación ni compensación para el afectado.

[36] Artículo 31. Modificado por la ley 1151 de 2007, art. 27. "El Instituto Colombiano de Desarrollo Rural, Incoder, podrá adquirir mediante negociación directa o decretar la expropiación de predios, mejoras rurales y servidumbres de propiedad privada o que hagan parte del patrimonio de entidades de derecho público, con el objeto de dar cumplimiento a los fines de interés social y utilidad pública definidos en esta ley, únicamente en los siguientes casos:

"a) Para las comunidades indígenas, afrocolombianas y demás minorías étnicas que no las posean, o cuando la superficie donde estuviesen establecidas fuere insuficiente;

"b) Para dotar de tierras a los campesinos habitantes de regiones afectadas por calamidades públicas naturales sobrevivientes;

"c) Para beneficiar a los campesinos, personas o entidades respecto de las cuales el gobierno nacional establezca programas especiales de dotación de tierras o zonas de manejo especial o que sean de interés ecológico.

"*Parágrafo*. Cuando se trate de la negociación directa de predios para los fines previstos en este artículo, así como de su eventual expropiación, el Incoder se sujetará al procedimiento establecido en esta ley".

[37] Consejo de Estado, Sala de lo Contencioso Administrativo, Sección Tercera, sent. de 10 noviembre 2014, exp. 35339

una de las entidades públicas cuenta con una serie de manuales o guías que les permite adelantar las actividades necesarias para administrar y custodiar los bienes que les han sido entregados o que son de su propiedad.

A) *Inventarios*

En el ordenamiento jurídico colombiano las entidades estatales tienen el deber de establecer mecanismos y procedimientos para la administración y control de sus bienes e inventarios, por lo cual es común que cada entidad cuente con su propio manual para el manejo de activos fijos, procesos de inventarios y operatividad del almacén.

El referido deber se fundamenta en los artículos 209 y 269 de la Constitución Política de Colombia, que hablan de la obligación que tienen las entidades públicas de diseñar y aplicar métodos y procedimientos de control interno. Igualmente, en materia legal, la ley 87 de 1993 prevé la obligación de que las entidades estatales cuenten con un sistema integrado de esquemas de organización, planes y procedimientos tendientes a procurar que todas las actividades, así como la administración de información, recursos y bienes se realice de acuerdo con las normas y políticas.

Además, el artículo 354 de la Constitución Política previó por primera vez la figura del contador general de la Nación, el cual se encarga principalmente de uniformar, centralizar y consolidar la contabilidad pública, así como determinar las normas contables que deben regir en el país. En este sentido, la Contaduría General de la Nación brinda a las entidades estatales una serie de lineamientos para que estas lleven a cabo el manejo, clasificación, administración y control de los bienes.

Para ello, a través de la resolución 356 de 2007, modificada por la resolución 156 de 2018, la Contaduría adoptó el Manual de Procedimientos del Régimen de Contabilidad Pública, el cual tiene un catálogo general de cuentas, organizado en varios niveles de clasificación para asignarle a cada bien su respectivo código contable. De modo que, en el nivel correspondiente a los activos, se estableció un grupo denominado inventarios, que se define así:

"En esta denominación se incluyen las cuentas que representan el valor de los bienes tangibles, muebles e inmuebles, e intangibles, adquiridos o producidos por la entidad contable pública, con la intención de que sean comercializados, transformados o consumidos en actividades de producción de bienes o prestación de servicios, o para suministrarlos en forma gratuita a la comunidad, en desarrollo de funciones de cometido estatal"[38].

[38] Contaduría General de la Nación, res. 356 (5 septiembre 2007), por la cual se adopta el Manual de Procedimientos del Régimen de Contabilidad Pública, en *Diario Oficial*, núm. 46.751, 2007.

A partir de los lineamientos, clasificación y denominaciones establecida por la Contaduría General de la Nación, cada entidad estatal expide su respectivo Manual de Administración de Bienes, con el propósito de contar con un instrumento orientador y regulador de las actividades de adquisición, almacenamiento, custodia, distribución e inventarios de los elementos, equipos y demás bienes tangibles e intangibles, muebles e inmuebles necesarios para su funcionamiento, así como lo que tiene que ver con los procedimientos para el ingreso, egreso, baja e inventarios de bienes y almacén.

Un ejemplo es el Manual para el Manejo y Control Administrativo de los bienes de propiedad del Departamento Administrativo de la Presidencia de la República, de diciembre de 2020, que tiene todo un capítulo destinado a la relación ordenada, completa y detallada de toda clase de bienes que integran el patrimonio de la entidad. Este inventario le permite verificar, clasificar, controlar, analizar, valorar y depreciar los bienes que ingresan a los depósitos del almacén[39].

La Superintendencia de Transporte adoptó su Manual para el manejo administrativo de los bienes de su propiedad, con el propósito de que sus servidores públicos o los responsables del manejo, la administración y custodia de los bienes tengan una guía jurídica que les permita desempeñar su labor de manera ordenada y ajustada a la ley[40].

Igualmente, en el ámbito territorial, el Departamento Administrativo de la Defensoría del Espacio Público del Distrito Capital de Bogotá, como entidad encargada de llevar a cabo la administración de los bienes públicos[41], cuenta con una guía detallada relacionada con la administración de bienes de uso público y fiscales del nivel central, cuyo objetivo es definir y orientar las actividades para administrar directa o indirectamente el patrimonio distrital e incluye todas las actividades que se deben adelantar desde la identificación de los bienes que son entregados en administración hasta la disposición de los bienes recibidos.

En el primer capítulo de la mencionada guía se regula lo que tiene que ver con los siguientes temas: i) control de los inventarios, ya que la administración de los bienes públicos implica la actualización constante de la información administrativa de los bienes del Inventario General del Distrito Capital; ii) lo

[39] Departamento Administrativo de la Presidencia de la República, "Manual para el manejo y control administrativo de bienes de propiedad del Departamento Administrativo de la Presidencia de la República" (diciembre de 2020). Disponible en https://dapre.presidencia.gov.co/dapre/DocumentosSIGEPRE/M-GA-03-Manejo-Control-bienes.pdf

[40] Superintendencia de Transporte, res. 7366 (3 agosto 2020), por la cual se establece el manual para el manejo administrativo de los bienes de propiedad de la Superintendencia de Transporte, en *Diario Oficial*, núm. 51.396, 2020.

[41] Consejo de Santa Fe de Bogotá D. C, acuerdo 18 (31 julio 1999), por el cual se crea la Defensoría del Espacio Público. Disponible en https://www.alcaldiabogota.gov.co/sisjur/normas/Norma1.jsp?i=941.

que tiene que ver con el Sistema de Información de la Defensoría del Espacio Público - SIDEP, entendida como un documento que contiene la información de los bienes públicos; iii) la contabilidad de los bienes inmuebles del Distrito Capital, y iv) lo relativo a la disponibilidad de los bienes fiscales, los cuales pueden ser objeto de venta[42].

Estos manuales constituyen una herramienta que facilita los procesos de administración y control de los bienes porque disponen el conjunto de actividades que se deben realizan al interior de cada entidad para gestionar la conservación, funcionamiento y seguridad de los bienes propios, así como los recibidos a cualquier título para su uso y custodia.

B) *Catastro*

En Colombia el catastro es entendido como el inventario debidamente clasificado y actualizado de los bienes inmuebles que pertenecen al Estado y a los particulares, con el objetivo de lograr su correcta identificación física, jurídica, económica y fiscal.

Para mayor claridad de la identificación que hace el Catastro se debe tener en cuenta que: i) la identificación física de un inmueble se refiere al conocimiento de los linderos del terreno, edificaciones del predio y su descripción; ii) la identificación jurídica consiste en indicar y anotar en los documentos catastrales la relación que hay entre el sujeto titular del derecho y el objeto o bien, a través de la identificación ciudadana o tributaria del propietario o poseedor y de la escritura o registro de matrícula inmobiliaria del predio, y iii) la identificación fiscal consiste en la entrega a las tesorerías municipales y a las Administraciones de Impuestos Nacionales de los avalúos sobre los cuales ha de aplicarse la tasa correspondiente al impuesto predial unificado y demás gravámenes tributarios, y iv) la identificación económica es la determinación del avalúo catastral del predio[43].

En cuanto a las autoridades catastrales en Colombia, en primer lugar está el Instituto Geográfico Agustín Codazzi que es un establecimiento público del orden nacional, dotado de personería jurídica, autonomía administrativa y adscrito al Departamento Nacional de Estadística - DANE, que entre otras funciones se encarga de elaborar el catastro nacional de la propiedad inmueble y de adelantar investigaciones geográficas para apoyo del desarrollo territorial.

[42] Departamento Administrativo de la Defensoría del Espacio Público, "Guía de Administración de Bienes de Uso Público y Bienes Fiscales del Nivel Central". [sitio web]. Guía Código SG/MIPG: 127-GUIAAP-01, 2020 [consultado 28 septiembre 2021]. Disponible en http://sgc.dadep.gov.co/4/4/127-GUIAP-01.pdf.

[43] Catastro, el catastro y el fisco en Colombia. [sitio web]. En publicaciones. [consultado: 21 de octubre de 2021]. Disponible en: http://www.catastro.meh.es/documentos/publicaciones/ct/ct28/art5.pdf

En segundo lugar figura la Unidad Administrativa Especial del Catastro Distrital del sector descentralizado por servicios, instituida como una entidad de carácter técnico y especializado con personería jurídica, autonomía y adscrita a la Secretaría Distrital de Hacienda de Bogotá, que se encarga principalmente de la recopilación e integración de la información georreferenciada de la propiedad inmueble del Distrito Capital.

En último lugar, están la Subsecretaría de Catastro, adscrita a la Secretaría de gestión y control territorial de la Alcaldía de Medellín y la Subdirección de catastro municipal del Departamento Administrativo de Hacienda de Santiago de Cali, encargadas de realizar el censo de los predios públicos o privados identificado sus características físicas, jurídicas y económicas.

4. Prerrogativas

En este aparte se abordará la protección especial que tienen los bienes de uso público, dado su carácter de bienes inalienables, imprescriptibles e inembargables. Igualmente, se explicará la gestión que se puede ejercer respecto de los bienes de uso público y de los bienes fiscales.

A) *De la triple protección que tienen los bienes de uso público*

De la definición de bienes de uso público se desprende que estos requieran una protección constitucional especial, que se traduce en que se los considere inalienables, imprescriptibles e inembargables.

La condición de inalienables significa que los bienes públicos no pueden ser objeto de operaciones comerciales o civiles como la venta, la permuta, o la donación, entre otras. Lo que de suyo implica que estos bienes no figuran en el Registro de Instrumentos Públicos, ni tienen folio de matrícula, ya que no tienen vocación traslaticia de dominio[44].

No obstante, se ha admitido la posibilidad de la ocupación temporal de tales bienes mediante el otorgamiento legal de licencia, permiso o concesión, lo que no implica traslado de dominio o que se adquiera derecho alguno respecto del suelo ocupado, sino una autorización temporal que constituye un título precario para quien utiliza el bien.

En segundo lugar, se trata de bienes imprescriptibles, cuya propiedad no puede ser adquirida a través de prescripción adquisitiva. Tal característica, no es solo de raíz constitucional, sino legal: el artículo 2519 del Código Civil señala que los bienes de uso público no prescriben en ningún caso. Según la ley 1564 de 2012, artículo 375:

[44] Consejo de Estado, Sala de Consulta y Servicio Civil, sent. de 2 noviembre 2005, exp. 1682.

"*Declaración de pertenencia*. En las demandas sobre declaración de pertenencia de bienes privados, salvo norma especial, se aplicarán las siguientes reglas:

"1. La declaración de pertenencia podrá ser pedida por todo aquel que pretenda haber adquirido el bien por prescripción.

"[...]

"4. La declaración de pertenencia no procede respecto de bienes imprescriptibles o de propiedad de las entidades de derecho público.

"El juez rechazará de plano la demanda o declarará la terminación anticipada del proceso, cuando advierta que la pretensión de declaración de pertenencia recae sobre bienes de uso público, bienes fiscales, bienes fiscales adjudicables o baldíos, cualquier otro tipo de bien imprescriptible o de propiedad de alguna entidad de derecho público. Las providencias a que se refiere este inciso deberán estar debidamente motivadas y contra ellas procede el recurso de apelación"[45].

En tercer lugar, el artículo 594 del Código General del Proceso, indica que no se pueden embargar los bienes de uso público.

B) *Gestión de los bienes de uso público*

Tal y como se ha explicado a lo largo de este escrito, la vocación de los bienes de uso público es su utilización o disfrute colectivo. Sin embargo, no es contrario a la Constitución que se permita un uso especial o diferente a los particulares, mediante concesiones o permisos de ocupación temporal, sin que ello signifique que estos bienes cambien su naturaleza jurídica[46].

Un ejemplo se puede ver en el decreto 2811 de 1974 o Código de Recursos Naturales Renovables y de Protección al Medio Ambiente, en el título "Modos de adquirir derechos a usar recursos renovables de dominio público", en el que se indica que el derecho a usar esos bienes puede darse por ministerio de la ley o mediante un permiso, autorización, concesión o asociación. Otro ejemplo aparece en el decreto 2324 de 1984, en cuyo artículo 169 se regulan los requisitos para que la Dirección General Marítima Portuaria otorgue concesiones para el uso y goce de las playas marítimas y de los terrenos de bajamar.

Se han permitido ciertas afectaciones al dominio público que buscan seguir garantizando el uso común de esos bienes. Tal es el caso de la destinación de troncales para el uso exclusivo de un sistema de transporte masivo de pasajeros; también están los casos en que se ha permitido el uso del espacio público para actos culturales, deportivos o recreativos.

La posibilidad de permitir este tipo de gestión sobre los bienes de uso público se sustenta básicamente en que, de un lado, las ocupaciones a veces son

[45] Const. Pol. de 1991 (13 de junio de 1991), en Gacetas de la Asamblea Constituyente, 1991, núm. 82.

[46] Corte Constitucional, sent. C-183 de 2003.

necesarias para el cumplimiento de actividades relacionadas con el interés general o con el objeto mismo de esta clase de bienes.

Respecto de los títulos que habilitan una ocupación de los bienes de uso público en el ordenamiento jurídico colombiano ellos se materializan en un acto administrativo o en un contrato, instrumentos que deben ser previos al otorgamiento del uso privativo del bien; ambos son actos temporales susceptibles de ser revocados, por lo general a título oneroso y crean una situación jurídica a favor de su titular.

Esos títulos de habilitación unilaterales son actos administrativos con diversas denominaciones como permisos, licencias, autorizaciones o incluso concesiones. No tienen una regulación genérica común, sino particularidades y condiciones de otorgamiento que están definidas en diversas leyes sectoriales. No obstante se pueden agrupar según su fundamento así: los que se identifican con actividades de policía como las licencias ambientales y las licencias de explotación y de ocupación de bienes de uso público; otro grupo tiene como finalidad controlar una actividad o proteger el bien, como en las concesiones de explotación de recursos naturales, las portuarias o las licencias de comunicaciones[47].

En lo que se refiere a los títulos de habilitación bilaterales, el contrato estatal es el medio jurídico para lograr entre otras finalidades la relativa a pactar la realización de obras, o la explotación o gestión de un bien de uso público. En ocasiones se ha usado el contrato de arrendamiento, aunque la jurisprudencia tiende a considerar que la concesión y no el arrendamiento es la forma jurídicamente adecuada para los bienes de uso público.

El artículo 32, numeral 4 de la ley 80 de 1993, expresa:

"*Contrato de concesión.* Son contratos de concesión los que celebran las entidades estatales con el objeto de otorgar a una persona llamada concesionario la prestación, operación, explotación, organización o gestión, total o parcial, de un servicio público, o la construcción, explotación o conservación total o parcial, de una obra o bien destinados al servicio o uso público, así como todas aquellas actividades necesarias para la adecuada prestación o funcionamiento de la obra o servicio por cuenta y riesgo del concesionario y bajo la vigilancia y control de la entidad concedente, a cambio de una remuneración que puede consistir en derechos, tarifas, tasas, valorización, o en la participación que se le otorgue en la explotación del bien, o en una suma periódica, única o porcentual y, en general, en cualquier otra modalidad de contraprestación que las partes acuerden".

C) *Gestión de los bienes fiscales*

Los bienes fiscales al ser enajenables, son bienes susceptibles de comercialización y por lo tanto pueden ser apropiados por sujetos de derecho público o

[47] *Ibid.*, pág. 578.

privado, a través de los modos de adquisición autorizados por el ordenamiento jurídico, salvo si son imprescriptibles y en algunos casos inembargables.

Según el artículo 38 de la ley 9ª de 1989, y los artículos 3º y 32 del Estatuto General de Contratación de la Administración Pública, es viable jurídicamente que las entidades celebren contratos de comodato para el manejo de sus bienes inmuebles, siempre que se respeten las siguientes condiciones: de un lado, que celebren el contrato con entidades públicas o con personas de derecho privado que no repartan utilidades entre sus socios, como las fundaciones o cooperativas y de otra parte, por un tiempo máximo de cinco años renovables[48].

También es posible realizar cesiones gratuitas de los inmuebles de propiedad de las entidades públicas en los términos del artículo 58 de la ley 9ª de 1989. La Corte Constitucional[49] sostuvo que todo propietario, privado o público, tiene el deber de garantizar que su propiedad cumpla una función social, pues de no hacerlo, la ley puede autorizar la transferencia de bienes a otros titulares que ofrezcan un mejor aprovechamiento de los mismos.

5. Propiedad colectiva

La Constitución Política de 1991 en su artículo 7º reconoce la diversidad étnica y cultural de la Nación, como un reflejo del carácter democrático, participativo y pluralista del Estado colombiano; de allí que el constituyente haya reconocido la existencia de comunidades diferenciadas que cuentan con sus propias costumbres y creencias y les haya reconocido formas de propiedad diferentes a las tradicionales.

A) *Propiedad colectiva de las comunidades indígenas*

La diversidad étnica de la Nación comprende a las comunidades indígenas, que son grupos diferenciados asentados en un territorio definido como ancestral, tienen una identidad cultural propia, costumbres, historia, creencias y forma de vida.

Las comunidades indígenas gozan de un *status* constitucional especial, en tanto que se les reconoce autonomía a los territorios indígenas o ciertas garantías de protección, en los artículos 63 y 329 constitucionales que indican que los territorios o resguardos son propiedad colectiva y no enajenable.

Esta realidad cultural, reconocida por el Convenio 107 de la O.I.T. fue ratificado por el Estado colombiano en la ley 31 de 1967 sobre la protección e integración de las poblaciones indígenas y otros pueblos tribales. Dentro de este instrumento internacional se indica el deber de reconocer la propiedad

48 Consejo del Estado, Sala de lo Contencioso Administrativo, Sección Tercera, sent. de 15 agosto 2007, rad. 19001-23-31-000-2005-00993-01(AP).

49 Corte Constitucional, sent. de 6 junio 1996, exp. C-251/96.

colectiva a favor de los pueblos indígenas sobre las tierras tradicionalmente ocupadas, así como la prohibición de trasladar a las comunidades de sus territorios salvo en forma excepcional por razones de seguridad nacional para lo cual es necesario reubicarlas en tierras iguales o con mejores condiciones.

El principal instrumento internacional en materia de pueblos indígenas, el Convenio 169, fue aprobado y ratificado en el ordenamiento jurídico colombiano por la ley 21 de 1991; en él se reconoce la relación que hay entre las comunidades indígenas con los territorios en los que están asentadas, como medio de subsistencia, y como elemento integrante de sus creencias y costumbres[50].

En Colombia hay numerosos resguardos indígenas y comunidades indígenas, pues según reportes de la Agencia Nacional de Tierras, a corte del primer semestre de 2020 las comunidades indígenas tienen ocupadas 28,9 millones de hectáreas, es decir, el 25.3 por ciento del total nacional es decir, una cuarta parte del territorio, teniendo en cuenta que Colombia tiene una extensión de 114 millones de hectáreas[51].

Por otra parte, es necesario diferenciar entre los conceptos de territorio indígena y resguardo indígena, pues el primero es una de las entidades territoriales consagrada en el artículo 286 constitucional, mientras que la segunda es una forma de propiedad colectiva, definida en el artículo 2º del decreto 2001 de 1998 como "una institución legal y sociopolítica de carácter especial, conformada por una comunidad o parcialidad indígena, que con un título de propiedad comunitaria, posee su territorio y se rige para el manejo de este y de su vida interna, por una organización ajustada al fuero indígena o a sus pautas y tradiciones culturales".

En segundo lugar, el concepto de propiedad colectiva no es similar al de propiedad privada, puesto que los pueblos indígenas no conciben la propiedad como un derecho que se ejerce sobre una cosa o bien, sino que la entienden como un espacio común al que se vinculan varias dimensiones como la económica, la cultura e incluso el aspecto religioso.

Finalmente, la propiedad colectiva tiene una protección constitucional reforzada, puesto que los artículos 329 y 63 constitucional establecen que los resguardos indígenas se caracterizan por ser inalienables, imprescriptibles inembargables.

[50] Corte Constitucional, sent. T-153 de 2019.

[51] Agronegocios [sitio web], [consulta: 21 de octubre de 2021]. Disponible en https://www.agronegocios.co/aprenda/los-resguardos-indigenas-cuentan-con-mas-de-la-cuarta-parte-de-la-tierra-de-colombia-3049017#:~:text=2%20COMPRAR%20SUSCRIPCI%C3%93N-,Los%20770%20resguardos%20ind%C3%ADgenas%20tienen%2028%2C9%20millones%20de%20hect%C3%A1reas,25%2C3%25%20del%20total%20nacional

Esta protección es exigible a terceros, por ejemplo en materia de la explotación de recursos naturales. Para ello se reconocen los derechos a a) ejercer el derecho de preservación de los recursos naturales y, por tanto, del medio ambiente; b) derecho a participar en las decisiones relativas a la explotación de recursos naturales en sus territorios, a través de la consulta previa y conforme a los criterios establecidos por la jurisprudencia; c) en caso de ser aprobada la explotación de recursos naturales en territorio indígena por parte de terceros, la comunidad tiene el derecho a que dicha explotación se haga sin desmedro de la integridad cultural, social y económica de esta, y d) derecho a ser indemnizadas por los perjuicios causados con ocasión del desarrollo de proyectos de explotación de recursos naturales que se adelanten en los territorios de las comunidades[52].

B) *Propiedad colectiva de las comunidades afrocolombianas*

A diferencia de las comunidades indígenas, las comunidades afrocolombianas no tuvieron participación directa en la Asamblea Nacional Constituyente, pues no obstante que la década de los ochenta conoció una gran participación de las organizaciones étnico territoriales de las negritudes que surgieron en el Pacífico colombiano, lo cierto es que estas no alcanzaron la votación necesaria para hacer parte del proceso constituyente, circunstancia que no les impidió explorar otras alternativas o alianzas que facilitaran su participación indirecta en la definición de las pautas constitucionales que determinaría su reconocimiento como grupo étnico y el reconocimiento de sus derechos.

En este contexto y gracias a las movilizaciones que este colectivo hizo durante las sesiones plenarias de la Asamblea Nacional Constituyente se dio la aprobación de la única referencia explícita a estas comunidades en el texto constitucional, el artículo 55 transitorio, en el cual se ordenó al Congreso de la República expedir una ley que reconociera a las comunidades negras que han venido ocupando tierras baldías en las zonas rurales ribereñas de los ríos de la Cuenca del Pacífico el derecho a la propiedad colectiva sobre las áreas que la misma ley demarcaría.

Además, de ese fundamento constitucional explicito, en otras normas constitucionales se puede evidenciar la protección del Estado a los afrocolombianos como una colectividad étnica; en este sentido, existe el reconocimiento de la inalienabilidad, embargabilidad e imprescriptibilidad de la tierra comunal que ocupan estas comunidades o incluso todos los derechos y protecciones que han sido reconocidos a los pueblos indígenas y tribales en los tratados internacionales que ingresan al ordenamiento jurídico colombiano vía bloque de constitucionalidad.

Para materializar, en el ordenamiento colombiano, el mandato constitucional del artículo 55 transitorio, se expidió la ley 70 de 1993 soportada en los

[52] Corte Constitucional, sent. T-153 de 2019.

siguientes principios: i) el reconocimiento y la protección de la diversidad étnica y cultural y el derecho a la igualdad de todas las culturas que integran la nacionalidad colombiana; ii) el respeto a la integralidad y la dignidad de la vida cultural de las comunidades negras; iii) la participación de estas comunidades y la de sus organizaciones en las decisiones que las afectan, sin detrimento de su autonomía, y en las decisiones de toda la Nación en pie de igualdad, y iv) la protección del medio ambiente, atendiendo a las relaciones que establecieran con la naturaleza[53].

Dentro de los derechos reconocidos a las comunidades negras, cabe resaltar el derecho a la propiedad colectiva sobre las tierras baldías de las zonas rurales ribereñas de los ríos de la Cuenca del Pacífico. En el articulado de la mencionada ley se precisó el procedimiento al que se sujetará la adjudicación de esas tierras de acuerdo con sus prácticas tradicionales de producción e igualmente, en el artículo 7° se dispuso que la parte de la tierra de la comunidad negra destinada a su uso colectivo es inalienable, imprescriptible e inembargable.

Adicionalmente, frente al alcance de la propiedad colectiva de las comunidades negras como derecho la Corte Constitucional ha fijado las siguientes reglas[54]:

i) La propiedad es colectiva porque recae sobre los integrantes de una comunidad negra.

ii) El reconocimiento de la propiedad colectiva es fruto de la especial relación cultural entre las comunidades étnicas, en general, y negras, en particular, con el territorio.

iii) La propiedad colectiva es inalienable, imprescriptible e inembargable.

iv) La titularidad de la propiedad colectiva no supone una libertad absoluta para disponer de los recursos naturales que allí haya, puesto que su explotación debe guiarse por criterio de sostenibilidad.

Conforme con lo anterior y con el desarrollo jurisprudencial y legal ocurrido con posterioridad a la expedición de la Constitución Política de 1991, este reconocimiento ha sido particularmente beneficioso para las comunidades negras. No obstante, aún queda mucho camino por recorrer, especialmente si se tiene en cuenta que, según cifras del Ministerio del Interior, en Colombia están tituladas a comunidades afrodescendientes más de 5,6 millones de hectáreas de territorios ancestrales y tradicionales y de esa cifra el 95,3 por ciento de los títulos se otorgaron en la región del Pacífico, y el resto en las regiones Andina, Amazonía, Orinoquia, Caribe e Insular[55].

[53] Corte Constitucional, sent. T- 576 de 2014.

[54] Corte Constitucional, sent. SU-111 de 2020.

[55] Comisión de verdad [sitio web]. En noticias [Consulta: 22 de octubre de 2021]. Disponible en https://comisiondelaverdad.co/actualidad/noticias/ley-70-propiedad-colectiva-del-pueblo-negro-cumple-27-anos

COSTA RICA

RÉGIMEN JURÍDICO DEL DOMINIO PÚBLICO EN COSTA RICA

ERNESTO JINESTA L.*

INTRODUCCIÓN

Esta contribución ofrece un panorama general sobre el régimen jurídico del dominio público en Costa Rica. Ese régimen, en el caso costarricense, se encuentra previsto tanto en la Constitución, con lo cual es posible identificar un "dominio público constitucional", como un conjunto de bienes de gran relevancia e importancia, tanto que son objeto de afectación y regulación expresa en el texto fundamental, como en una sucesión de leyes sectoriales que han regulado la materia y que se ocupan de desarrollar el régimen de los bienes públicos normados en la Constitución como de otros que ni siquiera son mencionados en la ley fundamental, esto es, de los denominados de "dominio público de configuración legal".

La ausencia de una regulación general en materia de dominio público, con excepción de la contenida en el Código Civil que data de 1886, le imprime un carácter fragmentado, disperso e, incluso, asistemático a su régimen. En muchas ocasiones, las leyes dictadas para regular determinado sector del dominio público, sobre todo las emitidas hasta antes del último cuarto del siglo pasado, carecían de una correcta técnica jurídica y legislativa, por cuanto se utilizaban muchas categorías o instituciones dogmáticas del derecho privado que se extrapolaban al ámbito del derecho administrativo. El rigor dogmático y técnico-jurídico en la regulación de los diversos institutos del dominio público, se producirá hasta bien entrado el siglo recién pasado.

* Catedrático de Derecho Administrativo Universidad Escuela Libre de Derecho (UELD) de Costa Rica, Profesor y miembro de la Comisión Académica del Programa de Doctorado en Derecho Administrativo Iberoamericano (DAI) coordinado por la Universidad de La Coruña con varias universidades iberoamericanas, Director y profesor del programa de doctorado en Derecho Administrativo UELD, Presidente de la Academia Costarricense de Derecho, Presidente de la Asociación Costarricense de Derecho Administrativo, Miembro del Instituto Internacional de Derecho Administrativo (IIDA), el Foro Iberoamericano de Derecho Administrativo (FIDA), Vicepresidente, por Costa Rica, de la Asociación Iberoamericana de Derecho Administrativo, Doctor en Derecho Administrativo por la Universidad Complutense de Madrid, www.ernestojinesta.com

Lo anterior tiene explicación en el escaso desarrollo dogmático y científico del derecho administrativo en Costa Rica, con algunas excepciones puntuales, así como a la ausencia de estudios sistemáticos y monográficos sobre el dominio público.

Conviene aclarar que Costa Rica es un "Estado unitario concentrado", que lo integran un universo de entes públicos, siendo el más significativo el Estado, luego existe un proceso de descentralización territorial con las municipalidades (81 en total), funcional o por servicios con diversas instituciones autónomas y semiautónomas y la corporativa de carácter productiva o industrial con ciertos entes gobernados por una Asamblea que suele conciliar intereses contrapuestos de un sector y la corporativa profesional con los colegios profesionales. Todos esos entes públicos pueden ser titulares de bienes del dominio público o de derechos reales administrativos.

Sección I. Formación y evolución del dominio público constitucional

1. Constituciones anteriores a la vigente de 7 de noviembre de 1949

En el Pacto Social Fundamental Interino de Costa Rica o "Pacto de concordia" de 10 de enero de 1822, se reconoce la propiedad como derecho natural y legítimo de toda persona y de cualquier pueblo o nación (art. 2º).

Lo anterior fue reiterado por el artículo 6º de los Estatutos Políticos de la Provincia de Costa Rica de 17 de marzo de 1823 y de 16 de mayo de 1823.

La Constitución de la República Federal de Centroamérica de 22 de noviembre de 1824, durante el lapso que rigió estableciendo un Estado federal o compuesto conformado por Guatemala, Honduras, El Salvador, Nicaragua y Costa Rica, cuyo territorio comprendía el antiguo Reino de Guatemala a excepción de la provincia de Chiapas, en su numeral 2 establecía que su primer objeto, entre otros, era la conservación de la propiedad.

En esta Constitución Federal ya se mencionan algunos bienes que, clásicamente, integran el dominio público como los puertos, "grandes caminos y canales de comunicación" (art. 69, incs. 20 y 22), cuya habilitación y apertura fue una atribución del Congreso Federal.

La Ley Fundamental del Estado de Costa Rica de 25 de enero de 1825, que fue la Constitución de Costa Rica, durante la vigencia de la Federación Centroamericana, en su artículo 4º, estableció la inviolabilidad de la propiedad privada, sin embargo, dispuso que el Estado podía exigir el sacrificio de alguna "por razón de interés público legalmente comprobado indemnizándola previamente". Esta norma que aparece por primera vez en la tradición constitucional costarricense, introduce la potestad expropiatoria que será fundamental para transferir, coactivamente, al dominio público determinadas propiedades privadas necesarias para construir una obra pública o prestar un servicio público.

Esta Constitución del "Estado Libre de Costa Rica" como componente del Estado Federal, en su Capítulo 13 introdujo una primera regulación sobre la "hacienda pública". Así el artículo 115 preceptuaba que "La Hacienda Pública del Estado la forman las tierras baldías, y las contribuciones directas o indirectas decretadas por el Congreso". De esta manera se introduce la distinción entre los bienes inmuebles cuya titularidad ostentan los particulares, de los que no han sido titulados a nombre del Estado —baldíos— y que, por consiguiente, engrosan el dominio público del Estado.

La Constitución de la República Federal de Centroamérica reformada de 13 de febrero de 1835, en su numeral 181, inciso 4º, estableció como prohibición del Congreso Federal y de las legislaturas estaduales "Tomar la propiedad de ninguna persona, ni turbarle en el libre uso de sus bienes, si no es en favor del público cuando lo exija una grave urgencia legalmente comprobada, y garantizándose previamente la justa indemnización". Nuevamente, se contempla la potestad expropiatoria como una forma de privación coactiva del dominio privado para transferirlo al público, así como las eventuales ocupaciones durante un estado de urgencia.

En la Ley de Bases y Garantías de 8 de marzo de 1841, emitida después de la disolución del Estado Federal Centroamericano (1824-1839), en su artículo 2º, inciso 2º, se hace, nuevamente, referencia a la potestad expropiatoria, al proclamar como un derecho de los costarricenses de entonces "[...] que su propiedad no sea tomada, aun para usos públicos, sin que previamente se justifique necesidad o motivo de provecho común; y en este caso, se les indemnice su valor, según el juicio de peritos, nombrados uno por el propietario y otro por la autoridad".

En la Constitución Política del Estado Libre y Soberano de Costa Rica de 9 de abril de 1844, se establecerán algunos preceptos relevantes desde la perspectiva del dominio público.

En primer término, el artículo 1º establece como *derecho* "inalienable e imprescriptible" el de propiedad. Luego, el artículo 13 contemplaba la expropiación al indicar que "Ningún poder podrá tomar la propiedad particular ni turbar absolutamente al propietario en el libre uso de sus bienes, si no es por una necesidad pública acreditada, y previa indemnización por un precio razonable convenido, o a tasación de peritos nombrados por las partes".

En cuanto a las atribuciones del poder legislativo, el artículo 106, inciso 9º, introduce, por lo menos constitucionalmente, la figura de la desafectación al disponer que es una de sus competencias "permitir cuando el Ejecutivo manifiesta urgencia o utilidad, la enajenación de las propiedades públicas del Estado". Ese mismo artículo, en su inciso 13, le concedía la atribución de "decretar la apertura de caminos y canales de comunicación, y establecer las bases en que deben fundarse".

En el artículo 182, ubicado en el Título X relativo a la hacienda pública, se establecía que "El Tesoro general del Estado se compone del producto de tierras baldías, del de las Aduanas, y del de las contribuciones directas o indirectas decretadas por el poder legislativo para el sostén de los gastos públicos".

La Constitución Política de 21 de enero de 1847, recogió normas similares a la de 1844 (arts. 1°, 7°, 79, incs. 13 y 23, y 172).

La Constitución Política de 22 de noviembre de 1847, en su artículo 53, inciso 5°, le concedió al Congreso la atribución de "Decretar la enajenación o aplicación a usos públicos de los bienes nacionales" y en el inciso 7° la de "Hipotecar o permitir que se hipotequen los bienes y rentas nacionales" para el pago de empréstitos. Para el poder ejecutivo, en su artículo 77, inciso 10, concedió la *de* "Disponer de la hacienda pública con arreglo a las leyes".

Por último, el artículo 112 preceptuaba que "A excepción de las contribuciones establecidas por la ley, ningún costarricense será privado de su propiedad sin su libre consentimiento; a menos que la necesidad pública, calificada tal con arreglo a la ley, así lo exija, previa indemnización de su justo valor determinado por peritos".

La Constitución Política de 26 de diciembre de 1859, estableció algunas regulaciones en materia de dominio público, así el artículo 12 preceptuaba que "Solo el poder legislativo tiene facultad de decretar la enajenación de los bienes de propiedad nacional". El numeral 25 contemplaba la potestad expropiatoria al indicar que "La propiedad es inviolable: a ninguno puede privarse de la suya si no es por interés público legalmente comprobado, y previa indemnización a justa tasación de peritos nombrados por las partes, quienes no solo deben estimar el valor de la cosa que se tome, sino también el de los daños consiguientes que se acrediten".

En lo relativo a las atribuciones del Congreso el artículo 90, incisos 3° y 4°, le concedían las de "Decretar la enajenación o aplicación a usos públicos de los bienes propios de la nación" —sin definirlos o hacer un elenco de los mismos— y "Autorizar especialmente al poder ejecutivo para negociar empréstitos o celebrar contratos, pudiendo hipotecar a su seguridad las rentas nacionales". En lo concerniente a las atribuciones del poder ejecutivo el artículo 110, inciso 6°, le confirió la de "Disponer de la hacienda pública con arreglo a las leyes".

La Constitución Política de 15 de abril de 1869, reiteró algunas normas contenidas en la de 1859, tales como los artículos 13 que estatuyó "Corresponde exclusivamente al poder legislativo la facultad de acordar la enajenación de los bienes de propiedad nacional [...]" y 24 al disponer que "La propiedad es inviolable: a ninguno puede privarse de la suya, si no es por interés público legalmente comprobado, y previa indemnización a justa tasación de peritos nombrados por las partes, quienes no solo deben estimar el valor de la cosa que se tome, sino también el de los daños siguientes que se acrediten. En caso de guerra no es indispensable que la indemnización sea previa".

En cuanto a las competencias del Congreso le asignó las tradicionales de "Decretar la enajenación o aplicación a usos públicos de los bienes propios de la nación" y "Autorizar especialmente al poder ejecutivo para negociar empréstitos o celebrar otros contratos pudiendo hipotecar a su seguridad las rentas nacionales" (art. 88, incs. III y IV). En el caso del poder ejecutivo nuevamente se le confiere la atribución de "Disponer de la hacienda pública con arreglo a las leyes" (art. 107, inc. VI).

La Constitución Política de 7 de diciembre de 1871, una de las más longevas en la tradición histórica constitucional costarricense, en su versión primigenia recogía una serie de preceptos contemplados en constituciones precedentes. Así, el artículo 18 era similar a los 12 y 13 de las Constituciones de 1859 y de 1869, en el sentido que le corresponde exclusivamente al poder legislativo la facultad *de* "acordar la enajenación de los bienes de propiedad nacional".

El numeral 29, relativo a la potestad expropiatoria, reiteraba la norma contenida en el artículo 24 de la Constitución de 1869.

En cuanto a las potestades del Congreso o poder legislativo se volvía a concederle la de "decretar la enajenación o aplicación a usos públicos de los bienes propios de la nación" y la de autorizar al poder ejecutivo para "[...] celebrar contratos [...] pudiendo hipotecar a su seguridad las rentas nacionales" (art. 73, incs. 15 y 16). Al poder ejecutivo, como en constituciones anteriores, se la atribuyó la competencia de disponer de la hacienda pública con arreglo a las leyes (art. 102, inc. 7º).

La Constitución de 1871 sufrió algunas reformas parciales ulteriores que ampliaron el régimen del dominio público constitucional y que, en un futuro, tendrían fuerte influencia en el que diseñara la Constitución Política de 1949 todavía vigente y que veremos *infra*. Concretamente, fueron tres enmiendas fundamentales, que son las siguientes:

1ª) La ley 14 de 16 de junio de 1936, reformó, parcialmente, los incisos 15 y 16 del artículo 73 —atribuciones del poder legislativo— de esa Constitución para que se leyeran así:

"Inciso 15. Decretar la enajenación y aplicación a usos públicos de los bienes propios de la Nación.

"Exceptúanse de esta facultad todos los ferrocarriles y muelles nacionales. Tales ferrocarriles y muelles no podrán ser enajenados ni arrendados, directa o indirectamente, ni salir en forma alguna del dominio y control del Estado.

"Inciso 16. Autorizar especialmente al poder ejecutivo para negociar empréstitos o celebrar otros contratos similares que afecten el crédito público, pudiendo hipotecar a su seguridad las rentas nacionales [...]".

2ª) La ley 33 de 28 de junio de 1937, le adicionó al inciso 15 del artículo 73 —atribuciones del poder legislativo— un párrafo final muy significativo para el régimen constitucional del dominio público que fue el siguiente:

"Exceptúanse asimismo de dicha facultad:

"Las fuerzas que puedan obtenerse de las aguas del dominio público en el territorio de la República;

"Los yacimientos de carbón, las fuentes y depósitos de petróleo y cualesquiera otras sustancias hidrocarburadas existentes en el territorio nacional.

"Los servicios inalámbricos, los cuales son de utilidad pública y monopolio del Estado.

"Estos bienes referidos en los sub-incisos a) y b) y los servicios inalámbricos son inalienables y del dominio del Estado y la concesión y derecho para explotarlos solo pueden otorgarse por tiempo limitado y con arreglo a leyes reglamentarias especiales".

Esa misma ley 33 de 1937 le adicionó un párrafo al artículo 3º de la Constitución de 1871 para incluir ciertos bienes del dominio público natural al indicar que "El Estado tiene la soberanía completa y exclusiva sobre el espacio aéreo correspondiente a su territorio y a sus aguas territoriales para todos los fines [...]".

3ª) La ley 24 de 25 de junio de 1943, reformó el artículo 29 de la Constitución de 1871, relativo a la potestad expropiatoria; dispuso lo siguiente:

"La propiedad es inviolable; a ninguno puede privarse de la suya si no es por el interés público legalmente comprobado, y previa indemnización conforme a la ley. En caso de guerra o conmoción interior, no es indispensable que la indemnización sea previa.

"Por motivos de necesidad pública podrá el Congreso, mediante el voto de los dos tercios de la totalidad de sus miembros, imponerle a la propiedad limitaciones de interés social".

De esta manera, se introducía el concepto propio del solidarismo jurídico realista y objetivo de DUGUIT de la "función social de la propiedad", en el sentido que lejos de ser una entelequia jurídica —derecho subjetivo— más bien obliga al propietario en beneficio de la colectividad.

Finalmente, tenemos la Constitución Política de 8 de junio de 1917, surgida de un golpe de Estado y que estuvo vigente un breve período de dos años y dos meses, dado que fue derogada el 3 de septiembre de 1919. La Constitución de 1917 supuso la solución de continuidad de la Constitución de 1871, dado que interrumpió su eficacia jurídica durante ese lapso, pues esta última fue puesta, nuevamente, en vigencia en 1919.

La Constitución de 1917, en su artículo 3º, párrafo *in fine*, dispuso que "No son enajenables los ferrocarriles y tranvías del Estado destinados al servicio público, ni son susceptibles de arrendamiento, a menos que para esto último una ley lo disponga, en cada caso, por dos tercios de votos de la Cámara respectiva". Esta disposición inspiraría la ley 14 de 1936 que reformó la Constitución de 1871.

El artículo 15 de la Constitución de 1917 contenía una disposición muy prolija sobre la potestad expropiatoria y algunos bienes demaniales, al señalar lo siguiente:

"La propiedad es inviolable y nadie podrá ser privado de la suya sino en virtud de sentencia judicial, y por causa de utilidad pública legalmente declarada, previo pago parcial del precio actual y de los daños y perjuicios consiguientes que se acrediten, todo según dictamen de peritos.

"En caso de guerra o de revolución intestina y nada más que para atender la defensa nacional o el restablecimiento del orden público, podrá la autoridad administrativa decretar la necesidad de la expropiación sin indemnización previa. En estos casos, la propiedad inmueble podrá ser temporalmente ocupada, solo por necesidades militares o para destinar sus productos al ejército. El Estado es siempre responsable por las expropiaciones que practique el Ejecutivo por sí o por medio de agentes suyos.

"Ninguna ley podrá disponer que la propiedad particular pase a ser del Estado, en caso de que se le atribuya por su dueño un valor inexacto para efectos de tributación y de que el Estado, por sí o por medio de tercero, ofrezca tomarla por el avalúo y una bonificación cualquiera.

"Las minas podrán denunciarse aun en terrenos de particulares, pero no podrán explotarse, ni se adjudicarán, sin haber pagado antes al dueño de la superficie el valor del terreno que hubiere de ser ocupado y los daños y perjuicios que se le ocasione, todo según disponga la autoridad y valoren peritos".

Dentro de las atribuciones clásicas del poder legislativo contemplaba la de "decretar la enajenación o aplicación a usos públicos de los bienes propios de la Nación" y autorizar, especialmente, al poder ejecutivo para "negociar empréstitos o celebrar contratos, pudiendo hipotecar a su seguridad las rentas nacionales" (art. 77, incs. 6° y 7°).

Adicionalmente, en esta Constitución de 1917 se mencionan algunos bienes del dominio público como islas, caminos, calles, plazas, mercados, cloacas, cañerías, etc. (arts. 3°, párr. 2°, y 120, párr. 3°).

2. Constitución Política de 7 de noviembre de 1949

A) *Preceptos*

La Constitución vigente de 1949, recogerá la regulación del dominio público contenida en las constituciones precedentes, y son pocas las innovaciones sobre el particular, salvo algunas cuestiones de detalle.

El artículo 6º dispone lo siguiente:

“El Estado ejerce la soberanía completa y exclusiva en el espacio aéreo de su territorio, en sus aguas territoriales en una distancia de doce millas a partir de la línea de baja mar a lo largo de las costas, en su plataforma continental y en su zócalo insular de acuerdo con los principios del Derecho Internacional.

”Ejerce, además, una jurisdicción especial sobre los mares adyacentes a su territorio en una extensión de doscientas millas a partir de la misma línea, a fin de proteger, conservar y explotar con exclusividad todos los recursos y riquezas naturales existentes en las aguas, el suelo y el subsuelo de esas zonas, de conformidad con aquellos principios”.

El artículo 45 estipula lo siguiente:

“La propiedad es inviolable; a nadie puede privarse de la suya si no es por interés público legalmente comprobado, previa indemnización conforme a la ley. En caso de guerra o conmoción interior, no es indispensable que la indemnización sea previa. Sin embargo, el pago correspondiente se hará a más tardar dos años después de concluido el estado de emergencia.

”Por motivos de necesidad pública podrá la Asamblea Legislativa, mediante el voto de dos tercios de la totalidad de sus miembros, imponer a la propiedad limitaciones de interés social”.

El artículo 121, inciso 14, establece como atribución de la Asamblea Legislativa la siguiente:

“Decretar la enajenación o la aplicación a usos públicos de los bienes propios de la Nación. No podrán salir definitivamente del dominio del Estado:

”Las fuerzas que puedan obtenerse de las aguas del dominio público en el territorio nacional;

”Los yacimientos de carbón, las fuentes y depósitos de petróleo, y cualesquiera otras sustancias hidrocarburadas, así como los depósitos de minerales radioactivos existentes en el territorio nacional;

”Los servicios inalámbricos;

”Los bienes mencionados en los apartes a), b) y c) anteriores solo podrán ser explotados por la administración pública o por particulares, de acuerdo con la ley o mediante concesión especial otorgada por tiempo limitado y con arreglo a las condiciones y estipulaciones que establezca la Asamblea Legislativa.

”Los ferrocarriles, muelles y aeropuertos nacionales —estos últimos mientras se encuentren en servicio— no podrán ser enajenados, arrendados ni gravados, directa o indirectamente, ni salir en forma alguna del dominio y control del Estado”.

El artículo 140, inciso 19, le otorga al poder ejecutivo la siguiente atribución:

“Suscribir los contratos administrativos no comprendidos en el inciso 14 del artículo 121 de esta Constitución, a reserva de someterlos a aprobación de la Asamblea Legislativa cuando estipulen exención de impuestos o tasas, o tengan por objeto la explotación de servicios públicos, recursos o riquezas naturales del Estado.

"La aprobación legislativa a estos contratos no les dará carácter de leyes ni los eximirá de su régimen jurídico administrativo [...]".

B) *Reflexiones sobre la regulación del dominio público constitucional*

Estos preceptos constitucionales, en particular, el 121, inciso 14, y el 140, inciso 19, ameritan algunas reflexiones o consideraciones, dado que son normas constitucionales producto de significativa evolución constitucional.

Ante todo, se impone desentrañar el concepto del "bienes propios de la Nación" del artículo 121, inciso 14, párrafo 1° que ya aparecía en la Constitución de 1859, aunque la de 1847 hacía mención a los "bienes nacionales". El constituyente de 1949, siguiendo una prolongada tradición, utiliza esa expresión con la que se da a entender que tales bienes ni siquiera le pertenecen al Estado, sino, más bien, a ese ente ideal y sin personalidad jurídica que es la Nación. En otras palabras, el constituyente estima que tales bienes le pertenecen a la comunidad, colectividad o al pueblo, quien debe, en último término, obtener los réditos de su explotación, aunque sea indirecta. Veremos *infra* que, en la mayoría de los casos, el desarrollo legislativo de tales bienes atribuye su titularidad al Estado.

La mayoría de las constituciones a lo largo de la tradición constitucional costarricense, tempranamente, establecieron de manera si se quiere simple, que era una atribución del poder legislativo, por vía de una ley, disponer la "enajenación o la aplicación a usos públicos" de los "bienes propios de la Nación". Esta tradición fue recogida en el primer párrafo del artículo 121, inciso 14, de la Constitución de 1949.

Significa, entonces, en primer término, que solo el poder legislativo podrá por una ley enajenar, traspasar o vender un bien propio de la Nación, con lo cual el principio o regla general que se afirma es que sea posible la enajenación o desafectación de un bien propio de la Nación por una ley, de modo que se prohíbe, indirectamente, cualquier otro acto de inferior jerarquía o rango que lo disponga (v. gr. acto administrativo o reglamento)[1]. En definitiva, el principio constitucional establecido es que la desafectación o afectación del dominio público es materia reserva de ley, regla un tanto inflexible, por lo menos, para los supuestos de afectación tácita —fáctica— o implícita.

[1] En los votos de la Sala Constitucional núms. 3789-92 y 6240-93, se afirma que "esta norma es irrestricta en cuanto se refiere a todos los bienes propios de la Nación, y, por otra, reserva a la ley la materia, invalidando actos administrativos de enajenación o aplicación a usos públicos no fundados en ley previa".

Esta regla o principio general puede resultar profundamente reprochable o condenable, sobre todo, tratándose de bienes que integran el dominio público natural, en efecto, no parece jurídicamente razonable que el poder legislativo disponga de bienes tales como el espacio aéreo, el mar territorial o patrimonial o de las aguas superficiales (ríos, lagos, lagunas) y subterráneas (v. gr. mantos acuíferos) o de las playas —en este último caso, por lo menos, de la posibilidad de su ingreso y disfrute—. En estos supuestos es evidente que tales bienes públicos naturales, no deben egresar del demanio, por cuanto, están destinados, ineluctablemente, al goce, uso y aprovechamiento general o común de todos los habitantes de la República.

La posibilidad de enajenación que, por cierto, niega el principio propio de la "inalienabilidad" de los bienes del dominio público, podría tener sentido respecto de los bienes que integran el dominio público artificial. Claro está que, en este supuesto, tales bienes públicos de manera sobrevenida ya no deben estar afectos a la prestación de un servicio público o la satisfacción del interés general o público (v. gr. edificio o instalación de la que se puede prescindir sin afectación de un servicio público o del interés general), puesto que, de lo contrario, tampoco son transferibles. Desde luego que, respecto del dominio fiscal o del patrimonio privado de los entes públicos[2], no cabe duda de su posibilidad de enajenación, por razones, obvias, al no estar destinados al uso, aprovechamiento o disfrute común o general o vinculados a la prestación de un servicio público o del interés general. En todo caso la norma constitucional en comentario no se ocupa de esta categoría de bienes.

Una cuestión relevante que surge del tenor literal del primer párrafo del artículo 121, inciso 14, de la Constitución es si la desafectación, solamente, puede producirse por una ley en sentido formal y material. De acuerdo con una interpretación estrictamente gramatical esa sería la conclusión, vedando toda posibilidad de admitir una desafectación implícita o tácita.

En lo concerniente a la "aplicación a usos públicos", que entenderíamos como afectación, del primer párrafo del artículo 121, inciso 14, se desprende, según una interpretación rígida, que la misma solamente puede efectuarse por ley, no admitiendo la afectación tácita o implícita. Lo que no resulta congruente con ciertos bienes públicos que integran el demanio natural o incluso algunos del artificial que, por su destino y finalidad, no cabe duda, que lo integran.

[2] La Sala Constitucional en el voto núm. 6758-1993, con cita de la Sentencia de la Sala de Casación de las 15:30 horas de 30 de enero de 1958, efectuó el deslinde entre el dominio fiscal y el público, al considerar lo siguiente: "[...] el patrimonio del Estado se califica en dos clases de bienes; del dominio fiscal o privado y del dominio público. Los primeros se caracterizan porque son fuentes de rentas para el Estado, son enajenables, prescriptibles y, en consecuencia, están en el comercio de los hombres; los de dominio público no le producen al Estado rentas de ninguna especie y se caracterizan por la gratuidad y la generalidad del uso para todos los individuos de la nación, son inalienables, imprescriptibles y están fuera del comercio [...]".

El mismo párrafo 1° del artículo 121, inciso 14, como producto de ciertas experiencias negativas de carácter pre-constitucional y que determinaron las reformas parciales al artículo 73 de la Constitución de 1871, establece que "No podrán salir definitivamente del dominio del Estado" los bienes propios de la Nación mencionados en los tres sub-incisos a), b) y c), esto es, las fuerzas que se obtengan de las aguas del dominio público en el territorio nacional, los yacimientos de carbón, las fuentes y depósitos de petróleo y de cualquier otra sustancia hidrocarburada, yacimientos minerales o radiactivos existentes en el territorio nacional y los servicios inalámbricos. Como se ve este párrafo se refiere, preponderantemente, a bienes que integran el demanio público natural.

De acuerdo con la norma constitucional tales bienes son absoluta y rotundamente inalienables o intransferibles; así se dispuso para que no sean aprovechados de manera exclusiva y excluyente por un particular o grupo de estos, únicamente, en su beneficio, todo en detrimento de importantes valores y principios constitucionales como el desarrollo socio-económico, el bienestar común o general y el adecuado reparto de la riqueza (art. 50 de la Constitución). La regla o principio constitucional sentado al respecto no admite excepción.

El párrafo 2° flexibiliza o dulcifica los efectos y alcances jurídicos de la regla o principio anterior[3], por cuanto, aparte de la explotación directa por los poderes públicos, admitirá la indirecta por particulares, de acuerdo con una ley general que regule los títulos habilitantes (v. gr. concesión, autorización, permiso, etc.) o, en defecto de la anterior, mediante una concesión legislativa especial por tempo limitado de acuerdo con las condiciones y cláusulas que defina la Asamblea Legislativa. Es de esperar que, en sendos supuestos de explotación indirecta por particulares, la ley general o la concesión especial por tiempo limitado, cuiden de evitar que solo el particular obtenga beneficios y que estos se proyecten también, en mayor medida, hacia la comunidad o colectividad.

El párrafo final del ordinal 121, inciso 14, de la Constitución hace referencia a los "ferrocarriles, muelles y aeropuertos", que, claramente, son "bienes propios de la Nación" que integran el dominio público artificial, a diferencia de los contenidos en los sub-incisos a), b) y c) del párrafo 1°. Se podría estimar que el tratamiento constitucional de unos y otros bienes es disímil. En efecto, en este caso particular se declaran inalienables, no susceptibles de arriendo o de gravamen alguno, directo o indirecto, y también se afirma que no podrán salir en forma alguna del dominio y control del Estado[4]. Parece una norma un tanto

[3] La Sala Constitucional en los votos núms. 3789-92 y 6240-93, estimó que esa parte de la norma "modera su severidad".

[4] Como lo hemos indicado, ese párrafo final del art. 121, inc. 14, de la Constitución de 1949, tuvo su origen en la reforma parcial al art. 73 por la ley 14 de 16 de junio de 1936; el proyecto de ley estaba orientado, básicamente, tal y como se denominó a "Prohibir la enajenación del Ferrocarril del Pacífico". Su exposición de motivos establecía, entre otras

rígida e inflexible, por cuanto no contiene, como en el supuesto anterior, una previsión que permita su explotación indirecta por particulares. No obstante, la Sala Constitucional ha estimado conforme al bloque de constitucionalidad las figuras contractuales administrativas de la gestión interesada de los servicios aeroportuarios (voto núm. 11657-2001) y la concesión para construcción de obra y servicio público en el caso de los puertos (votos núms. 5651-2005 y 15693-2013), por cuanto el Estado no pierde la titularidad, el dominio y el control de tales "bienes propios de la Nación"[5]. Debe tomarse, adicionalmente, en consideración la evolución constitucional, ya que, en 1975, por reforma parcial a la Constitución por la ley 5702 de 5 de junio, fueron suprimidos los "contratos leyes" figura jurídica heterodoxa que estuvo vigente en el panorama del derecho público costarricense durante un prolongado lapso[6] y que permitió el otorgamiento de "concesiones" desnaturalizadas, casi centenarias, con todo tipo de prebendas y privilegios a los particulares, normalmente, empresas de

---

cosas, lo siguiente: "Hay una corriente de opinión muy marcada en el país, que tiende, por un sentimiento natural de bien nacional, a asegurar el Ferrocarril al Pacífico y sus muelles terminales contra la posibilidad de que puedan ser enajenados [...] por la trascendental importancia que tiene para el país el Ferrocarril del Pacífico, no solamente como instrumento habilitador de una extensa y rica zona del país, sino también como medio efectivo de defensa por la competencia de tarifas que es dable establecer al Ferrocarril al Atlántico [...]". Archivos Nacionales, Fondo del Congreso, núm. 17.358, folio 1. El presidente de entonces, Ricardo Jiménez, en su informe anual al Congreso el 1° de mayo de 1936 criticó su falta de extensión al Ferrocarril al Atlántico y sus muelles —para ese momento concesionados— Archivos nacionales, Fondo del Congreso, núm. 17358, folio 10 y La Gaceta núm. 101 de 5 de mayo de 1936. Ante tal crítica presidencial, el Congreso de la República dispuso hacer extensivo el proyecto de ley al Ferrocarril al Atlántico, sus muelles terminales y a los nuevos ferrocarriles y muelles que en lo futuro se construyeran a cuenta del Estado, Archivos Nacionales, Fondo del Congreso, núm. 17.358, folio 13. Como se ve, se trata de una reacción en contra de los denominados "contratos-ley" que estuvieron vigentes en el derecho público costarricense hasta 1975, merced a la reforma parcial a la Constitución operada por la ley 5702 de 2 de junio de 1975, que le permitía al Estado, con aprobación legislativa, dar en concesión a un particular la explotación de un bien del dominio público, por plazos muy prolongados (en el contrato Soto-Keith, firmado en 1884, el gobierno cedió y traspasó por noventa y nueve años los ferrocarriles del Atlántico) y con toda suerte de regalías, privilegios y exenciones, sin posibilidad de ser reformado o modificado por ley, sino, únicamente, por acuerdo entre partes, o de ejercer el rescate de la misma. Al respecto PAUL WOODBRIGE definió el contrato-ley como "el acto creador de relaciones jurídicas patrimoniales, suscrito entre el gobierno y sujeto particular, que es aprobado o ratificado por la Asamblea, y que no puede ser modificado en virtud de ley posterior, sino únicamente por acuerdo de partes" (*El contrato ley*, San José, Editorial Costa Rica, 1972, pág. 114).

[5] V. sobre tales figuras contractuales ERNESTO JINESTA LOBO, *Contratación administrativa*, tomo IV, Tratado de derecho administrativo, San José, Ius Consultec S. A. y Ediciones Guayacán, 2010, págs. 439-448 y 452-518.

[6] V. ERNESTO JINESTA LOBO, *Contratación administrativa*, tomo IV, Tratado de derecho administrativo, cit., págs. 45-48.

capital extranjero y por cuya virtud se traspasaba el dominio y control de los bienes propios de la Nación. Actualmente, la regulación normativa de ciertos contratos administrativos que permiten una explotación indirecta por particulares, no tienen las connotaciones que tuvieron en nuestro país aquellas "concesiones" otorgadas al amparo de los nefastos "contratos leyes".

Por último, en lo concerniente al artículo 140, inciso 19, de la Constitución, le concede al poder ejecutivo la atribución de suscribir todo contrato administrativo común que no comprenda los "bienes propios de la Nación" del artículo 121, inciso 14, constitucional. Lo anterior no impide que la ley establezca, expresamente, la posibilidad que otro órgano del poder ejecutivo pueda suscribir contratos administrativos o bien que otros entes públicos lo hagan. En cuanto a la obligación que se le impone al poder ejecutivo, de someterlos a la aprobación legislativa, cuando contengan exenciones de tributos o la "explotación de servicios públicos, recursos o riquezas naturales del Estado", habrá que entender que si ya existe una ley general que contemple esos supuestos, no será necesario recabar la respectiva aprobación, por cuanto el poder legislativo ya la habría manifestado de un modo general.

C) *Desarrollo general del dominio público por la jurisprudencia constitucional*

La Sala Constitucional de la Corte Suprema de Justicia, que ejerce las funciones de Tribunal Constitucional, ha desarrollado el tema del dominio público, particularmente de lo que podríamos denominar el "dominio público constitucional" ya referido en el apartado anterior.

No obstante, también es posible identificar un desarrollo general del instituto del dominio público; así la Sala Constitucional en el voto número 2306-1991, estimó lo siguiente:

"El dominio público se encuentra integrado por bienes que manifiestan, por voluntad expresa del legislador, un destino especial de servir a la comunidad, al interés público. Son llamados bienes dominicales, bienes dominiales, bienes o cosas públicas o bienes públicos, que no pertenecen individualmente a los particulares y que están destinados a un uso público, y sometidos a un régimen especial, fuera del comercio de los hombres. Es decir, afectados por su propia naturaleza y vocación. En consecuencia, esos bienes pertenecen al Estado en el sentido más amplio del concepto, están afectados al servicio que prestan y que invariablemente es esencial en virtud de norma expresa. Notas características de estos bienes es que son inalienables, imprescriptibles, inembargables, no pueden hipotecarse ni ser susceptibles de gravamen en los términos del derecho civil y la acción administrativa sustituye a los interdictos para recuperar el dominio. Como están fuera del comercio estos bienes no pueden ser objeto de posesión, aunque se puede adquirir un derecho de aprovechamiento, aunque no un derecho a la propiedad" (en similar sentido los votos núms. 4587-1997, 2988-1999)[7].

En lo relativo a la afectación, la Sala Constitucional ha indicado que "La afectación es el hecho o la manifestación de voluntad del poder público, en cuya virtud la cosa queda incorporada al uso y goce de la comunidad y puede efectuarse por ley o por acto administrativo [...] la afectación puede ser declarada por ley en forma genérica, o bien por un acto administrativo, el cual, necesariamente, deberá conformarse con la norma jurídica que le sirve de referencia (principio de legalidad)" (voto num. 3145-1996). Sin embargo, en algunos votos, también, ha admitido la afectación implícita o tácita, no solo la expresa, básicamente, por estar destinados a un uso o aprovechamiento general (votos nums. 2562-1991, 5879-1994, 10466-2000, v. gr. tratándose de bienes adquiridos por el Estado o Juntas de Educación para dedicarse a la educación pública o por las municipalidades tales como locales para mercados municipales o paradas de autobuses).

En punto a la desafectación, la Sala Constitucional únicamente ha admitido la desafectación expresa por ley, sin admitir desafectaciones genéricas, tácitas o implícitas (voto num. 10466-2000), pese a que sí ha admitido las afectaciones de esa índole.

La Sala Constitucional también ha subrayado el privilegio de la recuperación posesoria de oficio de los bienes demaniales, sin acudir ante un órgano jurisdiccional, utilizando la fuerza o el poder de policía, de manera razonable y proporcionada, cuando la titularidad pública es manifiesta o el carácter público del bien es indubitable (voto num. 6999-1996).

SECCIÓN II. DESARROLLO LEGISLATIVO SECTORIAL DEL DOMINIO PÚBLICO CONSTITUCIONAL

1. FUERZAS OBTENIDAS DE LAS AGUAS DEL DOMINIO PÚBLICO

El primer bien propio de la Nación que menciona el artículo 121, inciso 14, párrafo 1°, sub-inciso a, son las "fuerzas que puedan obtenerse de las aguas del dominio público en el territorio nacional". Evidentemente, la norma constitucional hace referencia a la energía eléctrica que se obtenga a partir de la construcción de represas hidroeléctricas. Nótese que lo que el precepto constitucional considera de un valor estratégico para el desarrollo socio-económico, el progreso y bienestar general es la energía eléctrica, por cuanto las aguas

[7] En similar sentido la Sala Primera de Casación de la Corte Suprema de Justicia, sents. 7-1993 y 733-2000.

son mencionadas como instrumento para lograr la obtención del primer bien mencionado. Se trata de una norma originaria que data de fines de la década de los cuarenta del siglo pasado, aunque como vimos fue introducida como reforma parcial a la Constitución de 1871 por la ley 33 de 1937. Contemporáneamente, las aguas superficiales y subterráneas, en particular estas últimas, tienen un valor estratégico y socio-económico superior a la misma energía eléctrica, sobre todo cuando se apuesta por ser un país carbono-neutral y que explote energías más limpias o alternativas (v. gr. eólica, geotérmica, etc.).

Por lo anterior, el régimen jurídico demanial de las aguas será tratado más adelante, dado que el texto constitucional, por razones históricas, se concentró en la energía eléctrica y en las fuerzas obtenidas a partir de la explotación o uso de las aguas del dominio público.

La Ley de Aguas 276 de 27 de agosto de 1942 y sus reformas, en su artículo 46 dispuso que "Las concesiones para el aprovechamiento de aguas públicas para el desarrollo de fuerzas hidráulicas e hidroeléctricas para servicios públicos y particulares" se regirá por una ley —originalmente la 258 de 18 de agosto de 1941, denominada del Servicio Nacional de Electricidad o SNE— y un reglamento específico.

El artículo 1° de la ley 258 del SNE (actualmente derogada), establecía que todas las fuerzas o energías que puedan obtenerse de las aguas del dominio público o de cualquier otra fuente "son inalienables y del dominio, gobierno y vigilancia del Estado". Esta ley fue derogada por la ley 7593 de 9 de agosto de 1996 que transformó al SNE en la Autoridad Reguladora de los Servicios Públicos, siendo que su artículo 5°, inciso a, contempla como servicio público el "Suministro de energía eléctrica en las etapas de generación, transmisión, distribución y comercialización". La circunstancia de la derogación del artículo 1° de la ley 258, no tiene relevancia, por cuanto, por disposición constitucional expresa a todas las fuerzas o energías obtenidas de las aguas públicas se le sigue considerando un "bien propio de la Nación".

Cabe señalar que mediante el decreto ley 449 de 8 de abril de 1949 se le encomendó al Instituto Costarricense de Electricidad (ICE) "el desarrollo racional de las fuerzas productoras de energía física que la Nación posee, en especial los recursos hidráulicos", actividad que ha ejercido de manera monopólica. La ley 7200 de 28 de septiembre de 1990, que autoriza la generación eléctrica autónoma o paralela, le permitirá, con grandes límites y restricciones, a empresas particulares y cooperativas de electrificación rural, contar con centrales eléctricas de limitada capacidad para generar, hasta ciertos topes, electricidad que le deben vender al ICE.

Otros prestadores relevantes de servicios de energía eléctrica en las etapas de generación, distribución y comercialización son la Junta del Servicio Eléctrico de Cartago (JASEC) (institución semiautónoma), creada por la ley 3300 de 16 de julio de 1964 y sus reformas y la Empresa de Servicios Públicos de Heredia (ESPH) organizada como una empresa pública que asume la forma de sociedad anónima de acuerdo con la ley 7789 de 30 de abril de 1998 y sus reformas.

No cabe la menor duda que por el potencial de los recursos naturales en Costa Rica, está pendiente la apertura del mercado en materia de generación, transmisión, distribución y comercialización de energía eléctrica y de otras limpias o amigables con el ambiente, a través de una ley general en materia de energía que permita una explotación de tales bienes de manera racional, sostenible y eficiente. Mantener un monopolio sobre el particular e imponerle toda suerte de límites y restricciones a los particulares que intervienen en el negocio eléctrico, resulta francamente inconstitucional por quebrantar la libertad de empresa, el carácter excepcional de los monopolios y el logro de los mayores niveles de desarrollo socio-económico y de bienestar común o general (arts. 46 y 50 de la Constitución). No resulta conveniente u oportuno, de otra parte, que un país con tanta diversidad enfrente crisis o contingencias energéticas que obliguen a encarecer los costos de producción con el consecuente desincentivo en la atracción de inversión nacional y extranjera, importar energía y establecer racionamientos que afectan diversos sectores de la población, cuando se tiene todo el potencial para producirla e, incluso, exportarla.

2. Yacimientos de carbón, fuentes o depósitos de petróleo u otras sustancias hidro-carburadas y de minerales radioactivos

La sola afectación constitucional por el artículo 121, inciso 14, párrafo 1°, sub-inciso b, de estos "bienes propios de la Nación", hace innecesaria su afectación por ley.

En lo concerniente a los yacimientos, fuentes o depósitos de minerales, entre ellos el carbón y los radioactivos, es menester indicar que el Código de Minería, ley 6797 de 4 de octubre de 1982 y sus reformas, en su artículo 1° dispone lo siguiente:

"El Estado tiene el dominio absoluto, inalienable e imprescriptible de todos los recursos minerales que existen en el territorio nacional y en su mar patrimonial, cualquiera que sea el origen, estado físico o naturaleza de las sustancias que contengan. El Estado procurará explotar las riquezas mineras por sí mismo o por medio de organismos que dependan de él.

"Sin embargo, el Estado podrá otorgar concesiones para el reconocimiento, exploración, explotación y beneficio de los recursos minerales, conforme con la presente ley.

"Las concesiones no afectarán en forma alguna el dominio del Estado, y se extinguirán en caso de incumplimiento de las exigencias legales para mantenerlas".

Por su parte, el artículo 2° del Código de Minería dispone que "La explotación de sustancias minerales podrá hacerse en canteras, cauces de dominio público, placeres, lavaderos y minas [...]".

El artículo 4°, párrafo 1°, del Código de Minería dispone, adicionalmente, lo siguiente:

"Los yacimientos de carbón, gas natural, petróleo o de cualquier sustancia hidrocarburada; los minerales radioactivos, fuentes termales, fuentes de energía geotérmica u oceanotérmica, fuentes de energía hidroeléctrica; las fuentes y aguas minerales y las aguas subterráneas y superficiales, se reservan para el Estado y solo podrán ser explotados por este, por particulares de acuerdo con la ley, o mediante una concesión especial otorgada por tiempo limitado y con arreglo a las condiciones y estipulaciones que establezca la Asamblea Legislativa".

El artículo 7° le concede al Estado "prioridad para explorar y explotar las riquezas naturales del país" solo o en asocio con otros Estados.

Los artículos 8° y 8° bis del Código de Minería establecen algunas restricciones a la explotación minera por particulares, al preceptuar, respectivamente, lo siguiente:

"Artículo 8°. La Asamblea Legislativa podrá reservar la exploración o explotación de ciertas zonas, por motivos de interés, para la protección de riquezas forestales, hidrológicas, edafológicas, culturales, arqueológicas o zoológicas, o para fines urbanísticos. En estas zonas la exploración y la explotación quedarán prohibidas a particulares y reservadas al Estado.

"Se prohíbe la explotación minera en áreas declaradas parques nacionales, reservas biológicas, reservas forestales y refugios estatales de vida silvestre.

"Las concesiones otorgadas a particulares, sobre exploración y explotación de recursos minerales en las zonas declaradas reservas indígenas, deberán ser aprobadas por la Asamblea Legislativa. La ley que apruebe tales concesiones deberá proteger los intereses y derechos de las comunidades indígenas. No procederá el trámite legislativo cuando sea el Estado el que realiza directamente la exploración o explotación.

"[...].

"Artículo 8° bis. No se otorgarán permisos ni concesiones para actividades de exploración y explotación de minería metálica a cielo abierto en el territorio nacional. Se establece que como excepción se otorgarán, únicamente, permisos de exploración con fines científicos y de investigación".

En lo relativo a los yacimientos, depósitos o fuentes de petróleo y otras sustancias hidrocarburadas, su exploración y explotación se rige por la Ley de Hidrocarburos, número 7399 de 3 de mayo de 1994, cuyos artículos 1º y 2º, disponen lo siguiente:

"Artículo 1º. El Estado tiene el dominio absoluto, inalienable e imprescriptible, de las fuentes y depósitos de petróleo y de cualesquiera otras sustancias hidrocarburadas existentes en el territorio nacional [*sic*], sobre este el Estado ejerce soberanía completa y exclusiva o jurisdicción especial, a tenor del artículo 6º de la Constitución Política.

"Artículo 2º. El propósito de la presente ley es desarrollar, promover, regular y controlar la exploración y la explotación de los depósitos de petróleo y de cualesquiera otras sustancias hidrocarburadas, sin importar el estado físico en que se encuentren; además, se propone preservar y proteger el ambiente, a fin de asegurar su uso racional y garantizar los intereses del Estado. Se exceptúan de las disposiciones de esta ley, la exploración y la explotación del carbón mineral".

3. Espectro electromagnético

La primera red telegráfica en Costa Rica data de 1868, siendo que para 1902 la compañía bananera de capital norteamericano "United Fruit Company" implantó la modalidad del telégrafo inalámbrico.

Mediante la ley 4ª de 10 de mayo de 1916, se estableció una primera regulación jurídica al disponerse que "Fuera de las líneas telegráficas, telefónicas y plantas inalámbricas de la Nación, establecidas o que se establezcan, podrán haber otras de explotación particular, conforme con las concesiones que el poder legislativo dispense".

A través del decreto-ley 34 de 10 de abril de 1920, se declara la telegrafía y la telefonía inalámbrica como servicios de utilidad pública y monopolio del Estado, autorizándose su explotación indirecta por particulares mediante un contrato de concesión limitado en el tiempo, aprobado por la Asamblea Legislativa.

Como vimos, la Constitución de 1871, mediante la ley 33 de 7 de julio de 1937, fue reformada parcialmente en su artículo 73 para establecer que los servicios inalámbricos se exceptuaban de la facultad legislativa de enajenación, además se les calificó de utilidad pública y monopolio del Estado, se les declaró inalienables, del dominio del Estado y que la concesión o derecho de los particulares para explotarlos solo podría otorgarse por tiempo limitado y con arreglo a las leyes especiales que desarrollaran esa norma constitucional.

La Constitución de 1949 en su artículo 121, inciso 14, párrafo 1º, sub-inciso c, contempla dentro de la categoría de "bienes propios de la Nación" y que por consiguiente "No podrán salir definitivamente del dominio del Estado" los "servicios inalámbricos", con lo cual, tradicionalmente, se ha entendido que se refiere al espectro electromagnético[8] o a las ondas electromagnéticas que se propagan por ese espacio natural[9], como bien del dominio público.

Desde nuestra perspectiva, el elemento objetivo o el bien del dominio público exacto y correcto, en este caso, está representado por el espacio, medio físico o espectro electromagnético o radioeléctrico constituido por bandas de frecuencia por donde se difunden y discurren las ondas electromagnéticas o radioeléctricas de radio, telefonía o televisión, entre otras. El espectro radioeléctrico o electromagnético, constituye una cosa pública de carácter material por su intangibilidad.

En lo relativo al desarrollo legislativo del espectro electromagnético, podemos señalar una serie de hitos legislativos relevantes que seguidamente reseñamos.

En materia de radio y televisión la Ley de Radio 1758 de 19 de junio de 1954 y sus reformas reguló la materia, estableciendo los títulos habilitantes para el uso y explotación de frecuencias por los particulares, sin establecer regulación sobre el espectro electromagnético. La Ley General de Telecomunicaciones 8642 de 30 de junio de 2008, en sus artículos 29 y 30 también reguló los servicios de "radiodifusión sonora" y "televisiva", calificando los servicios como "actividad privada de interés público" (art. 29). En el numeral 30 se reguló lo concerniente a la operación de "sistemas satelitales".

En punto a las telecomunicaciones[10], el decreto-ley 449 de 8 de abril de 1949, emitido por la Junta Fundadora de la Segunda República durante un gobierno de facto, creó la institución autónoma (descentralizada funcionalmente o por servicios) denominada Instituto Costarricense de Electricidad (ICE) encargada, originalmente, del desarrollo racional de las fuentes productoras de energía eléctrica que la Nación posee, en especial los recursos hidráulicos, con el fin de fortalecer la economía nacional y promover el mayor bienestar del pueblo (art. 1º). La ley 2199 de 31 de marzo de 1958, le otorgó una concesión legisla-

[8] V. Voto de la Sala Constitucional de la Corte Suprema de Justicia núm. 5386-1993 de las 16 hrs. de 26 de octubre de 1996.

[9] V. Dictamen de la Procuraduría General de la República núm. C-31-90 de 5 de febrero de 1990, en el cual se indica lo siguiente: "Estas ondas pueden servir para portar señales tanto auditivas (radio-difusión y radiotelefonía) como visuales (televisión). Los servicios inalámbricos son los servicios de comunicación auditiva o visual por medio de ondas electromagnéticas. Cabe decir que lo que es del dominio público del Estado es el sistema de ondas electromagnéticas, explotable bien directamente por el Estado o bien, mediante los instrumentos jurídicos de transferencia de esa facultad a otros sujetos, públicos o privados [...]".

[10] V. Ernesto Jinesta Lobo, "Régimen constitucional y legal de las telecomunicaciones", en *Revista Ivstitia*, año 23, núms. 275-276, noviembre-diciembre, 2009.

tiva al ICE por treinta años para "Procurar el mejoramiento y extensión de los servicios de comunicaciones telefónicas, telegráficas, radiotelefónicas y radio telegráficas en todo el territorio nacional" (art. 1°) y para "establecer y operar un servicio de telecomunicaciones en todo el territorio nacional" (art. 2°). La ley 3226 de 28 de octubre de 1963 que derogó la 2199 de 1958, le agregó un inciso h al artículo 2° del decreto-ley de creación del ICE, asignándole como finalidad "Procurar el establecimiento, mejoramiento, extensión y operación de los servicios de comunicaciones telefónicas, telegráficas, radiotelegráficas y radiotelefónicas para lo cual tendrá de pleno derecho la concesión por tiempo indefinido". La ley 3293 de 18 de junio de 1964, dispuso en su numeral 1 que el ICE explotaría los servicios de telecomunicaciones por tiempo indefinido, autorizándolo, para ese fin, en su artículo 2° para constituir una sociedad anónima mixta que se denominaría "Radiográfica Costarricense S. A." (RACSA), cuyo plazo social se ha ido prorrogando sucesivamente, la última vez por veinticinco años por la ley 7298 de 5 de mayo de 1992. La Ley General de Telecomunicaciones, 8642 de 30 de junio de 2008, reformó el tenor literal del inciso h del artículo 2° del decreto-ley de creación del ICE, estipulando lo siguiente: "Procurar el establecimiento, el mejoramiento, la extensión y la operación de las redes de telecomunicaciones de una manera sostenible, así como prestar y comercializar productos y servicios de telecomunicaciones e info-comunicaciones y de información, al igual que otros en convergencia [...]".

Jalonada por la suscripción del Tratado de Libre Comercio entre República Dominicana, Centroamérica y Estados Unidos de Norteamérica, aprobado, popularmente, por la ley referendaria 8622 de 21 de noviembre de 2007, cuyo Capítulo XIII, Anexo 13 dispuso una apertura gradual y selectiva de los servicios de telecomunicaciones (servicios de redes privadas, de Internet, inalámbricos móviles y otros futuros) se dictó la Ley General de Telecomunicaciones 8642 de 30 de junio de 2008.

La Ley General de Telecomunicaciones de 2008, tuvo por fin general establecer la regulación de las telecomunicaciones, comprendiendo el uso y explotación de las redes y las prestaciones de servicios de esa índole (art. 1°). Dentro de los objetivos específicos de la ley está promover la competencia efectiva en el mercado de las telecomunicaciones y asegurar la eficiente y efectiva asignación, uso, explotación y control del espectro radioeléctrico (art. 2°).

El numeral 6 define las telecomunicaciones, las redes y los servicios de telecomunicaciones. Por su parte, el artículo 7° establece que el espectro radioeléctrico es un bien del dominio público y el 9° califica las bandas de frecuencia en comerciales, no comerciales, oficiales, para seguridad, socorro y emergencia y libres. En los artículos 11, 23 y 26 se regulan los títulos habilitantes para operar redes y prestación de servicios de telecomunicaciones (concesiones, autorizaciones y permisos).

Finalmente, la Ley de Fortalecimiento y modernización de las entidades del Sector Telecomunicaciones, 8660 de 13 de agosto de 2008, tuvo por objeto fortalecer y modernizar los entes públicos que intervienen en el negocio de telecomunicaciones o info-comunicaciones, para evitar su extinción en un mercado abierto.

Esta ley modificó el artículo 74, párrafo 1°, de la Ley de la Autoridad Reguladora de los Servicios Públicos número 7593 de 9 de agosto de 1996, disponiendo que "Considérase una actividad de interés público el establecimiento, la instalación, la ampliación, la renovación y la operación de las redes públicas de telecomunicaciones o de cualquiera de sus elementos". Asimismo, reformó el artículo 79, párrafo 3°, de la referida ley 7593 para declarar de interés público "los bienes inmuebles que [...] por su ubicación sean necesarios para el establecimiento de redes públicas de telecomunicaciones o de cualquiera de sus elementos. Estos bienes inmuebles podrán ser expropiados conforme a la Ley de expropiaciones, N° 7495, y quedarán a nombre del Estado".

4. Ferrocarriles

El uso del ferrocarril y de las vías férreas es relativamente tardío en Costa Rica. Básicamente, los primeros contratos de concesión datan de 1879, 1882 y 1883 (v. gr. contrato Soto-Keith). Mediante el decreto 68 de 16 de octubre de 1885 se creó la "Compañía del Ferrocarril de Costa Rica" con participación de capital público pero que, ulteriormente, sería adquirido por particulares.

La primera regulación jurídico-administrativa formal lo fue la Ley de Ferrocarriles (11 de 1° de diciembre de 1909), que sería derogada por la Ley General de Ferrocarriles (5066 de 30 de agosto de 1972), aún vigente.

Durante ese primer período el *statu quo* se caracterizó por contratos a favor de compañías o empresas extranjeras de capital inglés o norteamericano con cláusulas abusivas a su favor, lo que generaría reacciones nacionalistas ante tal circunstancia, lo que desembocaría, finalmente, en las disposiciones constitucionales que veremos.

La importancia estratégica de los ferrocarriles, vías férreas y derechos de vía como bienes de la Nación, fue expresamente reconocida en la Constitución de 1917 y con la reforma parcial al artículo 73 de la Constitución de 1871 por la ley citada (14 de 1936), por cuanto prohibió expresamente su enajenación o "arriendo" —directo o indirecto—, también que no podrían, bajo ningún concepto, egresar del dominio y control del Estado.

La Constitución vigente de 1949 en el párrafo final del inciso 14 del artículo 121, dispuso igualmente que los "ferrocarriles [...] no podrán ser enajenados, arrendados ni gravados, directa o indirectamente, ni salir en forma alguna del dominio y control del Estado".

En lo relativo a la regulación legislativa vigente, la Ley General de Ferrocarriles, 5066 de 30 de agosto de 1972 y sus reformas, en su artículo 7° entiende el "ferrocarril" como una universalidad al indicar que comprende "la vía, el material fijo y rodante, los ramales o extensiones, los apartaderos, las terminales, las estaciones intermedias y todas aquellas edificaciones, instalaciones y muelles y otras anexidades que de manera directa o indirecta formen parte de una misma explotación".

El ordinal 1° de esa ley establece que "El transporte por ferrocarriles es un servicio público cuya prestación es facultad exclusiva del Estado, el cual podrá suministrarlo a través de concesionarios particulares"[11].

Los artículos 2°, 3°, 5° y 6° de la ley 5066 establecen normas intensas sobre el régimen demanial de los ferrocarriles, al indicar, respectivamente, que todo ferrocarril estará sujeto a las leyes de la República, a la concesión, a los reglamentos y a los principios generales del derecho público, en su orden; que todo acto o contrato público o privado que amenace violar, viole o restrinja la "autoridad suprema del Estado sobre los ferrocarriles y sus anexidades, se declara contraria al interés público y absolutamente nulo"; que la concesión otorgada a un particular para la construcción y explotación de un ferrocarril será temporal y solo dará derecho a una "propiedad limitada sobre el mismo, restringida a la prestación del servicio y sujeta a la autoridad y control del Estado"; que no se debe construir o ampliar un ferrocarril sin cumplir con la ley y aquellos al margen de la misma "pasarán a dominio pleno del Estado sin derecho a indemnización".

El artículo 4° de la ley 5066 es una norma legal en concordancia con lo dispuesto en la Constitución Política de 1949 en el párrafo final del artículo 121, inciso 14, ya referida, en cuanto a las restricciones para su enajenación y "arriendo".

El carácter de bien de dominio público estratégico de los ferrocarriles y al integrar los "bienes propios de la Nación", ha provocado el surgimiento de una importante organización administrativa. Así, tenemos la Ley Orgánica del Instituto Costarricense de Ferrocarriles (INCOFER), núm. 7001 de 5 de septiembre de 1985, que creó esa institución autónoma —ente público descentralizado institucional, funcionalmente o por servicios— al que se le asignaron las siguientes objetivos (art. 3°): a) Fortalecer la economía mediante la administración de un moderno sistema de transporte ferroviario para el servicio de pasajeros, de carga o conexos; b) rehabilitar, estructurar y modernizar en cuanto a vías, instalaciones y equipos rodantes, administración y prestación de servicios, los anteriores ferrocarriles nacionales al Atlántico y Eléctrico al

[11] De acuerdo con la Ley General de Concesión de Obras Públicas con Servicios Públicos núm. 7762 de 14 de abril de 1998, art. 2°, la concesión de ferrocarriles y ferrovías debe efectuarse de acuerdo con los procedimientos previstos en ese instrumento legislativo.

Pacífico —anteriormente segmentados— para integrarlos en un ferrocarril interoceánico nacional; c) estudiar, ejecutar y administrar toda nueva red ferroviaria que pueda integrarse en un futuro para habilitar las zonas productivas del país, con posibilidad de lograr una interconexión ferroviaria centroamericana, y d) electrificar, reconstruir y rectificar toda vía ferroviaria existente.

Dentro del patrimonio del INCOFER se contempla los terrenos, edificios, estructuras, equipos, material rodante y, en general, bienes muebles e inmuebles que estén o hayan estado destinados a actividades ferroviarias o conexas con estas, como patios ferroviarios, bodegas, casas y edificios que integraron el patrimonio del derogado Instituto Autónomo del Ferrocarril Eléctrico al Pacífico o del Ferrocarril al Atlántico, utilidades derivadas de la explotación de ferrocarriles y sus obras conexas, derechos convencionales de las empresas concesionarias relacionadas con la actividad ferroviaria, etc. (ley 7001, art. 36).

5. Puertos y muelles

En sentido estricto los puertos son los sectores costeros relativamente abrigados, por razones naturales o de obras construidas y en los que existe de manera continua y permanente fluido de tráfico marítimo. Los puertos se consideran bienes estratégicos para el desarrollo socio-económico de los Estados.

El término puerto es más amplio que el de muelle, en sendos supuestos se les considera del dominio público —Estatal o municipal— en cuanto suelen existir obras públicas e inciden sobre la prestación de servicios portuarios y de transporte marítimo (v. gr. atención de embarcaciones con operaciones de amarre y desamarre de buques, remolque de buques, aprovisionamiento y suministros, recibo, entrega, carga y descarga —incluyendo estiba y desestiba—, traslado y ubicación de mercancías en los recintos portuarios como patios y almacenes destinados a desembarcarse o embarcarse para fines de importación, exportación o traslados internos, custodia y almacenamiento de mercancías y bienes, servicios aduaneros, migratorios, sanitarios y policiales, embarque, desembarque y traslado de tripulaciones, pasajeros y visitantes, construcción de nuevos puertos o instalaciones portuarias, prestación de actividades y facilidades conexas al negocio portuario, regulación y fiscalización de concesiones otorgadas a personas privadas para construir obras o prestar servicios, etc.).

En el caso costarricense, la Constitución Política de 1949, influida por la reforma al artículo 73 de la Constitución de 1871 por la ley 13 de 1936, dispuso en su ordinal 121, inciso 14, párrafo *in fine*, que los “muelles [...] no podrán ser enajenados, arrendados ni gravados, directa o indirectamente, ni salir en forma alguna del dominio y control del Estado”, lo cual pone de manifiesto, por expresa disposición constitucional, su carácter estratégico o esencial.

De acuerdo con el artículo 1° de la ley 1721 de 28 de diciembre de 1953 y sus reformas, Ley del Instituto Costarricense de Puertos al Pacífico (INCOP), los puertos, servicios portuarios, actividades y facilidades conexas, por lo que se concibe como una universalidad, ubicados en el litoral pacífico, le pertenecen al Estado, siendo que a esa institución autónoma (descentralizada funcionalmente o por servicios) le corresponde fungir como "autoridad portuaria" con el propósito de explotarlos, directa o indirectamente, de manera eficaz y eficiente para fortalecer la economía nacional.

Con un poco menos de precisión, el artículo 1º de la ley 3091 de 18 de febrero de 1963, Ley Orgánica de la Junta de Administración Portuaria y Desarrollo Económico de la Vertiente Atlántica (JAPDEVA), dispuso que a esa institución autónoma (descentralizada funcionalmente o por servicios), le compete ejercer las prerrogativas y funciones de "autoridad portuaria", encargada de construir, administrar, conservar y operar los puertos marítimos y fluviales de la vertiente atlántica.

La Ley General de Obras Públicas con Servicios Públicos número 7762, establece los procedimientos para la concesión en los puertos y muelles nuevos o existentes (art. 2.2)[12]. Como ya se apuntó, la Sala Constitucional ha admitido la concesión de obra con servicio público, tratándose de los puertos, por cuanto el Estado no pierde la titularidad, el dominio y control sobre tales bienes (votos 5651-2005 y 15693-2013).

6. Aeropuertos

Los "aeropuertos nacionales" en tanto se encuentren en servicio, son señalados en el artículo 121, inciso 14, párrafo final, de la Constitución de 1949 como "bienes propios de la Nación", disponiéndose que no podrán ser arrendados, gravados, directa o indirectamente, ni salir en forma alguna del dominio y control del Estado.

La primera distinción que se impone, a la luz de la norma constitucional, es que los aeropuertos nacionales que no se encuentren en servicio sí podrán ser arrendados, gravados, directa o indirectamente o salir del dominio y control del Estado, obviamente, por razones de utilidad. Debe entenderse que se encuentra, definitivamente, fuera de servicio y no temporalmente, por alguna contingencia.

De otra parte, se impone una precisión que es la siguiente: cuando el texto constitucional emplea la expresión "aeropuertos nacionales", se refiere a los que son de titularidad estatal, por cuanto si la expresión es utilizada en otro sentido, los aeropuertos que ofrecen servicios de transporte internacional y no

[12] Únicamente se establecieron restricciones para los puertos de Puntarenas, Caldera (Pacífico), Limón y Moín (Atlántico), al señalar el art. 2.3 que solo se pueden concesionar las obras nuevas o ampliaciones, no así las existentes.

local o nacional que, quizá, son los más relevantes, estarían excluidos de la previsión constitucional, lo que no se puede admitir por su carácter estratégico para el desarrollo y progreso socio-económico del país. La Ley General de Aviación Civil, 5150 de 11 de diciembre de 1972 y sus reformas, en su artículo 89 clasifica los aeropuertos y aeródromos en "nacionales, municipales y particulares, de acuerdo con el régimen jurídico de propiedad a que estén sujetos".

La Constitución de 1949, de otra parte, utiliza la expresión "aeropuertos", no menciona a los aeródromos que tienen un carácter eventual y no permanente. El aeropuerto es un área definida que incluye, de manera permanente, edificaciones, instalaciones, equipos y servicios aeronáuticos (v. gr. de comunicaciones o radio ayuda para el aterrizaje, aproximación, despegue, control de navegación aérea, iluminación, puentes o mangas de abordaje, infraestructura del campo aéreo, estacionamiento de naves, carga de pasajeros y mercancías) o no aeronáuticos de carácter auxiliar o complementario (v. gr. uso de hangares y talleres, oficinas policiales, de migración y salubridad, rampas, oficinas y mostradores de aerolíneas, salas VIP, área de equipaje, salas de espera, seguridad de pasajeros, tiendas comerciales, restaurantes y bares, parqueo de vehículos, taxis, etc.) para la llegada, partida y movimiento en superficie de aeronaves para el tráfico de personas o mercaderías. Como podemos ver, el aeropuerto público, también, puede estimarse una universalidad.

La cuestión semántica no es menor, por cuanto, según la interpretación que se haga el alcance, extensión y efecto de la norma constitucional puede ser superior o inferior. En nuestro país, la única norma que establece definiciones es el Convenio sobre Aviación Civil Internacional, llamado Convenio de Chicago, de 1944 y que fue ratificado por Costa Rica mediante la ley 877 de 4 de julio de 1947. Tal Convenio de Chicago define tanto la expresión "aeropuerto internacional" como la de "aeródromo", la primera en el Capítulo 1 del Anexo 9 como "Todo aeropuerto designado por el Estado contratante en cuyo territorio está situado, como puerto de entrada o salida para el tráfico aéreo internacional, donde se llevan a cabo los trámites de aduanas, inmigración, salud pública, reglamentación veterinaria y fitosanitaria y procedimientos similares"; la segunda en el Capítulo 1 del Anexo 14 como aquella "Área definida de tierra o de agua (que incluye todas sus edificaciones, instalaciones y equipos) destinada total o parcialmente a la llegada, salida y movimiento en superficie de aeronaves". Por su parte, la Ley General de Aviación Civil, 5150 de 11 de diciembre de 1972 y sus reformas, en su artículo 90, al establecer una *publicatio*, refiere que "Todos los aeródromos civiles del país a excepción de los particulares, están abiertos al servicio del público [...]". Debe indicarse que buena parte de los artículos de la Ley General de Aviación Civil utiliza, indistintamente, las expresiones "aeropuertos" y "aeródromos" (arts. 10, 18, 19, 88, 89, 94, 96 y 294). Consecuentemente, otra comprensión de la expresión "aeropuerto" de la Constitución de 1949, podría implicar un ámbito de aplicación más amplio, por cuanto, en sentido estricto, en Costa Rica, aeropuertos son muy pocos los existentes (v. gr. Aeropuerto Internacionales Juan Santamaría en Alajuela, Tomás Guardia en Liberia, el de Limón y el Tobías Bolaños en Pavas, San José) en tanto los aeródromos son mucho más.

Resulta relevante apuntar que respecto de los aeropuertos nacionales se ha admitido la figura del contrato de gestión interesada de los servicios aeroportuarios, como un contrato administrativo atípico desde el punto de vista legislativo pero que debe estar dotado de un reglamento que lo tipifique (decr. ejecutivo 2680-MOPT de 19 de marzo de 1998), según lo establecido en los artículos 55 y 66 de la Ley de la Contratación Administrativa, 7494 de 2 de mayo de 1995 y sus reformas. Este contrato tiene por objeto esencial la administración, operación, manejo y mantenimiento de los servicios aeroportuarios, pudiendo comprender la rehabilitación de instalaciones, la construcción total o parcial de nuevas obras, la terminación de las existentes en proceso de construcción que sean necesarias para brindar los servicios, servicios de asesoría en la materia y promoción del aeropuerto en los mercados internacionales (art. 3° del Reglamento). De acuerdo con la regulación reglamentaria del contrato, la administración mantiene la titularidad de los aeropuertos y también de los servicios aeroportuarios o conexos (arts. 11 y 13 del Reglamento). La Sala Constitucional de la Corte Suprema de Justicia, voto 11657-2001, estimó que la gestión interesada de un aeropuerto y sus servicios "[...] no es contraria al Derecho de la Constitución. No lo es por cuanto mediante este tipo de contratación [...] permite que la misma Administración sea la que preste los servicios del aeropuerto, haciendo uso del gestor, pero sin que este asuma el dominio o control del bien. El Estado [...] es en definitiva el que tiene pleno dominio y control del aeropuerto [...]".

Por último, una cuestión que es preciso abordar tratándose de los aeropuertos es un derecho real administrativo establecido, normalmente, por ley a favor de la administración pública titular —en el caso costarricense del Estado—, que es la servidumbre aeronáutica. La servidumbre aeronáutica supone un derecho real en cabeza del Estado que, al propio tiempo, supone una limitación por razón de interés social del derecho de propiedad de los particulares (admitida por el art. 45, parr. 2°, de la Constitución de 1949).

Las servidumbres aeronáuticas se producen en ese bien del dominio público natural que es el espacio aéreo, pero afectando la propiedad privada de particulares que se encuentran en la superficie. Normalmente, las servidumbres aeronáuticas se ubican en los sectores adyacentes o circundantes al campo aéreo, donde se efectúan maniobras de aproximación para el aterrizaje y el despegue.

En el caso de Costa Rica, la servidumbre aeronáutica se encuentra dispuesta en el Convenio de Chicago, que fue ratificado por la ley 877 de 1947, al disponer en el anexo 14 que comprenden un "Área rectangular definida en el terreno o en el agua y bajo control de las autoridades competentes, designada o preparada como área adecuada sobre la cual un avión puede efectuar una parte del ascenso inicial hasta una altura especificada". Cabe agregar que en tales áreas es preciso la restricción y supresión de todo tipo de obstáculos o de fuentes potenciales de estos (v. gr. tipo de actividades —como vertederos de basura o cualquier otra fuente que atraiga aves—, altura de las construcciones, etc.).

Por su parte, la Ley General de Aviación Civil en su artículo 96 dispone que "Las construcciones e instalaciones de los terrenos adyacentes o inmediatos a los aeródromos y aeropuertos, dentro de las zonas de protección y seguridad de estos, estarán sujetas a las restricciones que señalen los reglamentos respectivos y a las que con fines de seguridad dicte la Dirección General de Aviación Civil".

Lógicamente, tales restricciones tendrán reflejo en los planes regionales de carácter metropolitano que puedan existir (v. gr. Plan Regional Metropolitano para la Gran Área Metropolitana —GAM—) y, especialmente, en los planes reguladores urbanos, particularmente, en los reglamentos de zonificación para uso del suelo, que emitan las municipalidades en cuyo ámbito de competencia territorial se ubiquen aeropuertos nacionales. Sobre el particular, el artículo 25 de la Ley de Planificación Urbana, 4240 de 15 de noviembre de 1968 y sus reformas, dispone que todo reglamento municipal de zonificación de uso del suelo debe contemplar "[...] como zonas especiales, las que soporten alguna reserva en cuanto a su uso y desarrollo, como en el caso de los aeropuertos [...]".

7. Espacio aéreo y aguas territoriales

El artículo 6°, párrafo 1°, de la Constitución de 1949 afecta el espacio aéreo del territorio nacional al dominio público, al indicar que el "Estado ejerce la soberanía completa y exclusiva". La inclusión de este precepto constitucional obedece a la relevancia socio-económica adquirida por la aeronavegación para finales de la década de los cuarenta del siglo pasado. Es la primera vez en la tradición constitucional costarricense que se menciona el espacio aéreo como un bien público del Estado.

Los artículos 1° y 22 de la Ley General de Aviación Civil, regulan el espacio aéreo al disponer lo siguiente:

"Artículo 1°. El Estado ejerce la soberanía completa y exclusiva en el espacio aéreo de su territorio y en sus aguas territoriales y plataformas continental e insular, de acuerdo con los principios del Derecho Internacional y con los tratados vigentes".

"Artículo 22. El espacio aéreo situado sobre el territorio de la República de Costa Rica, está sujeto a la soberanía nacional. Para los efectos de esta ley el territorio comprende las extensiones terrestres y las aguas jurisdiccionales adyacentes a ellas que se encuentren bajo la soberanía, jurisdicción, o fideicomiso de la República. Los aviones militares extranjeros no podrán volar en el espacio aéreo nacional, sin el permiso correspondiente".

En lo relativo a las "aguas territoriales", debe tomarse en consideración que Costa Rica está emplazada en el istmo centroamericano, por lo que sus costas este y oeste se encuentran bañadas, respectivamente, por el Mar Caribe y el Océano Pacífico. El artículo 6°, párrafo 1°, también por primera vez, afecta tales aguas territoriales al dominio del Estado, todo por su importancia económica y estratégica, así como por la evolución del derecho del mar. Esa norma constitucional indica que ejerce la soberanía completa y exclusiva en una distancia de doce millas a partir de la línea de bajamar a lo largo de sus costas, con lo cual se refiere al denominado "mar territorial", sin excluir, desde luego la plataforma continental y el zócalo insular. El artículo 6°, párrafo 2°, preceptúa que ejerce una "jurisdicción especial" sobre los "mares adyacentes a su territorio en una extensión de doscientas millas a partir de la misma línea, a fin de proteger, conservar y explotar con exclusividad todos los recursos y riquezas naturales existentes en las aguas, el suelo y el subsuelo de esas zonas [...]". Se trata de una clara referencia a la denominada zona de exclusión económica o "mar patrimonial".

Sobre los recursos minerales contenidos en el subsuelo del mar, el artículo 4°, párrafo 2°, del Código de Minería, preceptúa lo siguiente: "Los recursos naturales existentes en el suelo, en el subsuelo y en las aguas de los mares adyacentes al territorio nacional, en una extensión de hasta doscientas millas a partir de la línea de baja mar, a lo largo de las costas, sólo podrán ser explotados de conformidad con lo que establece el inciso 14 (último párrafo) del artículo 121 de la Constitución Política". Una correcta inteligencia de esta norma legal permite concluir que se refiere al párrafo 2° del artículo 121, inciso 14, que permite la explotación directa por la administración pública o indirecta por particulares de acuerdo con una ley general que regule los respectivos títulos habilitantes o una concesión legislativa especial por tiempo limitado.

Sección III. Desarrollo legislativo del dominio público de configuración legislativa

1. Código Civil de 1886

La primera regulación general del dominio público se estableció en el Código Civil de 1886, que se inspiró en el Código de Napoleón de 1804 y en la correspondiente doctrina francesa que lo analizó, comentó e interpretó. Se trata de una codificación más que centenaria todavía vigente.

El Libro II, Título I, Capítulo II (De los bienes con relación a las personas) del Código Civil de 1886, introdujo tres normas clave para comprender el régimen jurídico del dominio público, al establecer lo siguiente:

"Artículo 261. Son cosas públicas las que, por ley, están destinadas de un modo permanente a cualquier servicio de utilidad general, y aquellas de que todos pueden aprovecharse por estar entregadas al uso público.

"Todas las demás cosas son privadas y objeto de propiedad particular, aunque pertenezcan al Estado o a los municipios, quienes, para el caso, como personas civiles, no se diferencian de cualquier persona.

"Artículo 262. Las cosas públicas están fuera del comercio; y no podrán entrar en él, mientras legalmente no se disponga así, separándolas del uso público a que estaban destinadas.

"Artículo 263. El modo de usar y aprovecharse de las cosas públicas se rige por los respectivos reglamentos administrativos, pero las cuestiones que surjan entre particulares, sobre mejor derecho o preferencia al uso y aprovechamiento de las cosas públicas, serán resueltas por los tribunales".

Cabe agregar que el artículo 276 del Código Civil establece que "La propiedad de las aguas y de las minas y los derechos que con ellas se relacionan, solo se regirán por las leyes comunes en cuanto estas no se opongan a las leyes especiales sobre aguas y minas".

2. Zona marítimo-terrestre

La zona marítimo terrestre o faja costera como bien del dominio público en Costa Rica se remonta a la época de la colonia española, por cuanto, de acuerdo con la Real Cédula de 15 de octubre de 1754 se reservó como bien del dominio público la denominada "milla marítima" tierra adentro, a partir de la línea de pleamar, a lo largo de ambos litorales (atlántico y pacífico).

La regulación de la materia en Costa Rica durante el período republicano arranca con la ley 162 de 8 de junio de 1828, habiéndose dictado diversas leyes ulteriores, hasta llegar a la ley 6043 de 2 de marzo de 1977 y sus reformas actualmente vigentes[13].

El artículo 1° de la Ley de la Zona Marítimo Terrestre dispone que la misma "constituye parte del patrimonio nacional, pertenece al Estado y es inalienable e imprescriptible. Su protección, así como la de sus recursos naturales, es

[13] Ver el recuento histórico de la prolija regulación legislativa de la zona marítimo terrestre que hace el magistrado Zeledón Zeledón en la sentencia de la Sala Primera de la Corte Suprema de Justicia, 7 de las 15:05 hrs. de 20 de enero de 1993.

obligación del Estado, de sus instituciones y de todos los habitantes del país. Su uso y aprovechamiento están sujetos a las disposiciones de esta ley".

Por su parte el artículo 3° establece lo siguiente:

"Sin perjuicio de las atribuciones de ese Instituto, compete a las municipalidades velar directamente por el cumplimiento de las normas de esta ley referentes al dominio, desarrollo, aprovechamiento y uso de la zona marítimo terrestre y en especial de las áreas turísticas de los litorales.

"El usufructo y administración de la zona marítimo terrestre, tanto de la zona pública como de la restringida, corresponden a la municipalidad de la jurisdicción respectiva".

El artículo 5° de esa ley dispone que "Salvo disposición legal en contrario, solamente la Asamblea Legislativa podrá conceder permisos u otorgar concesiones en las zonas cubiertas permanentemente por el mar, adyacentes a los litorales. Se exceptúan aquellas instalaciones de protección y salvamento, autorizadas por la respectiva municipalidad, que se hagan para resguardo de las personas y la seguridad en la navegación".

Los artículos 9°, 10 y 11 definen los componentes de la zona marítimo-terrestre, al disponer lo siguiente:

"Artículo 9°. Zona marítimo terrestre es la franja de doscientos metros de ancho a todo lo largo de los litorales Atlántico y Pacífico de la República, cualquiera que sea su naturaleza, medidos horizontalmente a partir de la línea de la pleamar ordinaria y los terrenos y rocas que deja el mar en descubierto en la marea baja.

"Para todos los efectos legales, la zona marítimo terrestre comprende las islas, islotes y peñascos marítimos, así como toda tierra o formación natural que sobresalga del nivel del océano dentro del mar territorial de la República. Se exceptúa la Isla del Coco que estará bajo el dominio y posesión directos del Estado y aquellas otras islas cuyo dominio o administración se determinen en la presente ley o en leyes especiales.

"Artículo 10. La zona marítimo terrestre se compone de dos secciones: la *zona pública*, que es la faja de cincuenta metros de ancho a contar de la pleamar ordinaria, y las áreas que quedan al descubierto durante la marea baja; y la *zona restringida*, constituida por la franja de los ciento cincuenta metros restantes, o por los demás terrenos en caso de islas.

"Los islotes, peñascos y demás áreas pequeñas y formaciones naturales que sobresalgan del mar corresponden a la zona pública.

"Artículo 11. Zona pública es también, sea cual fuere su extensión, la ocupada por todos los manglares de los litorales continentales e insulares y esteros del territorio nacional".

Conviene agregar que, de acuerdo con los artículos 20, 22 y 23 de la ley, la zona pública no puede ser objeto de ocupación bajo ningún título ni en ningún caso, no pudiendo alegarse derecho alguno sobre la misma, está dedicada al uso público y libre tránsito de las personas, no permitiéndose ningún desarrollo, asimismo se le impone el deber al Estado y a las municipalidades de construir vías para garantizar el acceso a la zona pública de las playas.

3. Aguas públicas

El artículo 121, inciso 14, sub-inciso a, de la Constitución hace referencia a las "aguas del dominio público en el territorio nacional", cuando se refiere a las fuerzas o energías obtenidas a partir de su explotación como bien propio de la Nación. Esa es la única referencia constitucional a las aguas superficiales y subterráneas[14].

El primer instrumento legislativo en ocuparse de las aguas es la Ley de Aguas número 276 de 27 de agosto de 1942 y sus reformas, cuyos artículos 1° establecen que son del dominio público las siguientes: 1) las de los mares territoriales en la extensión y términos que fija el derecho internacional; 2) las de las lagunas y esteros de las playas que se comuniquen permanente o intermitentemente con el mar; 3) las de los lagos interiores de formación natural que estén ligados directamente a corrientes constantes; 4) las de los ríos y sus afluentes directos o indirectos, arroyos o manantiales desde el punto en que broten las primeras aguas permanentes hasta su desembocadura en el mar o lagos, lagunas o esteros; 5) las de las corrientes constantes o intermitentes cuyo cauce, en toda su extensión o parte de ella, sirva de límite al territorio nacional, debiendo sujetarse el dominio de esas corrientes a lo que se haya establecido en tratados internacionales celebrados con los países limítrofes y, a falta de ellos, o en cuanto a lo no previsto, a lo dispuesto por esta ley; 6) las de toda corriente que directa o indirectamente afluyan a las enumeradas en el punto 5; 7) las que se extraigan de las minas; 8) las de los manantiales que broten en las playas, zonas marítimas, cauces, vasos o riberas de propiedad nacional y, en general, todas las que nazcan en terrenos de dominio público; 9) las subterráneas cuyo alumbramiento no se haga por medio de pozos, y 10) las aguas pluviales que discurran por barrancos o ramblas cuyos cauces sean de dominio público.

El artículo 2° de ese cuerpo legislativo establece lo siguiente:

"Las aguas enumeradas en el artículo anterior son de propiedad nacional y el dominio sobre ellas no se pierde ni se ha perdido cuando por ejecución de obras artificiales o de aprovechamientos anteriores se alteren o hayan alterado las características naturales.

[14] Para una adecuada distinción entre aguas superficiales y subterráneas y, en especial, el régimen jurídico-administrativo de estas últimas, v. voto de la Sala Constitucional núm. 1923-2004.

"Exceptúanse las aguas que se aprovechan en virtud de contratos otorgados por el Estado, las cuales se sujetarán a las condiciones autorizadas en la respectiva concesión".

El artículo 71 de la Ley de Aguas preceptúa que "La Nación tiene la propiedad de las aguas que se determinan en el artículo 1° de esta ley [...]".

El Código de Minería de 1982 en su artículo 4° establece lo siguiente: "[...] las aguas subterráneas y superficiales, se reservan para el Estado y solo podrán ser explotados por este, por particulares de acuerdo con la ley, o mediante una concesión especial otorgada por tiempo limitado y con arreglo a las condiciones y estipulaciones que establezca la Asamblea Legislativa".

La Ley Orgánica del Ambiente, 7554 de 13 de octubre de 1995, sin distinguir entre aguas superficiales y subterráneas, en su artículo 50 dispone lo siguiente: "El agua es de dominio público, su conservación y uso sostenible son de interés social".

Ante la contaminación y deterioro sanitario de las aguas superficiales, cobra especial relevancia el carácter de dominio público de los terrenos donde se produce la recarga y descarga de los mantos acuíferos, sea de las aguas subterráneas para el suministro del agua potable a las poblaciones. Así, por ejemplo, lo establecen los artículos 31 de la Ley de Aguas de 1942 que declara como "reserva de dominio a favor de la Nación" lo siguiente: "a) Las tierras que circunden los sitios de captación o tomas surtidoras de agua potables, en un perímetro no menor de doscientos metros de radio, b) La zona forestal que protege o debe proteger el conjunto de terrenos en que se produce la infiltración de aguas potables [...]".

La Ley General de Agua Potable, 1634 de 18 de septiembre de 1953, en su artículo 2°, establece que "Son de dominio público todas aquellas tierras que [...] consideren indispensables para construir o para situar cualquiera parte o partes de los sistemas de abastecimiento de aguas potables, así como para asegurar la protección sanitaria y física, y caudal necesario de las mismas [...]".

La Ley de Tierras y Colonización, 2825 de 14 de octubre de 1961, en su artículo 7°, inciso c, declara como bienes del dominio del Estado inalienables "[...] los situados en las márgenes de los ríos, arroyos y, en general, de todas las fuentes que estén en cuencas u hoyas hidrográficas en que broten manantiales, o en que tengan sus orígenes o cabeceras cualesquiera cursos de agua de los cuales se surta alguna población, o que convenga reservar con igual fin. En terrenos planos o de pequeño declive se considerará inalienable una faja de doscientos metros a uno y otro lado de dichos ríos, manantiales o arroyos; y en las cuencas u hoyas hidrográficas, una faja de terreno de trescientos metros a uno y otro lado de la depresión máxima, en toda la línea, a contar de la mayor altura inmediata".

La Ley Forestal 7575, en su artículo 33, incisos a y d, respectivamente, dispone que son áreas de protección las "[...] que bordeen nacientes permanentes, definidas en un radio de cien metros medidos de modo horizontal" y "Las áreas de recarga y los acuíferos de los manantiales, cuyos límites serán determinados por los órganos competentes establecidos en el Reglamento de esta ley".

Por último, la Ley de Creación del Instituto Costarricense de Acueductos y Alcantarillados (2726 del 14 de abril de 1961) y sus reformas y la Ley de Creación del Servicio Nacional de Riego y Avenamiento (6877 del 18 de julio de 1983) y sus reformas, establecen, respectivamente en sus artículos 5°, inciso e, y 15, lo siguiente: "Se declaran de utilidad pública y de interés social, y podrán ser expropiados, los terrenos necesarios para la conservación y protección de los recursos de agua, así como para las construcciones que se hagan necesarias en la captación [...]" y "Decláranse de interés público las acciones que promueve el Estado, con el objeto de asegurar la protección y el uso racional de las aguas [...]".

4. Caminos públicos

La Ley de Construcciones 833 de 4 de noviembre de 1949 y sus reformas, contiene tres artículos clave sobre el carácter demanial de las vías públicas, que son los siguientes:

"Artículo 4°. *Definición*. Vía pública es todo terreno de dominio público y de uso común, que por disposición de la autoridad administrativa se destinare al libre tránsito de conformidad con las leyes y reglamentos de planificación y que de hecho esté destinado ya a ese uso público. Según su clase, las vías públicas se destinarán, además, a asegurar las condiciones de aereación e iluminación de los edificios que las limitan; a facilitar el acceso a los predios colindantes; a la instalación de cualquier canalización, artefacto, aparato o accesorio perteneciente a una obra pública o destinados a un servicio público.

"Artículo 5°. *Derecho*. Las vías públicas son inalienables e imprescriptibles y, por lo tanto, no podrá constituirse sobre ellas hipoteca, embargo, uso, usufructo ni servidumbre en beneficio de una persona determinada, en los términos del derecho común. Los derechos de tránsito, iluminación y aereación, vista, acceso, derrames y otros semejantes inherentes al destino de las vías públicas se regirán exclusivamente por las leyes y reglamentos administrativos.

"Artículo 6°. *Permisos y concesiones*. Los permisos y concesiones que la autoridad competente otorgue para aprovechar las vías públicas con determinados fines, no crean a favor del concesionario o permisionario ningún derecho real ni acción posesoria sobre tales vías. Tales permisos o concesiones serán siempre temporales y revocables, y en ningún caso podrán otorgarse con perjuicio del libre, seguro y expedito tránsito, o del libre, seguro y expedito acceso a los predios colindantes, de la tranquilidad y comodidad de los vecinos, o de los servicios públicos instalados en ellas, o en general con perjuicio de cualquiera de los fines a que tales vías, según su clase hubieren sido destinadas".

El artículo 8° de la Ley de Construcciones, referido a los fraccionamientos o loteos —urbanizaciones— indica que "[...] los terrenos que en dichos planos aparezcan como destinados a vías públicas por ese solo hecho saldrán del dominio del fraccionador y pasarán al dominio público [...]".

El numeral 10 del mismo cuerpo legislativo impide la invasión de las vías públicas, tanto de la superficie como del subsuelo, al ejecutar una obra particular.

La Ley General de Caminos Públicos, 5060 de 22 de agosto de 1972, en su artículo 2° dispone lo siguiente:

"Son propiedad del Estado todos los terrenos ocupados por carreteras y caminos públicos existentes o que se construyan en el futuro. Las municipalidades tienen la propiedad de las calles de su jurisdicción [...]".

El artículo 1° de ese mismo cuerpo legal hace una clasificación de los caminos públicos, estableciendo una tipología dual, integrada por la "red vial nacional" (integrada por las carreteras primarias, secundarias y terciarias) cuya administración le corresponde al Ministerio de Obras Públicas y Transportes y la "red vial cantonal" (integradas por los caminos vecinales, locales y no clasificados) que será administrada por la municipalidades.

El artículo 28 de la Ley de Caminos Públicos dispone lo siguiente: "Queda terminantemente prohibido [...] otorgar permisos o derechos de ocupación, disfrute, uso o simple posesión del derecho de vía de los caminos públicos o ejercer actos que impliquen en cualquier forma tenencia de los mismos por parte de las personas. Los que ejercieren tales actos sobre terrenos públicos [...] serán desalojados administrativamente [...] dentro de los siguientes quince días contados a partir de la prevención escrita que se efectúe al responsable; todo sin perjuicio de la multa aplicable y del resarcimiento de los daños y perjuicios que se hubieren causado".

5. Líneas fronterizas

La propia Constitución en su artículo 5° al definir el territorio nacional hace mención indirecta de las líneas fronterizas con Panamá y Nicaragua. Fue la Ley de Tierras y Colonización, 2825 de 14 de octubre de 1961 y sus reformas, la que en el artículo 7°, inciso f, declaró, por razones de conveniencia nacional, como terrenos de dominio del Estado y por consiguiente "inalienables y no susceptibles de adquirirse por denuncio o posesión", salvo que estuvieren tituladas legítimamente a favor de particulares, "una zona de 2.000 metros de ancho a lo largo de las fronteras con Nicaragua y Panamá".

Recientemente, la Sala Constitucional en el voto 18836-2014, estimó inconstitucional, al ejercer control de constitucionalidad *a priori*, el proyecto de ley de "Desafectación y titulación de la zona fronteriza entre la República de Costa Rica y la República de Panamá", al estimar que lesionaba los principios de la soberanía y de seguridad del Estado costarricense, reafirmando así el carácter estratégico, por razones de seguridad nacional, de policía, migración y aduaneras, de la faja fronteriza como bien del dominio público.

6. Dominio público municipal

Existen una serie de normas en leyes sectoriales que crean un dominio público municipal, además del caso ya referido de las vías públicas que integran la denominada "red vial cantonal".

En efecto, la Ley de Planificación Urbana 4240 de 15 de noviembre de 1968 y sus reformas, potestad que se le otorga a las municipalidades, establece varios bienes que forman parte de ese demanio municipal, habida cuenta que los urbanizadores deben traspasar al dominio público estatal y municipal ciertas áreas de una urbanización. El artículo 40 de esa ley señala que se trata de una cesión gratuita al uso público tanto de las áreas destinadas a vía —que se transfieren al Estado— como las correspondientes a "parques y facilidades comunales", también la norma habla de "campos de juegos infantiles". Lo particular de estos supuestos es que no se precisa de una afectación legislativa expresa, aunque podríamos entender que las propias previsiones legislativas que la contemplan, constituyen la afectación misma.

El artículo 43 de la Ley de Planificación Urbana establece que "El Mapa Oficial, junto con los planos o el catastro que lo complemente, constituirá registro especial fehaciente sobre propiedad y afectación a dominio público de los terrenos o espacios ya entregados a usos públicos".

El artículo 44, párrafo 1°, de la Ley de Planificación Urbana dispone que "El dominio municipal sobre las áreas de calles, plazas, jardines, parques u otros espacios abiertos de uso público general, se constituye por ese mismo uso y puede prescindirse de su inscripción en el Registro de la Propiedad, si consta en el Mapa Oficial".

El artículo 45 de esa ley prescribe que tales inmuebles "podrán ser transferidos a otro uso público [...] mas si tuvieren destino señalado en la ley, el cambio deberá ser aprobado por la Asamblea Legislativa".

En el caso del dominio municipal, nos enfrentamos con dos casos un tanto dudosos, por ausencia de una afectación legal expresa y formal, que son los de los cementerios y los mercados municipales.

En el supuesto de los cementerios, en la mayoría de los casos el inmueble donde se encuentra emplazado y su administración ha estado en manos de las

Juntas Municipales Administradoras de Cementerios, aunque existen algunos que son administrados por las Juntas de Protección Social de Provincia, órganos designados por el poder ejecutivo (antiguas Juntas de caridad de provincia o cantón) y que no son órganos de los municipios. Pese a la ausencia de afectación legal expresa y formal[15], lo cierto del caso es que tales bienes se encuentran sujetos a aprovechamientos singulares y, de hecho, están afectos a un fin público, como lo es, por razones, religiosas y de sanidad, la inhumación de las personas, por lo que es un servicio de utilidad general.

El otro caso dudoso, son los mercados municipales para el abastecimiento de alimentos y mercancías en los ayuntamientos. En efecto, pese a la existencia de la Ley sobre el Arrendamiento de Locales Municipales, 2428 de 14 de septiembre de 1959 y sus reformas, no existe una afectación legal expresa y formal al demanio municipal, aunque, obviamente, ese cuerpo legislativo regula los aprovechamientos especiales (denominados incorrectamente "arrendamientos") para ubicar locales, tramos o puestos en esos lugares y, adicionalmente, se encuentran, de hecho, afectos a un fin público y un servicio de utilidad general. Cabe agregar que la Sala Constitucional en los votos 893-1993, 5231-1994 y 4675-1997, estimó que los mercados municipales son bienes del dominio público. En los votos 893-1993, 3212-1996 y 3227-1996,

[15] Por razones inexplicables, el régimen jurídico-administrativo de los cementerios ha estado regentado por normas infra legales. Así, mediante el decreto ejecutivo XXII de 23 de mayo de 1870, se dispuso que "En todas las poblaciones cabeceras de provincia y de cantón, habrá cerca del cementerio general de los católicos romanos, un sitio de veinticinco varas en cuadro, para la inhumación de los cadáveres de naturales y extranjeros de religiones diferentes" (art. 1º), siendo que se dispuso que "Estos terrenos serán comprados por la Nación y estarán bajo cuidado y vigilancia de la autoridad política del lugar respectivo" (art. 2º). Luego, por decreto ejecutivo XXIV de 19 de julio de 1884, denominado de "secularización de los cementerios", expedido por el presidente Próspero Fernández y el secretario de Estado de Policía, Bernardo Soto, se ordenó lo siguiente: "Los cementerios que hasta ahora han estado bajo la autoridad eclesiástica, quedan secularizados" (art. 1º), "La construcción y administración de ellos, estarán a cargo de la autoridad política de cada lugar, y bajo la inspección del gobernador de la provincia respectiva" (art. 2º). El art. 4º de este decreto ejecutivo de 1884, indicó que "Un reglamento especial determinará las bases de la administración, régimen y buen gobierno de ellos". El reglamento al que aludía el decreto de secularización, fue emitido por decreto ejecutivo 17 de 5 de septiembre de 1931, por el presidente Cleto González Víquez y se denominó "Reglamento General de Cementerios". El decreto-ley 704 de 7 de septiembre de 1949, denominado "Regulación sobre propiedad y arrendamientos de tumbas en cementerios", emitido por la Junta Fundadora de la Segunda República (gobierno de facto), en su art. 2º dispuso que las parcelas, tumbas y mausoleos no pueden ser vendidos con pacto de retroventa, no son susceptibles de embargo, dados en garantía o gravados en alguna forma, lo cual sugiere su carácter demanial. La norma que actualmente rige de modo general el tema es el "Reglamento General de Cementerios", decreto ejecutivo 32833 de 3 de agosto de 2005, cuyo art. 55 establece: "Todos los cementerios nacionales se considerarán patrimonio público, sujetos a sus leyes y reglamentos, inalienables, secularizados y no podrán ser suprimidos sino por razones de orden público [...]".

la Sala Constitucional denominó a tales "arrendamientos" como "derechos reales administrativos" al comportar una forma singular de uso y aprovechamiento de un bien demanial.

7. Objetos arqueológicos

En el caso costarricense, los denominados "objetos arqueológicos", procedentes de las culturas indígenas precolombinas o contemporáneas al establecimiento de la cultura hispánica, forman parte del dominio público del Estado. En tal sentido, el artículo 3° de la Ley del Patrimonio Nacional Arqueológico, 6703 de 28 de diciembre de 1981 y sus reformas, dispone lo siguiente:

"Son propiedad del Estado todos los objetos arqueológicos, que sean descubiertos en cualquier forma, encontrados a partir de la vigencia de esta ley, así como los poseídos por particulares después de la vigencia de la ley 7ª de 6 de octubre de 1938, cuando estos no hayan cumplido con los requisitos exigidos por esa ley".

Obviamente, el patrimonio arqueológico es un concepto mucho más amplio que integran bienes muebles e inmuebles de titularidad pública o privada (ley 6703, art. 1°).

8. Patrimonios públicos

La legislación costarricense regula a manera de universalidades algunos patrimonios públicos, concretamente de titularidad estatal o de una entidad pública descentralizada, sin detrimento que tales patrimonios, en un sentido más amplio, estén integrados también, por bienes de titularidad privada sobre los que pesan relevantes limitaciones por razón de interés social (art. 45, párr. 2°, de la Constitución).

A) *Patrimonio natural del Estado*

El artículo 13 de la Ley Forestal, 7575 de 13 de febrero de 1996 y sus reformas, preceptúa lo siguiente:

"El patrimonio natural del Estado estará constituido por los bosques y terrenos forestales de las reservas nacionales, de las áreas declaradas inalienables, de las fincas inscritas a su nombre y de las pertenecientes a municipalidades, instituciones autónomas y demás organismos de la administración pública, excepto inmuebles que garanticen operaciones crediticias con el Sistema Bancario Nacional e ingresen a formar parte de su patrimonio.

"El Ministerio del Ambiente y Energía administrará el patrimonio. Cuando proceda, por medio de la Procuraduría General de la República, inscribirá los terrenos en el Registro Público de la Propiedad como fincas individualizadas de propiedad del Estado.

"Las organizaciones no gubernamentales que adquieran bienes inmuebles con bosque o de aptitud forestal, con fondos provenientes de donaciones o del erario, que se hayan obtenido a nombre del Estado, deberán traspasarlos a nombre de este".

El artículo 14 de esa ley enfatiza el carácter inembargable e inalienable de ese patrimonio al estatuir que "Los terrenos forestales y bosques que constituyen el patrimonio natural del Estado, detallados en el artículo anterior, serán inembargables e inalienables; su posesión por los particulares no causará derecho alguno a su favor y la acción reivindicatoria del Estado por estos terrenos es imprescriptible. En consecuencia, no pueden inscribirse en el Registro Público mediante información posesoria y tanto la invasión como la ocupación de ellos será sancionada conforme a lo dispuesto en esta ley".

El numeral 15 de esa ley, establece los siguientes impedimentos a las administraciones públicas titulares de tales bienes que integran el patrimonio natural del Estado: "Los organismos de la administración pública no podrán permutar, ceder, enajenar, de ninguna manera, entregar ni dar en arrendamiento, terrenos rurales de su propiedad o bajo su administración, sin que antes hayan sido clasificados por el Ministerio del Ambiente y Energía. Si están cubiertos de bosque, automáticamente quedarán incorporados al patrimonio natural del Estado y se constituirá una limitación que deberá inscribirse en el Registro Público".

Cabe mencionar que la Ley Orgánica del Ambiente en su artículo 32 le impone al Estado establecer "áreas silvestres protegidas" tales como reservas forestales, zonas protectoras, parques nacionales, reservas biológicas, refugios nacionales de vida silvestre, humedales o monumentos naturales. El artículo 37 de esa misma ley habilita al Estado para efectuar las compras directas, expropiaciones o constituir las servidumbres legales sobre las propiedades particulares incluidas en tales áreas. En el caso de las reservas forestales, zonas protectoras, refugios de vida silvestre mixtos y humedales, además de lo dicho, se admite el sometimiento voluntario del propietario a un plan de manejo forestal como limitación por razón de interés social.

B) *Patrimonio Nacional Arqueológico*

De acuerdo con el artículo 1° de la Ley del Patrimonio Nacional Arqueológico, lo integran, entre otros, los bienes muebles o inmuebles producto de las culturas indígenas anteriores o contemporáneas al establecimiento de la cultura hispánica en el territorio nacional, así como los restos humanos, flora y fauna, relacionados con estas culturas, de titularidad estatal. Obviamente, también lo integran los bienes que tengan tales connotaciones y que se hayan logrado titular a nombre de particulares.

C) *Patrimonio histórico-arquitectónico*

La Ley del Patrimonio Histórico-Arquitectónico 7555 de 4 de octubre de 1995, en su artículo 2°, párrafo 1°, establece que "Forma parte del patrimonio histórico-arquitectónico del país, el inmueble de propiedad pública o privada con significación cultural o histórica, declarado así por el Ministerio de Cultura, Juventud y Deportes de conformidad con la presente ley". Consecuentemente, habrá bienes públicos o pertenecientes a entes públicos que lo integran, obviamente, sin perjuicio de los bienes de propiedad particular que soportan una serie de limitaciones por razón de interés social, previa declaración de integrar ese patrimonio, por el órgano competente.

D) *Patrimonio agrícola del Instituto de Desarrollo Rural*

Mediante la Ley de Tierras y Colonización, 2825 de 14 de octubre de 1961 y sus reformas, se establecen las "reservas nacionales", fundamentalmente, para lograr una justa y equitativa distribución de la riqueza, el incremento de la productividad y la función social de la propiedad a través de la dotación a los campesinos, trabajadores agropecuarios y cooperativas agrícolas formadas por estos de tierras económicamente explotables, fomentando la pequeña y mediana propiedad rural, a través de proyectos de parcelación, colonización y mejora de la vivienda rural. Las "reservas nacionales", entonces, integran aquellos terrenos susceptibles de explotación agropecuaria y que pueden ser, eventualmente, traspasados a los trabajadores agropecuarios y sus cooperativas.

El artículo 11 de esa Ley preceptúa lo siguiente:

"Mientras no se pruebe lo contrario, pertenecen al Estado en carácter de reservas nacionales:

"a) Todos los terrenos comprendidos dentro de los límites de la República que no estén inscritos como propiedad particular, de las municipalidades o de las instituciones autónomas;

"b) Los que no estén amparados por la posesión decenal;

"c) Los que, por leyes especiales, no hayan sido destinados a la formación de colonias agrícolas, y

"d) En general todos los que, no siendo de propiedad particular, no estén ocupados en servicios públicos".

El artículo 12 establece que quedan "afectos a los fines de la presente ley" los siguientes bienes: a) las tierras consideradas "reservas nacionales"; b) los "fundos rústicos del dominio privado del Estado"; c) los "fundos rústicos pertenecientes a las municipalidades e instituciones autónomas", y d) los "inmuebles rurales que pasen a poder del Estado en razón y como consecuencia de enriquecimientos ilícitos en contra de la cosa pública".

El ente público encargado de ejecutar esta ley es una institución autónoma (descentralizada funcionalmente o por servicios) denominada en el pasado ITCO (Instituto de Tierras y Colonización), luego IDA (Instituto de Desarrollo Agrario) y ahora INDER (Instituto de Desarrollo Rural), a quien, según el artículo 13 de la ley citada, los inmuebles afectados deben serle transferidos gratuitamente.

9. Propiedad indígena

Sobre el particular, la Ley Indígena, 6172 de 29 de noviembre de 1977, establece un régimen de propiedad colectiva para los grupos aborígenes o étnicos que descienden de las culturas precolombinas del país.

El artículo 2º de esa ley declara a las comunidades indígenas como personas jurídicas con plena capacidad jurídica para contraer derechos y obligaciones de toda clase, indicando, expresamente, que no son "entidades estatales". Ese mismo numeral declara "propiedad de las comunidades indígenas" las reservas que crea esa ley y las que se establezcan en el futuro.

El artículo 3º de ese cuerpo legislativo dispone lo siguiente:

"Las reservas indígenas son inalienables e imprescriptibles, no transferibles y exclusivas para las comunidades indígenas que las habitan. Los no indígenas no podrán alquilar, arrendar, comprar o de cualquier otra manera adquirir terrenos o fincas comprendidas dentro de estas reservas. Los indígenas solo podrán negociar sus tierras con otros indígenas. Todo traspaso o negociación de tierras o mejoras de estas en las reservas indígenas, entre indígenas y no indígenas, es absolutamente nulo, con las consecuencias legales del caso. Las tierras y sus mejoras y los productos de las reservas indígenas estarán exentos de toda clase de impuestos nacionales o municipales, presentes o futuros".

El artículo 6º, párrafo *in fine*, de la Ley Indígena preceptúa que los "[...] recursos minerales que se encuentren en el subsuelo de estas reservas son patrimonio del Estado y de las comunidades indígenas [...]", con lo cual se establece un régimen de dominio mixto. Lo mismo sucede en el caso eventual de existir bienes que integren el patrimonio natural, por tener vocación forestal, o emplazamientos y objetos que forman parte del patrimonio arqueológico (arts. 6º, párr. 7º, y 7º de la Ley Indígena).

ECUADOR

LOS BIENES PÚBLICOS EN ECUADOR

EFRAÍN PÉREZ*

Según la normativa ecuatoriana[1], los *bienes nacionales*[2] son de uso público o bienes públicos y "bienes del Estado o bienes fiscales". Estos últimos son llamados bienes patrimoniales en otras legislaciones, como la española.

Los bienes de uso público son de uso libre de los particulares, pero leyes especiales reglamentan el empleo y aprovechamiento de ciertos bienes públicos, especialmente los calificados como estratégicos, tales como el espacio aéreo, el espectro radioeléctrico, el agua, la pesca, las minas, etc.

Existen declaratorias como la de "biodiversidad" o "recursos genéticos" con atributos equívocos, que se entienden en las normas pertinentes como aplicables exclusivamente a la flora y a la fauna silvestre, pero que no resultan aplicables a los seres humanos ni a los animales domésticos. Tampoco los vegetales pertenecientes a los particulares se encuentran sujetos en general a las normas públicas, con ciertas restricciones para algunos de ellos.

Los atributos de "patrimonio" y "patrimoniales" son asignaciones ambiguas en la legislación ecuatoriana, con propiedades tan desiguales que carecen de valor jurídico en Ecuador, como se verá más adelante.

1. CATEGORÍAS

A) *Las diferentes clases de bienes del Estado*

La doctrina administrativa estudia los bienes de propiedad del Estado, así como aquellos sobre los que el Estado ejerce potestades en sus diversas clasificaciones basadas en la naturaleza del bien en cuestión: dominio público fluvial,

* Doctor en Jurisprudencia. Profesor de Derecho Administrativo en Universidades de Quito y Guayaquil. Consultor y conferencista en instituciones de Latinoamérica, Estados Unidos y Europa.

[1] Constitución de la República del Ecuador (CRE), el Código Civil y el Código Orgánico de Organización Territorial, Autonomía y Descentralización (/COOTAD).

[2] Cuyo "uso pertenece a todos los habitantes de la Nación [...] como el de calles, plazas, puentes y caminos, el mar adyacente y sus playas, se llaman bienes nacionales de uso público o bienes públicos. Asimismo, los nevados perpetuos y las zonas de territorio situadas a más de 4.500 metros de altura sobre el nivel del mar".

dominio público marítimo, dominio público marino-costero, dominio público del espectro radioeléctrico, infraestructura portuaria, infraestructura vial, etc.

También deben considerarse los llamados *patrimonios* en la legislación ecuatoriana, como el patrimonio forestal, el patrimonio de áreas naturales, el patrimonio cultural, el patrimonio agrícola, el patrimonio de la humanidad, etc.

B) *Los dominios públicos y los bienes públicos*

Los autores italianos denominan *medios* (*mezzi*) de la administración a los bienes con los que esta cuenta para el desarrollo de sus finalidades[3]. En ellos se incluye tanto los bienes de su propiedad como aquellos sobre los que ejerce diferentes potestades y regímenes administrativos (patrimonio cultural, patrimonio forestal, patrimonio de tierras de la Subsecretaría de Tierras y Reforma Agraria), en Ecuador.

Finalmente, los bienes dinerarios que ingresan a la administración son considerados como *fondos públicos*, materia del derecho financiero y presupuestario que no se estudian aquí.

En la doctrina francesa tradicional se estableció la división, hoy abandonada, entre el Estado poder público y el Estado patrimonial, es decir propietario de bienes —el *fisco*— del Derecho Romano, lo que fue sustituido doctrinalmente por el Estado de personalidad jurídica única. Tanto un criterio como el otro fueron rechazados por DUGUIT[4], quien supera el criterio civilista que no reconoce más que un dominio público y un dominio privado, señalando, en cambio, la existencia de "una gradación en el nivel (*degré*) de la dominicanidad pública"[5], que es una fórmula acogida todavía en Francia como en España[6].

En la actualidad, el derecho administrativo se inclina por estudiar los "bienes del Estado" dentro de los cuales se encuentra el "dominio del Estado", porque

[3] GUIDO ZANOBINI, *Corso de diritto amministrativo,* vol. cuarto, Il mezzi, dell'azione amministrativa, Milano, Giuffrè Editore, 1958 págs. 3-4; ALDO SANDULLI, *Manuale di diritto ammnistrativo,* Napoli, Jovene Editore, 1989, t. 1, 2. Sección II: I Mezzi (I Beni). Este autor enumera los elementos personales (*agenti*) y materiales (*mezzi*) como componentes de la unidad administrativa (*ufficio*), pág. 755.

[4] LÉON DUGUIT, *Traité de droit constitutionnel,* t. III, Paris, Fontemoing & Cie Editeurs, 1930, págs. 320-344. "[...] aquí aparece la escala de la dominialidad a la que me refería líneas arriba. Según la naturaleza de la cosa, la categoría del servicio, el modo de afectación o de empleo, la dominialidad es diferente, el régimen jurídico no es el mismo, las reglas que le aplican son diversas; pero la noción de servicio público siempre está presente [...]". pág. 351.

[5] *Ibidem,* pág. 354.

[6] SÁNCHEZ-MORÓN, *Los bienes públicos,* Madrid, Tecnos, 1997, "[...] lo que suscita mayor acuerdo en nuestra doctrina es que nuestro Derecho refleja esa escala de la demanialidad de que hablaba DUGUIT", pág. 29. Así puede GUAITA hablar de regímenes de "dominio público atenuado". AURELIO GUAITA, *Derecho administrativo, aguas, montes, minas*, Madrid, Civitas, 1986, pág. 228.

existen una serie de bienes públicos que no pertenecerían exactamente ni al dominio público ni al dominio privado del Estado, pero sobre los cuales este ejerce una creciente potestad, como por ejemplo sobre los bienes del *patrimonio* cultural de la Nación —así llamados en la legislación ecuatoriana— aunque sean de propiedad de los particulares, llamados "bienes culturales patrimoniales del Estado" en la Constitución ecuatoriana[7].

Por otra parte, como se detalla más adelante, se discute si el llamado "dominio público" en efecto constituye una propiedad del Estado sobre tales bienes, equivalente a la propiedad que tienen los particulares sobre sus bienes propios.

Se ha propuesto añadir a estas calificaciones del dominio público la de los "bienes animados", que comprende "los animales vivos incluidos en los zoos, animalarios, botánicos, etc., pero no los que están en estado silvestre que algunas Constituciones como la de Italia y la mayoría de las sudamericanas consideran como de propiedad de la Nación".

En el derecho civil clásico y en el Código Civil ecuatorianos, los animales (fauna) silvestres eran considerados *res nullium.* Pero otras leyes en Ecuador contradicen esta calificación de la fauna silvestre y de los animales en general, especialmente la legislación que los considera de propiedad del Estado, identificándolos como "biodiversidad", sin perjuicio de la propiedad privada de los animales domésticos[8].

Asimismo, se hace referencia a los "bienes intangibles", como la atmósfera "cuya utilización es objeto de tráfico jurídico, vía de bancos de contaminación, la captación de la energía solar, la aerólica y en otro orden de consideraciones los canales de comunicación vía electromagnética", concluyendo que "[t] odo ello constituye una asignatura pendiente en el análisis de las modernas circunstancias del dominio público"[9]. En Ecuador esta categoría entra como dominio público.

C) *Dominio privado*

Propiamente del dominio del Estado, es decir "bienes fiscales" que comprende todos los bienes muebles e inmuebles que requiere el Estado para cumplir su cometido, como oficinas, vehículos, muebles y enseres de oficina sujetos al derecho civil, pero que deben cumplir regulaciones determinadas para su adquisición, mantenimiento y venta.

a) *Los bienes "patrimoniales".* En la legislación española se denominan bienes patrimoniales los bienes del dominio privado de las administraciones

[7] Constitución ecuatoriana, art. 379.

[8] Código Orgánico del Ambiente.

[9] Martín Mateo Ramón, *Manual de derecho administrativo*, Madrid, Trivium, 1999, pág. 562.

públicas, equivalentes a los "bienes del Estado" o bienes fiscales del Código Civil ecuatoriano.

Con otra connotación, en la actual normativa ecuatoriana de conservación, "patrimonio" más bien deviene de la versión en español del término *Heritage*.

Así, además de esta antigua clasificación de los bienes nacionales de uso público y bienes fiscales y con anterioridad a la declaratoria constitucional del agua como "patrimonio nacional estratégico" y el "dominio hídrico público"[10], la normativa de conservación había introducido con ambigüedad una nueva figura jurídica: patrimonio forestal nacional[11], patrimonio natural, patrimonio genético, patrimonio biológico y el patrimonio cultural del Estado, contemplados en el Código Orgánico del Ambiente[12] y la Ley Orgánica de la Cultura[13]. La ley alude al "patrimonio mundial, cultural y natural", al "patrimonio natural terrestre, marino, marino-costero e hídrico" y al "patrimonio genético nacional" como "patrimonio estratégico"[14]. En el Código Orgánico del Ambiente (COAM) se califica a los manglares como bienes del Estado[15].

Sobre la mayoría de los bienes enumerados líneas arriba las instituciones públicas carecen de la facultad de disposición, uso y goce.

Para el ingreso, aprovechamiento, concesión y uso general de la población en las áreas naturales del Estado, se requiere el cumplimiento de determinados requisitos, lo que no es el caso de las playas, puentes y caminos.

Pero en la normativa legal ecuatoriana es de muy ambigua caracterización el vocablo "patrimonio" puesto que se asemeja más al dominio público en el caso de "áreas naturales" que al "patrimonio forestal", puesto que la vocación de este último es de concesionarse o venderse a los particulares, como es también el caso de las tierras que no tienen otro dueño, que pertenecían al "patrimonio" del extinguido Instituto de Desarrollo Agrario (INDA) —hoy Subsecretaría de Tierras y Reforma Agraria del Ministerio de Agricultura—, y que son adjudicadas en venta a los particulares, al igual que los "bienes mostrencos", del dominio privado de las municipalidades.

Por otra parte, el "patrimonio cultural" que puede integrarse también con bienes de propiedad de los particulares, comprende el "patrimonio arquitectó-

[10] Ley Orgánica de Recursos Hídricos, Usos y Aprovechamiento del Agua, SRO 305, 6 agosto 2014, art. 41.

[11] Ley Orgánica del Ambiente, Tít. VI, Cap. I, Patrimonio forestal nacional, arts. 88 y ss.; figura ya existente en la derogada Ley Forestal y de Conservación de Áreas Naturales y Vida Silvestre, de 1981. "[T]ierras de dominio público y privado" dentro del Patrimonio Forestal del Estado, art. 24, 10, CO del Ambiente.

[12] Código Orgánico del Ambiente, SRO 983, 12 junio 2019.

[13] Ley Orgánica de la Cultura, SRO 913, 30 diciembre 2016.

[14] COAM, arts. 58, 60 y 65.

[15] COAM, art. 103.

nico, cultural y natural del cantón"[16], puesto que los propietarios particulares no pierden la potestad de disponer de tales bienes, no obstante pesar sobre estos limitaciones determinadas.

Para el ejercicio de los derechos de los propietarios particulares de disposición de tales bienes no obsta la expresión constitucional de ser ellos "inalienables, inembargables e imprescriptibles", puesto que la misma norma establece un derecho de prelación del Estado en la adquisición de esos bienes[17], lo que significa sin duda que pueden ser vendidos por los propietarios particulares.

La Constitución ecuatoriana también enumera una serie de otros "bienes" pertenecientes al "patrimonio cultural tangible e intangible", que resultan de más difícil clasificación, especialmente en lo relativo al régimen aplicable para su disposición, aunque, en general, le corresponden las normas comunes del Código Civil[18].

Mayormente ambigua en los contextos descritos es la referencia constitucional del "patrimonio genético nacional"[19].

Según el concepto de biodiversidad contenido en la Convención de la Diversidad Biológica, esta comprende tres aspectos que se compenetran: la diversidad de especies, la diversidad de genes dentro de las especies y la diversidad de ecosistemas donde viven aquellas especies, de lo cual se deriva en la nueva Constitución la referencia al "patrimonio genético".

Finalmente, la denominación de "patrimonio de la humanidad" que impone la UNESCO en bienes determinados, a monumentos y a poblaciones, no prejuzga ninguna característica jurídica relativa al dominio o la propiedad del objeto de la declaración.

Por tratarse la calificación de *patrimonio* de un término que comprende tan amplios aspectos en Ecuador, su utilidad se encuentra restringida y resulta de poca funcionalidad, por lo menos jurídicamente.

D) *Dominio público, natural y artificial*

a) *El dominio público.* En la actualidad, no se considera que las personas públicas ejercen un derecho de propiedad sobre los bienes del dominio públi-

[16] CRE, art. 264, 8.

[17] CRE, art. 379.

[18] *Ibidem*, "1. Las lenguas, formas de expresión, tradición oral y diversas manifestaciones y creaciones culturales, incluyendo las de carácter ritual, festivo y productivo. 2. Las edificaciones, espacios y conjuntos urbanos, monumentos, sitios naturales, caminos, jardines y paisajes que constituyan referentes de identidad para los pueblos o que tengan valor histórico, artístico, arqueológico, etnográfico o paleontológico. 3. Los documentos, objetos, colecciones, archivos, bibliotecas y museos que tengan valor histórico, artístico, arqueológico, etnográfico o paleontológico. 4. Las creaciones artísticas, científicas y tecnológicas" (CRE, art. 379.).

[19] CRE, arts. 73 y 313.

co, ni se acepta que exista un dominio público por naturaleza; sin embargo, se reconoce que la renovación del enfoque francés del servicio público y el advenimiento de la noción comunitaria, más restringida, de "servicio económico de interés general", constituye una apertura a nuevas reflexiones sobre la consistencia de la noción de dominio público. En todo caso, si bien hay autores que se inclinan por reconocer la propiedad del Estado sobre el dominio público, se trata de un dominio de naturaleza diferente al que ejercen los particulares, se trata de "una propiedad de naturaleza particular: la *propiedad administrativa*".

La discusión sobre la verdadera índole del dominio público, sobre si en efecto es una auténtica propiedad estatal o más bien una potestad pública sobre los bienes se encuentra vigente en la doctrina administrativa española. En efecto, acogiendo la tesis atribuida a Hauriou, la doctrina, la legislación y la jurisprudencia de ese país sostienen la tesis de que el dominio público es una verdadera propiedad sobre los bienes, lo cual propugna enfáticamente Meilán al tratar sobre el llamado dominio público marítimo-terrestre. Rechazando "la concepción del dominio público natural como dominio necesario", declara como único criterio de la dominicalidad la voluntad del legislador[20]. Opinión esta que se encuentra lejos de ser aceptada generalizadamente en España, al decir de Sánchez Morón, quien cita varios administrativistas, cuyas voces "—se diría cada vez más numerosas— [...] discrepan con dicha tesis, por entender que lo que verdaderamente significa la técnica jurídica del dominio público es un título de intervención administrativa, destinado a proteger y ordenar la utilización de determinados bienes de interés general, de lo que deriva la exclusión del régimen jurídico de la propiedad privada"[21].

Se llama la atención sobre la característica de determinados bienes del dominio público que están sujetos a atribuciones de diversas administraciones públicas, como es el caso de la playa de mar en Ecuador, pues el gobierno central y las municipalidades, además de otras entidades, ejercen competencias variadas, como lo ha señalado Oramas[22], aunque la Constitución ecuatoriana, de manera inequívoca, atribuye a la municipalidad la "competencia exclusiva" sobre las playas de mar[23], sin perjuicio de atribuir a "todos los niveles" del

[20] José Luis Meilán Gil, "El dominio público natural: una equívoca categoría jurídica", en Juan Carlos Cassagne (Dir.), *Derecho administrativo,* Obra colectiva en homenaje al profesor Miguel S. Marienhoff, Buenos Aires, Abeledo-Perrot, 1998, pág. 1091.

[21] Miguel Sánchez Morón, "Los bienes públicos en general", en Miguel Sánchez-Morón, *Los bienes públicos. Régimen jurídico,* Madrid, Tecnos, 1997, pág. 28.

[22] Alfonso Oramas Gross, *La playa de mar,* Guayaquil, Edino, 2000, esp. Cap. VII "Titularidad y potestades sobre la playa de mar".

[23] "Art. 264. Los gobiernos municipales tendrán las siguientes competencias exclusivas [...]: 10. Delimitar, regular, autorizar y controlar el uso de las playas de mar, riberas y lechos de ríos, lagos y lagunas, sin perjuicio de las limitaciones que establezca la ley".

Estado garantizar el acceso a esas playas[24], principalmente a las municipalidades, a las que el Código Orgánico de Organización Territorial, Autonomías y Descentralización (COOTAD) encarga el "control" de esos bienes[25].

Hoy día, no obstante, resulta apropiado abandonar las nociones de pertenencia o no pertenencia al Estado o de la naturaleza misma de los bienes —los llamados bienes públicos— *naturales*. Antes bien, se deben analizar las potestades públicas que ejerce el Estado sobre los diferentes tipos de bienes en las diversas clasificaciones. También ha habido alguna discusión en la doctrina acerca del dominio público: si su titularidad pertenece al Estado o pertenece, en general, a la población[26], como lo calificaban los romanos (*populus romanus*), con posiciones encontradas entre los diferentes autores. Por supuesto que hay acuerdo entre los autores en que el papel del Estado es de proteger y normar el uso común de tales bienes.

b) *El dominio público "natural"*. Sobre este punto se puede concluir afirmando con DÍEZ que "[n]o hay bienes públicos por naturaleza: solamente la ley puede servir de fundamento para que un bien tenga el carácter dominical"[27].

Se puede considerar un aspecto objetivo y un aspecto subjetivo para el estudio de los bienes públicos. Desde el punto de vista objetivo son bienes públicos aquellos que pertenecen al Estado. Subjetivamente considerados los bienes públicos se identifican, por su propia naturaleza, con el dominio público *natural*[28].

Alguna doctrina española se ha referido al "dominio público natural", que distingue los bienes de "uso común" y los "bienes destinados al fomento de la riqueza natural" (montes —bosques— y minas), no obstante que el artículo 132 de la Constitución española claramente define a los "bienes de dominio público estatal" como aquellos que determine la ley, incluyendo sin embargo "la zona marítimo terrestre, las playas, el mar territorial y los recursos naturales de la zona económica y la plataforma continental"[29].

[24] Constitución: "Art. 375. El Estado, en todos sus niveles de gobierno, garantizará el derecho al hábitat y a la vivienda digna, para lo cual: [...] 8. Garantizará y protegerá el acceso público a las playas de mar y riberas de ríos, lagos y lagunas, y la existencia de vías perpendiculares de acceso".

[25] COOTAD, art. 55: j) "Delimitar, regular, autorizar y controlar el uso de las playas de mar, riberas y lechos de ríos, lagos y lagunas, sin perjuicio de las limitaciones que establezca la ley".

[26] MIGUEL S. MARIENHOFF, *Derecho administrativo,* t. V, Buenos Aires, Abeledo-Perrot, 1988, págs. 33-34, No obstante, insiste en llamarlo "dominio público *del Estado*".

[27] MANUEL MARÍA DÍEZ, *Derecho administrativo,* t. IV, Buenos Aires, Plus Ultra, 1985, pág. 445.

[28] SANDULLI, *Manuale de diritto amministrativo*, Napoli, Jovene, 1989, pág. 756.

[29] GUAITA, *op. cit.*, págs. 26-34.

En cambio, el Código del Dominio del Estado de Francia, se refería a "bienes que no son susceptibles de una propiedad privada en razón de su naturaleza o su destinación", definición que al decir de AUBY y BON, "se considera por la doctrina como extremadamente criticable"[30], pero que se reitera en el nuevo Código de las propiedades públicas[31].

A pesar de las críticas que se hacen al concepto de "dominio público natural", es decir aquel dominio público que *naturalmente* es tal, es indudable que ciertos bienes resultan evidentemente *públicos* es decir que su *uso* parece destinado a "todos los habitantes" y que no son físicamente susceptibles de apropiación, como, por ejemplo, el mar o, con mayor razón, el espectro radioeléctrico

Por otra parte, las playas, los ríos, los caminos y las plazas pertenecen al dominio público del Estado en la legislación romano-napoleónica y, por tanto, en Ecuador.

El artículo 602 del Código Civil ecuatoriano dispone:

"Las cosas que la naturaleza ha hecho comunes a todos los hombres, como la alta mar, no son susceptibles de dominio, y ninguna nación, corporación o individuo tiene derecho de apropiárselas.

"Su uso y goce se determinan, entre individuos de una nación, por las leyes de esta; y entre distintas naciones, por el Derecho Internacional".

En la actualidad, no se puede negar la existencia de un dominio público *mueble.*

c) *Dominio público artificial.* También se considera una categorización de bienes públicos construidos (dominio público artificial) y el terreno sobre el cual se construyen, como la infraestructura portuaria, las carreteras, puentes y, en general, obras de infraestructura pública —las obras públicas—.

Otra categorización de importancia en su momento es la de aquellos bienes que se destinan al cumplimiento de un *servicio público.* DUGUIT estableció una equivalencia entre dominio público y dominio asignado al servicio público[32]. Pero recuérdese que este autor consideraba que el servicio público resumía toda la caracterización del Estado.

d) *Los bienes públicos en el derecho internacional.* Estas categorías también son reconocidas por el derecho internacional, como el caso de las islas y el mar territorial, como dominio público del Estado que, en el contexto del de-

[30] JEAN MARIE AUBY y PIERRE BON, *Droit administratif des Biens*, Paris, Dalloz, 1993, pág. 12.

[31] *Code Général de la Propriété des Personnes Publiques.*

[32] "En el dominio público entran todas las cosas, muebles o inmuebles, que se emplean, bajo una forma u otra, para el funcionamiento de un servicio público [...]. El dominio privado comprende todos los bienes muebles e inmuebles que no están afectados directamente al funcionamiento de un servicio público". DUGUIT, *op. cit.*, t. III, pág. 351.

recho internacional se manifiesta como soberanía del Estado, aunque sujeta a criterios diversos. El artículo 609 del Código Civil de Ecuador determina una extensión de 200 millas marinas, sobre la cual se ejerce control de los recursos. La Convención del Mar reconoce un mar territorial de doce millas y una zona económica exclusiva que se extiende hasta las doscientas millas[33].

Estados Unidos no reconoció la declaratoria que hizo el gobierno del Ecuador en 1986 de la soberanía ecuatoriana sobre la plataforma continental[34]. Por otro lado, no se conoce objeción alguna de Estados Unidos ni de otro país a la declaratoria del mar interior del archipiélago de Galápagos como "reserva de recursos marinos"[35], ni a las declaratorias con restricciones diversas que hizo la Ley de Galápagos sobre zonas consideradas de alta mar en el Derecho del Mar, es decir, aquellas que se extienden más allá de las doce millas de las líneas base de las islas del archipiélago[36]. No obstante, Ecuador tuvo que tramitar una autorización o un aval de la Organización Marítima Internacional (OMI) para que esta aceptara restricciones determinadas del gobierno de Ecuador para naves que naveguen en el mar interior de Galápagos, a propósito de las cargas tóxicas o en general contaminantes.

2. Titulares y fuentes reguladoras

A) *Estado, regiones, entes locales, comunidades*

a) *Los bienes municipales.* Todo lo que se ha dicho sobre los bienes del Estado es aplicable, por supuesto a los bienes municipales. Caben, sin embargo, un par de señalamientos constantes en la Constitución y en el Código Orgánico de Organización Territorial, Autonomía y Descentralización (COOTAD).

La Constitución ecuatoriana atribuye al gobierno municipal competencias exclusivas para:

"10. Delimitar, *regular*, autorizar y controlar el uso de las playas de mar, riberas y lechos de ríos, lagos y lagunas, sin perjuicio de las limitaciones que establezca la ley.

"11. Preservar y garantizar el *acceso efectivo* de las personas al uso de las playas de mar, riberas de ríos, lagos y lagunas"[37].

[33] L. 5° SRO 561, 19 octubre 2021, Ley Reformatoria al Código Civil en Materia de Regulación Marítima en Concordancia con la CONVEMAR.

[34] RO 408 de 3 abril 1986.

[35] D. 1810-A. RO 434 de 13 mayo 1986.

[36] Ley 67. Ley de Régimen Especial para la Conservación y Desarrollo Sustentable de la provincia de Galápagos. RO 278 de 18 marzo 1998.

[37] CRE, art. 264.

Estas competencias que la Constitución asigna a los gobiernos municipales no deben confundirse con el dominio sobre tales bienes, lo cual es suficientemente obvio, sin embargo, no faltaron discusiones acerca de si la playa de mar "pertenecía" o no a la Marina, a partir de las facultades dispuestas en el Código de Policía Marítima.

El dominio público no *pertenece* a ninguna institución pública en particular, pero la Constitución y las leyes ecuatorianas sí determinan controles y restricciones variadas que los órganos públicos pueden imponer sobre los usos y actividades de los particulares en estas áreas. Pero esta aclaración debe ilustrar los nuevos enfoques sobre el dominio público discutidos en la doctrina. En efecto, se manifiesta que el dominio público, más que una propiedad del Estado consiste en un conjunto de controles, limitaciones y potestades que el Estado ejerce sobre estas tierras mediante diferentes instituciones públicas.

En cambio, sí pertenecen exclusivamente al dominio público municipal los bienes enumerados en el Código Orgánico de Organización Territorial, Autonomía y Descentralización (COOTAD)[38].

[38] Artículo 417. "*Bienes de uso público.* Son bienes de uso público aquellos cuyo uso por los particulares es directo y general, en forma gratuita. Sin embargo, podrán también ser materia de utilización exclusiva y temporal, mediante el pago de una regalía.

"Los bienes de uso público, por hallarse fuera del mercado, no figurarán contablemente en el activo del balance del gobierno autónomo descentralizado, pero llevarán un registro general de dichos bienes para fines de administración.

"Constituyen bienes de uso público:

"a) Las calles, avenidas, puentes, pasajes y demás vías de comunicación y circulación;

"b) Las plazas, parques y demás espacios destinados a la recreación u ornato público y promoción turística;

"c) Las aceras que formen parte integrante de las calles y plazas y demás elementos y superficies accesorios de las vías de comunicación o espacios públicos a que se refieren los literales a) y b);

"d) Las quebradas con sus taludes y franjas de protección; los esteros y los ríos con sus lechos y sus zonas de remanso y protección, siempre que no sean de propiedad privada, de conformidad con la ley y las ordenanzas;

"e) Las superficies obtenidas por rellenos de quebradas con sus taludes;

"f) Las fuentes ornamentales de agua destinadas a empleo inmediato de los particulares o al ornato público;

"g) Las casas comunales, canchas, mercados, escenarios deportivos, conchas acústicas y otros de análoga función de servicio comunitario; y,

"h) Los demás bienes que en razón de su uso o destino cumplen una función semejante a los citados en los literales precedentes, y los demás que ponga el Estado bajo el dominio de los gobiernos autónomos descentralizados.

"Aunque se encuentren en urbanizaciones particulares y no exista documento de transferencia de tales bienes al gobierno autónomo descentralizado, por parte de los propietarios, los bienes citados en este artículo, se considerarán de uso y dominio público. Los bienes conside-

Es oportuno citar la puntualización que sobre estos aspectos se delimitan en una sentencia de la Corte Suprema:

"[...] el que un inmueble se encuentre en zona de protección de márgenes, no significa que deje de ser un bien de propiedad privada, únicamente se establece una limitación a su uso, al no permitir que se edifique en esa área, pero no lo convierte en bien de uso público"[39].

Los "bienes mostrencos" no se encuentran definidos ni mencionados en el Código Civil ecuatoriano ni en ninguna otra ley, con excepción del COOTAD[40], pero su naturaleza se encuentra suficientemente elucidada.

Los bienes mostrencos pertenecen al dominio privado de las municipalidades y son el equivalente de las tierras baldías o vacantes del Estado, siempre que se encuentren dentro de la zona de reserva para la expansión de las ciudades y en centros poblados. En consecuencia de su carácter de bienes privados, son susceptibles de enajenación y de prescripción adquisitiva extraordinaria de dominio. En una sentencia de la Corte Suprema de Justicia se lee:

"Es evidente que la norma transcrita establece como regla general que son del dominio privado de las municipalidades 'los bienes vacantes'. En esta virtud, es visible que la municipalidad de Saquisilí es la titular del derecho de dominio, por el modo llamado ocupación, de los bienes cuya prescripción pretenden los actores, por la autoridad de lo dispuesto expresamente en la letra c) del artículo 265 (actual 254, sobre bienes mostrencos) de la Ley Orgánica de Régimen Municipal, y, por tanto, la legítima contradictoria en el juicio"[41].

El extinguido Tribunal Constitucional (actualmente Corte Constitucional) determinó:

"Los bienes de dominio privado, aquellos que no están destinados a la prestación directa de un servicio, sino a «la producción de recursos o bienes para la financiación de los servicios municipales que son administrados en condiciones económicas de mercado, conforme a los principios de derecho privado», entre los cuales se encuentran los bienes mostrencos situados dentro de las zonas de reserva para la expansión de las ciudades y centros poblados y en general los bienes vacantes, especialmente los caminos abandonados o rectificados (art. 265, lit. c). Consecuentemente, estos bienes, por no ser de dominio público, por disposición legal constituyen propiedad privada de las

---

rados en los literales f) y g) se incluirán en esta norma, siempre y cuando hayan sido parte del porcentaje que obligatoriamente deben dejar los urbanizadores en beneficio de la comunidad".

[39] R. núm. 260-04, RO 42 de 20 junio 2005. Juicio ordinario prescripción extraordinaria adquisitiva de dominio. Currillo - Municipalidad de Limón Indanza. Corte Suprema de Justicia, Primera Sala de lo Civil y Mercantil.

[40] COOTAD, art. 419, c).

[41] R. 203-2004, Gómez y Gómez - alcalde y procurador Síndico del Municipio de Saquisilí, Primera Sala de lo Civil y Mercantil, SRO 532, 25 febrero 2005.

entidades municipales, sin que sea necesaria declaración alguna por parte de la entidad municipal, simplemente aquellos bienes que reúnen las características determinadas en el artículo 265, letra c) de la Ley Orgánica de Régimen Municipal, son de su propiedad y con ellos pueden realizar toda actividad orientada al financiamiento de los servicios que presta la municipalidad[42].

b) *Dominio colectivo.* El dominio colectivo se contempla en la legislación como "tierras comunitarias y territorios ancestrales".

La Constitución ecuatoriana ratifica esta categoría de bienes que pertenecen a las comunas y comunidades, que pertenecen indistintamente a todos los miembros de los pueblos indígenas y ancestrales; bienes indivisibles e inajenables, aunque en la práctica general se encuentra repartido entre sus miembros, con demarcaciones precisas.

La normativa ecuatoriana contempla: las tierras comunitarias y territorios ancestrales, lugares rituales y sagrados[43], territorios de los pueblos en posesión ancestral[44], circunscripciones territoriales[45], así como aquellos bienes de la propiedad de los particulares.

B) *Constitución, Código Civil, legislación administrativa*

a) *Los bienes públicos en la Constitución ecuatoriana.* La Constitución ecuatoriana enumera[46]:

"1. Recursos naturales no renovables y, en general, los productos del subsuelo, yacimientos minerales y de hidrocarburos, substancias cuya naturaleza sea distinta de la del suelo, incluso los que se encuentren en las áreas cubiertas por las aguas del mar territorial y las zonas marítimas;

"2. La biodiversidad y su patrimonio genético y el espectro radioeléctrico. Estos bienes solo podrán ser explotados en estricto cumplimiento de los principios ambientales establecidos en la Constitución.

"3. El agua"[47].

[42] Caso 0604-2004-RA, Tribunal Constitucional Segunda Sala, M. P. Doctor Hernán Rivadeneira Játiva, RO 542, 11 marzo 2005.

[43] CRE, art. 57, 4, 9, 11, 12.

[44] CRE, art. 57, penúltimo inciso.

[45] CRE, art. 60.

[46] "Son de propiedad inalienable, imprescriptible e inembargable del Estado los recursos naturales no renovables y, en general, los productos del subsuelo, yacimientos minerales y de hidrocarburos, substancias cuya naturaleza sea distinta de la del suelo, incluso los que se encuentren en las áreas cubiertas por las aguas del mar territorial y las zonas marítimas; así como la biodiversidad y su patrimonio genético y el espectro radioeléctrico. Estos bienes solo podrán ser explotados en estricto cumplimiento de los principios ambientales establecidos en la Constitución" (art. 408).

[47] CRE, art. 318

El citado artículo de la Constitución ecuatoriana considera estos bienes de propiedad inalienable, imprescriptible e inembargable del Estado[48].

La normativa constitucional ecuatoriana contempla la prestación de servicios públicos o explotación de recursos naturales, mediante concesión, asociación o cualquier otra modalidad contractual[49], en estricto cumplimiento de los principios ambientales. Su aprovechamiento, dice la Constitución, debe rendir al Estado beneficios que no sean inferiores a los de la empresa que los explote.

b) *Los bienes públicos en el Código Civil ecuatoriano.* Nuestro Código Civil se inspira en la obra del jurista don ANDRÉS BELLO.

a') *Antecedentes del derecho romano.* El derecho romano reconoce, además de la propiedad privada, aquella que no pertenece a nadie (*res nullium*) y la que está fuera del comercio (*extra comercium*). Dentro de la propiedad propiamente pública se incluyen las que las *Instituciones* de JUSTINIANO denominan "cosas comunes a todos", además de otras que difícilmente se pueden atribuir a todos, como las *sacrae religiosae et sanctae.* D'ORS observa:

"Fuera de la propiedad privada están las cosas que son de todos, como el aire o el mar, las que pertenecen a los dioses, y las del pueblo romano, como son las vías y plazas públicas, ríos públicos, murallas, etc.

"Estas últimas, las propias del pueblo romano, son las «públicas» en sentido estricto"[50].

b') *Código Civil ecuatoriano.* La noción del Código Civil ecuatoriano, que sigue el Código Civil de ANDRÉS BELLO sobre el dominio público y el dominio privado del Estado refleja sus antecedentes

"[...] en la vieja legislación española, y en la romana [...] hizo un claro distingo entre bienes nacionales de uso público y bienes fiscales. Reglamenta, además, minuciosamente los diversos bienes que componen los llamados 'dominios', marítimo, lacustre, fluvial y terrestre del Estado"[51].

En efecto, la posición francesa vigente a la época en que el antecedente del Código de BELLO redactaba los proyectos de Código Civil era la de VÍCTOR PROUDHOM, publicista francés citado por la mayoría de los autores a los que se remite el presente acápite, quien negaba que ciertos bienes pudieran ser de propiedad del Estado o de cualquier persona, por tratarse de bienes pertenecientes a todos los ciudadanos.

[48] CRE, art. 317.

[49] CRE, 152, 2.

[50] D'ORS, *Derecho romano*, págs. 179-180.

[51] PEDRO LIRA URQUIETA, "Introducción y notas", en *Código Civil de la República de Chile, Texto concordado con los distintos proyectos de Bello,* Caracas, La Casa de Bello, Obras completas, t. XIV, Código Civil 1, Nota al Título III "De los bienes nacionales", 1981, pág. 413.

El Código Civil ecuatoriano no incorpora tales discusiones; siguiendo un principio simple, se refiere al criterio fundamental para la identificación de los bienes pertenecientes al dominio público, de acuerdo con lo que ciertos tratadistas llaman criterio subjetivo de pertenencia[52].

El Código Civil ecuatoriano define, en su artículo 604:

"Se llaman bienes nacionales aquellos cuyo dominio pertenece a la Nación toda.

"Si además su uso pertenece a todos los habitantes de la Nación, como el de calles, plazas, puentes y caminos, el mar adyacente y sus playas, se llaman bienes nacionales de uso público o bienes públicos. Asimismo, los nevados perpetuos y las zonas de territorio situadas a más de 4.500 metros de altura sobre el nivel del mar.

"Los bienes nacionales cuyo uso no pertenece generalmente a los habitantes se llaman bienes del Estado o bienes fiscales".

En la denominación de bienes nacionales, nuestro Código Civil distingue entre bienes nacionales de uso público o bienes públicos y bienes del Estado o bienes fiscales. Son bienes públicos aquellos cuyo uso pertenece "a todos los habitantes de la Nación, como el de calles, plazas, puentes y caminos".

En el Código Civil se enumeran además, en forma *indicativa*, otros bienes públicos como: los nevados perpetuos y las zonas de territorio situadas a más de 4500 metros de altura sobre el nivel del mar (C. C., art. 604); las tierras que, estando situadas dentro de los límites territoriales, carecen de otro dueño (C. C., art. 605); la plataformas continental adyacente a las costas ecuatorianas y las riquezas que se encuentran en aquellos (C. C., art. 606)[53]; las minas y ya-

[52] ORAMAS, *op. cit.*, págs. 29-30.

[53] Reforma al Código Civil, 5º suplemento del Registro Oficial 561, 19 octubre 2021: "Art 609. El mar adyacente al territorio continental e insular ecuatoriano hasta una distancia de doscientas millas marinas, medidas desde las líneas de base rectas corresponde a los espacios marítimos jurisdiccionales del Estado que ejercerá soberanía y derechos de soberanía.

"Los espacios marítimos comprendidos en las doscientas millas marinas son:

"El mar territorial, con una extensión de doce millas marinas medidas desde las líneas de base rectas. El Estado ejerce jurisdicción y soberanía plena en el mar territorial.

"Las aguas situadas dentro de las líneas de base rectas son aguas interiores, en las que el Estado ecuatoriano ejerce jurisdicción y soberanía absoluta.

"En el mar territorial y aguas interiores se garantiza el derecho de paso inocente, rápido e ininterrumpido de embarcaciones extranjeras siempre que ese paso se efectué en cumplimiento de la normativa ecuatoriana y no sea perjudicial para la paz, el buen orden y la seguridad del Estado. La zona contigua, franja de marque se extiende hasta una distancia de 24 millas marinas medidas desde las líneas de base rectas, en la cual el Estado ecuatoriano ejerce jurisdicción y competencias de tipo aduanero, fiscal, inmigración y sanitario.

cimientos minerales (C. C., art. 607); además de este artículo 607 del Código Civil que se cita, esta explotación se "delega" a los particulares en la Ley de Minería[54], y el mar territorial (C. C., art. 609).

El Código Civil dice al respecto:

"Artículo 602. Las cosas que la naturaleza ha hecho comunes a todos los hombres, como la alta mar, no son susceptibles de dominio, y ninguna nación, corporación o individuo tiene derecho de apropiárselas.

"Su uso y goce se determinan, entre individuos de una nación, por las leyes de esta; y entre distintas naciones, por el derecho internacional.

"El lecho y el subsuelo del mar adyacente [C. C., art. 609];

"El espacio aéreo [C. C., art. 610];

"Las playas de mar [C. C., art. 611];

"Los ríos y todas las aguas que corren por cauces naturales, así como los lagos naturales; determinada extensión de las riberas, así como las vertientes que nacen y mueren dentro de una misma heredad [CRE, art. 318; C. C., art. 612];

"Las nuevas islas que se formen en el mar territorial y en los ríos y lagos de dominio público [C. C., art. 613];

"Las playas, puentes y caminos públicos [C. C., art. 614]".

Líneas arriba se cita la definición *patrimonial* de agua en la Ley Suprema. Se entiende este "patrimonio nacional estratégico" de uso público como un "derecho humano [...] fundamental e irrenunciable".

La Ley Orgánica de Recursos Hídricos, Usos y Aprovechamiento del Agua, regla el manejo de las aguas, que se atribuyen al dominio público del Estado[55].

"La zona económica exclusiva, área comprendida entre el límite exterior del mar territorial, hasta una distancia de 188 millas náuticas, en la que el Estado ecuatoriano ejerce derechos de soberanía para fines de exploración, explotación, conservación y administración de los recursos naturales, tanto vivos como no vivos, de las aguas suprayacentes al lecho y del lecho y el subsuelo del mar, y con respecto a otras actividades con miras a la exploración y explotación económicas de la zona, así como derechos de jurisdicción con respecto al establecimiento y utilización de islas artificiales, investigación científica marina y la protección y preservación del medio marino".

[54] Ley 126. *Ley de Minería,* SRO 695 de 31 mayo 1991.

[55] Ley Orgánica de Recursos Hídricos, Usos y Aprovechamiento del Agua, SRO 305, 6 agosto 2014, 35. "Art. 1. *Naturaleza jurídica.* Los recursos hídricos son parte del patrimonio natural del Estado y serán de su competencia exclusiva, la misma que se ejercerá concurrentemente entre el gobierno central y los gobiernos autónomos descentralizados, de conformidad con la ley.

"El agua es patrimonio nacional estratégico de uso público, dominio inalienable, imprescriptible, inembargable y esencial para la vida, elemento vital de la naturaleza y fundamental para garantizar la soberanía alimentaria".

La Ley de Hidrocarburos se refiere a los hidrocarburos como "patrimonio"[56], mientras que la Ley de Minería califica a los yacimientos minerales como "dominio del Estado"[57].

3. Organización

A) *Órganos especializados*

El manejo del dominio público y privado del Estado que no se halla en manos de las instituciones públicas corresponde a una dirección administrativa del MTOP[58], antes denominada INMOBILIAR. Esta institución pública coordina el registro de bienes con el Registro de la Propiedad, que contempla principalmente la propiedad inmueble privada.

B) *Inventarios administrativos*

La Secretaría Técnica de Gestión Inmobiliaria del Sector Público desarrolla y administra el Catastro Único de Bienes Inmuebles del Estado[59].

La posesión material de buena fe, de más de cinco años sin título inscrito asigna a las instituciones públicas los inmuebles poseídos. Corresponde al Registrador de la Propiedad inscribir la propiedad del inmueble.

Aunque no consten en el Registro de la Propiedad se atribuyen a las instituciones públicas los inmuebles registrados en sus inventarios propios. En estos casos se procede a su inscripción en el Registro de la Propiedad[60].

C) *Registro de la propiedad*

La Secretaría Técnica de Gestión Inmobiliaria del Sector Público coordina sus actividades con los registros de propiedad del país y unifica sus registros.

[56] "Art. 1. Los yacimientos de hidrocarburos y sustancias que los acompañan, en cualquier estado físico que se encuentren situados en el territorio nacional, incluyendo las zonas cubiertas por las aguas del mar territorial, pertenecen al patrimonio inalienable e imprescriptible del Estado".

[57] "Art. 16. *Dominio del Estado sobre minas y yacimientos*. Son de propiedad inalienable, imprescriptible, inembargable e irrenunciable del Estado los recursos naturales no renovables y, en general, los productos del subsuelo, los minerales y sustancias cuya naturaleza sea distinta de la del suelo, incluso los que se encuentren en las áreas cubiertas por las aguas del mar territorial. El dominio del Estado sobre el subsuelo se ejercerá con independencia del derecho de propiedad sobre los terrenos superficiales que cubren las minas y yacimientos". 045 Expídese la Ley de Minería, suplemento del Registro Oficial núm. 517, 29 enero 2009.

[58] Secretaría Técnica de Gestión Inmobiliaria del Sector Público, INMOBILIAR, del Ministerio de Transporte y Obras Públicas.

[59] DE 1107, SRO 258, 31 julio 2020; DE 1479, RO núm. 495, 24 diciembre 2008, Créase la Unidad de Gestión Inmobiliaria del Sector Público, INMOBILIAR (derogado).

[60] Código Orgánico Administrativo (COA). Disposición general quinta y disposición reformatoria quinta.

4. Prerrogativas: características jurídicas de los bienes del Estado en Ecuador

Como se adelantó, la más sencilla de las clasificaciones es la que hace el derecho civil, que desde el punto de vista de la *propiedad* del Estado divide sus bienes en de dominio público y de dominio privado. No obstante, no se puede afirmar con técnica jurídica que el Estado es propietario del dominio público en un sentido tradicional, porque carece de la facultad de disposición sobre tales bienes (*ius abutere*), que es una de las principales características del derecho de propiedad privada.

Precisamente, la principal característica jurídica del dominio público es que resulta *inalienable* e *imprescriptible*.

Asimismo, la existencia del dominio público se determina solamente en virtud de una declaratoria constitucional, legal o normativa municipal, lo que no se debe confundir con la *publicatio* del servicio público, aunque sea similar; figuras legales que también son necesarias para la *desafectación* del dominio público, en virtud de la cual este dominio pierde la calidad de público.

Los demás bienes públicos enumerados, como son los "patrimonios", ostentan propiedades jurídicas que difieren de las del dominio público en una serie de aspectos determinados, como se acaba de ver.

La inalienabilidad se traduce en la imposibilidad jurídica de transferir los bienes del Estado. Como se ha hecho notar, la inalienabilidad "consiste en una incapacidad administrativa de vender más que una indisponibilidad real"[61].

La imprescriptibilidad del dominio público resulta, entonces, una consecuencia de la noción de inalienabilidad. La imposibilidad de que los particulares adquieran bienes del dominio público, necesariamente excluye que ellos puedan adquirir su propiedad válidamente por medio de la prescripción.

5. Dominio privado

A) *Modos de adquisición*

Los modos de adquisición del dominio privado del Estado se prevén en las normas del Código Civil[62], en aplicación de las normas de procedimiento establecidas en la ley[63], con excepción de la adquisición de inmuebles y del de-

[61] Manuel Clavero Arévalo, "La inalienabilidad del dominio público", en *Estudios de derecho administrativo*, Madrid, Instituto García Oviedo de la Universidad de Sevilla - Civitas, 1992, pág. 394.

[62] C. C., art. 603. "Los modos de adquirir el dominio son la ocupación, la accesión, la tradición, la sucesión por causa de muerte y la prescripción".

[63] Ley Orgánica del Sistema Nacional de Contratación Pública y su Reglamento.

nominado patrimonio artificial o construido (como puertos, carreteras, puertos, aeropuertos, etc.), que hace parte del dominio público, que se sujeta en general a la ley de contrataciones y tiene características propias de derecho público, especialmente en lo concerniente a las llamadas cláusulas exorbitantes, así como a la jurisdicción procesal, que siempre es la contencioso-administrativa o simplemente administrativa. Los muebles, enseres y equipamiento son propiamente del dominio privado de las instituciones respectivas.

El COAM determina el patrimonio forestal del Estado (propiedades para venta y adjudicación). Las leyes agrarias establecen la propiedad de tierras que no pertenecen a otros dueños y que forman parte del dominio privado del Estado.

Para los denominados gobiernos autónomos descentralizados (GAD) la CRE autoriza la expropiación de tierras para desarrollo futuro[64].

La ley civil establece el derecho del Estado en las sucesiones intestadas[65].

B) *Contratos patrimoniales*

Los denominados recursos "hidrobiológicos" son "bienes nacionales" y su aprovechamiento es "regulado" por el Estado ecuatoriano mediante su "ente rector"[66].

El Estado puede acordar contratos sobre sus bienes privados (bienes "fiscales" o "patrimoniales") y sobre los bienes públicos.

Sobre bienes públicos puede transferir la propiedad o, con arreglo a las normas legales correspondientes, autorizar su uso y aprovechamiento: aguas, minas y petróleos. Se encuentra prohibida la comercialización del dominio público, pero su producción es regulada por el Estado (petróleos, minas, "recursos hidrobiólogicos") y sus productos son libremente transables: petróleo, gas, metales, pesca y productos marinos cultivados —camarones—.

Normativa sobre venta y adjudicación de bienes públicos:

"minas y petróleos: Ley de Hidrocarburos y Ley de Minería;

"derechos de uso de aguas: Ley Orgánica de Recursos Hídricos, usos y aprovechamiento del agua;

"el espectro radioeléctrico: concesiones de uso: Ley Orgánica de Telecomunicaciones;

"concesiones de líneas aéreas: Codificación de la Ley de Aviación Civil;

"acuicultura (camarones) y pesca: Ley Orgánica para el Desarrollo de la Acuicultura y Pesca".

[64] CRE, art. 376.

[65] C. C., art. 1033.

[66] Ley Orgánica para el Desarrollo de la Acuicultura y Pesca, art. 5º.

Los contratos sobre los bienes privados del Estado se pueden acordar conforme las normas del derecho civil, pero sujetos a las normas legales y reglamentarias correspondientes.

Los contratos relativos a inmuebles de propiedad privada del Estado (compraventa, arriendo, comodato) se encuentran normados en la ley[67]. Para determinados bienes muebles (computadoras, vehículos, muebles y enseres) se establecen normas administrativas[68].

Tradicionalmente el derecho constitucional ecuatoriano atribuyó al Parlamento Nacional la "enajenación" o "aplicación a usos públicos" de los bienes nacionales y "arreglar" su administración (Constituciones de 1845, 1851, 1852, 1861, 1869 y 1906). En sucesivas constituciones se facultó al Congreso a "decretar" o "autorizar" la enajenación o hipoteca de los bienes del Estado. Sobre los bienes muebles dispuso la Constitución de 1946 que su venta se debería someter a lo dispuesto por la ley. La última Constitución que trató de este tema dispuso que correspondía al Senado autorizar "la enajenación o gravamen de los inmuebles"[69].

La Constitución vigente ya no contempla atribuciones de la Asamblea Nacional en este trámite. La anterior Ley Suprema atribuía a la Contraloría General del Estado una competencia más explícita sobre los "bienes públicos", que ya no se encuentra en la Constitución actual, lo cual no impide que todavía sea el principal órgano público de "control de la utilización de los recursos estatales"[70], lo que se refleja principalmente en la Ley Orgánica de la Contraloría General del Estado, así como en el Reglamento Administración y Control de Bienes del Sector Público[71] expedido por la Contraloría General del Estado.

Se puede concluir, sobre la base del análisis precedente, que se podían enajenar libremente cualquier clase de bienes muebles e inmuebles del Estado, de los considerados bienes fiscales, con las limitaciones contempladas en la Ley Orgánica del Sistema Nacional de Contratación Pública, sus reglamentos y el Reglamento de Administración y Control de Bienes del Sector Público. Asimismo, conforme se detalló más arriba, el Estado y sus instituciones pueden encargar a instituciones privadas de crédito legalmente reconocidas el manejo de sus fondos, con sujeción a las normas pertinentes.

a) *Transferencia de bienes*. Adicionalmente, no solo para los bienes inservibles u obsoletos, sino para toda clase de bienes muebles se contempla entre dependencias del Estado el traspaso de bienes; mientras que entre personas

[67] Ley Orgánica del Sistema Nacional de Contratación Pública.

[68] Principalmente expedidas por la Contraloría General del Estado.

[69] Borja y Borja, *Derecho constitucional ecuatoriano,* t. II, 1979, págs. 55-56.

[70] CRE, art. 211.

[71] A. CGE 67, SRO 388, 14 diciembre 2018.

jurídicas públicas como el Estado y sus entidades proceden el comodato y la donación. Por último cabe la transferencia gratuita de bienes muebles.

b) *Bienes como activos improductivos.* El Reglamento Sustitutivo para la Enajenación de Activos Improductivos, dice: "Para efectos del presente reglamento, se considerarán como activos improductivos, entre otros, los siguientes bienes muebles, inmuebles, acciones, papeles fiduciarios y patentes de propiedad de las entidades y organismos del sector público [...]".

En principio debe entenderse que las acciones, papeles fiduciarios y otros similares son bienes muebles, por lo que la enumeración es redundante. El procedimiento para la venta en todos los casos es el concurso público, que podrá efectuarse por "uno o varios grupos de bienes"[72].

c) *Adjudicación gratuita por catástrofes naturales.* En los casos de catástrofes naturales que hayan sido motivo de declaratoria de emergencia es posible realizar la adjudicación gratuita a los damnificados, por parte de la Corporación Aduanera Ecuatoriana (CAE), de bienes "que se encuentren en decomiso, decomiso administrativo o judicial, o abandono expreso"[73].

El denominado "mandato constituyente" de la Asamblea Constituyente que establece esta medida dispone que no es susceptible de ningún tipo de impugnación, lo cual contradice de manera expresa la Constitución expedida por la misma Asamblea con posterioridad, por lo cual se debe considerar que tal normativa no se encuentra en vigencia y que cualquier disposición arbitraria de una autoridad en supuesta aplicación de ese mandato que infrinja la normativa vigente podrá ser impugnada en sede administrativa, judicial y constitucional.

d) *Dictámenes de la Procuraduría General del Estado sobre bienes.* Por ser pertinente a lo que se discute en este apartado, se reproducen en lo que corresponde, un par de dictámenes del procurador general del Estado, sobre variados aspectos de las transferencias de bienes:

"1. En el caso de activos que, por resolución motivada se hubieren declarado como improductivos, su enajenación debe observar el procedimiento establecido en el Reglamento para la Enajenación de Activos Improductivos, cuyo ámbito de aplicación incluye al Ministerio de Turismo.

"Para bienes que se hubieren vuelto innecesarios para la entidad, pero que pueden ser utilizados por otra entidad u organismo del sector público que los requiera para el cumplimiento de sus fines, es aplicable el procedimiento previsto en el artículo 48 y siguientes del Reglamento General de Bienes del Sector Público, en concordancia con el penúltimo inciso del artículo 36 de la Ley de Contratación Pública, que dispone que la transferencia de dominio de inmuebles entre entidades del sector público se podrá realizar por compra

[72] RO 616, 11 julio 2002, art. 4º.

[73] *Mandato constituyente* núm. 5, S RO núm. 294, 13 marzo 2008.

venta, permuta, donación, compensación de cuentas, traslado de partidas presupuestarias o de activos. El mismo reglamento es aplicable para la enajenación de inmuebles que se hubieren dejado de usar pero son susceptibles de venta, caso en el cual se prevé el procedimiento de remate.

"Considero inaplicables las normas de la Ley de Modernización del Estado, Privatizaciones y Prestación de Servicios Públicos por Parte de la Iniciativa Privada, salvo que el Proyecto de Desinversión de Bienes del Ministerio de Turismo, involucre alguna de las áreas de aplicación de los procesos de modernización, establecidas en el artículo 5° de la citada ley. En consecuencia, en términos generales, al no ser aplicable la Ley de Modernización, tampoco lo son los mecanismos en ella previstos, como el de aporte de bienes a sociedades.

"2. En ninguno de los casos de enajenación de inmuebles del sector público, los reglamentos han previsto que se acepte en garantía por el pago del precio la constitución de un fideicomiso mercantil; en consecuencia, considero que tratándose de procedimientos reglados, sujetos al principio de legalidad, en el evento en que se admita pago a plazos, las garantías deben ser incondicionales, irrevocables y de cobro inmediato, y no pueden ser otras que aquellas señaladas en el artículo 32 del Reglamento General de Bienes del Sector Público.

"3. Conforme se concluyó en líneas anteriores, siendo inaplicable la Ley de Modernización del Estado, Privatizaciones y Prestación de Servicios Públicos por parte de la Iniciativa Privada, tampoco lo son los mecanismos previstos en dicho cuerpo legal, como el de aporte de bienes a sociedades al que alude su consulta.

"4. El destino de la enajenación de inmuebles de propiedad del Ministerio de Turismo está determinado expresamente por la Ley de Turismo. Por tanto, inclusive en el caso en el que se aplique el Reglamento de Enajenación de Activos Improductivos, cuyos artículos 7° y 18 se remiten a la disposición del artículo 43 de la Ley de Presupuestos del Sector Público, considero que para el ejercicio de la potestad establecida en el inciso final de la citada norma, el Ministerio de Economía y Finanzas deberá tener presente tanto la existencia del Fondo de Promoción Turístico, como la fuente que el legislador ha previsto para su financiamiento.

"5. Los contratos de arrendamiento de bienes inmuebles, tanto para el caso en que el Estado o una institución del sector público tenga la calidad de arrendadora como arrendataria, están sujetos a las disposiciones de los artículos 37 y siguientes de la Ley de Contratación Pública.

"Es deber del Estado, honrar las obligaciones que adquiere contractualmente; en consecuencia, el Ministerio de Turismo debe respetar el plazo que se hubiere estipulado en el respectivo contrato de arrendamiento, sin perjuicio de que en aplicación del artículo 43 de la citada Ley de Contratación Pública, procedería la terminación anticipada, previo el del trámite del respectivo desahucio.

"Respecto a los contratos de comodato, de conformidad con el artículo 53 del Reglamento General de Bienes del Sector Público, están sujetos a las normas propias de esa clase de contrato, esto es a las disposiciones del Código Civil, cuyo artículo 2083 prevé que el comodatario está obligado a restituir la cosa prestada, en el tiempo convenido o a falta de convención, después del uso para el que el bien ha sido prestado; la misma norma prevé que la restitución podrá exigirse antes del tiempo estipulado, si sobreviene al comodante una necesidad imprevista y urgente de la cosa.

"6. La Ley de Seguridad Nacional no es aplicable, toda vez que las «requisiciones» de bienes necesarios para la defensa nacional, a las que el informe jurídico del Ministerio de Turismo hace referencia, proceden únicamente en el evento de movilización y están motivadas en circunstancias de emergencia nacional.

"En consecuencia, si las Fuerzas Armadas estuvieren interesadas en adquirir bienes inmuebles de propiedad del Ministerio de Turismo, el procedimiento aplicable será el que corresponda según la calidad del bien (productivo o improductivo).

" [...]

"8. En los casos de aplicación del Reglamento General de Bienes del Sector Público, el avalúo del inmueble lo realizará la Dirección Nacional de Avalúos y Catastros, de conformidad con la expresa disposición del inciso final del artículo 15 del reglamento, en concordancia con el artículo 36 de la Ley de Contratación Pública.

"Para el evento en que sea aplicable el Reglamento de Enajenación de Activos Improductivos, su artículo 3° prevé que el avalúo de acuerdo con la naturaleza del bien y su complejidad se practicará, por la propia entidad u organismo, por firmas o consultoras privadas, o por la Dirección Nacional de Avalúos y Catastros, tomando en cuenta, según el caso, las revalorizaciones efectuadas por las propias entidades y cuidando siempre que el avalúo refleje los precios de mercado.

"9. El avalúo actualizado es aquel que refleja fielmente el valor del bien en el mercado, en la época inmediatamente anterior a su enajenación.

"10. En concordancia con lo dicho al absolver la primera consulta, considero que toda vez que ninguno de los cuerpos normativos aplicables a la enajenación de inmuebles de propiedad de las instituciones del sector público, autoriza que sea un banco de inversión quien efectúe el avalúo de los bienes, ello no sería procedente, tanto más cuanto que se trata de normas de derecho público"[74].

Sobre el alquiler de bienes muebles del Estado, el procurador ha dictaminado:

[74] RO núm. 99, 8 septiembre 2005. Of. PGE núm. 18206 de 18 julio 2005.

"Sobre la legitimidad de la expedición y aplicabilidad de la ordenanza que regula el alquiler de la maquinaria pesada y la venta de lastre por parte del Consejo Provincial del Cañar.

"Pronunciamiento:

"Del texto de la ordenanza de la referencia, se establece que ese organismo ha puesto a disposición del público en general el alquiler de la maquinaria pesada de la institución, para ser utilizada en trabajos particulares; y, la venta de lastre.

"Cabe establecer que, tanto la Ley Orgánica de Régimen Provincial como la Ley de Contratación Pública no prevén el alquiler de bienes muebles por parte de las instituciones públicas; consecuentemente, esta no es una facultad que se pueda atribuir el Consejo Provincial, pues, en el caso que nos ocupa, la maquinaria tiene un fin específico que cumplir, el servicio público, así lo establece el artículo 4° del Reglamento General de Bienes del Sector Público, aplicable para los bienes de las municipalidades o de sus empresas y de los consejos provinciales, en cuanto no se opongan a las leyes de Régimen Municipal y Provincial, respectivamente (art. 121).

"La Ordenanza que regula el alquiler de la maquinaria pesada y la venta de lastre por parte del Consejo Provincial del Cañar, publicada en el Registro Oficial N° 150 del 19 de agosto del 2003, no es aplicable, puesto que no se encuentra ajustada a derecho[75].

e) *Constitución de compañías.* El dinero es sin duda un bien mueble y de los más importantes. En derecho público cabe referirse a los fondos o capitales públicos. Respecto a la inversión de estos capitales públicos en acciones (que, en todo caso, son consideradas bienes muebles) de compañías, para el Estado y sus entidades caben dos formas de administración, si puede así llamarse: un régimen de derecho público y otro de manejo privado. Esto no obsta para que en ambos casos proceda el control de la Contraloría General del Estado y la aplicación de la Ley Orgánica del Sistema Nacional de Contratación Pública.

La Ley de Compañías vigente determina la posibilidad de la constitución de compañías anónimas de capitales públicos y compañías de economía mixta. El artículo 147, § 3° dice: "[...] La compañía anónima podrá subsistir con un accionista. [...]".

Por su parte, el artículo 308 de la Ley de Compañías, sobre la compañía de economía mixta, dispone: "El Estado, las municipalidades, los consejos provinciales y las entidades u organismos del sector público, podrán participar, conjuntamente con el capital privado, en el capital y en la gestión social de esta compañía".

En cambio, para la constitución de compañías anónimas de capitales públicos no existe una disposición semejante, que mencione en forma expresa a los

[75] Of. PGE núm. 07687 de 30 marzo 2004. RO núm. 363, 24 junio 2004.

consejos provinciales, pero el artículo aplicable tampoco se refiere a ninguna otra entidad pública, sino que alude en general a "instituciones públicas".

Así, podría discutirse el criterio del procurador general del Estado, cuando dictamina:

"El inciso segundo del artículo 159 [art. 147 actual, inc. 3º] de la Ley de Compañías que se ha invocado en su oficio, tendría aplicación para el caso de una entidad pública a la que la ley confiera expresamente la facultad de constituir ese tipo de compañías. Por lo dicho, considero que en el caso de la consulta, el Consejo no puede constituir la compañía a la que se refiere la consulta"[76].

Aunque fuera acertado este criterio del procurador, siempre podría un consejo provincial constituir una compañía de economía mixta y convertirla en compañía anónima mediante la venta en efectivo de sus aportes, aplicando la norma del artículo 316 de la Ley de Compañías, pero en tal caso no podría conservar acciones de esa compañía. En todo caso, siempre podrá acudir a las normas de la Ley Orgánica de Empresas Públicas (LOEP) para el establecimiento de una empresa pública provincial.

El artículo 316 de la Ley de Compañías dispone que "En esta clase de compañías el capital privado podrá adquirir el aporte del Estado pagando su valor en efectivo [...] la compañía seguirá funcionando como si se tratase de una compañía anónima".

Pero la transformación de compañías de economía mixta en compañías anónimas cuando se trate de la participación en la gestión de sectores estratégicos y de prestación de servicios públicos tendría además que sujetarse a "los casos que establezca la ley"[77].

Diferente situación es la de las compañías anónimas constituidas con capitales públicos, porque no existen provisiones en la Ley de Compañías para la venta de sus acciones a los particulares. No podría, en efecto, darse la situación de que los particulares pasen a integrar un tipo de compañías de estas, porque su definición pasaría a ser la de compañía de economía mixta. Por lo menos se requeriría de un trámite de transformación, contemplado en la misma Ley de Compañías.

f) *Prestación del sector privado por "capitalización"*. La compañía de economía mixta tiene la virtualidad de cumplir con la condición enunciada en el artículo 54 de la Constitución que de manera expresa reconoce la prestación de servicios públicos por parte de empresas de propiedad de los particulares, sin perjuicio de la existencia de instituciones públicas para estos propósitos[78].

La Ley de Compañías dispone que las empresas de economía mixta podrán dedicarse entre otras tareas a "la satisfacción de necesidades de orden

[76] Of. PGE núm. 0977 de 10 abril 1997.

[77] CRE, arts. 315 y 316.

[78] CRE, art. 225, 3.

colectivo; a la prestación de nuevos servicios públicos o al mejoramiento de los ya establecidos" (art. 309).

Asimismo, determina la Codificación de la Ley de Compañías que el Estado y sus entidades podrán participar en una compañía de economía mixta "mediante la concesión de prestación de un servicio público por un tiempo determinado"[79]. En esto se debe entender que el aporte del Estado sería la concesión misma "por un tiempo determinado", a cambio de lo cual tendrá que recibir una participación que resulte del cálculo de ese aporte. La Constitución dispone que "el Estado siempre tendrá la mayoría accionaria" en las sociedades que presten servicios públicos"[80].

Por supuesto que al tratarse de una concesión por un tiempo determinado, al expirar la concesión el Estado podrá cargar los derechos correspondientes para renovar la concesión, abstenerse de renovarla, adjudicarla a otra entidad o constituir otra compañía conforme el mismo esquema.

Además de la venta al sector privado de la participación pública hasta el límite del 50 por ciento del capital de la compañía, existe la posibilidad de que sucesivos aumentos de capital del sector privado diluyan progresivamente la participación pública.

La única excepción de estos esquemas sería la prohibición expresa de prestación del servicio o de gestión de sectores estratégicos a que se refiere la Ley Suprema.

La excepción al mecanismo descrito serían las empresas de prestación de servicios públicos de saneamiento, abastecimiento de agua potable y riego, que "serán prestados únicamente por personas jurídicas estatales o comunitarias"[81], aunque estas, es decir las personas jurídicas comunitarias, aplican la totalidad de las normas de derecho privado.

g) *Venta de bienes muebles títulos-valores de propiedad pública*. El Reglamento Sustitutivo para la Enajenación de Activos Improductivos incluye la referencia a enajenación de acciones, papeles fiduciarios y patentes de propiedad[82].

También son aplicables las disposiciones de la Ley de Compañías y, finalmente, del Código de Comercio si se trata de negociaciones entre una empresa pública y una compañía anónima comercial, por ser este código aplicable entre comerciantes exclusivamente.

[79] Codificación de la Ley de Compañías, art. 310.

[80] CRE, art. 315.

[81] CRE, art. 318.

[82] DE 2799. Reglamento sustitutivo al reglamento de enajenación de activos improductivos del sector público. RO 616, de 11 julio 2002, art. 2º.

6. Dominio público

A) *Afectación y desafectación*

El COOTAD alude a los bienes mostrencos[83] que pueden o no destinarse al uso público o integrar el dominio privado de los GAD y las superficies que corresponden a la municipalidad en las urbanizaciones para calles, veredas y áreas verdes[84], que se constituyen en bienes de uso público.

En derecho público, el dominio público solo se puede establecer por norma constitucional o legal: páramos, aguas, biodiversidad, bienes "estratégicos".

Pertenecen al Estado "las nuevas islas que se formen en el mar territorial y en los ríos y lagos de dominio público"[85].

La CRE establece el derecho público del Estado de bienes del subsuelo: minas y petróleos.

Oramas estudia "la desafectación de la playa de mar" que en la normativa ecuatoriana ocurre de manera tácita, con el retiro del mar, exponiendo el aluvión a la accesión del propietario ribereño[86].

En Ecuador, ninguno de estos bienes, comprendidos aquellos otros determinados por la doctrina, podrían ser enajenados en su calidad de tales, es decir como bienes del dominio público ecuatoriano. Pero muchos de ellos pueden ser *desafectados* de su calidad de bienes públicos y enajenados posteriormente.

El ejemplo más común es el de las calles y plazas, para cuya venta se requiere una desafectación sujeta a las normas municipales. Al contrario, también se pueden afectar bienes del Estado y bienes particulares para convertirlos en calles y plazas. Asimismo, por ley se pueden declarar como bienes públicos otros bienes considerados hasta entonces bienes de dominio particular o bienes del Estado. Tal fue el caso de la declaratoria legal que se hizo de los terrenos por encima de los cuatro mil quinientos metros como bienes públicos[87], que consta en la actualidad en el Código Civil ecuatoriano.

B) *Incomerciabilidad*

"[...] ninguna autoridad está facultada para donar fondos creados por ley para una finalidad específica, sino que las donaciones, en general, están prohibidas por el artículo 16 del decreto ejecutivo N° 1436 A, publicado en el Suplemento del Registro Oficial N° 370, del 31 de enero de 1994"[88], aunque

[83] COOTAD, arts. 419, c, 422 y 481.

[84] COOTAD, art. 84, c.

[85] CRE, art. 613.

[86] Oramas, *op. cit.*, pág. 112 y Cap. XIII "Desafectación de la playa de mar".

[87] Decreto Supremo 390; Registro Oficial 67 de 28 septiembre 1963.

[88] Of. PGE núm. 19520 de 24 enero 1995.

debe notarse que existen normas específicas sobre donaciones determinadas en el Código Orgánico de Planificación y Finanzas Públicas[89].

Hay clases especiales de bienes muebles sobre los cuales se han dictado, a lo largo de los años, normas expresas. Ellos son principalmente los vehículos. Sería demasiado largo enumerar las normas vigentes sobre uso de vehículos en cada institución pública.

a) *Enajenación de bienes improductivos*. Según el indicado Reglamento de bienes, estos bienes "improductivos" se podrán enajenar por un "Comité Especial".

Sobre el punto, el procurador general del Estado ha dictaminado:

"De acuerdo a la normatividad vigente citada y a las copias de los documentos proporcionados por el Banco Ecuatoriano de la Vivienda, se establece que dicha entidad ha realizado ya dos llamamientos a concurso para remate de la fábrica de ladrillos «Los Pambiles», los mismos que han sido declarados desiertos, disponiéndose su archivo. Pero en razón de lo que establece el artículo 14 del Reglamento para la Enajenación de Bienes Improductivos, el Banco Ecuatoriano de la Vivienda debió revisar las condiciones de las bases a fin de establecer si estas obstaculizaron o impidieron la presentación de ofertas, en cuyo caso debió proceder a reformar las condiciones de las bases y a convocar a un nuevo concurso, que no requiere de la autorización del Ministro de Finanzas y Crédito Público prevista en el artículo 7° del reglamento.

"Si reabierto el concurso, en los términos manifestados, se mantuviere la falta de interés, debe archivarse el proceso, situación que aún no ha acontecido en el caso materia de la presente consulta, ya que se ha realizado la segunda convocatoria a remate declarada desierta, y no se ha procedido a revisar las bases para una nueva reapertura.

"Como la consulta formulada contiene una duda respecto a la aplicación del reglamento varias veces citado, el funcionario competente para resolverla es el Contralor General del Estado, conforme al artículo 19 del mismo Reglamento"[90].

7. Dominio colectivo. Patrimonios indígenas y étnicos

Una de la unidades territoriales semiautónomas del Ecuador es la denominada en la Constitución circunscripciones territoriales de "los pueblos ancestrales, indígenas, afroecuatorianos y montubios"[91].

[89] Art. 104.

[90] Of. PGE núm. 8216 de 14 enero 1998. Nota: el Reglamento aludido en esta consulta ha sido sustituido por el *Reglamento sustitutivo al Reglamento de Enajenación de Activos Improductivos del sector público,* DE 2799. RO 616, 11 julio 2002.

[91] CRE, art. 60.

En los "territorios de los pueblos de aislamiento voluntario son de posesión ancestral irreductible e intangible, y en ellos estará vedada todo tipo de actividad extractiva"[92].

El "subsistema comunitario se compone de las áreas protegidas de las comunas[93], comunidades, pueblos y nacionalidades que la Autoridad Ambiental Nacional haya declarado como tales"[94].

Las propiedades comunitarias se reglan en la Ley Orgánica de Tierras Rurales y Territorios Ancestrales[95].

92 CRE, art. 57.

93 Codificación de la Ley de Organización y Régimen de las Comunas, SRO 315, 16 abril 2004.

94 COAM, art. 45.

95 SRO 711, 14 marzo 2016.

ESPAÑA

RÉGIMEN DE LOS BIENES PÚBLICOS EN ESPAÑA

FERNANDO LÓPEZ RAMÓN[*]

1. ORDENACIÓN GENERAL: CONCEPTOS, COMPETENCIAS Y ORGANIZACIÓN

Como elementos de la ordenación general de los bienes públicos, expondremos: primero, el concepto de los mismos; segundo, las instancias competentes para establecer su régimen jurídico, y tercero, las principales características de las organizaciones administrativas encargadas de aplicar dicho régimen.

A) *Concepto de los bienes públicos*

En el uso jurídico habitual, la expresión *bienes públicos* designa a todas las cosas pertenecientes a las administraciones públicas, sean de dominio público o demaniales (como los ríos, las playas, las carreteras o la sede del ejecutivo autonómico) o de dominio privado o patrimoniales (como una finca agrícola, un piso destinado al arrendamiento libre o un paquete de acciones de una sociedad mercantil). También se emplea el concepto de *patrimonio* para designar conjuntamente ambas categorías de bienes, aunque solo los de dominio privado se designan como patrimoniales.

Los bienes y derechos que integran los patrimonios de las administraciones públicas no incluyen ni se confunden ya con los elementos que nutren las *haciendas públicas*, esto es, el dinero, los valores, los créditos y los demás recursos financieros o de tesorería de las Administraciones o, con una expresión más sintética, los derechos y obligaciones de contenido económico. En otra época la hacienda pública comprendía "todas las contribuciones, impuestos, rentas, propiedades, valores y derechos que pertenecen al Estado" (Ley de Administración y Contabilidad de la Hacienda Pública de 1911). Sin embargo, de la hacienda se desgajaron posteriormente los bienes y derechos que formaron el patrimonio del Estado, a fin de deslindar, por un lado, el régimen y la gestión de los derechos de crédito y las obligaciones de carácter personal que integran la hacienda y, por otro lado, la propiedad y los derechos reales limitados que forman el patrimonio. En tal sentido, conviene tener en cuenta

[*] Catedrático de Derecho Administrativo, Universidad de Zaragoza (España).

que los rendimientos procedentes de cualesquiera bienes públicos se integran como ingresos patrimoniales en la hacienda pública.

B) *Competencias*

No hay en el sistema constitucional de distribución de competencias entre el Estado y las Comunidades Autónomas una referencia directa a los bienes públicos. No obstante, dos títulos competenciales pueden ser empleados principalmente para delimitar el alcance de la legislación sobre los bienes públicos del Estado y las Comunidades Autónomas: a) de una parte, la regulación de los bienes públicos forma parte del régimen jurídico de las Administraciones públicas, materia esta sobre la que se reserva al Estado el establecimiento de las "bases", esto es, de los aspectos que han de tener una regulación unitaria (Constitución, art. 149.1.18ª), y b) de otra parte, gran importancia ha de concederse también a la incidencia sobre el régimen de los bienes públicos de la competencia estatal en materia de legislación civil (Constitución, art. 149.1.8ª).

Entre las competencias civiles del Estado destaca la que le atribuye en exclusiva las declaraciones genéricas de bienes de dominio público, esto es, la directa inclusión en el régimen demanial de tipos enteros de bienes. Al conjunto de tales bienes se llama demanio natural a fin de subrayar que versa sobre géneros de bienes de la naturaleza, es decir, sobre realidades ajenas al propio legislador que este considera de suficiente relevancia para declararlas de dominio público. No son bienes de dominio público por su naturaleza, sino conjuntos naturales que el legislador declara de dominio público. Desde las SSTC 227/1988 y 149 de 1991, referidas a las Leyes de Aguas y de Costas respectivamente, se considera que la inclusión de esos completos géneros de bienes en el dominio público (y su paralela exclusión del tráfico privado) solo es admisible para satisfacer necesidades colectivas primarias, como la protección del medio ambiente o la utilización racional de la riqueza del país, cuya apreciación corresponde exclusivamente al Estado al implicar un límite esencial del derecho de propiedad e incluirse, por tanto, en su competencia sobre legislación civil, afectando adicionalmente a las condiciones básicas del mismo derecho de propiedad, cuya regulación también es competencia estatal (Constitución, art. 149.1.1ª). En cambio, cuando la afectación determinante de la demanialidad se produce con carácter singular a un uso o servicio público, como sucede con los edificios administrativos o en general las obras públicas, cabe entender que dicha afectación se encuentra vinculada a una actividad administrativa y que, por tanto, corresponde al poder territorial —Estado o Comunidad Autónoma— que tiene competencia sobre la actividad en cuestión.

La Ley del Patrimonio de las Administraciones Públicas de 2003 (LPAP) es una extensa norma donde se ha tratado de codificar el régimen general de los bienes pertenecientes a cualesquiera administraciones públicas y particularmente del relativo a los bienes de la administración del Estado. La citada ley cuenta con un Reglamento General de desarrollo aprobado en 2009, que incluye también algunos preceptos de carácter básico o de aplicación general, aunque la mayor parte de sus contenidos están dictados para regir el patrimonio del Estado, siendo pues de aplicación supletoria para las comunidades autónomas.

C) *Organización*

En la gestión de los bienes públicos confluyen tendencias organizativas de tipo sectorial y de tipo generalista en función de qué competencias prevalecen, si las de los órganos que disfrutan o administran los bienes públicos o las de órganos generales constituidos precisamente para desarrollar funciones de gestión patrimonial. Aquí limitaremos las referencias sobre estas cuestiones al patrimonio del Estado, que resulta el de mayor complejidad.

La organización generalista de los bienes estatales tiene un curioso origen pues se vincula a la Dirección General de Ventas de Bienes Nacionales, creada en 1855 para organizar las grandes operaciones desamortizadoras. Paulatinamente, las funciones de protección y defensa de los bienes públicos fueron tomando protagonismo en las competencias de dicha Dirección General, que desde 1957 es la Dirección General del Patrimonio del Estado.

En ese proceso histórico, que va desde la gestión de los bienes públicos vertebrada por su enajenación a la afirmación de los principios contrarios, ha de concederse gran importancia a la Ley del Patrimonio del Estado de 1964. En dicha norma se introdujeron o potenciaron dos grandes elementos: a) la personalidad jurídica única de la Administración del Estado, que llevaba a afirmar la titularidad indivisible de su patrimonio frente a extendidas prácticas de apropiación por los diversos órganos administrativos de los bienes que tenían afectados o adscritos, y b) la organización unitaria de la gestión patrimonial en el Ministerio de Hacienda y la Dirección General del Patrimonio del Estado, que asumieron la representación ordinaria de las titularidades estatales y trataron de contrarrestar las prácticas de fragmentación del patrimonio del Estado. Así, las competencias de los restantes ministerios se limitaron a la conservación y utilización de los bienes afectados, afirmándose la concentración de las decisiones más significativas en el Ministerio de Hacienda, incluso las relativas a los inmuebles que dejaran de precisar los demás ministerios, y ello con independencia de que hubieran sido adquiridos con sus propias dotaciones presupuestarias. La LPAP de 2003 ha vuelto a intentar robustecer la posición del Ministerio de Hacienda, al que corresponde, por medio de la Dirección General del Patrimonio del Estado, la gestión de los bienes y derechos de la Administración del Estado y su representación en actuaciones frente a terceros.

No obstante, conviene recordar que en la misma LPAP, de esos esquemas de organización unitaria del patrimonio del Estado se exceptúan todos los bienes de dominio publico cuya gestión y administración corresponde a diversos departamentos ministeriales de conformidad con la legislación sectorial reguladora de las diferentes dependencias demaniales (disp. final 4ª). Asimismo, los organismos públicos tienen atribuidas esas mismas funciones de gestión de sus patrimonios (art. 9.3), que en los organismos autónomos pueden comprender con normalidad bienes de dominio público y bienes patrimoniales, mientras que los patrimonios de las entidades públicas empresariales suelen incluir únicamente bienes patrimoniales, todo ello de acuerdo con lo que establezca la legislación especial aplicable. El patrimonio del Estado es pues, si acaso, un patrimonio de patrimonios.

2. Bienes patrimoniales: modos de adquisición y contratos patrimoniales

Comenzaremos por exponer el concepto de los bienes patrimoniales, refiriéndonos a continuación a los modos de adquisición de los mismos por parte de las administraciones públicas y al régimen jurídico de los contratos que les afectan.

A) *Concepto*

Esta categoría de los bienes públicos conecta con el Erario del pueblo romano o el Fisco del César, que en la Edad Media pasaría a confundirse con otras regalías en el patrimonio de la Corona, siendo después incluido, en una parte significativa, entre los bienes nacionales objeto de la desamortización del siglo XIX. La identificación de los bienes públicos que producían (o podían producir) una renta, parece haber sido el origen de la expresión "bienes patrimoniales" en la codificación civil. No obstante, en el ámbito local la expresión tradicional era la de bienes de propios, que todavía se conserva como alternativa a la de bienes patrimoniales. Por último, en la LPAP de 2003, la denominación establecida para esta categoría es la de "bienes y derechos de dominio privado o patrimoniales" (art. 7.1).

En el Derecho vigente, los bienes patrimoniales suelen ser objeto de caracterizaciones de tipo residual, pues se definen como los pertenecientes a un ente público (o los de titularidad o propiedad del mismo) "en que no concurran las circunstancias expresadas en el artículo anterior" (C. C., art. 340), es decir, los que "no tengan el carácter de demaniales" (LPAP, art. 7.1). No obstante, en el ámbito local, a la identificación residual se añade cumulativamente la referencia a la tradicional consideración como bienes productores de renta (RB, art. 6.1).

De cualquier manera, a la anterior caracterización general de los bienes patrimoniales han de añadirse los supuestos expresamente integrados en esta categoría, como los derechos de arrendamiento, los títulos mercantiles, los derechos de propiedad incorporal y cualesquiera derechos que deriven de la titularidad de los bienes y derechos patrimoniales como los derechos de servidumbre o los frutos de los bienes patrimoniales (LPAP, art. 7.2).

El régimen jurídico de los bienes patrimoniales se sujeta en determinados aspectos al Derecho administrativo y en los restantes al Derecho privado, tal y como se advierte en la elaborada fórmula del artículo 7.3 LPAP. Sin embargo, como veremos al tratar de las prerrogativas administrativas, la general incidencia de estas sobre los bienes patrimoniales pudiera considerarse injustificada.

B) *Modos de adquisición*

Los bienes y derechos se adquieren normalmente por las administraciones públicas con el carácter de patrimoniales. En consecuencia, el eventual carácter demanial derivará de la posterior afectación a los usos o servicios públicos, salvo en los supuestos legales de inclusión directa en el dominio público de géneros de bienes (demanio natural) o de afectación implícita de determinadas adquisiciones, como las llevadas a cabo por expropiación forzosa.

Los modos de adquirir de las administraciones públicas son los mismos establecidos para todas las personas en el artículo 609 del Código Civil (por atribución de la ley, a título oneroso, a título gratuito, por prescripción y por ocupación). A continuación, nos fijaremos especialmente en los supuestos de adquisición por ministerio de la ley a favor del Estado, explicando el alcance de los Derechos forales en la materia.

a) *Atribución legal al Estado.* Actualmente los bienes que por ministerio de la ley se atribuyen a la Administración General del Estado son: en el Código Civil los abintestatos sin legitimarios, en la LPAP los inmuebles vacantes que carecieren de dueño, y los saldos y depósitos abandonados, y en la Ley de Puertos los buques abandonados.

Abintestatos sin legitimarios. El llamamiento o atribución al poder público de derechos sucesorios a falta de herederos legítimos puede considerarse una regla habitual prácticamente en todos los ordenamientos jurídicos, aunque cabe identificar diferentes configuraciones normativas del supuesto de hecho, de los requisitos para su aplicación y aun de los efectos que hayan de seguirse. De acuerdo con lo previsto en el Código Civil (arts. 956-958), la sucesión legal del Estado procede a falta de herederos testamentarios y legitimarios, previéndose la distribución de la herencia en tres partes: una de ellas para instituciones públicas o privadas de ámbito municipal dedicadas a beneficencia, instrucción o acción social o de carácter profesional, otra para instituciones de ámbito provincial con los mismos objetos y la última para amortizar la deuda pública salvo que el Consejo de Ministros acuerde darle otra aplicación.

Inmuebles vacantes. La atribución legal al Estado de los inmuebles vacantes o mostrencos parece tener su origen en los sistemas medievales que reservaban el dominio eminente a los señores y al rey, oponiéndose así al principio romano que permitía la adquisición de las *res nullius* por el primer ocupante (aunque dicho principio solo muy limitadamente debió de referirse a los inmuebles). Siguiendo esa tradición, que se refleja en la Ley de Mostrencos de 1835, en la vigente LPAP de 2003 se atribuyen a la Administración General del Estado "los inmuebles que carecieren de dueño" (art. 17). Su adquisición se produce por ministerio de la ley, "sin necesidad de que medie acto o declaración alguna", aunque de esa atribución legal no derivan obligaciones tributarias ni responsabilidades "en tanto no se produzca la efectiva incorporación" de los bienes al patrimonio del Estado tras seguir el correspondiente procedimiento de investigación.

Saldos y depósitos abandonados. El carácter y los efectos de los bienes mostrencos son también aplicables a determinados muebles cuya propiedad legalmente se atribuye al Estado. El elemento común es siempre el abandono (o la pérdida) del bien, que en relación con determinados bienes muebles la legislación estima se produce por el transcurso de determinados plazos sin la realización de actos posesorios, produciéndose entonces el efecto de adquisición de la propiedad del bien en cuestión por parte del Estado. El supuesto más conocido es el de los saldos y depósitos abandonados, que han venido figurando entre los derechos de la Hacienda Pública, primero en la legislación financiera (desde 1911), y actualmente en el artículo 18 de la LPAP de 2003, que incluye los saldos y depósitos abandonados en el patrimonio del Estado. Así, cuando transcurran veinte años sin que se haya practicado gestión alguna por los interesados, corresponden a la Administración General del Estado "los valores, dinero y demás bienes muebles" depositados en todo tipo de entidades financieras, y también "los saldos de cuentas corrientes, libretas de ahorro u otros instrumentos similares".

Buques abandonados. Otro supuesto —este más reciente— de atribución al Estado por ministerio de la ley de la propiedad de bienes muebles es el de los buques abandonados, que viene a solucionar un grave problema práctico. A tal fin, en texto refundido de la Ley de Puertos de 2011 se establece la presunción de abandono de los buques que permanecieran durante más de tres meses "atracados, amarrados o fondeados en el mismo lugar dentro del puerto sin actividad apreciable exteriormente, y sin haber abonado las correspondientes tasas o tarifas" (art. 302).

b) *Derechos forales*. La incidencia de los derechos forales sobre el régimen de los patrimonios de las comunidades autónomas concernidas se ha planteado particularmente en relación con la sucesión legal. La específica referencia a ese modo de adquisición por atribución de la ley deriva de la amplia atención que los Derechos forales siempre han reservado para los regímenes sucesorios propios.

Específicamente nos referiremos al caso de Aragón, donde tradicionalmente se reconocen los derechos del rey a recibir los bienes del fallecido sin disposición y sin parientes. Tras la derogación de los fueros por Felipe V, esos derechos siguieron ejerciéndose por el rey con sujeción a las reglas sucesorias aragonesas, que no conocían límite de grado de parentesco para el llamamiento a la sucesión intestada, lo que hacía más difícil la sucesión regia, y que además establecían una prioridad a favor del Hospital de Nuestra Señora de Gracia en relación con los enfermos fallecidos en el mismo. Desde la Ley de Mostrencos de 1835, esos derechos sucesorios regios pasaron al Estado, si bien el llamamiento a este se regía por el Derecho foral, que primero mantuvo las dos especialidades indicadas (en el Apéndice de 1925), luego se limitó a recoger el privilegio del Hospital de Nuestra Señora de Gracia (en la compilación de 1967) y finalmente, en defecto de personas legalmente llamadas a la sucesión, atribuye en último término la sucesión legal a la comunidad autónoma o, en su caso, al citado hospital. Idénticos planteamientos se han desarrollado en los restantes ordenamientos forales (Cataluña, Navarra, País Vasco, Galicia y Aragón).

Pudiera parecer viable la extensión de los planteamientos forales sobre la sucesión legal a los restantes modos de adquisición por ministerio de la ley. Sin embargo, la posibilidad ha venido siendo negada en la jurisprudencia constitucional, que considera inherente nada menos que a la soberanía el derecho del Estado sobre los bienes mostrencos (STC 58 de 1982).

C) *Contratos patrimoniales*

Particular atención vamos a prestar a los contratos patrimoniales, entendiendo por tales los referidos a la adquisición, explotación y enajenación de bienes y derechos patrimoniales.

a) *Naturaleza y régimen.* En la LPAP de 2003, el precepto más genérico en la materia parece establecer que todos los contratos, convenios y demás negocios jurídicos sobre bienes y derechos patrimoniales responden al modelo de los contratos privados de la Administración (art. 110). Sin embargo, eso no es así, puesto que de la calificación como contratos privados han de sustraerse, en el texto de la propia LPAP, los contratos onerosos de adquisición de bienes muebles, que normalmente constituyen el objeto del contrato administrativo de suministro y, en consecuencia, se rigen íntegramente por la legislación contractual administrativa. Adicionalmente, como veremos enseguida, las cesiones gratuitas de bienes y derechos patrimoniales se configuran como contratos administrativos especiales.

Los restantes contratos sobre bienes y derechos patrimoniales sí pueden considerarse, según viene siendo tradicional, como contratos privados de la Administración, distinguiéndose, en el régimen jurídico aplicable a los mismos, entre: a) los actos de preparación y adjudicación, que genéricamente consideramos actos separables sujetos al Derecho administrativo y al control de la jurisdicción contencioso-administrativa, y b) los efectos y extinción de dichos contratos, que también genéricamente estimamos regidos por el Derecho privado sometiéndose las correspondientes controversias a la competencia de la jurisdicción civil. A ese modelo responden particularmente los contratos de compraventa, donación, permuta, arrendamiento y demás negocios jurídicos análogos sobre bienes inmuebles, valores negociables y propiedades incorporales.

b) *Adquisiciones.* Dentro de los contratos relativos a la adquisición de bienes y derechos patrimoniales regulados en la legislación patrimonial administrativa, se diferencian: a) las adquisiciones de tipo oneroso de inmuebles, en relación con las cuales se observa la generalización del procedimiento de concurso público, aunque aplicándose facilidades para la contratación directa; b) los arrendamientos, que siguen en buena medida las mismas pautas establecidas en relación con la adquisición de inmuebles, y entre cuyas reglas específicas cabe destacar las encaminadas a promover la utilización del bien arrendado por cualquier órgano u organismo de la Administración del Estado, especialmente cuando el inmueble vaya a dejarse libre por el ocupante original con anterioridad al término pactado; c) las adquisiciones a título gratuito, donde, como es lógico, desaparecen muchas cautelas, salvo en relación con las obligaciones que pudieran derivar para la Administración, de tal manera que las herencias se entienden siempre aceptadas a beneficio de inventario y todas las adquisiciones lucrativas se subordinan a que los gravámenes impuestos no excedan del valor de lo que se adquiere, salvo si concurren razones de interés público debidamente justificadas.

c) *Explotación.* En los contratos para la explotación de los bienes y derechos patrimoniales se ha impuesto la generalización del concurso, lo cual tiene una notable incidencia en el régimen tradicional de aprovechamiento de los bienes de propios de las entidades locales. En tal sentido, en la STC 162/2009 se consideró que la citada norma estatal era formal y materialmente de carácter básico y venía amparada en el artículo 149.1.18ª de la Constitución. En consecuencia, el Tribunal Constitucional declaró la inconstitucionalidad sobrevenida del precepto de la legislación aragonesa que imponía la regla general de la subasta para el arrendamiento y cualquier otra forma de cesión de uso de los bienes patrimoniales de las entidades locales. El mismo razonamiento habría de aplicarse a las reglas sobre exigencia de la subasta o de un importe mínimo del canon que para la utilización de bienes patrimoniales se establecen en el RB (art. 92).

d) *Enajenaciones*. En conexión con las corrientes privatizadoras y en contraste con las garantías tradicionales, cabe destacar la flexibilización del régimen jurídico de las *enajenaciones onerosas* de bienes patrimoniales de carácter inmueble. Así, en relación con el patrimonio del Estado se aprecia: a) la tradicional declaración de alienabilidad se entiende implícita en el acuerdo de incoación del expediente; b) han desaparecido las reservas de ley, sustituidas por la autorización del Consejo de Ministros cuando el valor del bien exceda de 20 millones de euros; c) el procedimiento ordinario de enajenación es el concurso, lo que lleva a restringir notablemente el empleo de la subasta, y d) la enajenación de inmuebles litigiosos ya no se prohíbe, aunque se sujeta a ciertos requisitos para asegurar que el adquirente conoce la situación del bien y los riesgos que asume.

Las *cesiones gratuitas* de inmuebles de la Administración del Estado son objeto, en cambio, de variadas cautelas en la legislación patrimonial administrativa: a) la cualidad de cesionario se encuentra muy limitada, puesto que las cesiones en propiedad solo pueden corresponder a administraciones territoriales y fundaciones públicas; b) por añadidura, las cesiones han de acordarse por el Consejo de Ministros; c) se vinculan a la realización exclusiva de fines de utilidad pública o interés social, previéndose diversas medidas y controles a tal fin, y d) en caso de incumplimiento del fin de la cesión, se permite que en vía administrativa pueda resolverse la misma cesión acordando incluso la indemnización por los deterioros que estos hayan sufrido.

3. Bienes de dominio público: afectación y utilización

A continuación, vamos a referirnos a los bienes de dominio público, explicando su concepto, el régimen de afectación y desafectación, y las diversas modalidades de utilización.

A) *Concepto*

Dentro de los bienes públicos se distinguen los bienes de dominio público (o del demanio o demaniales, como finalmente ha aceptado la Real Academia de la Lengua), categoría en la que se incluyen todos los derechos reales de las administraciones afectados a singulares fines de interés público y sujetos por ello a un régimen especial de utilización y protección. Su origen se remonta a las cosas públicas de uso público del Derecho romano, muchas de las cuales a lo largo de la Edad Media fueron consideradas regalías de la Corona, pasando en el siglo XIX a integrar el dominio de la Nación y por fin el dominio público de las administraciones, como una propiedad sometida a un régimen jurídico especial. Cabe añadir que el dominio público sirve también como título que justifica la intervención administrativa en una materia, como ha sucedido históricamente en relación con las minas al objeto de asegurar la explotación racional de las mismas.

Se trata de bienes y derechos que están fuera del comercio, característica que se traduce en las denominadas notas mayores del dominio público: inalienabilidad, imprescriptibilidad e inembargabilidad. Esas notas están recogidas e impuestas en el artículo 132.1 de la Constitución y se reiteran en las principales regulaciones de los patrimonios administrativos.

Hay autores que niegan la identificación del demanio como un tipo de propiedad por entender que pertenece al contenido esencial del derecho de propiedad el "gozar y disponer" en un grado relevante de la cosa que constituya su objeto (C. C., art. 348). Sin embargo, es plausible configurar la propiedad como el modo más intenso de apropiación de las cosas admitiendo al mismo tiempo, en función del sujeto titular, las modalidades de la propiedad de Derecho privado, caracterizada normalmente por los amplios poderes de goce y disposición de su dueño, y la propiedad de Derecho público, donde esos poderes se niegan o restringen notablemente a su titular.

Ha de tenerse en cuenta que la consideración del dominio público como un derecho de propiedad de las administraciones públicas nos ayuda a dar satisfactoria solución a muy diversos problemas: a) justifica la regla de la inalienabilidad, puesto que la prohibición de enajenar sería inútil si el Estado no fuera propietario; b) explica el régimen de desafectación del bien demanial, que no consiste en la creación de un derecho de propiedad previamente inexistente, sino en permitir la enajenación del bien de la Administración; c) atribuye a la Administración las cargas de conservación; d) permite la inscripción en el Registro de la Propiedad; e) determina que sus frutos y demás elementos incorporados correspondan a la Administración por accesión; f) remite la solución de los litigios sobre su titularidad a la jurisdicción civil, y g) garantiza que la tutela penal discurra por la aplicación de los tipos comunes que protegen la propiedad privada, pues en la legislación penal nunca ha sido posible identificar una específica categoría de delitos para la protección de los bienes públicos.

En todo caso, la afirmación legislativa de los derechos de propiedad privada de las administraciones públicas y la caracterización del dominio público como una propiedad especial resultan incontestables a la vista de lo establecido en el Código Civil (arts. 338 y s.), el RB de 1986 y la LPAP de 2003, entre muchas otras regulaciones de los patrimonios administrativos.

Puede resultar útil recoger la definición de HAURIOU (1919), para quien los bienes de dominio público eran:

"Aquellas propiedades administrativas que están afectadas a la utilidad pública y que, por consecuencia de esta afectación, resultan sometidas a un régimen especial de utilización y protección".

No obstante, el empleo de esa definición ha de hacerse dejando claro que el sentido dado a las palabras y conceptos empleados en la misma ha evolucionado a lo largo del tiempo. Así cabe apreciarlo tras el examen del diferente alcance de los elementos en los que BALLBÉ (1945) descomponía la noción de dominio público en los siguientes elementos: a) el *elemento subjetivo* consistente en la titularidad de una Administración pública, que inicialmente había de referirse a una Administración de tipo territorial (el Estado, la provincia y el municipio), aunque en la actualidad se admite que los entes públicos de tipo institucional también puedan ser titulares del demanio; b) el *elemento objetivo*, que ha evolucionado de la exigencia primigenia de que se tratara de partes del territorio a la moderna admisión de todo tipo de bienes y derechos sobre bienes; c) el *elemento teleológico* ha pasado asimismo de referirse exclusivamente al uso público a admitir también la afectación al servicio público y otras finalidades, y d) el *elemento normativo* del dominio público, esto es, su régimen de protección y utilización, parece haber sido el aspecto de mayor permanencia, poniendo de relieve quizá el manejo instrumental de los anteriores elementos para lograr la ampliación del ámbito de aplicación de dichas reglas especiales.

Dentro de la gran categoría del dominio público cabe identificar dos grandes tipos, esto es, conjuntos de bienes que presentan características coincidentes: a) el *demanio natural* o necesario, que en la legislación de costas, aguas y minas recoge géneros de bienes de la propia naturaleza, muy cercanos a otros recursos naturales que se consideran cosas comunes como el aire o el mar, pero cuyas necesidades de ordenación y protección han determinado que por ministerio de la ley se atribuyan a la titularidad de la Administración General del Estado, y b) el *demanio artificial* o por afectación, que integra todos los demás bienes y derechos correspondientes a la titularidad de las administraciones afectados a las diversas utilidades públicas determinantes de la demanialidad.

Advirtamos que la sistematización explicada no es agotadora. Existen bienes declarados de dominio público que no encajarían adecuadamente en los tipos identificados. Veamos algunos de esos *demanios especiales*: a) los *bienes comunales*, pues, sin perjuicio de que respondan al tipo del demanio por afectación, presentan la nota singular de un régimen de aprovechamiento enteramente propio, además de otras especialidades; b) el *Patrimonio Nacional*, que conserva los restos del antiguo Patrimonio Real, limitado ya, de una parte, a un arcaico conjunto de derechos sobre los reales patronatos y, de otra, a los bienes de titularidad estatal afectados al uso y servicio del rey para el ejercicio de sus funciones constitucionales, fundamentalmente los palacios reales, que están declarados inalienables, imprescriptibles e inembargables y se gestionan por la entidad de Derecho público denominada Consejo de Administración del Patrimonio Nacional (ley 23 de 1982), y c) el *espectro radioeléctrico*, que desde 1987 viene declarándose de dominio público estatal en las sucesivas leyes del sector de telecomunicaciones a fin de justificar la intervención administrativa en la distribución de frecuencias de radio y televisión (ley 32 de 2003 vigente), aunque probablemente no hacía falta acudir a la cobertura demanial para ordenar el reparto de una utilidad del aire que presta soporte al ejercicio de las libertades de expresión y de empresa.

B) *Afectación y desafectación*

Vamos a referir aquí el régimen jurídico de la afectación, la desafectación y otras modalidades de lo que podríamos llamar el tráfico de Derecho público de los bienes demaniales.

a) *Afectación.* La afectación es el destino o vinculación de los bienes y derechos de las administraciones a una utilidad pública que determina su consiguiente integración en el dominio público. La utilidad pública determinante de la demanialidad suele condensarse en la fórmula de destino a un uso general o a un servicio público, pero lo cierto es que hay otras utilidades públicas identificadas, como el fomento de la riqueza nacional o las necesidades de la defensa del territorio (C. C., arts. 339 y 341). Cabe también la posibilidad de que en un mismo bien o derecho concurran varias afectaciones a más de un fin o servicio siempre que sean compatibles entre sí. La afectación se considera el criterio central del dominio público, porque cuando aquella desaparece el bien o derecho deja de ser demanial para pasar a la condición de patrimonial.

La afectación del *demanio natural* se produce directamente por ministerio de la ley estatal, dado que las comunidades autónomas carecen de competencia para apartar del tráfico jurídico-privado géneros de bienes declarándolos demaniales. En todo caso, la propia Constitución declara de dominio público, conforme a esta técnica, "la zona marítimo-terrestre, las playas, el mar territorial y los recursos naturales de la zona económica y la plataforma continental" (art. 132.2), supuestos cuyo régimen jurídico se contiene en la Ley de Costas que, junto con las previsiones de las Leyes de Aguas y de Minas, parecen agotar el ámbito del demanio natural en nuestro ordenamiento.

La afectación del *demanio artificial* puede tener lugar de tres formas características: a) *afectación expresa* cuando se adopta un acto administrativo directamente encaminado a destinar el bien a las utilidades públicas determinantes de la demanialidad (los usos generales o los servicios públicos en la expresión generalizada en nuestro Derecho), modalidad esta que en la legislación suele presentarse como la pauta general aunque se admitan otras formas; b) *afec-*

tación implícita o tácita cuando se deduce de actos de la Administración que conllevan el destino de un bien a las utilidades públicas determinantes de la demanialidad, como sucede con los bienes adquiridos por expropiación forzosa, los vinculados a usos o servicios públicos por planes, programas o proyectos aprobados por el gobierno y los bienes muebles adquiridos para los servicios públicos o la decoración de dependencias oficiales, y c) *afectación presunta* cuando deriva de hechos que implican el efectivo destino de un bien a las utilidades públicas determinantes de la demanialidad, como acaece por la utilización pública, notoria y continuada, por la Administración, de bienes y derechos de su titularidad para un servicio público o para un uso general, y también en caso de adquisición administrativa de bienes o derechos por usucapión cuando los actos posesorios hubiesen vinculado el bien o derecho al uso general o a un servicio público.

b) *Desafectación.* La desafectación es la pérdida de la condición de dominio público pasando el bien a ser patrimonial. Su régimen jurídico habría de explicarse conforme a dos criterios complementarios: a) el de adecuación del Derecho a la realidad, concebido como un contenido del derecho fundamental a la tutela judicial efectiva, que permite acreditar hechos a fin de destruir presunciones legales, y b) el del acto contrario o del paralelismo de formas, que exige observar las mismas reglas de procedimiento y competencia que hayan debido aplicarse para la afectación. Vamos, sin embargo, a comprobar la diferente aplicación de esos principios en nuestro Derecho positivo según nos refiramos al demanio natural o al artificial.

La desafectación del *demanio natural* es aplicación directa de los criterios mencionados, que vienen utilizándose ante la falta de una explícita regulación normativa. Así, la doctrina entiende que la desafectación del demanio natural puede proceder de dos formas: a) *desnaturalización* consistente en el cambio de las características físicas del bien, que deja así de incluirse en el género demanial identificado por el legislador tal y como sucede en el supuesto tradicional de la mutación de cauce, aunque en la Ley de Costas de 1988, a pesar de la desnaturalización, se mantiene el carácter de dominio público, y b) *degradación* consistente en la reforma de la ley que estableció el género demanial suprimiendo o modificando este, operación que, para los bienes del demanio marítimo-terrestre establecido en el artículo 132.2 de la Constitución, tendría que consistir en una reforma constitucional.

La desafectación del *demanio artificial*, en cambio, parece exigir en todo caso una decisión administrativa con arreglo a las siguientes modalidades: a) *desafectación expresa*, que constituye la regla general para el dominio público estatal y autonómico, previa instrucción de procedimiento en el que se depure la situación física y jurídica de los bienes o derechos afectados, y con acto de recepción formal o de toma de posesión atribuido a la competencia del órgano patrimonial general o sectorial según los casos; b) *desafectación implícita*, que únicamente está prevista para el dominio público estatal en el caso de reconocimiento del derecho de reversión de bienes expropiados, supuesto que extrañamente no se ha considerado de aplicación general, aunque siempre cabría aplicarlo por vía de supletoriedad a los bienes de dominio público de otras administraciones públicas, y c) la *desafectación presunta* se preveía en el RB de 1955, pero ha desaparecido de la legislación patrimonial administrativa, aunque cabría plantearse la posibilidad de aplicar la desafectación presunta con fundamento en el artículo 341 del Código Civil, donde se prevé que "los bienes de dominio público, *cuando dejen de estar destinados* al uso general o a las necesidades de la defensa del territorio, pasan a formar parte de los bienes de propiedad del Estado".

c) *Otras modalidades*. Las *mutaciones demaniales* se refieren a los cambios en la titularidad, gestión o afectación de un bien de dominio público, que continúa siéndolo pero en manos de otro ente público, de otro órgano del mismo ente o para otra utilidad pública. Cabe identificar las siguientes modalidades: a) por cambio de afectación dentro de la misma administración titular del bien o derecho demanial, para lo que se exige la forma expresa con arreglo a determinadas reglas de competencia y procedimiento; b) por cambio del órgano gestor, como sucede en los supuestos de reestructuración orgánica, donde el destino de los bienes y derechos de los órganos suprimidos o reformados se decide en la misma disposición o, en caso de falta de previsión, se entiende que continúan vinculados a idénticos fines y funciones y se consideran afectados al órgano que haya asumido las respectivas competencias; c) por cambio de la Administración gestora al permitirse que las administraciones públicas puedan afectar a otras administraciones bienes de dominio público para destinarlos a un determinado uso o servicio público de la competencia de estas, pero sin que ello entrañe cambio de titularidad, y d) por cambio de titularidad, como sucede en los traspasos de servicios a las comunidades autónomas o en las alteraciones de términos municipales donde un municipio sucede en las titularidades de los municipios que se suprimen.

Dentro del tráfico jurídico del dominio público, una modalidad particular la encontramos en las *adscripciones*, mediante las que se permite que los bienes y derechos patrimoniales de una administración territorial sean utilizados para los servicios o fines de uno de sus organismos públicos (también se admite directamente entre organismos públicos). La adscripción lleva implícita la afectación determinante de la demanialidad, de la misma manera que se entiende implícita la desafectación en la operación inversa, la desadscripción.

Finalmente, se denominan *incorporaciones* los supuestos de tráfico de bienes de los organismos públicos a las administraciones territoriales de las que dependen o a las que se vinculan cuando aquellos bienes ya no les sean necesarios para el cumplimiento de sus fines. Si se trata de un bien demanial es preciso desafectarlo antes de la incorporación.

C) *Utilización*

Los bienes de dominio público se utilizan directamente por la Administración en dos supuestos de diferente alcance: a) cuando los bienes están destinados a los *servicios públicos*, empleándose por la Administración como un elemento más de la organización de dichos servicios, que generalmente no da lugar a relaciones jurídicas externas relativas al uso del bien, y b) en las *reservas demaniales*, que permiten la utilización exclusiva por la Administración de bienes de dominio público cuyo aprovechamiento normal consistiría en el uso privativo por particulares, regulándose detalladamente en la legislación minera y de hidrocarburos y en la de aguas, aunque en la Ley del Patrimonio de las Administraciones Públicas de 2003 se permite genéricamente su establecimiento.

Por otra parte, conforme a la tradicional sistematización contenida en el Reglamento de Bienes, la utilización por los particulares constituye el uso normal de buena parte de los bienes de dominio público, diferenciándose dentro del mismo: a) el *uso común o general*, vocación básica del dominio público que procede cuando no concurren circunstancias singulares, ejerciéndose libremente con arreglo a la naturaleza del bien y a lo previsto en los actos de afectación y en las reglamentaciones relativas al uso del mismo bien (ejemplos: uso de las aguas superficiales para beber, bañarse y otros usos domésticos, así como para abrevar ganado; uso del mar y su ribera para pasear, estar, bañarse, navegar, embarcar y desembarcar, varar, pescar, coger plantas y mariscos y otros actos semejantes); b) el *uso especial* del dominio público, debido a la concurrencia de circunstancias singulares por la peligrosidad, intensidad o cualquiera semejante, y que se sujeta a licencia revocable por razones de interés público, aunque ahora pudiera requerir una simple declaración responsable conforme a la Directiva de Servicios de 2006 (ejemplos: navegación y flotación, establecimiento de barcas de paso y sus embarcaderos, servicios de temporada en las playas, tráfico de vehículos peligrosos, instalación de veladores en la vía pública), y c) el *uso privativo*, que es un uso completo del bien demanial que excluye el uso por los demás y requiere de concesión demanial por un plazo máximo de setenta y cinco años (ejemplos: los de aguas públicas para abastecimiento de poblaciones, regadíos, producción de energía eléctrica o instalaciones de acuicultura, o los aprovechamientos mineros).

Finalmente nos ocuparemos del régimen general y básico establecido para autorizaciones y concesiones demaniales, cuyo tratamiento conjunto viene propiciado por la regulación que de ambas figuras se lleva a cabo en la LPAP (arts. 91-103):

a) El régimen básico previsto exclusivamente para las autorizaciones demaniales se refiere a los siguientes aspectos: 1º) cuando el número de tales autorizaciones esté limitado o en su otorgamiento se tengan en cuenta condiciones especiales de los solicitantes, se exceptúa la regla general de otorgamiento directo por la Administración, imponiéndose el régimen de concurrencia, el sorteo o, extrañamente, la forma de otorgamiento establecida en las condiciones aprobadas por la propia Administración, y en esos mismos casos se prohíbe la transmisión de las autorizaciones, y 2º) se permite que las autorizaciones sean revocadas unilateralmente por la Administración en cualquier momento por razones de interés público, y sin que ello genere derecho a indemnización cuando dichas autorizaciones "resulten incompatibles con las condiciones generales aprobadas con posterioridad, produzcan daños en el dominio público, impidan su utilización para actividades de mayor interés público o menoscaben el uso general".

b) Por su parte, el régimen básico establecido en la misma ley para las concesiones demaniales incluye los siguientes elementos: 1º) la exigencia del otorgamiento en régimen de concurrencia, aunque permitiendo el otorgamiento directo en los mismos supuestos en los que se permite la enajenación directa de inmuebles; 2º) la formalización de la concesión en documento administrativo, que se estima título suficiente para la inscripción en el Registro de la Propiedad; 3º) el establecimiento de un plazo máximo de duración de las concesiones —incluidas las prórrogas— de setenta y cinco años, "salvo que se establezca otro menor en las normas especiales que sean de aplicación"; 4º) la posibilidad de que las concesiones demaniales sean gratuitas, o que se otorguen con contraprestación o condición de estar sujetas a tasas; 5º) la imposición a los concesionarios de las mismas prohibiciones de contratar previstas en la legislación de contratos administrativos; 6º) la caracterización como derecho real de la relación del concesionario con las obras, construcciones e instalaciones fijas que haya construido de conformidad con el título concesional y por el plazo establecido en el mismo, previéndose consecuentemente la posibilidad de su transmisión a terceros; 7º) el destino de las obras construidas por el concesionario, que habrán de ser demolidas por cuenta de este, salvo que el título concesional hubiera previsto su mantenimiento o la Administración lo decida así; 8º) la necesidad de indemnizar al concesionario en caso de rescate anticipado de la concesión, y 9º) los derechos de adquisición preferente de los antiguos concesionarios en relación con los bienes demaniales desafectados que, ya como bienes patrimoniales, fueran objeto de enajenación.

c) Finalmente, también en la Ley del Patrimonio, autorizaciones y concesiones demaniales son objeto de previsiones aplicables a ambas categorías. Aquí nos referiremos exclusivamente, tal y como venimos haciendo, a los aspectos de alcance general o básico, que son los siguientes: 1º) la imposición de un régimen de publicidad y concurrencia cuando el procedimiento de otorgamiento se haya iniciado a petición de particulares; 2º) los supuestos de extinción, que comprenden, entre otros, la muerte del titular, las transmisiones de los títulos sin autorización administrativa o la falta del pago del canon, y 3º) el régimen aplicable en los supuestos de desafectación de los bienes objeto de autorizaciones o concesiones demaniales.

4. Prerrogativas comunes a los bienes públicos

Se incluyen en este epígrafe el régimen de tutela registral y las prerrogativas comunes a los bienes públicos.

A) *Tutela registral*

Entre los instrumentos para la protección y defensa de los patrimonios administrativos figuran los inventarios generales y el Registro de la Propiedad, a los que nos referiremos por separado.

a) *Inventarios.* La LPAP, en su regulación del inventario patrimonial, establece el deber básico de todas las administraciones de inventariar cuantos bienes y derechos integran sus patrimonios. Sin embargo, ese deber no se traduce en la formación ni de un inventario patrimonial único de todo el sector público ni siquiera de un solo inventario para cada una de las administraciones. Tal y como hemos apreciado en materia organizativa, también en este punto se advierte la tensión entre las tendencias generalistas y las sectoriales. Así, el Inventario General de Bienes y Derechos del Estado gestionado por la Dirección General del Patrimonio, si ciertamente ha de incluir los patrimonios de la Administración General del Estado y de los organismos públicos vinculados o dependientes de ella, no deja de tener un carácter residual, dado que se excluyen del mismo los bienes y derechos cuyo inventario corresponda a los diferentes sectores administrativos (costas, aguas, minas y montes, entre otros).

En todo caso, ninguno de los inventarios patrimoniales tiene carácter constitutivo ni produce directamente efectos jurídicos externos, de manera que ni la inscripción ni la falta de inscripción determinan consecuencias en el tráfico jurídico. No se trata de registros que den fe de las pertenencias públicas, sino de registros previstos para facilitar el buen orden interno de las administraciones públicas. Ello sin perjuicio de que la inscripción en el inventario pueda constituir un medio de prueba de los derechos de la Administración sobre un bien.

b) *Registro de la propiedad.* El registro de la propiedad es ejemplo por excelencia de los llamados registros jurídicos, habida cuenta de los efectos de acreditación de los títulos inscritos en el mismo. El acceso de los bienes públicos, y particularmente de los de dominio público, a dicho registro ha sufrido un camino tortuoso en la experiencia española. Los efectos han sido perniciosos, especialmente en el sector de costas, al combinarse la generalizada falta de acceso al registro de los bienes demaniales con las inscripciones fraudulentas por particulares de fincas que en realidad pertenecían al dominio público.

Al comprenderse lo útil que la protección registral podía resultar para el dominio público, tras diversos antecedentes sectoriales y generales, en la LPAP de 2003 (arts. 36-40), se ha establecido con alcance básico el carácter obligatorio de la inscripción registral de todos los bienes y derechos, "ya sean demaniales o patrimoniales", de todas las administraciones públicas, previéndose también un régimen jurídico que facilita y promueve dicha inscripción mediante diferentes medidas. La única excepción contenida en la regulación básica se refiere a la inscripción de los derechos de arrendamiento, que se configura como potestativa por parte de las administraciones públicas.

La inscripción registral de los bienes y derechos de las administraciones públicas ha de practicarse con arreglo a lo establecido en la legislación hipotecaria. Los títulos materiales serán los diferentes modos de adquisición, que pueden coincidir con los que utilizan los particulares (a título oneroso o lucrativo) o ser específicos de las administraciones (por ministerio de la ley o mediante expropiación forzosa). Esos títulos materiales han de tener su reflejo en los títulos formales, es decir, en los documentos públicos (notariales, judiciales o administrativos) que pueden acceder al registro de la propiedad.

La especialidad relevante estriba en que las administraciones públicas están autorizadas a emplear un documento administrativo como título formal de las inscripciones de sus bienes inmuebles. Se trata de la "certificación librada por el funcionario a cuyo cargo esté la administración" de los bienes públicos afectados, que permite la inscripción cuando se carece del título escrito de dominio (Ley Hipotecaria, art. 206).

B) *Prerrogativas*

Pasamos ya al examen de los privilegios para la defensa de los bienes demaniales y patrimoniales de las administraciones públicas. Hablamos de privilegios o prerrogativas para referirnos a potestades administrativas sobre los bienes públicos que exceden del marco ordinario de las relaciones de los particulares con sus propios bienes. Son poderes excepcionales sobre los bienes públicos cuyo fundamento y alcance vienen generando importantes debates doctrinales, especialmente en el moderno marco constitucional, que ha propiciado ya, por imperativo del derecho fundamental a la tutela judicial, significativas rectificaciones en la aplicación de estos privilegios a los bienes patrimoniales.

a) *Inembargabilidad.* El privilegio de inembargabilidad parece tener dos orígenes que discurren en paralelo y responden a justificaciones diferentes. La prohibición de embargos contra la Administración se estableció en la legislación hacendística con referencia exclusivamente a "las rentas y caudales" del Estado o del Tesoro, es decir, a los ingresos públicos sin incluir a los bienes públicos. Con independencia de la regla anterior, los bienes de dominio público se consideraban inembargables por su propia naturaleza puesto que se situaban fuera del comercio y no podían ser enajenados. Fue en la legislación de régimen local donde la prohibición de embargos resultó notablemente ampliada pasando a comprender, junto a los ingresos públicos, todo tipo de bienes, tanto los de dominio público como los de propios o patrimoniales: "los bienes, rentas y créditos de las corporaciones locales" (Ley de Régimen Local de 1955). El amplio privilegio de inembargabilidad de todos los bienes públicos se trasladó del régimen local a las administraciones institucionales (1958), a la Administración del Estado (1964) y finalmente a la legislación hacendística, que amplió la tradicional inembargabilidad de rentas y caudales públicos refiriéndola a "los derechos, fondos, valores y bienes en general de la Hacienda Pública" (Ley General Presupuestaria de 1977), habiéndose conservado en iguales términos en la posterior legislación de régimen local.

La doctrina se mostró muy crítica ante la extensión del privilegio de inembargabilidad a los bienes patrimoniales, habiendo de destacarse en tal sentido la postura de García de Enterría (1986), quien consideraba que la situación era inconstitucional, entre otras razones, por violar el derecho a la tutela judicial efectiva reconocido en el artículo 24 de la Constitución, que incluye el derecho a la ejecución de las resoluciones judiciales; y que solo para los bienes de dominio público cabía reconocer la inembargabilidad en aplicación del artículo 132.1 de la misma Constitución, que así lo dispone.

Una relativa solución ha llegado de la mano de la importante sentencia del Tribunal Constitucional 166 de 1998. En ella se reconoce la inicial incompatibilidad del privilegio de inembargabilidad con el derecho fundamental a la tutela judicial efectiva, que exige poder ejecutar contra el patrimonio de las administraciones públicas las resoluciones judiciales que las condenan al pago de cantidades de dinero. Ahora bien, el Tribunal Constitucional considera asimismo que las utilidades públicas prestadas por los bienes patrimoniales pueden justificar el privilegio de inembargabilidad. Finalmente, en la búsqueda del equilibrio entre las dos perspectivas concurrentes, termina estableciendo la doctrina que considera inconstitucional una inembargabilidad absoluta de los bienes patrimoniales aun cuando no estén prestando una utilidad pública.

Ese es el origen de la vigente y reiterada fórmula legal que prohíbe el embargo de los bienes y derechos patrimoniales: a) "cuando se encuentren materialmente afectados a un servicio público o a una función pública", b) "cuando sus rendimientos o el producto de su enajenación estén legalmente afectados a fines determinados", o c) "cuando se trate de valores o títulos representativos del capital de sociedades estatales que ejecuten políticas públicas o presten servicios de interés económico general" (LPAP de 2003, art. 30.3; LGP de 2003, art. 23; LHL de 2004, art. 173.2).

b) *Investigación.* El origen del privilegio de investigación se encuentra en la legislación desamortizadora, que ya en 1855 reconoció a la Dirección General de Ventas de Bienes Nacionales la potestad de promover la investigación de los bienes de titularidad pública que se hubieren ocultado o que fueran ignorados. Conforme a esas pautas originarias, la institución fue objeto de diversas regulaciones que culminaron en su consideración como prerrogativa general de la Administración del Estado en relación con "los bienes y derechos que se presuman patrimoniales", por la Ley del Patrimonio del Estado de 1964.

En la legislación patrimonial de las comunidades autónomas la potestad investigadora solo se refirió inicialmente a los bienes patrimoniales (por ejemplo, en las Leyes de Galicia y Castilla-La Mancha de 1985), pero enseguida pasó a aplicarse también a los bienes de dominio público (por ejemplo, en las Leyes de Andalucía de 1986, Aragón de 1987 y Asturias de 1991). Asimismo, las entidades locales, que con anterioridad no habían gozado explícitamente de esta facultad, la vieron reconocida tanto para bienes patrimoniales como de dominio público en el RB de 1986 (arts. 45-55), que realmente introdujo una novedad carente de respaldo legal. No obstante, la facultad de investigar la situación de cualesquiera bienes y derechos públicos ha sido reconocida con alcance básico a todas las administraciones públicas en la LPAP de 2003 (art. 45).

Vemos, así, la facilidad con la que un privilegio originado en un determinado contexto, como fue históricamente la necesidad de fortalecer la aplicación de la legislación desamortizadora, va ampliando su ámbito de aplicación objetivo y subjetivo para terminar convertido nada menos que en potestad esencial y común en la defensa de todos los patrimonios administrativos. Sin embargo, el contenido de la potestad en modo alguno ha de ser minusvalorado, puesto que materialmente equivale a un procedimiento declarativo de las titularidades administrativas.

c) *Deslinde.* En la evolución del régimen del privilegio administrativo de deslinde también se observa un similar proceso de extensión y generalización. Su origen se encuentra en diversos sectores de bienes públicos cuyos abundantes problemas de definición de linderos determinaron la previsión de procedimientos gubernativos de deslinde, como puede advertirse en materia de montes, caminos, aguas, vías pecuarias y zona marítimo-terrestre. La regulación del deslinde como una potestad administrativa general no tendrá lugar hasta el Reglamento de Bienes de 1955 y la Ley del Patrimonio del Estado de 1964, que constituyen el antecedente directo de las previsiones al respecto en la LPAP de 2003, que atribuye a todas las administraciones la potestad básica de "deslindar los bienes inmuebles de su patrimonio de otros pertenecientes a terceros cuando los límites entre ellos sean imprecisos o existan indicios de usurpación" (art. 50).

Se trata pues de la facultad de fijar la extensión y los límites físicos de los bienes inmuebles de propiedad administrativa a través de operaciones técnicas de comprobación o de rectificación mediante las que se delimitan los linderos y se declara provisionalmente la posesión. La confusión entre linderos es presupuesto inexcusable del deslinde, cuyo objetivo no es resolver una controversia posesoria sino identificar un bien. De ahí que la existencia de "indicios de usurpación" como presupuesto legitimador del deslinde haya de ser considerada en realidad como demostrativa de la imprecisión de los límites de la finca, sin perjuicio de que, acreditada en el deslinde la usurpación de los bienes públicos, pueda procederse a la recuperación administrativa de la posesión, como enseguida veremos. Al tratarse de una delimitación del estado posesorio en un determinado momento, los deslindes admiten modificaciones en el tiempo.

La doctrina mayoritaria y la jurisprudencia consideran efectivamente que, aun aplicándose a las propiedades administrativas, el deslinde no declara su titularidad sino la posesión de lo deslindado, habiendo de respetarse por tanto en el mismo las situaciones jurídicas protegidas por presunciones posesorias, como la que deriva de la inscripción registral (Ley Hipotecaria, art. 38). No obstante, la moderna legislación de costas y otros sectores del dominio público, como veremos, atribuye también al deslinde efectos declarativos de la titularidad demanial, lo cual supone una ruptura del monopolio del juez civil en relación con el derecho de propiedad.

El procedimiento de deslinde se inicia de oficio por la Administración titular del bien; sin embargo, cuando exista petición de los propietarios de fincas colindantes o enclaves la Administración no puede negarse discrecionalmente a seguir el deslinde, aunque sí puede exigir la acreditación de la situación que lo legitima y el compromiso de asumir los gastos correspondientes. El expediente requiere la elaboración de una memoria donde se justifique la necesidad del deslinde, se describa la finca afectada y se analicen los títulos de propiedad de la misma, que pueden consistir en los que proclama el registro de la propiedad, pero también en informaciones posesorias. Los dueños y demás titulares de derechos reales sobre las fincas colindantes o enclavadas deben ser notificados del procedimiento de deslinde, promoviéndose además la participación de cualesquiera otros interesados mediante anuncios oficiales; todos ellos pueden aportar cuantas pruebas consideren adecuadas en defensa de sus pretensiones, pruebas cuya validez y eficacia han de ser consideradas expresamente por la Administración.

Posteriormente, el apeo consiste en fijar con precisión los linderos de las fincas con arreglo a las pruebas aportadas y al reconocimiento que lleva a cabo el técnico designado por la Administración auxiliado por peritos del lugar, de cuya práctica, que puede ocupar varias jornadas, ha de levantarse acta detallada. Finalmente, previo trámite de alegaciones por los interesados a la vista del expediente, el órgano instructor elabora un informe razonado y propone al órgano competente la resolución oportuna del deslinde, que se adopta tras informe de la correspondiente asesoría jurídica. Aprobado el deslinde se procederá a su inscripción en el registro de la propiedad y al amojonamiento del terreno.

d) *Recuperación posesoria.* El denominado interdicto propio es un privilegio que permite a las administraciones públicas recobrar por sí mismas la posesión de sus bienes usurpados. Fue reconocido primero por vía jurisprudencial y después en la Real Orden de 10 de mayo de 1884 por paralelismo con el régimen interdictal de recuperación de la posesión por los particulares, de manera que el privilegio administrativo para la recuperación de todo tipo de bienes públicos quedó condicionado a su ejercicio en el mismo plazo (un año) disponible por los particulares para la defensa de su posesión por medio de interdictos.

Sin embargo, el Consejo de Estado, en un conocido dictamen de 14 de diciembre de 1949, vino a alterar el planteamiento anterior al introducir una importante diferencia en el plazo aplicable en función de la categoría del bien público objeto del reintegro posesorio. Tratándose de bienes patrimoniales entendía el alto cuerpo consultivo que la Administración se limitaba a ejercer el *ius possessionis*, es decir, su derecho a seguir poseyendo el bien usurpado de manera equivalente al particular que emplea un interdicto y, en consecuencia, sujetándose al mismo plazo. En cambio, cuando la recuperación se refería a un bien de dominio público excluido de toda usucapión por su carácter imprescriptible, la Administración estaba ejerciendo realmente su *ius possidendi*, esto es, su derecho exclusivo a poseer el bien, razón que le permitía hacerlo sin límite temporal. Un argumento adicional cabe encontrar en la regla del Código Civil que determina la pérdida de la posesión "por quedar (la cosa) fuera del comercio" (art. 460.3ª), lo que parece suponer la ilegitimidad de toda posesión sobre los bienes demaniales.

A partir de la anterior explicación, las dos diferentes maneras de ejercer administrativamente la recuperación posesoria —en el plazo de un año para los bienes patrimoniales y en cualquier tiempo para los demaniales— accedieron al Reglamento de Bienes de las Entidades Locales de 1955 y a otras leyes administrativas, hasta que finalmente la LPAP de 2003 la ha recogido considerándola norma básica para todas las administraciones (arts. 55-56).

El presupuesto de hecho de la potestad administrativa de recuperación es la "posesión indebidamente perdida" de un bien o derecho de la Administración como se dice en la Ley del Patrimonio o más exactamente, según se expresa en la misma ley al regular el correspondiente procedimiento, "la usurpación posesoria", el despojo de la posesión. En consecuencia, tratándose de bienes patrimoniales, no se dará el presupuesto de hecho para la recuperación posesoria cuando quien ocupa el bien lo haga legítimamente al amparo del Derecho civil, como sucede: a) si dispone de un título inscrito en el registro de la propiedad, que conlleva la presunción posesoria; b) si acredita un título derivado de un poseedor legítimo, incluso de la propia Administración por vía de autorización, o c) también cuando se haya mantenido de hecho en el estado posesorio por plazo superior a un año. En cambio, para los bienes de dominio público no cabe ninguna posesión con fundamento civil puesto que tales bienes están a todos los efectos "fuera del comercio"; solo cabría considerar que la posesión es legítima cuando derive de un título administrativo de uso del bien demanial (una autorización o una concesión).

Habida cuenta de las confusiones que pueden presentarse en la práctica, la jurisprudencia viene subordinando el ejercicio de la potestad de recuperación a la acreditación de la posesión del bien por parte de la Administración y a la perfecta identificación del mismo sobre el terreno. La prueba de la posesión administrativa debe ser al menos indiciaria, derivada de la constancia en el inventario, de una información posesoria, del uso por los vecinos, de la asunción de gastos de conservación, etc. En todo caso ha de tenerse en cuenta que la potestad únicamente se confiere para la recuperación de los bienes públicos, de manera que si la porción ocupada no formara parte del bien público el empleo de dicha potestad podría constituir una usurpación por parte de la misma Administración, posibilidad que explica que, al apreciarse indicios de confusión de linderos, se exija el previo deslinde de los bienes públicos.

El procedimiento administrativo de recuperación posesoria admite dos fases: la primera es de tipo declarativo y se encamina a comprobar la usurpación, previa audiencia del ocupante, y a requerirle para el cese en su actuación; la segunda es de tipo ejecutivo y permite a la Administración adoptar las medidas de ejecución forzosa conducentes a la recuperación de la posesión con el auxilio de las Fuerzas y Cuerpos de Seguridad si fuera preciso o, alternativamente, imponiendo multas coercitivas, siendo de cuenta del usurpador en tal caso cuantos gastos deriven de la tramitación del procedimiento. Si el bien usurpado constituyera un domicilio constitucional protegido (Constitución, art. 18.2), la ejecución de la recuperación requeriría también la autorización judicial para la correspondiente entrada (LJCA, art. 8.5).

e) *Desahucio.* La potestad administrativa de desahucio cuenta con regulaciones generales en el RB de 1986, que trata de actualizar las previsiones al respecto del RB de 1955, y en la LPAP de 2003 (arts. 58-60), que reconoce dicha potestad con carácter básico a todas las administraciones públicas. Consiste en la recuperación en vía administrativa de la posesión de los bienes demaniales cuando se extinga el título que legitimaba su ocupación por terceros.

Se diferencia de la potestad que denominamos recuperación posesoria en que la de desahucio solo es aplicable, en principio, a bienes de dominio público, y particularmente en que su presupuesto de hecho no es una usurpación sino un título legítimo que ha dejado de producir efectos.

f) *Dualidad jurisdiccional.* En el artículo 43 LPAP, con carácter de norma de aplicación general, se establece un régimen dual de control judicial frente al ejercicio de las potestades en defensa de los patrimonios administrativos: a) la jurisdicción contencioso-administrativa ejerce el control de los correspondientes actos administrativos, pero limitando su alcance a fiscalizar la infracción de las normas sobre competencia y procedimiento, y b) la jurisdicción civil se ofrece como la única vía adecuada para la defensa del derecho de propiedad u otros de naturaleza civil.

Una especialidad tradicional en la defensa de los patrimonios locales es la referida a la acción subrogatoria, que se permite ejercer a "cualquier vecino que se hallare en pleno goce de sus derechos civiles y políticos" previo requerimiento a la entidad local afectada (LBRL de 1985, art. 68).

Una excepción también tradicional a la competencia de la jurisdicción civil se expresa en la prohibición de acciones sumarias para la tutela de la posesión (los antiguos interdictos de retener y recobrar) frente a las actuaciones administrativas en ejercicio de las potestades de defensa de los patrimonios públicos (LPAP, art. 43.1). Sin embargo, como reverso de la prohibición viene admitiéndose que la misma no es aplicable cuando la Administración incurre en la denominada vía de hecho, que se identifica con una actuación administrativa groseramente ilegal, por completo al margen de las reglas de competencia y procedimiento aplicables (LEF, art. 125).

g) *Crítica.* La amplitud del anterior conjunto de privilegios administrativos sigue causando admiración en la doctrina, particularmente al aplicarse a los bienes patrimoniales, dado que estos habrían de regirse en principio por el Derecho privado. Ciertamente nadie puede dejar de reconocer que la presencia de una Administración pública siempre ha de determinar la aplicación de reglas de Derecho administrativo para establecer los órganos competentes y los procedimientos de toma de decisiones. Pero las prerrogativas que hemos destacado rebasan ese marco lógico para incidir en el alcance de los derechos patrimoniales de las administraciones y de los particulares con los que entran en conflicto.

5. Bienes comunales

Los bienes comunales son bienes de dominio público, pero con un régimen especial derivado de las particularidades que concurren en los mismos.

Aquí expondremos los principales aspectos de su evolución, titularidad, protección y aprovechamiento.

A) *Evolución*

Tal y como expuso NIETO (1964), parece indudable que en los comunales concurren variados procesos históricos, diferentes orígenes y trayectorias que han discurrido paralelamente y con fuerza desigual según los países y las épocas. En España suele situarse su origen genérico en las operaciones de repoblación producidas en el largo proceso de la Reconquista, cuando se asignaban tierras a un grupo de pobladores colectivamente, permaneciendo en común lo que no era apropiado individualmente. Lo cierto es que en la mayoría de los casos se desconoce el origen exacto; el título más frecuentemente aducido en los pueblos es la posesión inmemorial, aunque a veces se identifican ventas, censos reales o señoriales, concordias y sentencias de gran antigüedad cuyos originales han desaparecido, conservándose en el mejor de los casos copias posteriores de los documentos.

En los siglos XI y XII, al consolidarse el municipio como *universitas* de vecinos, se le atribuyeron masas de bienes que cumplían diferentes funciones de uso público, de generación de rentas y también de aprovechamiento vecinal o uso comunal. Según GARCÍA DE ENTERRÍA (1976), en el siglo XV la *universitas* municipal deja de identificarse con la comunidad de vecinos para configurarse como una entidad separada y sustantiva con respecto a los vecinos. No obstante, el concejo concebido como persona jurídica solo tenía la facultad de administrar los comunales (no podía enajenarlos, por ejemplo), y a menudo, en defensa de los derechos de los vecinos se previeron diputados del común.

En todo caso, la desamortización del siglo XIX propició la ocasión para una importante subversión de los datos del problema. Hasta entonces, en los pueblos, la distinción entre comunales y propios había tenido un alcance meramente funcional, de manera que los mismos bienes podían destinarse sucesivamente a sostener en común las cargas y obligaciones de los vecinos o a su aprovechamiento directo por los propios vecinos. Sin embargo, la Ley Madoz de 1855 dotó de sustantividad a las dos categorías de bienes al incluir a los bienes de propios (o patrimoniales) de los municipios entre los bienes nacionales destinados a la venta (desamortización), excluyendo, en cambio, a los comunales. La distinción jugó en contra de estos últimos, puesto que solo se excluyeron "los terrenos que son *hoy* de aprovechamiento común" (art. 2.9°), cláusula que fue interpretada muy rígidamente, de manera que cualquier utilidad obtenida de un bien por el ayuntamiento terminaba forzando su consideración como bien de propios, puesto que era más fácil obtener prueba documental de esa utilidad para el ayuntamiento que de los aprovechamientos colectivos practicados por los vecinos.

El continuo trasvase de los comunales a los propios ha contado adicionalmente con el apoyo de la Hacienda Pública con el objeto de percibir las contribuciones a que se sujetan los segundos, e incluso con el de los ayuntamientos a fin de mejorar el estado de sus arcas, cuando no para permitir el reparto de los comunales conforme a prácticas caciquiles. Finalmente el mismo progreso económico, al fomentar los procesos migratorios del campo a la ciudad, ha terminado por situar a muchos bienes comunales en una posición marginal, sin perjuicio del eventual renacimiento derivado de nuevas utilidades por lo general vinculadas al esquí o al turismo, aunque también a la explotación de recursos naturales como determinadas arcillas. En esta compleja situación, los comunales son ocasionalmente objeto de polémicas sobre su utilidad y grado de eficiencia, y más frecuentemente de conflictos y litigios sobre su titularidad.

Buena parte de los pleitos relacionados con los comunales pueden considerarse consecuencias modernas de la desamortización. Sucedió que en muchos pueblos los vecinos se organizaron para adquirir en las subastas los bienes que, aun considerándose de propios a efectos de la desamortización, venían siendo aprovechados comunalmente, sobre todo para pastos, leñas y maderas. Se utilizaron formas variadas a fin de evitar las cautelas legales contra la reproducción de situaciones de comunidad; fue frecuente, por ejemplo, que la adquisición se hiciera por un apoderado de hecho que, tras adjudicarse el bien, transmitía la propiedad al grupo vecinal constituido como comunidad de propietarios. Muchas de esas comunidades se personificaron como sociedades civiles con reparto de "acciones" que, en realidad, eran cuotas de participación establecidas en función del número y clase de animales que cada casa tenía derecho a introducir en los viejos pastos comunales. En bastantes ocasiones se comprueba que el número de "socios" o "accionistas" viene a coincidir con el de cabezas de familia del pueblo y se advierte asimismo que son habituales los pactos de indivisión justificados por el tipo de aprovechamiento, así como el establecimiento de limitaciones a la transmisión *inter vivos* de las "acciones". En los complejos contratos de sociedad se atribuye en ocasiones al alcalde la presidencia de la junta rectora, o figuran previsiones reconociendo derechos de leñas y hierbas a los vecinos "no accionistas", y ello tanto si se trataba de los que "no han querido participar" como de vecinos "nuevos".

B) *Titularidad y naturaleza*

Están muy arraigadas ideas que atribuyen al común de los vecinos la titularidad total o compartida con el municipio de los bienes comunales. Sin embargo, esos planteamientos entrañarían el reconocimiento de la comunidad vecinal como persona jurídica o sujeto de derechos, siendo incompatibles con la misma concepción constitucional del municipio dotado de personalidad jurídica plena, que se gobierna y administra por los propios vecinos en concejo abierto o por un ayuntamiento integrado por el alcalde y los concejales elegidos por los vecinos en sufragio universal (Constitución, art. 140). No hay más representante legal de la comunidad vecinal que el municipio y solo este es titular de los bienes que integran el patrimonio municipal, salvo el caso en que núcleos de población separados estén constituidos como entidades locales menores; así, tal y como se expresa en el artículo 2.4 RB, "los bienes comunales solo podrán pertenecer a los municipios y a las entidades locales menores".

Otra cosa es que el destino del bien comunal sea su aprovechamiento por los vecinos y que estos dispongan incluso de un derecho subjetivo a obtener tal aprovechamiento, como enseguida vamos a exponer. Ese destino del bien forma parte de su régimen jurídico e incluso lo caracteriza, hasta el punto de que el artículo 79.3 LBRL, al referirse por primera vez a los bienes comunales, se limita a describirlos por su objeto: "Tienen la consideración de comunales aquellos cuyo aprovechamiento corresponda al común de los vecinos". Pero si leemos el artículo completo está fuera de duda que la propiedad corresponde a los ayuntamientos, puesto que el "aquellos" del precepto transcrito se está refiriendo a los "bienes de dominio público" que se han citado antes en el mismo apartado y que, junto con los bienes patrimoniales, forman al completo "los bienes de las entidades locales" (art. 79.2), integrando así el "patrimonio de las entidades locales constituido por el conjunto de bienes, derechos y acciones *que les pertenezcan*" (art. 79.1). No hay nadie más a quien pertenezcan ni puedan pertenecer los bienes comunales.

La determinación de la naturaleza jurídica de los bienes comunales tampoco ha sido pacífica. El Código Civil de 1889 no los mencionó expresamente, por lo que fueron incluidos dentro de los bienes patrimoniales (arts. 343-345). La Constitución de 1978 evitó pronunciarse sobre la cuestión, aunque igualó su régimen jurídico con el dominio público (art. 132.1). La LBRL 1985 pareció considerarlos ya como demaniales al referirse a "los bienes comunales y demás bienes de dominio público" (art. 80.1). Por último, en el RB de 1986 se estableció con toda claridad que "tienen la consideración de comunales aquellos bienes que siendo de dominio público, su aprovechamiento corresponde al común de los vecinos" (art. 2.3).

Como bienes demaniales los comunales disfrutan de las notas de la incomerciabilidad. Son pues inalienables, imprescriptibles, inembargables y no están sujetos a tributo alguno (LBRL, art. 80.1). Reforzando la defensa de esas notas, en el artículo 78 del TRRL de 1986 se establece que la desafectación de los bienes comunales ha de ser, en todo caso, expresa y además requiere: a) la falta de disfrutes comunales durante más de diez años; b) el sometimiento del expediente a información pública; c) el voto favorable de la mayoría absoluta de miembros de la corporación, y d) la aprobación por la Comunidad Autónoma.

C) *Aprovechamiento*

La singularidad del régimen de los bienes comunales se manifiesta en su aprovechamiento, que en la legislación básica se configura como un derecho reconocido a los vecinos consistente en "acceder a los aprovechamientos comunales, conforme a las normas aplicables" [LBRL: art. 18.1.c)]. Podríamos hablar ciertamente de un amplio derecho público subjetivo, recordando en tal sentido que la vecindad deriva actualmente de la inscripción en el padrón municipal, que es accesible a todas las personas con residencia habitual en el municipio, independientemente de su nacionalidad, estado o edad, pues ya no se exige para ser vecino, como sucedía en otras épocas, ni ser español ni cabeza de familia ni haber cumplido una determinada edad (LBRL modificada por ley 4 de 1996, art. 16).

Sin embargo, antes de magnificar el significado potencial del derecho en cuestión, convendría que reflexionáramos sobre el contenido legal del mismo. ¿A qué tiene derecho el vecino? En la literalidad de la legislación básica que hemos transcrito, no a acceder a los aprovechamientos comunales en todo caso, sino a hacerlo exclusivamente en los términos que se precisen en "las normas aplicables". Se trata pues de un derecho cuyo contenido aparece debilitado en su propia configuración legal, limitada a establecer una preferencia genérica de los vecinos, pero sin que ello implique reconocer realmente un derecho de acceso a todos los aprovechamientos comunales de todos los vecinos. Una eventual llamada al principio de igualdad habría de hacerse dentro del cumplimiento de la legalidad, esto es, de lo establecido en las "normas aplicables" a las que se remite la legislación básica para determinar el alcance del derecho de acceso a los aprovechamientos comunales, salvo casos de directa infracción del principio de igualdad por el establecimiento de condiciones de acceso arbitrarias o discriminatorias. Y planteado así el problema, identificamos dos formas de resolverlo en las "normas aplicables":

a) Si acudimos al TRRL de 1986, que es de aplicación supletoria en defecto de legislación propia de las comunidades autónomas, encontraremos que, excepcionalmente, se permite el establecimiento en ordenanzas especiales, tramitadas con arreglo a estrictas exigencias de forma y fondo, de "condiciones de vinculación y arraigo o de permanencia", y ello exclusivamente cuando se trate de aprovechamientos forestales tradicionalmente realizados "mediante concesiones periódicas de suertes o cortas de madera" (art. 75.4).

b) En cambio, si buscamos en la legislación autonómica constataremos que con mayor facilidad se establecen —o se permite que los municipios prevean— requisitos diferentes o adicionales para el acceso a los aprovechamientos comunales: por ejemplo, en Aragón se remite a las ordenanzas locales el establecimiento para los aprovechamientos comunales de "condiciones de residencia habitual y efectiva y de permanencia en el municipio [...] así como los requisitos que consideren necesarios para acreditar el hecho del cultivo en forma personal y directa y las modalidades del mismo" (LALA, art. 183.3).

En el TRRL (art. 75) y en el RB (arts. 94-108), normas que solo son supletorias para las comunidades autónomas, se establece un escalonamiento de las formas ordinarias de aprovechamiento de los bienes comunales:

a) El principio general es la explotación colectiva o comunal, que implica el disfrute general y simultáneo de los bienes por quienes ostenten en cada momento la cualidad de vecino. Los ejemplos tradicionales de este tipo de aprovechamiento comunal son los referidos a pastos, rocas, leñas, hierbas, setas o caza. No obstante, ha de tenerse en cuenta que en algunos supuestos pueden prevalecer las modalidades establecidas en la normativa reguladora del tipo de aprovechamiento, como sucede con la posibilidad de crear cotos en la legislación de caza.

b) Cuando no sea posible la explotación colectiva o comunal, rige el tipo de aprovechamiento establecido en la costumbre u ordenanza local.

c) En defecto también de las modalidades anteriores, se efectúa la adjudicación por lotes o suertes a los vecinos en proporción directa al número de familiares a su cargo e inversa a su situación económica. En esta modalidad se permite excepcionalmente que el Ayuntamiento, por mayoría reforzada, pueda exigir el pago de una cuota anual para compensar estrictamente los gastos que se originen por la custodia, conservación y administración de los bienes.

d) Finalmente, si también la adjudicación de lotes o suertes a los vecinos "fuere imposible", la Comunidad Autónoma podría autorizar la adjudicación del aprovechamiento del comunal en pública subasta, mediante precio, dando preferencia en igualdad de condiciones a los postores que sean vecinos.

6. Bienes de interés público: patrimonio cultural y natural

La última categoría que nos interesa manejar está integrada por bienes que tanto pueden ser de propiedad pública como de propiedad privada. El aspecto determinante del carácter público de los mismos es la incidencia en su régimen jurídico de un relevante interés general determinante de la conservación del bien y de su disfrute colectivo como objetivos primordiales. La presencia del interés público se formaliza en los casos más significativos mediante un acto administrativo que declara la pertenencia del bien al género previamente diseñado en la legislación. En estos bienes, la Administración "patrimonializa" el valor correspondiente al interés público cuya permanencia, tutela y valorización le corresponde asegurar.

Bajo la óptica del contenido del derecho de propiedad, cabe subrayar que los bienes (normalmente privados) de interés público representan el estadio más evolucionado del proceso histórico de impregnación de valores sociales que ha experimentado el derecho de propiedad. De su inicial consideración como un derecho absoluto integrado por facultades genéricas de disposición, goce y exclusión, que solo ocasionalmente podían ser objeto de limitaciones externas al propio derecho, tal y como queda reflejado en el artículo 348 del Código Civil de 1889, paulatinamente, el derecho de propiedad ha ido experimentando intensas transformaciones en la legislación administrativa que han podido conducir a la vinculación del contenido del derecho a la función social del mismo desarrollada en la legalidad, tal y como se establece en el artículo 33.2 de la Constitución de 1978. En consecuencia, actualmente no hay ningún tipo de propiedad ajeno a los intereses generales, la primacía de los cuales se proclama incluso, como ya nos consta, en la fórmula del artículo 128.1 de la Constitución:

"Toda la riqueza del país en sus distintas formas y sea cual fuere su titularidad está subordinada al interés general".

El fin esencial del régimen jurídico especial de los bienes de interés público consiste, como ya hemos indicado, en la conservación del bien y el acceso del público a su disfrute, lo que supone un añadido en relación con las limitaciones derivadas de la función social de la propiedad. Por tanto, no todos los bienes cuyo régimen jurídico se encuentra vertebrado por las exigencias de la función social encajan directamente en la categoría que manejamos, pues no en todos ellos se advierte el objetivo de la conservación de los mismos bienes como rasgo determinante de su régimen jurídico.

En el Derecho español, tanto la legislación como la doctrina han asumido los anteriores planteamientos particularmente en las figuras del patrimonio histórico o cultural y del patrimonio natural. En el primero se integran fundamentalmente "los inmuebles y objetos muebles de interés artístico, histórico, paleontológico, arqueológico, etnográfico, científico o técnico" (Ley del Patrimonio Histórico Español de 1985, art. 1.2), y en el segundo los "bienes y recursos de la naturaleza fuente de diversidad biológica y geológica, que tienen un valor relevante medioambiental, paisajístico, científico o cultural" (Ley del Patrimonio Natural y la Biodiversidad de 2007, art. 3.27).

Las figuras de los bienes de interés cultural y de los espacios naturales protegidos sintetizan respectivamente unos regímenes jurídicos derivados fundamentalmente de las declaraciones administrativas que, adoptadas conforme a los procedimientos previstos, garantizan, mediante potestades de organización, planificación, autorización y sanción, el sometimiento de cualesquiera actividades a los fines de conservación, disfrute público y valorización establecidos normativamente.

Otro supuesto que cabe analizar bajo la óptica de los bienes de interés público son los montes o terrenos forestales, cuya "conservación y protección" ha pasado a ser objetivo dominante en la nueva legislación forestal (Ley de Montes de 2003, art. 1). Cabría incluso identificarlos con la expresión patrimonio forestal, como hacen algunos legisladores autonómicos a fin de destacar que su régimen jurídico se encuentra impregnado por los intereses generales, que imponen la conservación de los bienes afectados con independencia de que sean de propiedad pública o privada.

BIBLIOGRAFÍA

Para una exposición general de la materia:

López Ramón, F. (2012): *Sistema jurídico de los bienes públicos*, Cizur Menor (Navarra), Aranzadi (colección Civitas).

Sobre la historia de los bienes públicos:

Serna Vallejo, M. (2005): "Los bienes públicos: formación de su régimen jurídico", en *Anuario de Historia del Derecho Español*, t. LXXV.

Tomás y Valiente, F. (1972): *El marco político de la desamortización en España*, Madrid, Ariel.

Sobre determinados aspectos del régimen común de los bienes públicos:

García de Enterría, E. (1955): *Dos estudios sobre la usucapión en derecho administrativo*, 4ª ed., Madrid, Instituto de Estudios Políticos - Civitas, 2006.

Parejo Gamir, R. (1975): *Protección registral y dominio público*, Madrid, Edersa.

Sobre cuestiones relativas a los bienes patrimoniales:

Chinchilla Marín, C. (2001): *Bienes patrimoniales del Estado (Concepto y formas de adquisición por atribución de ley)*, Madrid, Pons.

Gosálbez Pequeño, H. (2002): *Régimen jurídico general de la enajenación del patrimonio privado inmobiliario de la Administración Pública*, Valladolid, Lex Nova.

Martínez Martínez, M. (2000): *La sucesión legal en el derecho civil aragonés*, Zaragoza, El Justicia de Aragón, 2 vols.

Acerca del régimen de los bienes de dominio público:

Ballbé, M. (1945), "Concepto de dominio público", en *Revista Jurídica de Cataluña*, núm. 5 (reproducido en voz "Dominio público", en *Nueva Enciclopedia Jurídica*, t. VII, 1955).

Barcelona Llop, J. (1996): *La utilización del dominio público por la Administración: las reservas dominiales*, Pamplona, Aranzadi.

DESDENTADO DAROCA, E. (2006): *El precario administrativo: un estudio de las licencias, autorizaciones y concesiones en precario*, 2ª ed., Pamplona, Aranzadi.

FERNÁNDEZ ACEVEDO, R. (2012): *Las concesiones administrativas de dominio público*, , 2ª ed., Cizur Menor (Navarra), Aranzadi (colección Civitas).

En relación con los bienes comunales:

COLOM PIAZUELO, E. (1994); *Los bienes comunales en la legislación de régimen local*, Madrid, Tecnos.

NIETO, A. (1964): *Bienes comunales*, Madrid, Editorial Revista de Derecho Privado.

OSTROM, E. (1990): *Governing the commons. The evolution of institutions for collective action*, Cambridge University Press (trad. esp., México, Fondo de Cultura Económica, 2000).

ESTADOS UNIDOS
Y PUERTO RICO

BIENES PÚBLICOS EN ESTADOS UNIDOS Y EN PUERTO RICO

JAVIER A. ECHEVARRÍA VARGAS*

1. INTRODUCCIÓN

Los bienes públicos son aquellas cosas que pertenecen a la Administración pública, que se encuentran bajo el control, la tutela o la afección gubernamental y son utilizados con el objetivo de cumplir con funciones y facultades oficiales. Son bienes que ni compiten ni excluyen. La denominación como bienes públicos deriva de una designación legal que se hace con la finalidad de disponer su administración, gerencia, conservación y defensa[1].

Esa propiedad pública se encuentra constituida por el conjunto de propiedades de la Administración; se bifurca en dos categorías denominadas bienes patrimoniales y bienes de dominio público o demaniales. Los de naturaleza patrimonial son propiedad del gobierno y se rigen por pautas análogas a las que son aplicables a la propiedad privada. Por su parte, el dominio público es un modo de propiedad atado al uso público que ostenta las características de ser inalienables e imprescriptibles.

Los prevalecientes contornos del concepto jurídico de bienes públicos se comenzaron a perfilar durante el siglo XII cuando se abordó la tarea de distinguir la innata diferencia entre los bienes privados y los públicos, tanto patrimoniales como demaniales[2]. No obstante se puede identificar que ya en

* Catedrático en la Facultad de Derecho de la Pontificia Universidad Católica de Puerto Rico. Doctor en Derecho por la Universidad de Valladolid. Maestría en la Escuela de Derecho de Tulane University, New Orleans. Juris Doctor en la Pontificia Universidad Católica de Puerto Rico.

[1] En nuestro ordenamiento jurídico queda plasmado que el concepto "bienes públicos" designa a las cosas que pertenecen a la Administración pública, sean sus características de dominio público o de dominio privado.

[2] Durante el siglo XIX, en el marco del naciente Derecho administrativo, los legisladores y juristas procedieron a crear o a redefinir numerosas instituciones y conceptos, entre otros, el de 'bienes públicos', de manera que esta categoría, con el significado que se le otorga en nuestros días, encuentra su origen entonces.

"Esto no quiere decir que la mayor parte de los bienes que a partir de entonces reciben tal calificación no existieran con anterioridad o que no estuvieran sujetos a un régimen distinto del previsto para los bienes de los particulares porque desde antiguo existe la constancia de

el Derecho romano se le confirió un signo especial a ciertas categorías que resultaban significativas para el interés púbico como lo eran las cosas que se encontraban fuera del comercio (*rei extra commercium*) incorporando en esa clasificación los bienes necesarios para la colectividad como son las plazas, calles, teatros, murallas, el mar y los ríos[3]. Ese enfoque se incorporó en el Código Civil español, modelo que fue agregado en el Código Civil de Puerto Rico de 1902, y que eventualmente se manifestó en el artículo 255 del subsiguiente Código Civil de 1930[4]. La visión de lo que constituyen los bienes de dominio público se ha transformado para atender el escenario de bienes que trascienden la demanialidad nacional, como aquellos que son de interés cultural, histórico, recursos naturales, espacio radioeléctrico y ambiente.

Asimismo, legítimamente se puede argumentar que en el derecho anglosajón el origen de la distinción entre la propiedad privada y la pública comenzó a definirse cuando se delinearon distinciones en la figura del monarca como terrateniente y como soberano. Por un lado, se visualizaba la propiedad del rey en su capacidad como señor feudal propietario individual de sus tierras, de las que podía disponer a su personal, libre y unilateral voluntad. Además, se perfilaba una segunda categoría como tierras de la Corona, que este regía en su capacidad de soberano y las que no podía enajenar[5].

No obstante, "[a]unque uno puede encontrar los orígenes de la idea de un dominio distintivamente privado en el liberalismo de los derechos naturales de Locke y sus sucesores, en el siglo XIX se llevó la distinción público/privado al centro del escenario en la teoría legal y política estadounidense. Antes de que esto pudiera ocurrir, era necesario socavar una tradición anterior de pen-

---

su existencia y del particular tratamiento jurídico, diferente del fijado para los de propiedad privada, del que han disfrutado como consecuencia de sus características y de la función que han cumplido en las distintas sociedades desde los tiempos más remotos. Pero sí significa que a partir del siglo XIX y a lo largo del XX, tras la configuración del concepto de propiedad liberal, se estableció la diferencia entre bienes de dominio público y bienes privados de las diferentes administraciones; se planteó el debate acerca de la naturaleza jurídica de la relación existente entre la administración y los bienes públicos, tanto demaniales como patrimoniales, y progresivamente aumentaron los bienes que adquirieron la consideración de públicos". Margarita Serna Vallejo, "Los bienes públicos: formación de su régimen jurídico", *LXXXV Anuario de Historia del Derecho Español 967*, 2005.

[3] Véase, Ángel Cristóbal Montes, "La «res extra commercium» en el Derecho Romano»", *32 Revista de la Facultad de Derecho de la Universidad Central de Venezuela*, 1965.

[4] La norma vigente expone: "los bienes públicos son aquellos bienes privados, pertenecientes al Estado o a sus subdivisiones o a particulares, que han sido afectados para destinarlos a un uso o servicio público. Estos bienes públicos se denominan bienes de uso y dominio público". Art. 238 del C. C. de Puerto Rico de 2020.

[5] Donald W. Hanson, *From Kingdom to Commonwealth, The Development of Civic Consciousness in English Thought*, 1-19, Harvard University Press, 1970.

samiento republicano que había identificado estrechamente la virtud privada y el interés público"[6]. Como cuestión de hecho, ADAM SMITH esbozaba que entre las funciones esenciales del gobierno se encontraba, "[...] *the duty of erecting and maintaining certain public works and certain public institutions which it can never be for the interest of any individual, or small number of individuals, to erect and maintain; because the profit could never repay the expense to any individual or small number of individuals, though it may frequently do much more than repay it to a great society* [...]"[7]. Incluso THOMAS HOBBES aducía la idea de que, "*government itself is a public good*"[8].

2. PROPIEDAD

La propiedad podría visualizarse como un sistema definido por sus funciones y no por los lindes impuestos por seres humanos. Esa enunciación emana de la perspectiva de que los derechos propietarios poseen la intrínseca característica de que, en su nivel más básico, son necesarios para la vida misma[9]. Se apuntala esa perspectiva con la idea de que, sin la protección de la propiedad, la libertad no existiría[10]. Dada la axiomática importancia de la propiedad, se forja la necesidad de configurar un ordenamiento jurídico que valide y resguarde esos derechos propietarios. No obstante, tan intensa y abarcadora se torna esa intervención gubernamental que legítimamente se puede postular que "el origen de la propiedad, en el sentido legal, es el gobierno"[11].

[6] "*Although one can find the origins of the idea of a distinctively private realm in the natural-rights liberalism of Locke and his successors, only in the nineteenth century was the public/private distinction brought to the center of the stage in American legal and political theory. Before this could occur, it was necessary to undermine an earlier tradition of republican thought that had closely identified private virtue and public interest*". MORTON J. HORWITZ, "The history of the public/private distinction", *130 University of Pennsylvania Law Review* 1423, 1424, 1982.

[7] ADAM SMITH, *The Wealth of Nations*, 1776.

[8] Véase, JONATHAN ANOMALY, *Public goods and government action*, 14 Politics, Philosophy & Economics 109, 111, 2015.

[9] "*[T]hey alone deal with rights that —at their most basic level— are necessary for the survival of life itself*", LAURA S. UNDERKUFFLER-FREUND, "Property: A Special Right", *71 Notre Dame Law Review*, 1996, págs. 1033, 1039.

[10] "*Property must be secured, or liberty cannot exist*", JOHN ADAMS, *6 Works of John Adams 280* (C. Adams ed. 1851).

[11] "*The source of property in the legal sense is government*". G. GRAHAM WAITE, *Governmental Power and Private Property*, XVI Catholic University Law Review 283, 1967. Esa expresión la valida con la nota al calce donde expresa, "En un sentido estrictamente legal, la tierra no es 'propiedad', sino el sujeto de la propiedad". ("*In a strict legal sense, land is not 'property,' but the subject of property*").

Esas expectativas consagran la realidad de que la propiedad y la ley nacieron juntas y morirán juntas[12].

El resultado de la idea jurídica de la propiedad cobra características legales disímiles derivadas de lo que hemos sido, lo que somos, y lo que ambicionamos ser como sociedad. Así, solo en su evolución histórica es como se puede comprender la anacrónica justificación legal de la idea de un ser humano como propiedad en su calidad de esclavo[13], la visión de que el derecho de propiedad incluya el irrestricto derecho a la modificación de un inmueble[14], el acceso del público a los centros comerciales[15], o la discordancia de los derechos de propiedad de la mujer frente a los que le son reconocidos a los hombres[16].

Expone DEBBIE BECHER, "[c]uando los académicos legales estadounidenses describen la propiedad privada, presentan una noción liberal de la propiedad como un conjunto de derechos privados. Una de las primeras cosas que los profesores de derecho enseñan a los estudiantes en las clases de propiedad es que desde el punto de vista legal, la propiedad no es un objeto que uno posee. Más bien, es un conjunto de derechos que se pueden dividir entre muchas personas o entidades. Estos incluyen derechos de uso, excluir a otros del uso y transferir la propiedad. Cuando el gobierno protege la propiedad privada de esta manera, protege el control individual sobre la propiedad; aquellos con derechos de propiedad pueden hacer lo que deseen, siempre y cuando no interfieran con intereses similares de otros. Según esta definición, el gobierno no parece más que un árbitro de acuerdos y conflictos entre partes privadas,

[12] JEREMY BENTHAM, *Theory of Legislation*, 4th ed., R. Hidreth Trans, 1882, págs. 112-113. Incluso este autor expone, "[s]in un gobierno no puede haber seguridad, ni goces domésticos, ni propiedad, ni industria. Es en este hecho donde debemos buscar la base y la razón de todos los gobiernos, cualquiera que sea su origen y su forma; es comparándolos con su objeto como podemos razonar con solidez sobre sus derechos y sus obligaciones, sin recurrir a contratos fingidos que solo pueden servir para producir disputas interminables. "*Without a government there can be no security, no domestic enjoyments, no property, no industry. It is in this fact that we ought to seek the basis and the reason of all governments, whatever may be their origin and their form; it is by comparing them with their object that we can reason with solidity upon their rights and their obligations, without having recourse to pretended contracts which can only serve to produce interminable disputes*". *Jeremy Bentham An Introduction to the Principles of Morals and Legislation*, Oxford Clarendon Press, 1907, pág. 74.

[13] *Dred Scott v. Sandford*, 60 U.S. (19 How.) 393 (1857).

[14] *Village of Euclid v. Ambler Realty Co.*, 272 U.S. 365 (1926).

[15] *PruneYard Shopping Ctr. v. Robins*, 447 U.S. 74, 82 (1980).

[16] Véase opinión disidente del Juez Black que sobre la ficción legal de que "el esposo y la esposa son uno" (*husband and wife are one*) expresó, "[e]sta regla ha funcionado en realidad para significar que, aunque el esposo y la esposa son uno, el uno es el esposo" (*"[t]his rule has worked out in reality to mean that, though the husband and wife are one, the one is the husband"*. *United States v. Yazell*, 382 U.S. 341, 361 (1966).

y por lo tanto la concepción de la propiedad como un conjunto de derechos concuerda bien con una noción liberal o libertaria de un gobierno restringido"[17].

Observamos que, con el interés de cristalizar las múltiples características y dimensiones de los derechos propietarios, se incrustan variadas doctrinas que promueven la consecución de la justicia. Todo ello visto desde la perspectiva de que aun en propiedad privada se deben respetar los derechos constitucionales: *Bob Jones University v. United States*, 461 U.S. 574 (1983). Como consecuencia de ese mandato, "[l]a propiedad no siempre significa el dominio absoluto"[18]. [*Marsh v. Alabama*, 326 U.S. 501, 506 (1946)]. Ciertamente, la significativa visión de lo que constituye la propiedad privada no puede desasociarse de las características públicas que le permean. Como su resultado directo "[...] *when private property is 'affected with a public interest, it ceases to be juris privati only'*" (*Munn v. Illinois*, 94 U.S. 113, 126 [1876])[19].

Se identifica que la propiedad no presenta una exclusiva relación entre cosa e individuo, sino que en esa correlación ineludiblemente se inserta el interés social. Cuando esos intereses entran en conflicto surge la necesidad de reconciliarlos efectivamente. Véase, *Tennessee Valley Auth. v. Hill*, 437 U.S. 153 (1978). Ciertamente es improcedente la pretensión de catalogar cualquier cosa existente haciendo abstracción de las características públicas. En mayor o menor grado toda cosa tiene que encontrarse subordinada al preeminente interés público. De esa manera nos queda la inescapable conclusión de que la propiedad sirve dos amos; al individuo y a la sociedad[20].

Frente a ese panorama se proyecta una perenne dialéctica entre los intereses individuales y los intereses sociales que delinean las características de lo que

[17] "*When American legal academics describe private property, they present a liberal notion of property as a set of private rights. One of the first things professors of law teach students in property classes is that legally, property is not an object one owns. Rather, it is a bundle of rights that can be split among many individuals or entities. These include rights to use, exclude others from using, and transfer property. When government protects private property in this way, it protects individual control over property; those with property rights can do what they wish, as long as they do not interfere with others' similar interests. By this definition, government seems no more than an arbiter of agreements and conflicts among private parties, and thus the conception of property as a set of rights comports well with a liberal or libertarian notion of a restrained government [...]*". Debbie Becher, *The Public Nature of Private Property, Emerging Trends in the Social and Behavioral Sciences.*, Edited by Robert Scott and Kosslyn, 2015, page ,.

[18] "*Ownership does not always mean absolute dominion*". *Marsh v. Alabama*, 326 U.S. 501, 506 (1946).

[19] Véase, John A. Porter, *The doctrine of the United States Supreme Court of Property Affected by Public Interest, and its Tendency*, Yale Law Journal 49, 1895.

[20] "*Property serves two masters: the individual and society*". Marla Mansfield; R. S. Fauset, *When 'Private Rights' Meet 'Public Rights': Problems of Labelling Regulatory Rulings, 65 University of Colorado Law Review*, 193, 194, 1994.

constituyen los bienes privados en contraposición a los bienes públicos. Estos conceptos jurídicos poseen la plataforma común de que ambos promueven el ideario de la libertad[21].

Dentro de la gama de bienes que se identifican en el escenario jurídico observamos que los bienes públicos advienen a constituir una significativa categoría propietaria que deriva su propia existencia del afán de adelantar los significativos objetivos públicos. Ello tiene como consecuencia el que, "*[w]hile individuals certainly exercise private property rights, they do so in Rousseauian fashion, as 'trustees' of goods owned by the public*"[22]. Así, al resultar indispensable identificar los objetivos de la propiedad para acreditar su existencia, podemos exponer que el propósito de los bienes públicos tiene que ser el interés público. La ausencia de servicio público desnaturaliza la potencial categoría de bien público.

A) *La propiedad pública*

Se plantea que, "la propiedad pública es un oxímoron: las cosas que se dejan abiertas al público no son propiedad en absoluto, sino su antítesis"[23]. Ello deriva del manifiesto reconocimiento de que la propiedad pública adolece de las característica básicas que posee la propiedad privada como lo es el derecho a la exclusión de terceros[24]. A pesar de ese esbozado recelo, se interpreta que es ineludible validar la existencia de esa categoría subjetiva pues, en contraposición con la propiedad privada y por razón de quien la ostenta, la identidad de la cosa pública tiene significativas y trascendentales características que le adscriben un disímil e irreconciliable perfil.

No obstante, se presenta la necesidad de identificar los contornos de esta figura con el objetivo de auscultar su identidad. Esto es, si bien su incorporación en nuestro ordenamiento se efectúa en atención al Derecho Civil, su naturaleza le adscribe características diferenciales. Así, la propiedad pública se inserta en el espacio jurídico correspondiente al Derecho Público aun cuando estructuralmente se recurre al Derecho Civil para exponerlo, definirlo y normarlo. Esa dialéctica suscita el desafío de apreciar su correspondiente estructura.

Una de las potenciales maneras de estimar la cierta diferencia entre los bienes privados y los públicos es reconocer que la propiedad obliga[25]. Sin

[21] Véase, James L. Huffman, G*overning America's Resources: Federalism in the 1980's*, 12 Environmental Law L 863, 898 (1982).

[22] 31Shmuel Nili, *The Idea of Public Property*, 128 Ethics 344, 2019.

[23] "[...] *public property is an oxymoron: things left open to the public are not property at all, but rather its antithesis*". Carol Rose, *The Comedy of the Commons: Custom, Commerce, and Inherently Public Property, 53 The University of Chicago Law Review*, 711, 712, 1986.

[24] *Loretto v. Teleprompter Manhattan CATV Corp.*, 458 U.S. 419, 435 (1982).

[25] Véase, Rafael Colina Garea, *La función social de la propiedad privada en la Constitución española*, Barcelona, José María Bosch, editor, 1997.

embargo, las obligaciones en la propiedad privada son características de la titularidad que surgen como imposiciones de responsabilidad legal, pública y social, mientras que en los bienes públicos las obligaciones constituyen su propia existencia. El Estado no ostenta propiedad con el propósito de servir a sus propios y particulares intereses, sino para atender el beneficio colectivo. La propiedad pública es un medio para satisfacer el interés general. Así se visualiza, "[...] desde la idea del poder, en concreto de poder sobre las cosas (estas últimas en sentido jurídico-civil), y, por lo tanto de señorío (en sentido jurídico-privado y público), sino más bien desde la de deber, en concreto de deber y obligación de creación y mantenimiento de cosas públicas y, consecuentemente, como (las Administraciones) sujetos obligados [...]"[26].

Los bienes públicos se bifurcan en dos categorías constituidas por los bienes patrimoniales (o de dominio privado) y los bienes de dominio público (o demaniales).

La propiedad pública patrimonial y de dominio público. Como parte consustancial de una perspectiva propietaria, debe tenerse presente que el gobierno no solo funge como poder público, sino que igualmente ostenta las características de propietario privado (*United States v. Mildwest Oil Co.*, 236 U.S. 459 [1935])[27].

Distinguimos que los bienes patrimoniales del gobierno son aquellos apropiables por las administraciones públicas "utilizados instrumentalmente por la Administración para atender a las necesidades internas de su propia organización y el desarrollo de los servicios que tiene encomendados"[28]. Con relación a los bienes públicos encontramos que, "[...] el dominio público es una forma de propiedad administrativa inalienable e imprescriptible derivada de la afectación a un uso o servicio público"[29].

Por otro lado, el precepto de los bienes de dominio público nos presenta un reto pues, si bien se indica que la Administración es la propietaria de los bienes demaniales, esta no puede efectuar ningún acto de disposición, lo que tiene por consecuencia desnaturalizar la noción definitoria de la propiedad

[26] Luciano Parejo Alfonso, "Dominio público: un ensayo de reconstrucción de su teoría general", 100-102, vol. 111 *Revista Administración Pública*, 1983, pág. 2408.

[27] "*For it must be borne in mind that Congress not only has a legislative power over the public domain, but it also exercises the powers of the proprietor therein. Congress "may deal with such lands precisely as an ordinary individual may deal with farming property. It may sell or withhold them from sale." United States v. Mildwest Oil Co.*, 236 U.S. 459 (1935). Véase también, *Camfield v. United States,* 167 U.S. 524 (1897); *Light v. United States,* 220 U.S. 536 (1911).

[28] Juan Alfonso Santa María, *Principios de derecho administrativo*, vol. III, Madrid, Centro de Estudios Ramón Areces, pág. 509.

[29] Fernando López Ramón, "Teoría jurídica de las cosas públicas", *186 Revista de Administración Pública* 9, 21, 2011.

al despojarla de un contenido fundamental. Al explorar sus contornos observamos que, "[e]l dominio público no interesa como propiedad, sino como justificación para que la ley atribuya determinadas facultades, y para que el Derecho privado no llegue a absorberlo"[30].

En la cualidad de bien de dominio público se encuentran incorporados los derechos reales del gobierno que se hallan sumidos a objetivos de interés público por lo que se enmarcan en un particular orden de manejo, gerencia y tutela. El dominio público constituye una manera de propiedad de naturaleza inalienable e imprescriptible que se encuentra afectada a un uso público.

B) *Bienes públicos mundiales o de patrimonio común de la humanidad*

Un derivado de la categoría de bienes públicos que debemos destacar la podemos encontrar en los "bienes públicos mundiales"[31]. Jacqueline Morand Deviller expresa que ese concepto, de origen anglosajón, se "[adentra en el] valor sagrado de la propiedad". Y agrega: "[l]a reflexión sobre los bienes públicos conoce actualmente un nuevo auge de intensidad particular debido a la mundialización del concepto. Mientras anteriormente el tema de los bienes públicos se abordaba únicamente desde la perspectiva de la demanialidad nacional, el aumento de la fuerza irresistible que experimentan las preocupaciones medioambientales realza la importancia de una nueva categoría de bienes públicos: los bienes públicos mundiales".

Esta categoría nos aleja de la ortodoxa clasificación para formularse que, "[...] en el Derecho internacional público ha ido formándose el concepto de patrimonio común de la humanidad, que presenta aptitudes para acoger a todas las cosas comunes y vertebrar su regulación". Y seguidamente se indica: "[l]as consecuencias derivadas del concepto podrían articularse en torno a los siguientes principios: a) no apropiación y exclusión de soberanía; b) uso pacífico; c) libertad de acceso, exploración e investigación científica, y d) gestión racional y reparto equitativo en beneficio de toda la humanidad"[32].

C) *La propiedad pública en la jurisdicción federal*

El Congreso de Estados Unidos, no solo tiene autoridad para adoptar disposiciones legales, sino que también puede ejercer facultades como propietario.

[30] Roberto Parejo Gamir y José María Rodríguez Oliver, *Lecciones de dominio público*, Madrid, Ed. ICAI, 1976, pág. 7, citado por Luciano Parejo Alfonso en *Dominio público: un ensayo de reconstrucción de su teoría general*, 100-102, vol. 111 *Revista de Administración Pública* 2379 (1983).

[31] Jacqueline Morand-Deviller, "Los bienes públicos y el derecho de propiedad", *317 Revista de Estudios de la Administración Local y Autonómica* 11 (2011).

[32] Fernando López Ramón, "Teoría jurídica de las cosas públicas", *186 Revista de Administración Pública* 9, 17 (2011).

Según el Tribunal Supremo de Estados Unidos, *"[f]or it must be borne in mind that Congress not only has a legislative power over the public domain, but it also exercises the powers of the proprietor therein. Congress 'may deal with such lands precisely as a private individual may deal with his farming property. It may sell or withhold them from sale.'Camfield v. United States,* 167 U.S. 524; *Light v. United States,* 220 U.S. 536. *Like any other owner it may provide when, how and to whom its land can be sold. It can permit it to be withdrawn from sale. Like any other owner, it can waive its strict rights, as it did when the valuable privilege of grazing cattle on this public land was held to be based upon an 'implied license growing out of the custom of nearly a hundred years' (Buford v. Houtz,* 133 U.S. 236, 133). *So too, in the early days the 'Government, by its silent acquiescence, assented to the general occupation of the public lands for mining' (Atchison v. Peterson,* 20 Wall. 512). *If private persons could acquire a privilege in public land by virtue of an implied congressional consent, then for a much stronger reason, an implied grant of power to preserve the public interest would arise out of like congressional acquiescence"* (*United States v. Midwest*, 236 U.S. 459, 474-475 [1915]).

La facultad jurídica federal para ejercer autoridad sobre los bienes públicos deriva del precepto constitucional que concede al Congreso el poder para disponer y para adoptar todas las reglas respecto a los territorios y otras propiedades que pertenezcan a los Estados Unidos"[33]. Esa autoridad es plenaria e incluye tanto los poderes soberanos como los de propietario (*Kleppe v. New Mexico*, 426 U.S. 529 [1976]). Le corresponde al gobierno la amplia capacidad legal para tomar las decisiones sobre la forma y la manera de administrar los bienes públicos. Ese ejercicio de autoridad no se puede encontrar limitado por las ideas o visiones de terceras personas, aun cuando las mismas puedan tener méritos constitucionales como lo es la libertad religiosa (*Lyng v. Northwest Indian Cemetery Protective Ass'n*, 485 U.S. 439, 453 [1988])[34].

Con respecto a los bienes patrimoniales se refleja que, entre sus características, encontramos que le corresponde al administrador de servicios generales la responsabilidad de operar y de mantener las estructuras públicas (40 USC

[33] *"The Congress shall have Power to dispose of and make all needful Rules and Regulations respecting the Territory or other Property belonging to the United States* [...]". Artículo 4, Sección 3 de la Constitución de Estados Unidos.

[34] Confrontada la autoridad de tomar decisiones sobre una propiedad pública con el reclamo de la libertad de culto de poblaciones indígenas, indicó el Tribunal Supremo, que los derechos de los indios "no despojan al gobierno de su derecho a usar lo que, después de todo es su tierra" ("*do not divest the Government of its right to use what is, after all, its land*") (*Lyng v. Northwest Indian Cemetery Protective Ass'n*, 485 U.S. 439, 453 [1988]).

301, *et seq*). Mientras tanto, le compete al secretario del Homeland Security la obligación de proteger las facilidades federales (40 USC 1315).

Por su parte, originalmente en Estados Unidos el concepto de "dominio público" (*public domain*) fue utilizado para describir las tierras pertenecientes al gobierno federal que fueron adquiridas a través de tratados con otros países, incluyendo terrenos ocupados por indígenas, y las tierras que fueron cedidas por las trece colonias originales (*Barker v. Harvey*, 181 U.S. 481 [1901]).

En ese escenario federal, el término "dominio público" generalmente ha sido caracterizado como equivalente a "terreno público" y se describe como aquellas propiedades que podrían estar sujetas a venta u otro tipo de disposición del gobierno (*Barker v. Harvey*, 181 U.S. 481 [1901])[35]. Es fruto de la naturaleza misma del alcance de lo que constituye un *"public land"* que ninguna persona puede impropiamente excluir a otro de ella (*Camfield v. United States*, 167 U.S. 518 [1897]; *Buford v. Houtz*, 133 U.S. 320 [1890]). Indicándose que el referido concepto de *"public land"* acarrea la característica de reconocerle al gobierno la capacidad para su enajenación (*Newhall v. Sanger*, 92 U.S. 761, 763 [1875])[36]. Así mismo se entiende que los terrenos públicos pueden ser explotados (*Buford v. Houtz*, 133 U.S. 320 [1890])[37]. En función de la referida visión se ha expuesto que, "hay una licencia implícita, que surge de la costumbre de casi cien años, de que las tierras públicas de los Estados Unidos [...] serán libres para las personas que buscan usarlas donde se dejan abiertas y sin encerrar y ningún acto de gobierno prohíbe este uso"[38].

[35] Se indicó en el citado caso, "*Public domain' is equivalent to 'public lands,' and these words have acquired a settled meaning in the legislation of this country. 'The words* public lands' are habitually used in our legislation to describe such as are subject to sale or other disposal under general laws'" (*Barker v. Harvey*, 181 U.S. 481, 490 [1901]). De manera similar se expresó el Tribunal Supremo en *Bardon v. Northern Pacific Railroad Co.,* 145 U.S. 535, donde se expuso, "[...] *by 'public land', as it has been long settled, is meant such land as is open to sale or other disposition under general laws. All land to which any claims or rights of others have attached does not fall within the designation of 'public land'*". Véase también, *Mann v. Tacoma Land Co.*, 153 U.S. 273 (1894).

[36] "*The words 'public lands' are habitually used in our legislation to describe such as are subject to sale or other disposal under general laws*" (*Newhall v. Sanger*, 92 U.S. 761, 763 [1875]).

[37] "[...] *there is an implied license, growing out of the custom of nearly a hundred years, that the public lands of the United States, especially those in which the native grasses are adapted to the growth and fattening of domestic animals, shall be free to the people who seek to use them where they are left open and unenclosed and no act of government forbids this use*" (*Buford v. Houtz*, 133 U.S. 320, 326 [1890]).

[38] "*[T]here is an implied license, growing out of the custom of nearly a hundred years, that the public lands of the United States [...] shall be free to the people who seek to use them where they are left open and unenclosed and no act of government forbids this use*". *Buford v. Houtz*, 133 U.S. 320, 326 (1890).

D) *El dominio público: fundamentos de la Public Trust Doctrine (doctrina de la confianza pública)*

La doctrina de la *Public Trust Doctrine,* que esencialmente se encuentra en el *common law* estatal, dispone que los estados poseen la facultad para gestionar los recursos naturales para el beneficio general[39]. Tradicionalmente esa normativa se ha utilizado para gerenciar los recursos hídricos, esta ha ido desarrollándose y extendiéndose para incluir otros recursos naturales, especialmente ante la amenaza del cambio climático constituyendo uno de los vitales fundamentos del derecho ambiental en Estados Unidos[40]. Esa visión parece surgir de la teoría de que, "[...] *historically, it is said, certain resources were granted by government to the general public in the same sense that a tract of public land may be granted to a specific individual*"[41]. Sobre ella se ha expuesto:

"*The public trust doctrine draws on a simple metaphor, the trustee at common law whose legal title to property does not confer true ownership in the sense of direct, immediate, and exclusive authority over a thing. Rather, the trustee's title is one limited to obeying a trust instrument that requires use of the property for the benefit of others, the beneficiaries. In the same way, as the doctrine goes, the government holds its property (or some of its property) not as an owner, but in a limited way that requires the property be used for the benefit of others. The beneficiaries are the 'public', presumably all citizens of a state or other governmental unit*"[42].

Esta doctrina tiene antecedentes en el Derecho Romano, pues en el siglo VI se postulaba que varias cosas son comunes a toda la humanidad como lo son el aire, el agua corriente, el mar y las orillas del mar[43]. De esa visión resulta que se concebía que esas cosas pertenecían a todas las personas. Dicha idea fue incorporada en la Carta Magna y se transmitió al *common law*, sufriendo la modificación conceptual de entender asignada la propiedad al rey quien se configuraba como fiduciario en beneficio del pueblo. En ocasión del desarrollo del sistema legal estadounidense se adoptó el *common law* como el sistema

[39] MICHAEL O'LOUGHLIN, *Understanding the Public Trust Doctrine Through Due Process*, 58 Boston *College Law Review* 1321 (2017).

[40] Véase MELISSA KWATERSKI SCANLAN, *The Evolution of the Public Trust Doctrine and the Degradation of Trust Resources: Courts, Trustees and Political Power in Wisconsin*, 27 Ecology Law Quarterly (2000).

[41] JOSEPH L. SAX, *The Public Trust Doctrine in Natural Resource Law: Effective Judicial Intervention*, 68 Mich. L. Rev. 471, 478 (1970)El referido autor expresa reservas a esa conceptualización.

[42] LEE HARGRAVE, *The Public Trust Doctrine: A Plea for Precision, 53 Louisiana Law Review* Volume 1535 (1970).

[43] Véase el Libro II del Código de Justiniano.

legal y se fue instituyendo la perspectiva de que los recursos naturales habían sido transferidos a los ciudadanos de los Estados por razón de la concesión de la estadidad.

La primera ocasión en la cual el Tribunal Supremo se manifestó sobre el concepto de bienes públicos comunes fue en *Martin v. Wadell*, 41 U.S. 367 (1842), donde se esbozó la teoría de que la gente poseía un derecho común a pescar en aguas navegables pues ese era un espacio, y sus áreas subyacentes estaban bajo la custodia y la conservación del Estado para el uso común de la población[44]. En el citado caso el Tribunal Supremo perfiló la noción básica del *Public Trust Doctrine* esgrimiendo que los recursos naturales se confían en fiducia al gobierno para que sean administrados en beneficio general. Esta preceptiva era tradicionalmente aplicable a las tierras sumergidas, a las aguas navegables y a las mareas y se delinearon para resguardar el derecho ciudadano a operar en el comercio, la pesca y la navegación.

Posteriormente el Tribunal Supremo revisitó este tema y en *Illinois Central R. Co. v. Illinois*, 146 U.S. 387 (1892) y en *Greer v. Connecticut,* 161 U.S. 519 (1896). En *Illinois Central R. Co.* decidió que los estados ostentan en fideicomiso derechos sobre las aguas navegables y las tierras sumergidas, y que esa tutela se ejerce en favor del beneficio público, sumando la perspectiva de que los estados poseen la autoridad para viabilizar que entes privados utilicen recursos fiduciarios y adquieran derechos propietarios sobre los mismos. No obstante, en esos casos los cuerpos públicos tienen el deber de asegurarse que las entidades privadas cumplan con los objetivos en los cuales se enmarca el imperante fideicomiso y será inválido un desplazamiento de esa autoridad cuando no se adelanten los intereses públicos. Por su parte en *Greer v. Connecticut.,* esa perspectiva se amplió para incluir la vida silvestre esbozando que se poseía potestad para reglamentar las actividades que le impactaran. Así también se vio avanzada esa posición al concluirse que esa tutela abarca a toda zona marítima influenciada por la marea, independientemente de que ese cuerpo sea navegable (*Phillips Petroleum Co. v. Mississippi*, 484 U.S. 469 [1988]).

La evolución de esta doctrina reitera que los estados son los primordiales tutores de los recursos comprendidos en la clasificación de bienes de dominio público lo que tiene como consecuencia que su perfil y manejo varía de un estado a otro, incluso habiéndose insertado en la constitución de algunas jurisdicciones[45]. La validación de esa primaria jurisdicción estatal fue delineada

[44] Previamente se había expuesto esta doctrina a nivel estatal por el Tribunal Supremo de New Jersey en *Arnold v. Mundy*, 6 N.J.L. 1 (1821).

[45] "Recursos naturales; lugares históricos o artísticos; instituciones penales; delincuentes.

"Será política pública del Estado Libre Asociado la más eficaz conservación de sus recursos naturales, así como el mayor desarrollo y aprovechamiento de los mismos para el beneficio general de la comunidad; la conservación y mantenimiento de los edificios y lugares

en *PPL Montana, LLC v. Montana*, 565 U.S. 576 (2012) donde se reiteró que "*[t]he rule that the States, in their capacity as sovereigns, hold 'title in the soil of rivers really navigable'*"[46].

De esa manera encontramos que la "*public trust doctrine*" encarna la imagen de que el título de propiedad no inviste al gobierno de derechos propietarios plenarios, sino que se encuentra restringido a los contornos de un fideicomiso que rigurosamente exige su utilización para el beneficio de los ciudadanos, que son sus beneficiarios.

E) *"Eminent domain"*

En el ordenamiento jurídico norteamericano se destacan las deliberaciones en torno a la adquisición de la propiedad privada por el Estado quien posee la significativa autoridad para expropiar terrenos privados para dedicarlos al uso público[47]. Al ejercicio de esa facultad se le denomina "*eminent domain*" (dominio eminente) y constituye un atributo inherente de la soberanía (*Boom Co. v. Patterson*, 98 U.S. 403 [1879])[48]. El válido ejercicio de esa autoridad se encuentra forjado en el contexto constitucional de la Quinta Enmienda de la Constitución de Estados Unidos que exige un debido proceso de ley y una justa compensación[49] (*Kohl v. United States,* 91 U.S. 367 [1875]).

---

que sean declarados de valor histórico o artístico por la Asamblea Legislativa; reglamentar las instituciones penales para que sirvan a sus propósitos en forma efectiva y propender, dentro de los recursos disponibles, al tratamiento adecuado de los delincuentes para hacer posible su rehabilitación moral y social". Constitución del Estado Libre Asociado de Puerto Rico, art. 6 Sección 19.

Otro ejemplo es la Constitución de Hawaii la que postula: "*For the benefit of present and future generations, the State and its political subdivisions shall conserve and protect Hawaii's natural beauty and all natural resources, including land, water, air, minerals and energy sources, and shall promote the development and utilization of these resources in a manner consistent with their conservation and in furtherance of the self-sufficiency of the State.*

"All public natural resources are held in trust by the State for the benefit of the people". Art. XI, Sección 1.

46 "*In 1842, the Court declared that for the 13 original States, the people of each State, based on principles of sovereignty, "hold the absolute right to all their navigable waters and the soils under them," subject only to rights surrendered and powers granted by the Constitution to the Federal Government*".

47 Esa facultad gubernamental ha sido catalogada como "*essential to its independent existence and perpetuity*". *Kohl v. United States*, 91 U.S. 367, 371 (1875).

48 Se ha expuesto que el gobierno estadounidense posee autoridad para reclamar propiedad privada "[...] *whenever it is necessary or appropriate to use the land in the execution of any of the powers granted to it by the Constitution*". *United States v. Gettysburg Electric Ry.*, 160 U.S. 668, 679 (1896).

49 "*No person shall be held to answer for a capital, or otherwise infamous crime, unless on a presentment or indictment of a grand jury, except in cases arising in the land or naval*

El "*eminent domain*" es el poder gubernamental para despojar de la propiedad para propósitos públicos sin que resulte necesaria la autorización del propietario. Esta acción ha sido utilizada desde los albores de Estados Unidos y a ella se ha recurrido para erigir múltiples proyectos. Esa autoridad puede ser ejercita por sí mismo o a través de la delegación a terceros, y puede ir dirigida hacia propiedades privadas o que sean propiedad de los estados (*Penneast Pipeline co. v. New Jersey*, 594 U.S. [2021). Ese amplio ejercicio de poder puede abarcar multiplicidad de legítimos propósitos públicos como salud, seguridad, operaciones gubernamentales, transporte, negocios e incluso para establecer espacios para el disfrute de futuras generaciones (*Shoemaker v. United States*, 147 U.S. 282 [1893]). De esa manera se reconoce que toda la propiedad privada se encuentra subordinada a las necesidades públicas (*United States v. Lynah*, 188 U.S. 445 [1903]).

Todo acto de apropiación de propiedad privada tiene que derivar de una autorización congresional (*Utah Power & Light Co. v. United States*, 243 U.S. 389 [1917]). No obstante, se ha validado el ejercicio de esa autoridad mediante Órdenes Ejecutivas (*Sioux Tribe v. United States*, 316 U.S. 317 [1942]; *United States v.Midwest Oil Co.*, 236 U.S. 459 [1915]).

La materialización de esa autoridad puede efectuarse mediante un acto de apropiación que representa la acción de tomar el control de una propiedad privada (*United States v. General Motors Corp.*, 323 U.S. 373 [1945]). En esas ocasiones, en las que el gobierno adquiere el título sobre una propiedad con el propósito de dedicarla a un fin público, se debe prestar una justa compensación. Esa premisa es tan antigua como la misma Constitución (*Tahoe-Sierra Preservation Council, Inc. v. Tahoe Regional Planning Agency*, 535 U.S. 302 [2002]).

Esta pauta también resulta aplicable en aquellas ocasiones en las cuales el gobierno físicamente toma posesión de una propiedad sin que adquiera título de propietario sobre la misma (*United States v. Pewee Coal Co.*, 341 U.S. 114 [1951]). Así se refrenda la máxima de que el gobierno debe pagar por lo que toma[50]. En esas ocasiones, en abstracción de adquirir oficialmente la propiedad, se impacta la propiedad privada por lo que se configura un *taking*. Para reconocer esas situaciones debemos tener presente que resulta esencial la protección de la propiedad privada pues ello es consustancial a la

forces, or in the militia, when in actual service in time of war or public danger; nor shall any person be subject for the same offense to be twice put in jeopardy of life or limb; nor shall be compelled in any criminal case to be a witness against himself, nor be deprived of life, liberty, or property, without due process of law; nor shall private property be taken for public use, without just compensation". Énfasis suplido.

[50] "*The government must pay for what it takes*". *Tahoe-Sierra Preservation Council, Inc. v. Tahoe Regional Planning Agency*, 535 U.S. 302, 322 (2002).

preservación de la libertad, y empodera a las personas a dar forma y planificar su propio destino en un mundo donde los gobiernos siempre están ansiosos a hacerlo por ellos[51]. No obstante, el aparato gubernamental puede estar tentado a utilizar propiedad privada con el objetivo de servir directamente a propósitos públicos. Como consecuencia de esa contingencia, la propiedad privada debe ser protegida, incluso del propio gobierno, que podría acariciar la idea de someterla a una función que perciba como pública. Debe ser prevenida la irrestricta tentación gubernamental de forzar a los ciudadanos a hacerse cargo de responsabilidades públicas, que en equidad y en justicia deben ser atendidas por el gobierno[52].

Mediante la Quinta Enmienda[53] y la Decimocuarta Enmienda[54] de la Constitución estadounidense se instaura la exigencia de que no se podrá privar a ninguna persona de su vida, su libertad o su propiedad, sin el debido proceso de ley[55]. Estas disposiciones constitucionales han sido interpretadas con el resultado de requerir una compensación económica cuando se presente ocupación física gubernamental de la propiedad y en instancias en las cuales las regulaciones del gobierno imponen una significativa restricción al uso privado de la propiedad[56]. O sea, el Estado puede interferir los derechos de los pro-

[51] "*Property rights are necessary to preserve freedom, for property ownership empowers persons to shape and to plan their own destiny in a world where governments are always eager to do so for them*". *Murr v. Wisconsin*, 582 U.S. (2017).

[52] "*The Fifth Amendment's guarantee that private property shall not be taken for a public use without just compensation was designed to bar Government from forcing some people alone to bear public burdens which, in all fairness and justice, should be borne by the public as a whole*". *Armstrong v. United States*, 364 U.S. 40 (1960).

[53] "*No person shall be held to answer for a capital, or otherwise infamous crime, unless on a presentment or indictment of a grand jury, except in cases arising in the land or naval forces, or in the militia, when in actual service in time of war or public danger; nor shall any person be subject for the same offense to be twice put in jeopardy of life or limb; nor shall be compelled in any criminal case to be a witness against himself, nor be deprived of life, liberty, or property, without due process of law; nor shall private property be taken for public use, without just compensation*". Fifth Amendment of the Constitution of the United States.

[54] "*All persons born or naturalized in the United States, and subject to the jurisdiction thereof, are citizens of the United States and of the state wherein they reside. No state shall make or enforce any law which shall abridge the privileges or immunities of citizens of the United States; nor shall any state deprive any person of life, liberty, or property, without due process of law; nor deny to any person within its jurisdiction the equal protection of the laws*". Fourteenth Amendment of the Constitution of the United States.

[55] Parafraseando al juez asociado Felix Frankfurter, "*[t]he history of liberty has largely been the history of the observance of procedural safeguards*" (*McNabb v. United States*, 318 U.S. 332, 347 [1943]).

[56] *Regulatory Taking*. Véase. *Pennsylvania Coal Co. v. Mahon*, 260 U.S. 393 (1922); *Lucas v. South Carolina Coastal Council,* 505 U.S. 1003 (1992). No obstante, esa doctrina tiene que ser conciliada con la visión de que, "*[a] prohibition simply upon the use of property*

pietarios privados en aquellas ocasiones en que su acción se fundamente en la búsqueda del interés colectivo (*Preseault v. Interstate Commerce Comm'n*, 494 U.S. 1 [1990]). No obstante, el Estado no puede transformar una propiedad privada en una pública con fundamento en su propia y exclusiva voluntad[57].

En ese sentido el Tribunal Supremo de Estados Unidos ha determinado que cuando el gobierno se involucra en una ocupación física permanente de la propiedad, surge para él la obligación clara y categórica de concederle al propietario una compensación económica justa (*Tahoe-Sierra Preservation Council, Inc. v. Tahoe Regional Planning Agency*, 535 U.S. 302 [2002])[58]. Igualmente se manifiesta esa obligación cuando el gobierno toma posesión del inmueble, aunque no obtenga título sobre ella (*United States v. Pewee Coal Co.*, 341 U.S. 114 [1951]) o a pesar de que esa intervención sea temporal[59], o intermitente[60]. Tanto la duración como el alcance de la apropiación, serán importantes para determinar el monto de la compensación (*United States v. Dow*, 357 U.S. 17 [1958]). Ese resarcimiento monetario procede incluso cuando el área física afectada es pequeña y el uso del gobierno no afecta en gran medida el interés económico del propietario (*Loretto v. Teleprompter Manhattan CATV Corp.*, 458 U.S. 419 [1982]).

Históricamente se afirmaba que la normativa del *taking* se encontraba limitada a la apropiación física de la propiedad (*Legal Tender Cases*, 12 Wall. 457 [1871]). No obstante, la preceptiva jurisprudencial evolucionó y eventualmente instituyó que "si bien la propiedad puede estar regulada hasta cierto punto, sí la regulación va demasiado lejos, se reconocerá como un *taking*"[61]. Al evaluar el impacto de la intromisión gubernamental se considerará el impacto económico de la regulación, la interferencia sobre las expectativas económicas de la regulación y las características de la acción gubernamental (*Penn Central Transportation Co. v. New York City*, 438 U.S. 104, 124 [1978]). Como consecuencia observamos que para el análisis se plantea si el gobierno adquirió la posesión física de la propiedad o si sus acciones restringen la capacidad que tiene el dueño de utilizar su propiedad (*Tahoe-Sierra Preservation Council, Inc. v. Tahoe Regional Planning Agency*, 535 U.S. 302, 321-323 [2002]).

---

for purposes that are declared, by valid legislation, to be injurious to the health, morals, or safety of the community, cannot, in any just sense, be deemed a taking or an appropriation of property for the public benefit" (*Mugler v. Kansas*, 123 U.S. 623, 668-669 [1887]).

[57] "[...] *a State, by ipse dixit, may not transform private property into public property without compensation*". *Webb's Fabulous Pharmacies, Inc. v. Beckwith*, 449 U.S. 155, 164 (1980).

[58] "*The government must pay for what it takes*". *Cedar Point Nursery v. Hassid*, 594 U.S. (2021).

[59] *United States v. Petty Motor Co.*, 327 U.S. 372 (1946).

[60] *United States v. Causby*, 328 U. S. 256, 259 (1946).

[61] "*[W]hile property may be regulated to a certain extent, if regulation goes too far it will be recognized as a taking*". *Pennsylvania Coal Co. v. Mahon*, 260 U. S. 393, 415 (1922).

Los contextos jurídicos de *taking* pueden ser clasificados en tres categorías. La primera de ellas son los casos relacionados con la ocupación física de la propiedad. Los otros escenarios son ocasiones relacionadas con regulaciones que afectan el valor de la propiedad[62]. En las ocasiones en que la reducción de valor no es total, el tribunal debe considerar "[e]l impacto económico del reglamento en el reclamante y [...] la extensión en que el reglamento ha interferido con las distintas expectativas de inversión [...]"[63] (*Penn Central Transportation Co. v. New York City*, 438 U.S. 104, 125 [1978]). Como tercera instancia se puede identificar situaciones en las cuales la reglamentación gubernamental tiene el impacto de negarle al propietario todo uso económicamente viable, en cuyo caso constituirá un *taking* que tiene que ser debidamente compensado[64].

Los legítimos intereses públicos no pueden ser usados como pretexto para minimizar los derechos de propiedad de un ciudadano. La propiedad privada no cede su preeminencia, ni adquiere un perfil público, aun en aquellas ocasiones en que puedan ser identificados claros e indiscutidos intereses sociales (*Cedar Point Nursery v. Hassid*, 594 U.S. [2021]).

F) *Actividad urbanística sujeta a las regulaciones del Estado*

Es indispensable en el análisis del poder del Estado *(police power)* la capacidad para reglamentar el uso de la propiedad fundamentado en la premisa de que lo privado debe estar subordinado a lo público (*Lucas v. South Carolina Coastal Council,* 505 U.S. 1003 [1992]). Así que todo lo privado tiene un distinguible y consustancial matiz público. Conforme a ello, se reconoce que el Estado puede legítimamente adoptar normas encaminadas a establecer una ordenación territorial (*Village of Euclid, Ohio v. Ambler Realty Co.*, 272 U.S. 365 [1926]). Esa amplia autoridad incluye la posibilidad de afectar amplias áreas de deterioros y ruinas, aunque esa acción tenga el efecto de sacrificar propiedades que se encuentran en buenas condiciones (*Berman v. Parker*, 348 U.S. 26 [1954]). Incluso se acepta la posibilidad de adquirir múltiples propiedades con el objetivo de adelantar desarrollos económicos (*Kelo v. City of New London*, 545 U.S. 469 [2005]).

[62] "*The general rule ... is, that while property may be regulated to a certain extent, if regulation goes too far it will be recognized as a taking*". *Pennsylvania Coal Co. v. Mahon,* 260 U.S. 393, 415 (1922).

[63] *"[t]he economic impact of the regulation on the claimant and [...] the extent to which the regulation has interfered with distinct investment-backed expectations".*

[64] Esto con la excepción de estorbos que amenacen la seguridad, la salud o el bienestar común. Véase, *Curtin v. Benson,* 222 U.S. 78 (1911).

La molesta excepción a la toma de garantía no es colindante con el propio poder policial. La pregunta es si el uso prohibido es peligroso para la seguridad, la salud o el bienestar de los demás.

Por otro lado, se identifica que resulta indispensable la adecuada compensación económica cuando una normativa legislativa priva a un propietario de todo valor económico (*Lucas v. South Carolina Coastal Council,* 505 U.S. 1003 [1992]). Esa visión deriva del reconocimiento de que "(1) dejar la tierra en su condición natural pone de presente una tensión fundamental con los objetivos tradicionales del derecho de propiedad privada; (2) una vez las condiciones naturales se tienen como fundamentales, cualquier desviación de ellas puede considerarse 'dañina', ya que la esencia del uso de la tierra incide sobre su estado natural; (3) si cualquier interrupción de las condiciones naturales puede ser vista como dañina (como seguramente puede serlo), entonces las condiciones naturales generalmente podrían ser vistas como normales y podrían ser exigidas por el Estado, y (4) con ese predicado, los Estados podrían ejercer su poder para mantener las condiciones naturales, eliminando así el valor económico de la propiedad privada para su propietario"[65].

G) *Ejercicio de derechos constitucionales en propiedades públicas*

Constituye parte fundamental de las reflexiones en torno a los bienes públicos, una discusión sobre el ejercicio de los derechos constitucionales en esos espacios. Sobre ello queda clara la cabal aplicación de los derechos constitucionales en los referidos predios (*Lebron v. National Railroad Passenger Corporation*, 513 U.S. 374 [1995]). Las propiedades públicas constituyen espacios vitales donde se debe reconocer toda la gama de derechos constitucionales independientemente de la designación congresional que se pretenda efectuar (*Ex parte Virginia,* 100 U.S. 339, 346-347 [1880]). Esta disertación la debemos desarrollar a partir de reconocer que la conservación y protección de la sociedad democrática precisa la capacidad para recibir toda la información legítima que interese, y ello sin mediar la restricción del Estado (*Martin v. Struthers.* 319 U.S. 141 [1943]).

El Tribunal Supremo ha manifestado que, "*[w]herever the title of streets and parks may rest, they have immemorially been held in trust for the use of the public and, time out of mind, have been used for purposes of assembly, communicating thoughts between citizens, and discussing public questions. Such use of the streets and public places has from ancient times, been a part*

[65] "*(1) leaving land in its natural condition is in fundamental tension with the traditional goals of private property law; (2) once natural conditions are considered the baseline, any departure from them can be viewed as 'harmful', since the essence of human use of land is interrupting the land's natural state; (3) if any disruption of natural conditions can be viewed as harmful (as surely they can), then natural conditions generally could be viewed as normal and could be demanded by the state; and (4) with that predicate, states could exercise their police power to maintain natural conditions, thereby eliminating the economic value of private property to its owner*". Joseph L. Sax, *Property Rights and the Economy of Nature: Understanding Lucas v. South Carolina Coastal Council*, 45 Stanford Law Review, 1433, 1993.

of the privileges, immunities, rights, and liberties of citizens". *Hague v. Committee for Industrial Organization*, 307 U.S. 496, 515 (1939)[66].

Sin embargo, se debe tener presente que no todas las propiedades gubernamentales son foros públicos. "*The First Amendment does not guarantee access to property simply because it is owned or controlled by the government*" (*United States Postal Serv. v. Council of Greenburgh Civic Assn's*, 453 U.S. 114 [1981])[67]. En esas ocasiones, "*[t]he crucial question is whether the manner of expression is basically compatible with the normal activity of a particular place at a particular time*" (*Grayned v. City of Rockford*, 408 U.S. 104, 116 [1972]).

Por el contrario, incluso pueden considerarse como foros públicos ámbitos privados en los que se pueda distinguir un *State Action.* En esas ocasiones, aun cuando no se pueda identificar las características propias de un bien público, sí le podrían ser aplicables salvaguardas de protección de los derechos constitucionales. Con relación a ello debemos observar que la doctrina de acción de Estado constituye un precepto que establece que las garantías constitucionales se encuentran limitadas a regir la conducta gubernamental y no incluye el comportamiento de personas privadas (*Smith v. Allwright*, 321 U.S. 649 [1944]). Este precepto jurídico tuvo su génesis en casos como el de *Civil Rights Cases,* 109 U.S. 3 (1883) y de *Virginia v. Rives*, 100 U.S. 313 (1880). No obstante, se entiende que las garantías constitucionales pueden trascender el específico espacio público para abarcar ámbitos privados. En términos prácticos significaría que, para propósitos de reconocimiento de derechos constitucionales, las propiedades privadas adquirirían personalidad pública[68]. Así encontramos que las garantías constitucionales deben ser reconocidas en esos ámbitos privados como si se tratara de propiedades públicas.

En *Marsh v. Alabama*, 326 U.S. 501 (1946), el Tribunal Supremo de Estados Unidos decidió que en un pueblo, totalmente gestionado por una empresa privada, eran de plena aplicación las garantías constitucionales cobijadas bajo la Primera Enmienda de la Constitución federal[69]. Ello a pesar de que esa

[66] Véase, *Shuttlesworth v. City of Birmingham*, 349 U.S. 147 (1969); *Grayned v. City of Rockford*, 408 U.S. 104 (1972); *Carey v. Brown*, 447 U.S. 455 (1980).

[67] El Tribunal Supremo sostuvo la validez de una ordenanza municipal dirigida a prohibir la instalación de letreros en los postes públicos (*utility poles*) (*City Council v. Taxpayers for Vincent*, 466 U.S. 789 [1984]).

[68] Las acciones de instituciones privadas pueden ser consideradas como acciones para propósitos constitucionales. *Burton* v. *Wilmington Parking Authority,* 365 U.S. 715 (1961); *San Francisco Arts & Athletics, Inc.* v. *United States Olympic Comm.*, 483 U.S. 522 (1987); *Blum* v. *Yaretsky,* 457 U.S. 991 (1982); *Moose Lodge No. 107* v. *Irvis,* 407 U.S. 163 (1972).

[69] Véase también, *Amalgamated Food Employees Union Local 590 v. Logan Valley Plaza*, 391 U.S. 308 (1968).

entidad privada era dueña de sus calles, edificios, aceras y negocios comerciales. Para arribar a la referida conclusión se coligió que, a pesar de ser una propiedad privada, el referido pueblo era el equivalente funcional de un pueblo típico por lo que constituía una violación de la Primera Enmienda vedar la distribución de material religioso[70]. Conforme con ello encontramos que se puede interpretar la existencia de *state action* cuando la actividad ejecutada por el particular constituya una función que tradicionalmente ha sido una exclusiva prerrogativa del Estado (*Blum v. Yaretsky*, 457 U.S. 991 [1982]; *Rendell-Baker v. Kohn*, 457 U.S. 830 [1982]).

H) *Cuando la propiedad pública se confronta con derechos constitucionales consagrados en la Primera Enmienda*

Con respecto a las facultades que pueden ser ejercidas respecto de la propiedad pública, observamos que el ejercicio de acciones gubernamentales difiere de los derechos propietarios privados. En estos escenarios pueden ser identificadas las ocasiones en las cuales algún acto de dominio sobre propiedades gubernamentales impacta algún precepto constitucional. Confrontados ambos intereses se establece que la existencia de derechos constitucionales no concede el derecho a dictar la conducta gubernamental. Véase, *Bowen v. Roy*, 476 U.S. 693 (1986)[71].

En *Lyng v. Northwest Indian Cemetery Protective Association*, 485 U.S. 439 (1988) el Tribunal Supremo de Estados Unidos validó la decisión del gobierno federal encaminada a talar y a construir una vía pública en un terreno federal del *Six Rivers National Forest*, que tradicionalmente era utilizado para desarrollar actividades religiosas por miembros de las tribus Yurok, Karok y Tolowa, lugar que los indígenas denominaban como "*High Country*" (País Alto)[72]. Infructuosa-

[70] No obstante, debemos exponer que el alcance de esa decisión ha menguado y así observamos decisiones como *Lloyd Corp v. Tanner*, 407 U.S. 551 (1972) donde el Tribunal Supremo sostuvo que un centro comercial no había sido suficientemente dedicado al uso público como para que se aplicaran las garantías de la Primera Enmienda. El desarrollo futuro de esta pauta se encuentra reservada a los estados (*Pruneyard Shopping Center v. Robins*, 447 U.S. 74 [1980]).

[71] Esta pauta parece encontrarse fundamentada en la idea de que un individuo no se libera de la obligación de cumplir con una ley que resulta neutral en su aplicación (*Employment Division, Department of Human Resources of Oregon v. Smith*, 494 U.S. 872 [1990]).

[72] "*Imagine a majestic wilderness with Douglas firs over 300 feet tall, lush green underbrush, mountain streams, and springs. Imagine a place on earth protected by the ancient religion of the indigenous peoples living there for over 10,000 years. Imagine a place so powerful that only people with years of religious preparation are allowed to visit because of the strength of the medicine in each tree, plant, and rock, each gust of air and drop of water. Imagine a place so secluded that humans can only access it by days of foot travel guided by religious leaders to ensure that the medicine doesn't harm those daring to enter. Imagine a place occupied by pre-human spirits known as the Woge1 with whom specially trained Indian*

mente los demandantes reclamaron que la referida obra de construcción, y sus actividades, contrariaba la disposición constitucional que establece que el Congreso no puede promulgar leyes que prohíban el ejercicio de la religión[73]. Se indica en la referida opinión judicial que ese uso de la propiedad gubernamental es lícito, aun partiendo de la conclusión de que la construcción en terreno público tuviere efectos devastadores sobre sus prácticas religiosas pues estaban inextricablemente unidas a las características únicas de la zona de "*High Country*"[74]. Esa conclusión deriva del reconocimiento de que la Primera Enmienda les es aplicable a todos los individuos por igual por lo que no se le puede reconocer el derecho al veto sobre las acciones gubernamentales aun cuando estas se fundamenten en sinceras creencias religiosas. Una visión religiosa no puede limitar el pleno ejercicio del derecho de propiedad que ostenta el gobierno. Como reacción se ha planteado que esa decisión judicial refleja una extremadamente amplia interpretación de los derechos propietarios que se pueden ejercer en los terrenos públicos[75].

Resulta interesante observar el desarrollo de la jurisprudencia con anterioridad a la citada opinión de *Lyng v. Northwest Indian Cemetery Protective Association,* 485 U.S. 439 (1988). En ese sentido podemos presenciar que ha sido un constante desafío para los tribunales atender las ocasiones en las cuales se confrontaba el derecho a la libertad religiosa de tribus indígenas con la capacidad gubernamental de actuar sobre terrenos públicos. Ello basado en el

---

doctors communicate. Imagine a place that provides medicine to heal the sick, control the weather, and bring peace to the world. This is the "High Country," the holy land of the Yurok, Karuk, and Tolowa Indians". Amy Bowers and Kristen Carpenter, *Challenging the Narrative of Conquest: The Story of Lyng v. Northwest Indian Cemetery Protective Association,* Indian Law Stories, Foundation Press, 2011, pág. 489.

[73] "*Congress shall make no law respecting an establishment of religion, or prohibiting the free exercise thereof; or abridging the freedom of speech, or of the press; or the right of the people peaceably to assemble, and to petition the government for a redress of grievances*". Primera Enmienda de la Constitución Federal".

[74e] *Those practices are intimately and inextricably bound up with the unique features of the Chimney Rock area, which is known to the Indians as the "high country". Lyng v. Northwest Indian Cemetery Protective Association*, 485 U.S. 439, 451 (1988).

[75] Amy Bowers and Kristen Carpenter, *Challenging the Narrative of Conquest: The Story of Lyng v. Northwest Indian Cemetery Protective Association*, Eds. New York, Foundation Press, 2011, https://lawweb.colorado.edu/profiles/pubpdfs/carpenter/CarpenterBowers.pdf, visitado el 6 de octubre de 2021. Para esa afirmación, en ese trabajo se cita, Kristen A. Carpenter, *A Property Rights Approach to Sacred Sites Cases: Asserting a Place for Indians as Non–Owners*, 52 UCLA L. Rev. 1061, 1062-1067, 1077-1085 (2005); Kevin J. Worthen, *Protecting The Sacred Sites of Indigenous People In U.S. Courts: Reconciling Native American Religion And The Right To Exclude*, 13 St. Thomas L. Rev. 239 (2000); Allison M. Dussias, *Ghost Dance and Holy Ghost: The Echoes of Nineteenth —Century Christianization Policy in Twentieth— Century Native American Free Exercise Cases*, 49 Stan. L. Rev. 773, 823-833 (1997).

cuestionamiento central de que la visión religiosa puede tener como resultado prohibir una actividad secular del gobierno, que de otra manera sería legítima. Por ejemplo, en *Sequoyah v. Tennessee Valley Authority*, 620 F.2d 1159 (6th Cir. 1980), la tribu cherokee presentó una demanda para cuestionar la construcción de una represa reclamando que esta inundaría lugares sagrados, por lo que se afectaría su libertad religiosa. Ante el señalado reclamo el Tribunal de Circuito federal resolvió que el demandante no estableció que el ejercicio de derechos propietarios por parte del gobierno socavara el ejercicio de una creencia i ndispensable o central[76]. Una situación análoga se presentó en *Wilson v. Block*, 708 F.2d 735 (D.C. Cir. 1983) donde las tribus indígenas de Navajo y Hopi cuestionaron una construcción en el predio de terreno gubernamental del *Coconino National Forest*. Se planteaba que el referido desarrollo interfería con las libertades constitucionales reconocidas por la Primera Enmienda de la Constitución. El tribunal resolvió que una parte que reclame la violación de su derecho a la libertad religiosa, como mínimo debe establecer que la utilización del terreno público reprime el ejercicio de su derecho. Se expone que la *American Indian Religious Freedom Act,* 42 U.S.C. 1996, aun cuando requiere que las agencias federales consideren los valores religiosos indios, no les prohíbe adoptar todos los usos de la tierra que entren en conflicto con las creencias o prácticas religiosas tradicionales de los indios[77]. Se observa la convicción judicial del amplio reconocimiento del ejercicio de derechos propietarios de propiedad pública[78].

I) *Los bienes públicos en Puerto Rico*

Para poner en contexto la discusión sobre los bienes públicos en Puerto Rico se requiere plantear la figura jurídica de los bienes inmuebles de dominio

[76] "*Granting as we do that the individual plaintiffs sincerely adhere to a religion which honors ancestors and draws its spiritual strength from feelings of kinship with nature, they have fallen short of demonstrating that worship at the particular geographic location in question is inseparable from the way of life (Yoder), the cornerstone of their religious observance (Frank), or plays the central role in their religious ceremonies and practices (Woody)". Sequoyah v. Tennessee Valey Authority*, 650 F.2d 1159, 1164 (6th Cir. 1980).

[77] "*Thus AIRFA requires federal agencies to consider, but not necessarily to defer to, Indian religious values. It does not prohibit agencies from adopting all land uses that conflict with traditional Indian religious beliefs or practices. Instead, an agency undertaking a land use project will be in compliance with AIRFA if, in the decision-making process, it obtains and considers the views of Indian leaders, and if, in project implementation, it avoids*". *Wilson v. Block*, 708 F.2d 735, 747 (D.C. Cir. 1983).

[78] Otros casos que versan sobre este tema son *Badoni v. Higginson*, 638 F.2d 172 (10th Cir. 1980) donde el tribunal federal entendió que un interés gubernamental significativo puede superar cualquier alegada infracción ante la ausencia de alternativas viables para lograr el objetivo gubernamental.

público. Sobre ello inicialmente debemos destacar que, mediante el Tratado de Paz, firmado el 10 de diciembre de 1898, el Reino de España cedió a Estados Unidos todos los bienes inmuebles de dominio público[79] (*Pueblo v. Del Valle*, 60 DPR 184, 192 [1942]). Posteriormente, en la primera Ley Orgánica federal aprobada para regir a Puerto Rico se estableció que todas las propiedades que puedan haber adquirido en Puerto Rico los Estados Unidos por la cesión de España en dicho Tratado de Paz quedaban bajo la dirección del Gobierno establecido por la susodicha Ley, para ser administrados a beneficio del Pueblo de Puerto Rico quedando la Asamblea Legislativa autorizada para legislar respecto a todos esos asuntos[80].

[79] Artículo VIII. "En cumplimiento de lo convenido en los artículos I, II y 111 de este Tratado, España renuncia en Cuba y cede en Puerto Rico y en las otras islas de las Indias Occidentales, en la Isla de Guam y en el Archipiélago de las Filipinas, todos los edificios, muelles, cuarteles, fortalezas, establecimientos, vías públicas y demás bienes inmuebles que con arreglo a derecho son del dominio público, y como tal corresponden a la Corona de España.

"Queda por lo tanto declarado que esta renuncia o cesión, según el caso, a que se refiere el párrafo anterior, en nada puede mermar la propiedad, o los derechos que correspondan, con arreglo a las leyes, al poseedor pacífico, de los bienes de todas clases de las provincias, municipios, establecimientos públicos o privados, corporaciones civiles o eclesiásticas, o de cualesquiera otras colectividades que tienen personalidad jurídica para adquirir y poseer bienes en los mencionados territorios renunciados o cedidos, y los de los individuos particulares, cualquiera que sea su nacionalidad.

"Dicha renuncia o cesión, según el caso, incluye todos los documentos que se refieran exclusivamente a dicha soberanía renunciada o cedida, que existan en los Archivos de la Península.

"Cuando estos documentos existentes en dichos Archivos, solo en parte correspondan a dicha soberanía, se facilitarán copias de dicha parte, siempre que sean solicitadas. Reglas análogas habrán recíprocamente de observarse en favor de España, respecto de los documentos existentes en los Archivos de las Islas antes mencionadas.

"En las antecitadas renuncia o cesión, según el caso, se hallan comprendidos aquellos derechos de la Corona de España y de sus autoridades sobre los Archivos y Registros oficiales, así administrativos como judiciales de dichas islas, que se refieran a ellas y a los derechos y propiedades de sus habitantes. Dichos Archivos y Registros deberán ser cuidadosamente conservados y los particulares sin excepción, tendrán derecho a sacar, con arreglo a las leyes, las copias autorizadas de los contratos, testamentos y demás documentos que formen parte de los protocolos notariales o que se custodien en los Archivos administrativos o judiciales, bien éstos se hallen en España, o bien en las Islas de que se hace mención anteriormente".

[80] Artículo 13. "Todas las propiedades que puedan haber adquirido en Puerto Rico los Estados Unidos por la cesión de España en dicho Tratado de Paz, en puentes públicos, casas camineras, fuerza motriz de agua, carreteras, corrientes no navegables, y los lechos de las mismas, aguas subterráneas, minas o minerales bajo la superficie de terrenos particulares, y toda propiedad que al tiempo de la cesión pertenecía, bajo las leyes de España entonces en vigor, a las varias Juntas de Obras de Puertos de Puerto Rico, y todas las orillas de los puertos, muelles, embarcaderos y terrenos saneados, pero sin incluir la superficie de los puertos o aguas navegables, por la presente quedan bajo la dirección del Gobierno establecido por esta Ley, para ser administrados a beneficio del Pueblo de Puerto Rico; y la Asamblea Legislativa creada

Subsiguientemente, bajo la Ley Jones se dispuso que toda propiedad que hubiere sido adquirida en Puerto Rico por los Estados Unidos, en virtud de la cesión hecha por España en el tratado de paz celebrado el día 10 de diciembre de 1898 quedaba bajo el dominio del gobierno de Puerto Rico, para ser administrados a beneficio del pueblo de Puerto Rico y la Asamblea Legislativa de Puerto Rico tendría autoridad para legislar respecto a todos esos asuntos según lo estimare conveniente[81]. Por su parte, la Constitución del Estado Libre Asociado de Puerto Rico no se manifiesta sobre el tema de los bienes públicos con excepción de una expresión en torno a establecer como política pública la conservación de los recursos naturales[82].

3. Código Civil de Puerto Rico

Esbozado el previo panorama histórico se nos presenta que, según lo anteriormente señalado, los aspectos de derechos reales en Puerto Rico se encuentran normados por el Código Civil de 2020. Desde esa perspectiva cabe indicar que el primer encuentro del País con un cuerpo legal de Código Civil fue cuando el Código español fue extendido a Puerto Rico, Cuba y Filipinas mediante el Real Decreto del 24 julio de 1889. Véase, *Rodríguez v. San Miguel*, 4 DPR 208 (1903). Posteriormente en el Ordenamiento Civil puertorriqueño se han promulgado tres Códigos civiles. Estos son los Códigos civiles de 1902, el del año 1930, y el prevaleciente que fue aprobado el 1° de junio de 2020 en virtud de la ley 55-2020[83].

---

por la presente, tendrá autoridad para legislar respecto a todos esos asuntos, según lo estimare conveniente, con sujeción a las limitaciones impuestas a todos sus actos". Ley Orgánica Foraker de 12 de abril de 1900 (cap. 191, 31 Stat.77).

[81] Artículo 13. "Todas las propiedades que puedan haber adquirido en Puerto Rico los Estados Unidos por la cesión de España en dicho Tratado de Paz, en puentes públicos, casas camineras, fuerza motriz de agua, carreteras, corrientes no navegables, y los lechos de las mismas, aguas subterráneas, minas o minerales bajo la superficie de terrenos particulares, y toda propiedad que al tiempo de la cesión pertenecía, bajo las leyes de España entonces en vigor, a las varias Juntas de Obras de Puertos de Puerto Rico, y todas las orillas de los puertos, muelles, embarcaderos y terrenos saneados, pero sin incluir la superficie de los puertos o aguas navegables, por la presente quedan bajo la dirección del Gobierno establecido por esta Ley, para ser administrados a beneficio del Pueblo de Puerto Rico; y la Asamblea Legislativa creada por la presente, tendrá autoridad para legislar respecto a todos esos asuntos, según lo estimare conveniente, con sujeción a las limitaciones impuestas a todos sus actos". Aprobado el 2 de marzo de 1917, Capítulo 145, 39 Stat. 951.

[82] Artículo VI, Sección 19. "Será política pública del Estado Libre Asociado la más eficaz conservación de sus recursos naturales, así como el mayor desarrollo y aprovechamiento de los mismos para el beneficio general de la comunidad, la conservación y mantenimiento de los edificios y lugares que sean declarados de valor histórico o artístico por la Asamblea Legislativa [...]".

[83] Entró en vigor el 28 de noviembre de 2020.

Originalmente, conforme la redacción contenida en el Código Civil de 1902, y siguiendo la influencia del Código Civil de Luisiana, se clasificaron los bienes de manera subjetiva y tripartita de acuerdo con las personas a quienes le pertenecen, adoptándose la pauta de los bienes comunes, de dominio público o privados (E.L.A. *v. Tribunal Superior*, 97 DPR 644 [1969]). Esta visión contrastó "con el régimen clasificatorio establecido por el Estado de derecho español, que solo reconocía dos clasificaciones dominicales: los bienes públicos y los bienes privados. Artículo 338, Código Civil español de 1889, *supra*" (*San Gerónimo Caribe Project v.* E.L.A. *I,* 174 DPR 518, 557 [2008])[84].

En la actual definición se indica que los bienes "[s]on las cosas o derechos que pueden ser apropiables y susceptibles de valoración económica" (art. 236 del C. C. Por otro lado se nos ilustra que, "[l]os bienes se clasifican en: (a) públicos y privados; (b) corporales e incorporales; (c) consumibles y no consumibles; (d) fungibles y no fungibles; (e) divisibles e indivisibles; (f) en el tráfico jurídico y fuera del tráfico jurídico, y (g) muebles e inmuebles" (art. 237 del C. C.). Conforme con lo anterior se establece que la norma jurídica prevaleciente es que los "bienes públicos" son bienes privados del Estado que han sido destinados al uso o al servicio público. De ello se desprende que, con la adopción del Código Civil de 2020, se modificó la redacción de la normativa jurídica, hasta ese momento vigente, en torno a los bienes públicos según se conceptualizaba en su antecesor Código Civil de 1930.

Acorde con lo anterior debemos observar que, según el orden prevaleciente, se identifica que los bienes privados son "(a) los pertenecientes al Pueblo de Estados Unidos de América, al Pueblo de Puerto Rico y a cada una de sus subdivisiones políticas; y que no están afectados al uso o servicio público; y, (b) los pertenecientes a las personas" (art. 242 del C. C. de Puerto Rico)[85]. De esa manera, divisamos que los bienes privados parecen constituir un derecho residual que comienza, y se erige, desde la plataforma de lo que son los bienes públicos. Ello pues surge que los "bienes privados" son aquellos que no

[84] No obstante, se indica por el Tribunal Supremo de Puerto Rico, "[a] pesar de ello, el reconocimiento de la naturaleza comunal de los bienes naturales como el aire y el mar no era ajeno al ordenamiento civil español. De hecho, Manresa explica que el Código Civil de España obra correctamente al prescindir de alusión alguna al dominio del mar por ser este un bien común, universal y humano. Sin embargo, este tratadista critica que no se haya incluido en la enumeración de bienes de dominio público al mar litoral, por entender que este es un bien susceptible de apropiación sujeto a la soberanía del Estado, como así lo reconoce la Ley de Puertos de 1880. Manresa, *Comentarios al Código Civil Español*, Madrid, 8ª ed., rev. 1976, t. III, págs. 117-118". *San Gerónimo Caribe Project v. E.L.A. I,* 174 DPR 518, 557 (2008).

[85] La previa redacción decía, "*Bienes de propiedad privada*. Son bienes de propiedad privada, además de los patrimoniales del pueblo de los Estados Unidos, del pueblo de Puerto Rico y de los municipios, los pertenecientes a particulares individual o colectivamente". Art. 257 del C. C. de 1930, que provenía del art. 329 del C. C. de 1902 que a su vez provenía del art. 345 del C. C. español.

son "bienes públicos", o expuesto de otra manera, "los bienes privados" son "bienes" que no ostentan la característica particular de haber sido destinados a un uso público.

Así, observamos que en el ordenamiento jurídico puertorriqueño se expone la identificación de una categoría relativa a los bienes por la relación de pertenencia indicándose que "[l]os bienes públicos son aquellos bienes privados, pertenecientes al Estado o a sus subdivisiones o a particulares, que han sido afectados para destinarlos a un uso o servicio público. Estos bienes públicos se denominan bienes de uso y dominio público" (art. 238 del C. C. de Puerto Rico de 2020). El referido Código Civil añade el reconocimiento de la existencia de los "bienes públicos patrimoniales" al establecer: "[o]tros bienes públicos se declaran patrimonio del Pueblo de Puerto Rico por su interés o valor ecológico, histórico, cultural, artístico, monumental, arqueológico, etnográfico, documental o bibliográfico. Estos bienes están fuera del tráfico jurídico y se regirán por la legislación especial correspondiente" (art. 239 del C. C. de Puerto Rico)[86]. El prevaleciente estado de derecho modificó el previo escenario que contemplaba una redacción dirigida a definir los "bienes de dominio público" y "los bienes de uso público y bienes patrimoniales"[87]. Así definidos se declara que los bienes de naturaleza pública son inalienables, inembargables e imprescriptibles. Añadiéndose que su utilización privativa por las personas puede efectuarse solo mediante las concesiones permitidas por la ley. Véase el artículo 240 del Código Civil de Puerto Rico. Observado desde esta perspectiva se distingue que, aun cuando el Estado es poseedor de los

[86] Con relación a la clasificación de "los bienes públicos" en la Exposición de Motivos del susodicho cuerpo legal se expresa que, "[c]on relación a los bienes públicos y los bienes de uso público, este Código aclara que son bienes públicos aquellos bienes privados pertenecientes al Estado o a sus subdivisiones o a particulares que han sido 'afectados' (es decir, destinados) a un uso o servicio público. Estos bienes públicos incluyen, según sean reglamentados por leyes especiales, los bienes que tengan especial interés o valor ecológico, histórico, cultural, artístico, monumental, arqueológico, etnográfico, documental o bibliográfico. Estos bienes son inalienables, inembargables e imprescriptibles y su utilización privativa por las personas solo podrá efectuarse mediante las concesiones permitidas por ley".

[87] La redacción de las predecesoras disposiciones contenidas en el Código Civil de 1930 establecía diferencias entre los bienes de dominio público, los de uso público y los patrimoniales. Con relación a los bienes de dominio público se manifestaba, "[s]on bienes de dominio público, los destinados al uso público, como los caminos, canales, ríos, torrentes, y otros análogos" (art. 255). Por su parte, los bienes de uso público, bienes patrimoniales se identificaban de la siguiente manera, "[s]on bienes de uso público en Puerto Rico y en sus pueblos, los caminos estaduales y los vecinales, las plazas, calles, fuentes y aguas públicas, los paseos y las obras públicas de servicio general, costeadas por los mismos pueblos o con fondos del tesoro de Puerto Rico. Todos los demás bienes que el Estado Libre Asociado de Puerto Rico o los municipios posean, son patrimoniales y se regirán por las disposiciones de este título" (art. 256 del C. C. de 1930 que derivaba del art. 328 del C. C. de 1902 que a su vez derivaba del art. 341 del C. C. español).

bienes demaniales, este no puede efectuar ningún acto para su enajenación lo que perturba el clásico concepto de propiedad al extirparle una característica que le es fundamental.

Puntualizada esa clasificación, se ordena en el artículo 243 que "[l]as personas tienen la libre disposición de los bienes que han adquirido legítimamente, sin más restricciones que las establecidas por este Código. La administración y la enajenación de los bienes privados pertenecientes al Pueblo de Puerto Rico y a cada una de sus subdivisiones políticas se rigen por leyes y reglamentos especiales y solamente pueden ser objeto de enajenación en la manera y con las restricciones prescritas en las leyes y reglamentos aplicables"[88].

Con la ambición de delinear el entramado jurídico prevaleciente se indica la categoría de las cosas comunes exponiéndose que "[l]as cosas comunes son aquellas cuya propiedad no pertenece a nadie en particular y en las cuales todas las personas tienen libre uso, en conformidad con su propia naturaleza: tales son el aire, las aguas pluviales, el mar y sus riberas" (C. C. de Puerto Rico, art. 241)[89].

Indica el Tribunal Supremo que al clasificar el Código Civil de Puerto Rico los bienes por razón de su pertenencia se establece que "un bien de esa naturaleza (público) no puede ser propiedad de una persona particular" (*Watchtower Bible & Tract Soc'y of N.Y. v. De Dorado*, 192 DPR 73 [2014]). Estos poseen la característica de que, "contrario a lo que ocurre con los bienes particulares —que se rigen por las normas ordinarias de derecho civil privado y que quedan sujetos al régimen regular de propiedad— los de dominio público gozan de una tutela diferente al ser inembargables, imprescriptibles e inalienables" (*Figueroa v. Municipio de San Juan*, 98 DPR 534, 562–563 [1970]). Se encuentran fuera del comercio pues, por disposición de la ley, no se pueden ser poseídos privadamente, así como tampoco pueden ser enajenados

[88] En las normas legales que le antecedían se indicaba, "[l]os individuos tienen la libre disposición de la propiedad que legítimamente hubiesen adquirido, sin más restricciones que las establecidas por la ley. La propiedad de los ayuntamientos de ciudades y pueblos y de las demás corporaciones, será administrada de acuerdo con las leyes y reglamentos peculiares a ellas y solamente podrán ser objeto de enajenación en la manera y con las restricciones prescritas en las leyes o actas de su constitución" (C. C. de 1930, art. 276, que procedía del art. 351 del C. C. de 1902, que a su vez derivaba del *art. 484 del C. C.* de Luisiana).

[89] Las previas disposiciones legales sobre este aspecto estaban contenidas en el art. 27 del C. C. de 1930 que expresaba: "*Cosas no susceptibles de apropiación.* Entre las cosas que no son susceptibles de apropiación están comprendidas aquellas que no pueden ser propiedad particular por razón de su objeto, tales como las cosas en común o sea aquellas cuyo uso y disfrute pertenece a todos los hombres. Hay otras cosas, por el contrario, que aunque por su naturaleza son susceptibles de propiedad particular, pierden esta cualidad como consecuencia de la aplicación que de ellas se hace para fines públicos incompatibles con la propiedad privada, si bien pueden adquirir su primitiva condición tan pronto cese el fin público que se las hubiera dado; tales son los terrenos de las carreteras, calles y plazas públicas".

(*San Gerónimo Caribe Project v.* E.L.A. *I,* 174 DPR 518, 558 [2008]). "Ese tratamiento jurídico diferente se debe a las características y a las funciones que han cumplido dichos bienes desde antaño en las sociedades" (*Watchtower Bible & Tract Soc'y of N.Y. v. De Dorado*, 192 DPR 73, 85 [2014]).

Conforme con ese entramado jurídico relativo a los bienes públicos, se reconoce en el ordenamiento jurídico que existen ciertos bienes que se encuentran excluidos del tráfico jurídico pues son imprescindibles para la sociedad (*Watchtower Bible & Tract Soc'y of N.Y. v. De Dorado*, 192 DPR 73, 86 [2014])[90]. Desde esa perspectiva resulta determinante la finalidad del bien, o sea, la afección de la cosa al uso público en general (*Figueroa v. Municipio de San Juan,* 98 DPR 534 [1970]). Un bien puede quedar destinado al uso público como consecuencia de una determinación legislativa o mediante acciones administrativas. Conforme con esas pautas, "[...] luego de que el legislador advierte una necesidad social, fija los objetivos que constituyen la razón para someter al demanio cierta categoría de bienes" (*Watchtower Bible & Tract Soc'y of N.Y. v. De Dorado*, 192 DPR 73, 90 [2014]). La Asamblea Legislativa tiene una amplia facultad para decidir lo que constituye un bien público (*Asoc. Ctrl. Acc. C. Maracaibo v. Cardona,* 144 DPR 1 [1997]).

A) *Dominio público en Puerto Rico*

Por el contrario, en la jurisdicción de Puerto Rico se indica que los bienes de dominio público no son susceptibles de enajenación ni de posesión privada. (*Caquías v. Asoc. Res. Mansiones Río Piedras*, 134 DPR 181, 292 [1993]. *Rubert Armstrong v.* ELA, 97 DPR 588 [1969]). Por esa razón, el Estado no puede disponer de ellos mientras mantengan esa clasificación (*San Gerónimo Caribe Project v.* E.L.A. *I,* 174 DPR 518 [2008]). Entre los lugares que se consideran como de dominio público encontramos los parques pues se entiende que sirven una función pública cuando están abiertos al público en general, de manera similar a una estación de bomberos o de policía que tradicionalmente sirve a la comunidad[91].

Con relación a las calles, el Tribunal Supremo ha indicado que el ordenamiento jurídico reconoce que las calles pueden poseer tanto características públicas como ostentar titularidad privada (*Watchtower Bible & Tract Soc'y of N.Y. v. De Dorado*, 192 DPR 73 [2014]). Así se concluye que "el ordenamiento jurídico puertorriqueño vigente contempla la existencia de calles residenciales

[90] Citando a J. V. González García y otros, *Derechos de los bienes públicos*, Valencia, Tirant lo Blanch, 2005, pág. 72.

[91] "*A park [...] is more like a fire department or police department that traditionally serves the community. Mass recreation through the use of parks is plainly in the public domain*". *Evans v. Newton*, 382 U.S. 296, 302 (1966).

privadas" cuando estas son costeadas con fondos privados, y en contraposición "las calles que forman parte de la categoría de bienes de dominio público son las costeadas y mantenidas por los mismos pueblos y que están destinadas al uso público"[92].

Sin embargo, el concepto de "terreno público" no incluye la zona de las mareas[93]. Con relación a la zona marítima observamos que las primeras decisiones del Tribunal Supremo negaban la posibilidad de que el Congreso pudiera conceder derechos titulares a los individuos privados (*Mann v. Tacoma Land Co.*, 153 U.S. 273, 283 [1894]). No obstante, posteriormente el Tribunal Supremo modificó dicha posición para concluir que esa es una prerrogativa que ostenta el gobierno federal para situaciones de territorios (*Shively v. Bowlby,* 152 U.S. 1 [1894])[94]. En el caso de Puerto Rico, particular atención se le ha brindado a los terrenos sumergidos y a las costas. Con respecto a ello ha sido validada la posibilidad de reconocer titularidad privada a los terrenos sumergidos ganados al mar siempre que el rescatista haya sido autorizado por el Estado para realizar dicho acto (*Pueblo v. Dimas*, 18 DPR 1061 [1912])[95].

La normativa jurídica relativa al litoral y a la zona marítimo-terrestre emanó en nuestra jurisdicción de la Ley de Aguas de España de 3 de agosto de 1866, la que fue extendida a Puerto Rico en virtud de la Real Orden de 8 de agosto de 1866 que disponía que serían bienes de dominio nacional y uso público: 1) las costas o fronteras marítimas del territorio español, con sus obras, ensenadas, calas, radas, bahías y puertos; 2) el mar litoral, o la zona marítima que ciñe las

[92] *Watchtower Bible & Tract Soc'y of N.Y. v. De Dorado*, 192 DPR 73, 96 (2014). La jueza asociada Rodríguez Rodríguez presentó Opinión Disidente e indicó: "[...] los artículos en cuestión evidencian la importancia del *destino o la función* de los bienes al momento de calificarlos como demaniales o patrimoniales. Esto, por la función eminentemente pública que los bienes de uso público desempeñan en nuestra sociedad, y no por el origen de los fondos que son utilizados para su construcción, mantenimiento o financiamiento. Los bienes contenidos en ambos artículos son, por tanto, bienes de uso público [...]".

[93] "[...] *the term 'public lands' does not include tidelands". Mann v. Tacoma Land Co.*, 153 U.S. 273, 284 (1894).

[94] "*The United States, while they hold the country as a territory, having all the powers both of national and of municipal government, may grant, for appropriate purposes, titles or rights in the soil below high water mark of tide waters. But they have never done so by general laws, and, unless in some case of international duty or public exigency, have acted upon the policy, as most in accordance with the interest of the people and with the object for which the territories were acquired, of leaving the administration and disposition of the sovereign rights in navigable waters, and in the soil under them, to the control of the states, respectively, when organized and admitted into the Union*". *Shively v. Bowlby,* 152 U.S. 1, 58 (1894).

[95] A modo ilustrativo el Tribunal Supremo de Puerto Rico cita la sentencia del Tribunal Supremo de España de 23 de marzo de 1972, Aranzadi núm. 1562 donde se expresó, "[l]os terrenos ganados al mar como consecuencia de obras construidas por particulares competentemente autorizados serán propiedad de quien las hubiere ejecutado, principio sancionado por la jurisprudencia de todos los tiempos [...]".

costas, en toda la anchura determinada por el derecho internacional, y 3) las playas[96] (*Rubert Armstrong v. ELA*, 97 DPR 588 [1969]). No obstante, la citada Ley de Aguas reconocía la posibilidad de validar la titularidad de propiedad privada en terrenos ganados al mar y en la zona marítimo terrestre[97].

Esas pautas legales estuvieron vigentes en Puerto Rico hasta la emisión de la Real Orden de 5 de febrero de 1886 que tuvo el efecto de extender a la Isla la Ley de Aguas de 13 de junio de 1879[98], así como la Ley de Puertos de 7 de mayo de 1880. De esa manera se estableció que para que los terrenos ganados al mar pudieran catalogarse como de dominio público, tenían que formar parte de la zona marítimo-terrestre aun después de materializado el acto de desecación o de relleno. O sea, esos terrenos tendrían que ser bañados por "el mar en su flujo y reflujo, en donde son sensibles las mareas, y las mayores olas en los temporales en donde no lo sean" (*San Gerónimo Caribe Project v.* E.L.A. *I,* 174 DPR 518 [2008]). Una persona particular que rellena terrenos sumergidos, poseyendo la correspondiente autorización para ello, podrá reclamar derechos propietarios sobre el terreno impactado (*San Gerónimo Caribe Project v.* E.L.A. *I,* 174 DPR 518 [2008]). El Tribunal Supremo de Puerto Rico, que cita a Garrido Falla, ha expuesto: "[...] no hay duda que una pequeña parcela de terreno, aunque se encuentre enclavada en la zona marítimo-terrestre, puede ser poseída y rendir utilidad a un particular. Esta realidad física basta para probar que su naturaleza es susceptible de apropiación particular"[99].

Posteriormente se refleja que, al momento de la firma del Tratado de París en 1898, estaban sujetos a la soberanía de la Corona española todas las aguas

[96] En el art. 1 de la referida Ley de Aguas se definían las playas como el espacio que alternativamente cubren y descubren las aguas en el movimiento de la marea. Forma su límite interior o terrestre donde llegan las más altas mareas y equinocciales. Donde no fueren sensibles las mareas, empieza la playa por la parte de tierra en la línea donde llegan las aguas en las tormentas o temporales ordinarios.

[97] Se expresaba, "[l]os terrenos ganados al mar por consecuencia de obras construidas por el Estado o por las provincias o pueblos o particulares competentemente autorizados serán de propiedad de quien hubiese construido las obras, a no haberse establecido otra cosa en la autorización" (Ley de Aguas de 1866, art. 5). Además, el art. 4 de la referida Ley disponía: "[S]on del dominio público los terrenos que se unen a las playas por las accesiones y aterramientos que ocasione el mar. Cuando ya no los bañen las aguas del mar, ni sean necesarios para los objetos de utilidad pública, ni para establecimiento de especiales industrias, ni para el servicio de vigilancia, el gobierno los declarará propiedad de los dueños de las líneas colindantes en aumento de ellas".

[98] La Ley de Aguas de 1879 sustituyó la Ley de Aguas de 1866 solo en cuanto a las aguas terrestres. Esta Ley fue posteriormente derogada por la "Ley para la Conservación, el Desarrollo y Uso de los Recursos de Agua de Puerto Rico", 136 de 3 de junio de 1976. Se excluyó de derogación el art. 4; del 28 al 51, del 69 al 74, del 75 al 101, del 102 al 106, del 107 a 111, del 112 a 125, 127 y 128, 129 a 132, el 151, el 154, el 158, el 176, el 179 y el 226.

[99] Fernando Garrido Falla, *Comentarios al Código Civil y Compilaciones Forales*, M. Albaradejo (Dir.), tomo V, vol. 1, pág. 62.

navegables y los terrenos sumergidos por lo que pasaron a la jurisdicción de Estados Unidos (*Pueblo v. Dimas*, 18 DPR 1061 [1912]). Eventualmente, con la aprobación de la Ley Foraker en 1900 esos bienes continuaron bajo la egida del gobierno federal (*López Sobá v. Fitzgerald*, 130 DPR 46 [1992]). Ese escenario jurídico no varió con ninguna legislación subsiguiente (*San Gerónimo Caribe Project v. E.L.A. I,* 174 DPR 518 [2008]).

Conforme con lo anterior, "[...] los terrenos ganados al mar no pueden ser automáticamente considerados como bienes de dominio público conforme al estado de derecho antes mencionado si tales predios no satisfacen la definición jurídica del concepto zona marítimo-terrestre que estableció y delimitó la referida legislación hídrica del siglo XIX" (*San Gerónimo Caribe Project v.* E.L.A. *I,* 174 DPR 518, 562 [2008]). Esos referidos terrenos ganados al mar son susceptibles de apropiación patrimonial y ello va a depender de las disposiciones legales que resulten aplicables (*San Gerónimo Caribe Project v.* E.L.A. *I,* 174 DPR 518, 562 [2008]).

Además de ello debemos observar que mediante la Ley de Puertos de 1886 se introdujo en nuestro ordenamiento jurídico el concepto de la zona marítimo-terrestre que su artículo 1 definió como "el mar en su flujo y reflujo, en donde son sensibles las mareas, y las mayores olas en los temporales en donde las mareas no son sensibles, incluyendo los terrenos ganados al mar y las márgenes de los ríos «hasta el sitio en que sean navegables o se hagan sensibles las mareas»" (*Mun. de San Juan v. J.C.A.,* 152 DPR 673 [2000]). Sobre ese espacio se indicaba, "son de dominio nacional y público, sin perjuicio de los derechos que correspondan a los particulares" la zona marítimo-terrestre y el mar litoral o la zona marítima que ciñe las costas de la Isla. Igualmente se disponía que continuarían siendo de dominio nacional y de uso público, los terrenos que el mar le uniera por accesión y aterramiento (*San Gerónimo Caribe Project v. E.L.A. I,* 174 DPR 518, 551 [2008]). Conforme con ello se reconocía la existencia de terrenos privados en la zona marítimo-terrestre (*Rubert Armstrong v. ELA*, 97 DPR 588 [1969]).

B) *Afectación y desafectación*

Expresa el artículo 244 del Código Civil de Puerto Rico que, "[l]os bienes privados de las personas pierden esta cualidad por dedicarse a fines públicos incompatibles con la propiedad privada y readquieren su primitiva condición tan pronto cesan dichos fines. El cambio o la alteración de la clasificación jurídica de los bienes puede realizarse por cesar el fin público al cual fueron destinados, lo cual puede ocurrir en la forma prescrita por ley o reglamento"[100].

[100] La norma jurídica que le precedió disponía: "Entre las cosas que no son susceptibles de apropiación están comprendidas aquellas que no pueden ser propiedad particular por razón de su

La afectación es la acción mediante la cual una cosa queda destinada a una finalidad de interés público y adquiere una clasificación jurídica particular como bien de dominio público (véase, *Gerónimo Caribe Project v. E.L.A. I,* 174 DPR 518, 565 [2008]; *Figueroa v. Municipio de San Juan*, 98 DPR 534 [1970]). El acto de afectación podría derivar de la propia naturaleza de la cosa sin que resulte necesario ningún acto estatal o de una declaración del legislador, así como mediante actos administrativos realizados por el Estado bajo la autorización de alguna ley (*Gerónimo Caribe Project v. E.L.A. I,* 174 DPR 518 565 [2008]; *Balzac v. Registrador*, 51 DPR 757 [1937]).

La clasificación demanial podría derivar de la propia naturaleza de la cosa sin que resulte necesario ningún acto estatal. Esto viene a significar que "[e]n la afectación hay que distinguir dos casos: a) en primer lugar cuando se trata de bienes naturales, en que la afectación se produce *ipso jure* por la asignación de carácter público efectuada por la ley; el Código Civil al mismo tiempo asigna carácter público y ministerio *legis* afecta estos bienes naturales"[101]. "En segundo lugar están los bienes artificiales, respecto de los cuales hay que hacer una subdistinción entre los bienes artificiales existentes antes de la sanción del Código Civil (las calles, caminos, puentes, de entes estatales —o sea de la Nación, provincias y comunas— que ya estaban construidos a la época en que se dicta el Código Civil) en que ocurre lo mismo que con los bienes naturales, es decir, que la asignación de carácter público implica automáticamente la afectación. En cambio, los bienes creados o a crearse con posterioridad a esta asignación de carácter público requieren ya específicamente la afectación. La afectación entonces, en este último caso, puede ser por ley, por acto administrativo y por hecho administrativo"[102].

Por otro lado, la desafección es la acción inversa a la afección, cuya consecuencia es la pérdida de la clasificación de dominio público. Para que esta ocurra, adquiriendo una condición patrimonial, se requiere que cese la finalidad pública que le estaba adscrita (*Figueroa v. Municipio de San Juan*, 98 DPR 534, 566 [1970]; *San Gerónimo Caribe Project v. E.L.A. I,* 174 DPR 518, 565 [2008]). Dirigido a materializar ese objetivo con relación a terrenos federales el Congreso de Estados Unidos aprobó la *Federal Land Policy and*

objeto, tales como las cosas en común o sean aquellas cuyo uso y disfrute pertenece a todos los hombres. Hay otras cosas, por el contrario, que aunque por su naturaleza son susceptibles de propiedad particular, pierden esta cualidad como consecuencia de la aplicación que de ellas se hace para fines públicos incompatibles con la propiedad privada, si bien pueden adquirir su primitiva condición tan pronto cese el fin público que se las hubiera dado; tales son los terrenos de las carreteras, calles y plazas públicas" (C. C. de 1930, art. 274).

[101] AGUSTÍN A. GORDILLO, *Derecho administrativo de la economía*, Buenos Aires, Ediciones Macchi, 1967, pág. 364.

[102] *Idem, ibidem.*

Management que prescribe los términos, exigencias y procedimientos para renunciar la clasificación de propiedad pública (43 USC 1701, 1714). El proceso establecido siempre estará supeditado a las limitaciones que le interese adoptar al Congreso incluyendo visiones de política pública (*United States v. City of San Francisco*, 310 U.S. 16 [1940]).

La desafección de los bienes que son públicos por su naturaleza, exige la pérdida de su condición que le acarreó su designación como de dominio público[103]. También puede ocurrir la desafección como consecuencia de una expresión legislativa o un legítimo acto administrativo[104]. Como secuela de esa mutación patrimonial, los bienes afectados pierden su carácter de inalienabilidad, imprescriptibilidad e inembargabilidad (*Figueroa v. Municipio de San Juan*, 98 DPR 534 [1970]). El factor básico para la desafectación es que haya cesado el fin público (*San Gerónimo Caribe Project v. E.L.A. I*, 174 DPR 518, 567 [2008]).

Esa acción de despojar de características públicas puede adelantarse por el gobierno federal mediante actos de privatización que se pueden concretar al transferir propiedad pública a personas privadas[105].

4. Conclusión

Son bienes públicos aquellos pertenecientes al gobierno y que se hallan sometidos al control, la tutela o la afección gubernamental. Esos bienes deben ser celosamente manejados con el propósito de desempeñar propósitos oficiales. Esos objetivos tienen que encontrarse cimentados en el sagrado ánimo de avanzar legítimos intereses públicos. Esto significa que, ante la orfandad de servicio público, no podría existir un bien público.

De esa manera, al reconocer que la propiedad obliga, divisamos que los deberes en la propiedad privada son rasgos de la titularidad que surgen como imposiciones de responsabilidad legal, pública y social, mientras que en los bienes públicos las obligaciones constituyen su propia existencia. El Estado no posee propiedad con la intención de servir sus privativos provechos, sino para avanzar el beneficio colectivo, siendo la propiedad pública una manera de concretar el interés común. Así observamos que la propiedad existe al

[103] *San Gerónimo Caribe Project v. E.L.A. I*, 174 DPR 518, 567 (2008), que cita a Garrido Falla, *Comentarios al Código Civil y Compilaciones Forales*, págs. 84-85.

[104] El ordenamiento jurídico puede exigir la presencia de ambas modalidades para reconocer la validez de una desafección (*San Gerónimo Caribe Project v. E.L.A. I*, 174 DPR 518, 567-568 [2008]).

[105] Véase, *Executive Office of the President, Office of Management and Budget, Circular A-76 (Revised)*, (Washington D. C., 2003) pág. D-8.

servicio de dos amos; el individuo y la sociedad. Con ello se distingue que se entrelazan los contornos de la propiedad pública y la privada, ambos subordinados al trascendente interés público.

El panorama jurídico que se evidencia es que una cosa no es un "bien público" si no sirve al "bien público".

FRANCIA

LES BIENS PUBLICS DE L'ETAT

JACQUELINE MORAND-DEVILLER*

I. CATÉGORIES

Les biens publics en France relèvent de deux régimes différents selon qu'ils appartiennent au domaine public ou au domaine privé. Le droit français ne connaît pas vraiment le concept de domaine collectif sauf à faire état d'un vénérable système tout à fait intéressant mais qui reste marginal, celui dit des « biens communaux » ou « sectionaux ».

Un problème divisa longtemps la doctrine et la jurisprudence, celui de savoir si les personnes publiques exerçaient un véritable droit de propriété sur leurs biens[1]. Longtemps la Cour de cassation (C. cass.) et le Conseil d'Etat (CE) restèrent quasi muets sur cette question et il fallu attendre la grande décision « *Privatisations* » du Conseil constitutionnel (CC) du 18 décembre 1986 pour qu'il soit affirmé que la protection due au droit de propriété, « ne concerne pas seulement la propriété privée des particuliers, mais aussi, à un titre égal, la propriété de l'État et des autres personnes publiques », ce qui leur assure la même protection constitutionnelle que celle dont bénéficient les biens privés et la même liberté d'entreprendre.

L'existence d'un droit de propriété de même nature que la propriété privée n'étant plus contestable, il serait cependant excessif de nier la *spécificité du droit de propriété* exercé sur le domaine public et l'on peut déplacer le débat en s'attachant aux finalités particulières de la gestion du domaine public et à l'idée d'une valorisation éthique et politique, complément qui complètent la valorisation économique[2].

* Juriste el professeure émérite à l'Université Paris I (Panthéon-Sorbonne). Doctorats honoris causa (Universités de Liège, Turin et Laval); spécialiste du droit administratif; du droit de l'environnement et du droit de l'urbanisme; nommé Chevalier de l'Ordre de la Légion d'honneur et Officier de l'Ordre du Mérite.

[1] Les premiers auteurs tels que PROUDHON et BARTHÉLEMY faisaient valoir que l'État ne détient sur le domaine public ni l'*usus* (qui appartient au public), ni le *fructus* (les biens étant improductifs), ni l'*abusus* (inaliénabilité) et *Jèze et Duguit* estimaient que la reconnaissance d'un droit de propriété était inutile, les conséquences de l'affectation étant suffisantes.

[2] Dans ses « *Principes de droit public* »*(1910)* Maurice Hauriou insistait sur cette spécificité : « *Si le droit du domaine public est un droit de propriété, ce n'est pas la propriété ordinaire, c'est une propriété qui mérite le nom de publique* ».

Comme pour se faire pardonner le retard apporté à cette reconnaissance le code tant attendu sur les biens publics de 2016 s'intitule « *Code de la propriété des personnes publiques* » (CGPPP). Il remplace l'ancien *Code du domaine de l'Etat* qui avait mal vieilli et traite à la fois du domaine privé et du domaine public .

1. Domaine privé

A) *Définition*

Le domaine privé fut longtemps présenté de manière négative et résiduelle, son régime de droit commun et son absence d'affectation le rendant moins intéressant à étudier que le prestigieux domaine public affecté à de plus nobles missions et qui, seul, eût droit à un code. Il faut attendre la codification de 2016 pour que le domaine privé trouve sa place aux côtés du domaine public s'agissant de l'acquisition et de l'entrée parmi les biens publics (livre I) et de la mise en valeur de leurs différences lors de leur gestion (livre II) ou de leur cession (livre III) . Mais, à cause de sa singularité, le domaine public occupe une place plus large dans le code et continue de retenir davantage l'attention de la doctrine.

B) *Consistance*

On peut distinguer un domaine immobilier, mobilier et un domaine incorporel qui prend de plus en plus d'importance. Les modes d'acquisition peuvent avoir lieu à titre gratuit ou onéreux et à l'amiable par (achat ,dation en paiement, échange) ou selon des procédures de contrainte (nationalisation, expropriation, préemption). Le domaine privé s'est considérablement accru à la suite des décisions de nationalisation de 1936, 1945 et 1982, puis appauvri après les lois de privatisation intervenues après 1986. Six hypothèses d'acquisition à titre gratuit en particulier les dons et legs sont retenues. Les biens sans maître reviennent désormais aux communes et non à l'Etat .

a) *Domaine privé immobilier*. Il s'agit « notamment » (car il peut y avoir des changements) des :

• *Forêts domaniales* Les forêts couvrent environ 15,3 millions d'hectares en France métropolitaine, ce qui place la France au troisième rang en Europe, après la Suède et la Finlande, et 7,7 millions d'hectares dans les Outre-mer, dont 98 % en Guyane. Cette surface s'accroît d'environ 30 000 hectares par an. 15 % des forêts métropolitaines bénéficient d'un statut d'aires protégées : parcs nationaux et réserves naturelles. Le domaine forestier de l'État représente environ 12 %, celui des communes 18 %, le reste étant la propriété des personnes privées. La gestion est assurée par *l'Office national des forêts* (ONF), au statut d'EPIC. L'exploitation procure des ressources substantielles aux collectivités publiques. Un code forestier a été adopté en 2012.

Le Conseil d'État a tranché en faveur de la domanialité privée, dans un arrêt du 28 novembre 1975, « ONF *c/ Abamonte* » sans faire la distinction entre les espaces exploités, les plus vastes (affectation principale), et les espaces utilisés par le public et aménagés (affectation secondaire)[3]. La jurisprudence a fait un sort particulier à certains espaces boisés urbains qu'elle assimile à des « promenades publiques » faisant partie du domaine public.

• *Biens immobiliers à usage de bureaux.* Le CGPPP déclasse et range dans le domaine privé les biens immobiliers à usage de bureaux, ce qui simplifie leur cession et leur gestion.

• *Logements sociaux.* La jurisprudence les a fait entrer dans le domaine privé afin de préserver leurs locataires de la situation de précarité des occupants du domaine public tout en leur conservant la qualité d'ouvrage public. Il s'agit d'un patrimoine immobilier important, gérés soit par une structure soit de droit public : les offices publics de l'habitat (OPH), au statut d'établissement public industriel et commercial (EPIC) soit de droit privé: les sociétés privées d'HLM.

Le domaine privé accueille de surcroît des *biens d'origine variée* : parties délaissées des voies routières ou des cours d'eau, biens placés sous le régime de la copropriété, certaines exploitations industrielles telles les sources d'eau minérale ou les manufactures nationales...ainsi que les *chemins ruraux* alors qu'ils sont autant affectés à l'usage du public que les autres voies terrestres.

b) *Domaine privé mobilier.* Il comprend des meubles corporels : navires, matériel de l'armée, biens faisant partie du mobilier national, ceux produits par les manufactures nationales et l'ensemble des meubles et matériels de l'administration (à l'exception de ceux affectés aux collections publiques et au service public culturel).

Entrent aussi dans le domaine privé des personnes publiques les actions ou obligations dont elles sont propriétaires. Mais les espèces monétaires ou scripturales sont rattachées à une catégorie spéciale et ne font partie ni du domaine public ni du domaine privé.

c) *Domaine privé incorporel : le patrimoine immatériel de l'État.* Il s'agit des nouveaux biens de l'économie du savoir et du « *capitalisme cognitif* » qui comprennent les propriétés industrielles (brevets, marques publiques, savoir-faire, noms de domaine), les propriétés littéraires et artistiques (logi-

[3] Les raisons de cette prise de position sont d'ordre pratique, inspirées par la volonté de donner à l'ONF une certaine liberté et souplesse dans la gestion de biens dont la fonction économique patrimoniale reste dominante Au-delà de 150 hectares une loi doit donner l'autorisation de vendre .

ciels, sites internet, bases de données), les droits régaliens (quotas de droits d'émission de gaz à effet de serre, droits d'occupation). Le propriétaire du patrimoine immatériel est l'État. La protection de ces biens doit souvent être recherchée dans le *Code de la propriété intellectuelle*.

On estime à plus de 250 milliards d'euros la valeur économique de ce patrimoine avec des montants records pour le produit des droits d'émission de gaz à effet de serre. Cet « immatériel public » connaît un regain d'actualité et au sein du ministère des Finances a été créée, en 2007, une *Agence du patrimoine immatériel de l'État* chargée de promouvoir une gestion optimisée des actifs immatériels publics et d'accompagner les stratégies de valorisation de ce patrimoine . Le régime des propriétés publiques immatérielles, encore peu exploré, soulève de nombreuses et délicates interrogations concernant son rattachement à la domanialité privée ou publique et ses modes de gestion.

La définition de la domanialité publique de l'article L. 2111-1 du CGPPP qui vise les « *biens* » et non les droits a pour effet d'exclure du domaine public une grande partie des actifs immatériels, droits personnels et droits réels : ainsi, des marques, des logiciels, de la participation dans le capital des entreprises. La domanialité publique reste éminemment matérielle.

Des régimes spéciaux sont prévus par les textes : ainsi des fréquences hertziennes qui font partie du domaine public. La question se pose d'un mouvement vers la domanialité publique des actifs immatériels présentant « *un intérêt public du point de vue de l'histoire, de l'art, de la science ou de la technique* » qui pourraient rejoindre le domaine public mobilier.

2. Domaine public

A) *Définition*

On s'accorde désormais pour estimer que le dualisme entre les deux domaines n'est que relatif et qu'il est plus juste de parler d'une « *échelle de domanialité* »[4] selon la part variable de droit public et de droit privé.

La reconnaissance d'un *domaine* public distinct du domaine privé est l'œuvre de la doctrine et la terre d'élection des « faiseurs de systèmes »[5],

[4] Jean-Marie Auby, « Contribution à l'étude du domaine privé de l'Administration », *Etudes et Documents du Conseil d'Etat*, 1958.

[5] *« La richesse des antécédents historiques, les solutions disparates données par la loi, les formules prudentes et évolutives de la jurisprudence, l'intérêt juridique du problème lié à l'une des pièces fondamentales et les plus élaborées du droit privé —la propriété— tout devait faire du critère de la domanialité publique la terre d'élection des constructions doctrinales, et il est bien connu que chacun des maîtres du droit public a laissé son nom à une conception du domaine ou, au besoin, à une théorie déniant toute utilité à cette notion ».*

Conclusions Marceau Long sur CE, 19 octobre 1956, « *Soc. Le Béton* ».

chers à J. Rivero. Dans la recherche de critères d'identification, le législateur interviendra tardivement consacrant des critères d'identification qui avaient été dégagés tout au long du xxème siècle par la doctrine et la jurisprudence. L'« âge d'or » de la jurisprudence administrative et la création prétorienne du Conseil d'État et du Tribunal des conflits ont vu une succession de « *grands arrêts* » usant de « *formules prudentes et évolutives* » pour dégager les grands principes de la domanialité publique que les textes, sans doute à cause de la difficulté de les transcrire, avaient négligés.

On développera plus loin les critères de reconnaissance de la domanialité publique : utilisation directe par le public et service public. Lorsqu'en 1956 ce dernier critère fut à lui seul suffisant, l'extension de la reconnaissance d'un service public eût pour conséquence l'extension tout aussi considérable de la domanialité publique.

B) *Consistance*

a) *Domaine public naturel. Domaine public maritime*. Il comprend :

1° Le sol et le sous-sol de la mer entre la limite extérieure de la mer territoriale et, côté terre, le rivage de la mer.

Le rivage de la mer est constitué par tout ce qu'elle couvre et découvre jusqu'où les plus hautes mers peuvent s'étendre en l'absence de perturbations météorologiques exceptionnelles [6] ;

2° Le sol et le sous-sol des étangs salés en communication directe avec la mer ;

3° Les lais et relais de la mer.

Le plateau continental, dont l'étendue est considérable, ne fait pas partie officiellement hors mer territoriale du domaine public maritime . Mais l'État riverain possède sur des « *droits souverains* » « exclusifs » à l'égard de l'exploitation des ressources minières et biologiques et les enjeux économiques sont importants. Les terrains acquis par l'État et réservés « *en vue de la satisfaction des besoins d'intérêt public d'ordre maritime, balnéaire ou touristique* » comme ceux du *Conservatoire du littoral et des rivages lacustres*[7] (CEL) font aussi partie du domaine public de l'Etat.

b) *Domaine public fluvial*. Il concerne environ 18 000 km de cours d'eau dont 8 500 navigables (la longueur des cours d'eau non domaniaux étant de plus de 250 000 km) et aussi différents lacs Comme le domaine public maritime, il appartient en grande majorité à l'État mais la possibilité d'être propriétaire a été peu à peu reconnue aux collectivités locales qui n'ont usé qu'avec mo-

[6] Définition du célèbre arrêt du Conseil d'Etat du 12 octobre 1973, « *Kreitman* ».

[7] Établissement public de l'État, il a été créé en 1975 pour mener une politique de sauvegarde de l'espace littoral. Il est propriétaire d'environ 12 % du linéaire côtier

dération de cette possibilité, eu égard aux lourdes charges d'entretien: curage, traitement des sédiments toxiques, préservation contre les risques d'inondation. La fixation des limites se réfère à des phénomènes naturels : « hauteur des eaux coulant à plein bord avant de déborder ». La gestion du domaine fluvial de l'État est assurée par un EPIC : « *Voies navigables de France*. La loi sur l'eau du 3 janvier 1992 fait de cette ressource le « *patrimoine commun de la Nation* ».

c) *Domaine public hertzien.* L'existence d'un domaine public aérien n'est pas reconnue à la différence d'un domaine public hertzien : « *Les fréquences radioélectriques disponibles sur le territoire de la République relèvent du* domaine public de l'État ».

L'État est le *gestionnaire et non le propriétaire* car les traités internationaux notamment le Traité sur l'espace, entré en vigueur en 1967, ont décidé que les États ne peuvent s'approprier les espaces extra-atmosphériques et les corps célestes, proclamés « *patrimoine commun de l'humanité* ». Les fréquences sont attribuées à chaque État par l'Union internationale des télécommunications qui leur reconnaît le droit souverain de réglementer l'utilisation et la gestion. Elles ont la qualité *d'actes créateurs de droit* afin de garantir les opérateurs contre la précarité. Il y a là une dérogation à la fois au principe d'inaliénabilité et à celui de précarité des occupations domaniales.

d) *Domaine public souterrain.* Les progrès techniques dans l'affouillement et la consolidation des terrains explorés ont encouragé le développement de certaines activités de service public en sous-sol et l'affectation de plus en plus fréquente de dépendances souterraines à l'usage du public. Outre l'affectation, la théorie de l'accessoire peut trouver à s'appliquer.

C) *Domaine public artificiel*

a) *Domaine public terrestre.* Il comprend « *l'ensemble des biens appartenant à une personne publique et affectés aux besoins de la circulation terrestre à l'exception des voies ferrées* » (V. aussi le Code de la voirie routière).

On distinguera les voies proprement dites et leurs dépendances avant de présenter une catégorie intermédiaire : celle des voies privées ouvertes à la circulation qui ne font pas partie du domaine public.

a') *Les différentes catégories de voies.* Un Code de la voirie routière rassemble les dispositions applicables au domaine public routier de l'État, des départements et des communes. Le Code de la route est applicable aux véhicules circulant sur le domaine routier.

b') *Routes nationales.* « *Les voies du domaine public routier national autres que les autoroutes sont dénommées routes nationales* ». Le classement dans la voirie nationale résulte soit d'un acte déclaratif d'utilité publique, soit d'un arrêté du ministre de l'Équipement. Le transfert d'une voie départementale ou communale existante dans la voirie nationale requiert l'accord de la collectivité intéressée.

Le point de départ des routes nationales est le parvis de Notre-Dame de Paris (système mis au point sous le règne de Louis XV).

Le domaine public routier de l'État se limite aux routes qui présentent un véritable intérêt national ou européen. Les routes nationales qui ne répondent pas à ces critères ont été transférées dans le domaine public départemental,. L'État conserve la mission de veiller à la cohérence et à l'efficacité du réseau routier dans son ensemble.

Le réseau routier national comprend 12 000 km de routes nationales et d'autoroutes non concédées et 9 000 km d'autoroutes concédées au secteur privé .Les dépendances des voies publiques qui ne peuvent être dissociées font partie du domaine public.

b) *Domaine maritime et fluvial artificiel.* Le *domaine maritime* est constitué des « *ouvrages et installations [...] destinés à assurer la sécurité et la facilité de la navigation maritime* » ainsi que, à l'intérieur des ports, des « *biens immobiliers, situés en aval de la limite transversale de la mer [...] et concourant au fonctionnement d'ensemble des ports maritimes* ». L'eau à l'intérieur des ports fait aussi partie du domaine public.

Dans le périmètre des ports, les terrains qui ont été soustraits à l'action des eaux font l'objet d'aménagements autorisés soit unilatéralement, soit, le plus souvent, par le recours au système de la concession. Trois types de concessions peuvent être distingués : *concession de port de plaisance, concession d'outillage public, concession d'endigage.*

Le *domaine fluvial* comprend des biens très variés comme les canaux, les ports fluviaux ainsi que les terrains compris dans leur dépendance lorsqu'ils sont affectés à un SP. La gestion de la plupart des voies navigables du domaine de l'État est assurée par « *Voies navigables de France* », qui a pour mission d'entretenir, améliorer et étendre le réseau des voies navigables[8].

c) *Edifices du culte.* Depuis la loi de séparation de l'Église et de l'État du 9 décembre 2005 et la disparition du service public du culte, les édifices cultuels sont soit la propriété de l'État pour les plus importants d'entre eux[9],

[8] VNF gère le domaine le plus étendu après celui de la Défense et celui du Réseau ferré, C'est le *réseau fluvial le plus vaste d'Europe*, soit 6 700 km de voies navigables (dont3 800 km de canaux ,2 900 km de rivières et fleuves), 494 barrages et 40 000 hectares de domaine public le long des voies) alors que le fret fluvial reste plus faible en France que dans d'autres pays européens.

[9] L'Etat est propriétaire de 90 cathédrales classées monuments historiques. Les autres églises qui appartiennent aux communes sont nombreuses du fait de la tradition : une église dans chacune des 36.000 communes.

soit, pour la très grande majorité, la propriété des communes. Ils sont affectés aux fidèles et aux ministres du culte.

Si les collectivités publiques propriétaires ont la charge, souvent lourde pour les petites communes, de leur entretien, le financement ne devant pas s'analyser comme une aide à l'exercice d'un culte (principe de laïcité), la police à l'intérieur des édifices relève de la compétence des ministres du culte.

d) *Domaine public militaire.* L'importance du domaine de la Défense nationale est considérable et hétérogène. Il couvre 330 000 hectares de superficie d'emprise et inclut des terrains situés à la fois au cœur des villes (*cf.* les casernes désaffectées) et dans des sites naturels sauvegardés (*cf.* les grands camps militaires), tentation pour ceux qui souhaitent se les approprier pour des opérations d'aménagement et d'urbanisme. La l*oi du 23 décembre 1986* à incité les services du ministère de la Défense à aliéner les immeubles « *devenus inutiles aux Armées* ». Une partie des ventes a été réalisée au profit des communes d'implantation des biens qui ont un droit de préférence[10]. Cette politique de cession a été généralisée par la suite à l'ensemble des biens affectés aux différents ministères.

e) *Domaine public aéronautique et ferroviaire.* Le premier comprend les emprises des aérodromes et les installations nécessaires pour les besoins de la sécurité de la circulation aérienne :aérogares, pistes d'envol, installations annexes L'État est le propriétaire de la majeure partie des aérodromes qu'il gère le plus souvent en régie directe, à l'exception, depuis 2005 d'Aéroport de Paris transformé en société de droit privé et dont les biens ont été déclassés, l'affectation restant protégée.

Le second comprend notamment : les voies ferrées et les installations techniques; les ouvrages d'art (tunnels, viaducs, ponts) ; les gares et leurs annexes : buffets, boutiques.

Le réseau ferré national, propriété de l'Etat, est attribué à SNCF *Réseau* qui pourra exercer tous pouvoirs de gestion sur les biens dont il est attributaire et sur ceux qu'il acquiert, au nom de l'Etat qui garde le contrôle des déclassements

f) *Domaine public hospitalier.* Les hôpitaux publics, parce qu'ils sont traditionnellement destinataires d'importants dons et legs, ont à leur disposition un riche patrimoine (soit environ 6 millions de m^2. L'affectation au service public est interprétée largement, au nom de l'« *ensemble* » constitué par l'enceinte hospitalière, à l'instar des ports et aéroport[11].

[10] Les aliénations sont freinées par le fait qu'un certain nombre de terrains militaires ont des *sols pollués* (champs de tir, entrepôts souterrains de combustibles), le coût de la dépollution, très élevé, décourageant les acquéreurs.

[11] Les biens non affectés font partie du domaine privé et constituent un ensemble hétérogène : fameux vignobles bourguignons des Hospices de Beaune ou ceux du vin muscadet des hôpitaux de Nantes, grand théâtre de Bordeaux, music Hall des Folies Bergères à Paris.

II. Titres et sources réglementaires

1. Titres

A) *Etat et collectivités territoriales*

Les personnes privées ne peuvent disposer d'un domaine public même si le bien est affecté à l'utilité publique. Ce principe est rappelé avec constance par la jurisprudence.

Les biens publics ont comme propriétaires l'ensemble des personnes publiques c'est-à-dire l'État, les collectivités territoriales : régions, départements, communes et leurs groupements les établissements publics (EP) et depuis ces dernières années des personnes publiques « *sui generis* » auxquelles a été refusé le statut d'EP,telles que la *Banque de France* et certaines *autorités publiques indépendantes*

Pour rendre plus efficace la gestion des biens de l'État, le *décret du 1er décembre 2008* confie au seul ministère du Budget la gestion des propriétés de l'État auparavant dispersée entre chaque ministère. Au niveau local, c'est le préfet de région qui est responsable de la politique immobilière de gestion,

Le domaine public des collectivités locales est de plus en plus important: routes départementales préfectures, palais de justice, prisons...pour le département,;voies urbaines et vicinales, cimetières, édifices cultuels pour les communes. Des transferts de l'Etat sont encouragés.

B) *Etablissements publics*

Jusqu'à une époque récente, il était exclu que les EP puissent être propriétaires de dépendances du domaine public. Ils pouvaient en être affectataires, mais elles faisaient partie de leur domaine privé. Les raisons avancées n'étaient pas convaincantes et il fallut attendre 1984 et un arrêt de principe : CE 21 mars 1984 « *Mansuy* » pour que le Conseil d'Etat reconnaissent que les EP qu'ils soient territoriaux ou nationaux, administratifs (EPA) ou industriels et commerciaux(EPIC) puissent avoir un domaine public.

La possibilité donnée aux établissements publics, si nombreux et divers, d'être propriétaires de biens appartenant au domaine public est une des causes de l'accroissement de la consistance de ce domaine. Mais la transformation des grandes entreprises publiques et de certains EPIC en sociétés commerciales de droit privé a conduit à réduire très sensiblement l'étendue du domaine public. Lorsque, dans le cadre des *lois de privatisation*, un EP est transformé en société privée, les biens de son domaine public doivent être déclassés. Dans une *décision du 14 avril 2005*, le Conseil constitutionnel estime que ce *déclassement* ne porte pas atteinte aux exigences constitutionnelles de continuité du service public à condition de les soumettre à un régime juridique qui garantisse le respect de cette continuité.

2. Sources réglementaries

La *constitution* ne traite pas directement à la question des biens publics.

Le droit de *l'Union européenne*, de manière subsidiaire, ne s'y intéresse que s'agissant des conventions d'occupation domaniale dans le cadre des principes de non concurrence

Les principales sources du droit sont à rechercher dans la jurisprudence et dans les normes législatives et réglementaires.

La *jurisprudence* et la *doctrine* furent longtemps les sources principales d'un droit resté vénérable et construit autour de grands principes « révélés par le juge ». Parmi la sélection des grands arrêts de la jurisprudence administrative[12], ceux portant sur les biens publics sont nombreux et si les arrêts sur les principes deviennent plus rares ceux portant sur la protection et la gestion n'ont cessé de se développer.

Les lois et les décrets sont rassemblés dans un *Code général de la propriété des personnes publiques,* créé par l'ordonnance du 21 avril 2006, qui traite du domaine public et du domaine privé en mettant en valeur à la fois les dispositions qui leur sont communes et leur spécificité. Le code fait suite à de longs travaux et sa rédaction définitive à été confiée à deux membres du conseil d'Etat. Il a le mérite de ne rien bouleverser, s'inspirant des réflexions antérieures et de la savante jurisprudence forgée par le CE durant plus d'un siècle.

Il réussit à mettre de l'ordre dans une accumulation de textes de circonstance qui s'était accélérée. Il était urgent « *de redonner cohérence et unicité au droit domanial dans le souci de conformité au principe constitutionnel d'accessibilité au droit et de lisibilité des normes* » (Rapport de présentation). C'est un « *Code pilote* » qui doit être complété par des « *codes suiveurs* » : Code général des collectivités territoriales, Code de la voirie, Code de l'environnement, Code du patrimoine, Code de la santé publique [...] et s'agissant des règles de droit commun du domaine privé, le code civil.

Le CGPPP est divisé en *cinq parties* dont les trois premiers intitulés reprennent l'ordonnancement du Code civil : acquisition, gestion, cession. Il s'appuie, pour l'essentiel, sur les éléments d'une jurisprudence patiemment et finement élaborée depuis le début du XXème siècle par le Conseil d'État, le

[12] Voir *Les grands arrêts de la jurisprudence administrative*, 23ème éd., Dalloz, 2021.

Tribunal des conflits et parfois la Cour de cassation. Il a le mérite d'une mise en forme rigoureuse qui prend en compte les importantes évolutions de la matière ces dernières années.

III. Organisation

1. Organes spécifiques

S'agissant des propriétés publiques des *collectivités territoriales*, la gestion relève à la fois des assemblées délibérantes : conseils régionaux, généraux et municipaux pour les décisions d'acquisition, aliénation, acceptation de libéralités, détermination des modalités de gestion —et de leurs autorités exécutives— présidents des conseils régionaux et généraux, maires pour l'exécution de ces décisions et la gestion courante.

S'agissant des propriétés publiques de l'Etat , leur gestion a été confiée, en 2016, à *la direction de l'Immobilier de l'État* (DIE), direction du ministère de l'Économie et des Finances héritière du vénérable service des « Domaines » créé en 1780. Dans le cadre de la *politique de modernisation des politiques publiques* et du besoin d'une stratégie immobilière dynamique, elle assume les missions d'évaluation et de gestion domaniale, passe les actes d'achat et les baux au nom de l'État, contrôle l'entretien et l'utilisation des biens, fixe les conditions financières des occupations privatives et procède à de nombreuses évaluations : près de 200 000 chaque année. Elle contribue à l'établissement et au suivi des *Schémas pluriannuels de stratégie immobilière* (SPSI) des administrations centrales et des services déconcentrés. Au niveau régional, c'est le préfet de région qui joue ce rôle assisté par le représentant de la DIE.

De nombreuses structures ont été mises en place pour conseiller et contrôler, notamment le *Conseil de l'immobilier de l'État*, créée en 2006, composé de parlementaires et de professionnels et la *Commission pour la transparence et la qualité des opérations immobilières*. Interviennent aussi les contrôles de droit commun : *Cour des comptes,* Inspection des finances et commissions parlementaires.

Des pouvoirs importants de gestion ont été délégués à des *organismes autonomes* : l'Office national des forêts (ONF), EPIC placé sous la tutelle du ministère de l'Agriculture et Voies navigables de France (VNF).

2. Inventaire

La recherche de rentabilité et de profit a longtemps été négligée par la vénérable administration des Domaines. Elle est pleinement admise désormais et on considère non seulement qu'elle est tout à fait compatible avec l'affectation mais aussi qu'elle sert mieux l'intérêt général qu'une gestion molle peu préoccupée d'enrichir les budgets des personnes publiques. Encore fallait-il commencer par connaître l'étendue des propriétés publiques.

Jusqu'à ces dernières années, aucun *inventaire général* sérieux et actualisé n'était disponible. Et ce n'est qu'en 2009 qu'un décret imposa d'établir et d'actualiser « un état des immeubles appartenant à l'Etat ou aux EPA nationaux et des immeubles dont il a la jouissance ». Il a été prévu que le préfet peut autoriser des agents publics à pénétrer sur des propriétés privées pour y procéder à des inventaires et , le cas échéant, à des prélèvements.

Des *inventaires spécifiques* ont été réalisés comme l'Inventaire national du patrimoine naturel et l'Inventaire forestier. Quant aux objets mobiliers, une banque de données contient des informations sur les seuls objets classés pour leur intérêt artistique, historique ou technique.

3. Cadastre

• Le cadastre est l'ensemble des documents qui recensent et évaluent les propriétés foncières de chaque commune. Il sert de base pour le calcul des impôts locaux.

Il comprend un *plan cadastral,* document graphique qui montre l'ensemble du territoire de la commune découpé en sections, l 'emprise au sol des bâtiments est également représentée. Le nom des propriétaires n'y figure pas. Ce document est accessible à tous

Il comprend aussi une *matrice cadastrale*, documentation écrite, éditée chaque année regroupant les parcelles et les immeubles bâtis appartenant à un même propriétaire, communicable au seul propriétaire.

IV. Prérogatives

Deux principes sont communs au domaine public et au domaine privé: l'insaisissabilité et l'incessibilité des biens en dessous de leur valeur. Deux autres sont propres au domaine public: l'inaliénabilité et l'imprescriptibilité qui seront étudiés infra

1. Insaisissabilité

Ce principe a été posé par la jurisprudence dès le début du XIXème siècle. Il n'a en rien perdu de son autorité et il a même connu une nouvelle vigueur lorsque la Cour de cassation a décidé que les EPIC n'avaient pas à en être exclus, même si leur activité s'exerce à de nombreux égards dans des conditions identiques à celles du droit commercial commun.

Codifiée à l'article L. 2311-1 CG3P, toujours de la même manière lapidaire : « *les biens des personnes publiques sont insaisissables* », l'insaisissabilité déroge à l'article 2092 du Code civil, selon lequel « *quiconque s'est obligé personnellement est tenu de remplir son engagement sur tous ses biens mobiliers et immobiliers présents et à venir* ». Il entraîne trois conséquences : l'impossibilité de recourir aux voies d'exécution du droit privé : mesures conservatoires (saisie conservatoire et sûreté judiciaire) et mesures d'exécution forcée (saisie-vente sur les meubles et saisie-attribution sur les créances) ; l'interdiction des sûretés réelles, notamment le nantissement et l'hypothèque ; l'exclusion du recours aux procédures « collectives » (redressement et liquidation judiciaires). Plusieurs justifications sont données à cette règle, notamment celle selon laquelle l'État ayant le monopole de la force publique ne pourrait user de la contrainte contre lui-même et opérer des saisies sur ses propres biens, ainsi que le principe de continuité des services publics.

La rigidité de ce principe est actuellement ébranlée par *l'Union européenne* qui estime que lorsque les personnes publiques se livrent à des activités marchandes en gérant des SPIC, l'impossibilité de saisir leurs biens peut être assimilée à une aide d'État ou à un avantage de nature à fausser la concurrence entre opérateurs publics et privés.

La Commission européenne et la Cour de justice de l'Union européenne (CJUE) se sont prononcées à plusieurs reprises sans ambiguïté pour condamner ce principe.

Dans un *avis du 30 janvier 1992* le CE admet que l'insaisissabilité n'est pas absolue, mais à condition que les atteintes qui pourraient lui être portées ne compromettent ni la continuité du service public, ni les relations internationales de la France.

S'agissant des biens des collectivités locales —mais pas de ceux de l'État—, le CE a trouvé une solution, en recourant aux voies d'exécution administrative. Une *inscription d'office*, dans le budget de la collectivité, des « dépenses nécessaires à l'acquittement des dettes exigibles ». Une évolution qui concernerait aussi les biens de l'Etat pourrait conduire à réserver la règle d'insaisissabilité aux seuls biens indispensables à la continuité du service public.

2. Incessibilité des biens en dessous de leur valeur

Les personnes publiques ne peuvent aliéner ou échanger leurs biens sans contrepartie, généralement financière, contrepartie qui ne doit pas être « *à vil prix* » c'est-à-dire en dessous de leur valeur. Cette interdiction a pour raison d'être le respect de l'égalité devant les charges publiques et surtout la qualité particulière des biens publics mise au service de l'intérêt général. Plus prosaïquement, il s'agit d'éviter le favoritisme et la gaspillage dans la gestion des deniers publics.

Cette règle a été consacrée par le Conseil constitutionnel (CC) dans la célèbre décision *Privatisations* des 25 et 26 juin 1986 intervenue afin de mettre en garde le législateur contre la tentation de « brader » les biens des entreprises publiques lors du grand mouvement de privatisation. Le CC se fonde sur le principe d'égalité devant la loi et les charges publiques et sur les dispositions de la Déclaration des droits de l'homme de 1789 sur le droit de propriété .

Des assouplissements ont été apportés par la jurisprudence. Le Conseil constitutionnel estime que cette interdiction ne concerne pas les transferts gratuits de dépendances du domaine public dans un objectif d'intérêt général: CC, 3 décembre 2009.

Le Conseil d'Etat, dans plusieurs arrêts décide qu'une cession à un prix modeste, voire symbolique, peut être légale à la *double condition* d'un intérêt général attaché à l'opération envisagée et de contreparties suffisantes au profit de la personne publique. L'intérêt général peut être économique (création d'emplois) et d'ordre social (accueil de populations défavorisées) .

Dans le cadre d'une politique sociale du logement, le législateur est intervenu en 2013 afin de permettre à l'État de céder à un prix inférieur à sa valeur vénale « des terrains destinés à la réalisation de programmes de constructions dont une partie est réalisée en logement social ». La décote est comprise entre 25 % et 35 % de la valeur vénale.

3. Delimitation

La délimitation a un caractère unilatéral. Elle intervient par décision de l'administration chargée des domaines. Elle se distingue de la fixation des limites entre les fonds privés qui se fait par accord amiable ou, à défaut, par action en bornage devant les tribunaux judiciaires, procédures qui interviennent aussi pour délimiter le domaine privé. La délimitation est un droit pour les riverains et l'administration est tenue d'y procéder lorsque ceux-ci lui en font la demande. Les conditions de délimitation sont différentes selon qu'il s'agit du domaine public naturel ou du domaine public artificiel.

A) *Domaine public naturel*

La délimitation a, à la fois, un caractère *recognitif,* dit aussi déclaratif, du fait de la simple constatation de phénomènes naturels et un caractère *contingent,* car des changements de circonstances peuvent modifier une délimitation précédemment effectuée. Une nouvelle délimitation peut alors être sollicitée

S'agissant du *domaine public maritime*, l'ensemble du littoral français est soumis à un régime unique de délimitation des *rivages* « *jusqu'où les plus hautes mers peuvent s'étendre en l'absence de perturbations météorologiques exceptionnelles* ». Cette règle a été déclarée conforme à la Constitution, le Conseil constitutionnel insistant sur les garanties accordées aux riverains. Une réserve d'interprétation leur permet, lorsqu'ils ont été autorisés à construire une digue pour protéger leur propriété, de ne pas être obligés de la détruire à leurs frais, en cas d'évolution des limites du domaine public maritime

La délimitation des *lais et relais*, côté terre, résulte, soit d'un arrêté préfectoral si aucune opposition ne s'est manifestée au cours de l'enquête publique ouverte dans chaque commune concernée, soit d'un décret en Conseil d'État dans le cas contraire. L'étendue du *sol et du sous-sol de la mer territoriale* est fixée à 12 milles. Le calcul se fait à partir des laisses de basse mer lorsque la côte est rectiligne, à partir des lignes de bases droites lorsque la côte présente des échancrures et par les lignes de fermeture si la côte comporte des baies.

Les opérations matérielles de délimitation sont difficiles à mettre en œuvre. Un décret du *29 mars 2004*, longtemps attendu, prévoit une procédure unique de délimitation pour les rivages, les lais et relais, les embouchures des fleuves et rivières et énumère *a minima* les procédés scientifiques utilisés. La procédure est simplifiée : dossier de délimitation unique, enquête publique de droit commun, réunion contradictoire sur les lieux afin de garantir les droits des riverains, décret en CE en cas d'avis défavorable du commissaire-enquêteur. La charge financière de la délimitation repose sur l'État qui peut cependant exiger des propriétaires, des associations syndicales et des communes une participation au financement.

S'agissant du *domaine public fluvial* elle se fait à la fois longitudinalement et transversalement. La *limite longitudinale* des berges par rapport aux propriétés riveraines est fixée par arrêté préfectoral en constatant la hauteur atteinte par les eaux « *coulant à pleins bords avant de déborder* », en faisant abstraction —comme pour le domaine public maritime— des « *perturbations météorologiques exceptionnelles* ». La *limite transversale* est fixée par décret, après enquête *de commodo et incommodo*.

Tous les textes sur la délimitation du domaine public naturel rappellent que la délimitation est faite « *sous réserve des droits des tiers* », lesquels, s'ils estiment que l'administration a porté atteinte à leurs droits de propriété, disposent de divers moyens pour faire respecter ces droits.

Le riverain peut aussi à tout moment demander à l'autorité administrative d'abroger la délimitation irrégulière, en application de la jurisprudence CE, 3 février 1989, « *Alitalia* ». Il peut aussi s'adresser au juge judiciaire et lui demander une indemnité, en ayant conscience que l'octroi de cette indemnité transfère la propriété du terrain à l'État.

B) *Domaine public artificiel*

L'administration a ici un rôle plus actif à jouer. Les procédures de délimitation varient selon le domaine concerné. Ainsi, pour le domaine public ferroviaire, la délimitation se fait par bornage et ces opérations ne distinguent pas entre domaine public et domaine privé. La délimitation des voies publiques routières, qui intéresse un grand nombre de personnes et dont le régime et ses conséquences sur les propriétés riveraines est original, marqué par l'importance des prérogatives de puissance publique

Elle résulte, d'une part, des plans d'alignement et, d'autre part, des mesures d'alignement individuel.

Les *plans d'alignement* prévoient pour les années à venir le tracé de l'ensemble des voies publiques et la ligne séparative d'avec les propriétés riveraines. En contrepartie de ces contraintes, le riverain dispose d'un *droit de délaissement* et peut mettre en demeure le bénéficiaire de la réserve d'acquérir le terrain dans un délai d'un an. En cas de désaccord sur le prix du terrain, le juge de l'expropriation tranche le litige.

À la suite du plan d'alignement, des *arrêtés individuels d'alignement* interviennent dont l'objet est de faire connaître à chaque propriétaire les limites de sa propriété au droit de la voie publique.

Les effets du plan d'alignement sont redoutables pour les propriétés voisines lorsqu'il prévoit *l'élargissement de la voie*, car il y a alors mode de cession forcée de la propriété, substitut expéditif et pratique à l'expropriation sans les garanties qu'elle présente. Il faut distinguer selon que les terrains sont ou non bâtis ou clos.

Lorsque les terrains ne sont *ni bâtis, ni clos de mur*, le plan emporte, dès sa publication, le *transfert immédiat* de la propriété des parcelles nécessaires à l'élargissement. Les anciens propriétaires ont droit à des indemnités correspondant à la valeur de leur bien, lesquelles, à défaut d'accord amiable, seront fixées par le juge de l'expropriation.

Lorsque les terrains sont *bâtis ou clos de mur*, les propriétés riveraines sont frappées d'une *servitude de reculement* qui s'étend jusqu'à la limite de la nouvelle voie publique et a pour but de faire périr de vieillesse la construction ou la clôture. Cette servitude contraint les propriétaires à ne faire aucune construction nouvelle ni aucuns travaux confortatifs (qui seraient susceptibles de prolonger la durée de vie de l'immeuble) sur les constructions existantes. Seuls sont admis des travaux de simple entretien[13].

[13] L'immeuble a pour destination de se délabrer sinon de menacer ruine afin que sa démolition puisse être ordonnée. Et le plus contestable dans ce régime, qui se devrait d'être amendé, est que l'indemnité due au propriétaire sera calculée au moment de son versement, c'est-à-dire sur la valeur du terrain quasiment nu

V. Domaine privé

1. Modes d'acquisition

A) *Acquisitions à titre onéreux*

Elles peuvent avoir lieu *à l'amiable* par achat (selon les règles du Code civil pour les biens et droits immobiliers), par dation en paiement au profit de l'État ou par échange. Des dispositions particulières sont prévues pour les échanges entre collectivités territoriales.

Elles peuvent avoir lieu selon des procédures de *contrainte* : nationalisation, expropriation, préemption.

Six hypothèses *d'acquisition à titre gratuit* sont distinguées par le Code : les dons et legs dont les régions peuvent désormais être bénéficiaires, les successions en déshérence, les biens sans maître, les biens confisqués, les objets placés sous main de justice et les sommes et valeurs prescrites (c'est-à-dire les dépôts ou avoirs en espèces ou en titres non réclamés depuis 30 ans).

Les libéralités faites par des personnes privées à des institutions publiques tels que les hôpitaux, les universités, les musées sont assez fréquentes et ces dons et legs ont enrichi les propriétés publiques de biens parfois singuliers. Les héritiers légaux peuvent faire une réclamation dans les 6 mois et l'administration a 12 mois pour se prononcer. La restitution de ces libéralités peut être demandée, mais les conditions sont sévères.

La *loi du 13 août 2004* a modifié de manière substantielle le régime des biens sans maître, immuable depuis deux siècles. Auparavant, ces biens *res nullius* revenaient de plein droit à l'État. La loi de 2004 les fait entrer dans le patrimoine des communes et les biens ne sont transférés à l'État que si la commune renonce à exercer ses droits

L'entrée d'un bien dans le patrimoine privé d'une personne publique peut aussi résulter de la désaffectation ou du déclassement d'une dépendance du domaine public.

B) *Gestion et aliénations*

a) *Gestion.* La plupart des règles de gestion empruntent au droit commun de la propriété privée

À la différence du domaine public, l'utilisation du domaine privé par des particuliers n'est jamais collective. Les *utilisations privatives* trouvent leur fondement soit dans un acte unilatéral, soit dans un contrat. La législation des baux commerciaux, des baux ruraux, des baux emphytéotiques et des baux d'habitation est applicable, sauf pour certains contrats tels les baux forestiers soumis à des règles spécifiques.

Depuis quelques années, la gestion des biens publics recourt à la pratique de l'externalisation en recourant à la *cession-bail* : après la vente la personne publique continue à l'utiliser en la louant à l'acquéreur privé, ce qui n'est pas toujours une bonne opération économique

b) *Aliénations.* Certaines aliénations ne peuvent être décidées qu'après autorisation expresse du législateur, à l'instar des transferts de propriété d'entreprises du secteur public au secteur privé et des cessions de bois ou forêts de l'État d'une certaine importance. D'une manière générale, les immeubles du domaine privé de l'État ne peuvent être vendus que lorsqu'ils ne sont plus utilisés, à l'exception des immeubles de bureaux dont l'aliénation est toujours possible. L'acte de vente doit alors comporter des clauses permettant de préserver la continuité du service public.

Si leur saisie est impossible, le biens peuvent faire l'objet d'expropriation même lorsqu'il s'agit de biens appartenant à l'État lequel, situation originale, s'exproprie lui-même par l'intermédiaire du préfet.

Aucun formalisme particulier n'est requis pour la vente des biens des collectivités territoriales et de leurs établissements publics de coopération (EPCI).

L'aliénation des biens de l'Etat est réalisée par la Direction de l'immobilier de l'Etat (DIE) du ministère de l'Economie et des Finances ou avec son concours et au profit du Trésor. Elle a lieu « *avec publicité et mise en concurrence, soit par adjudication publique, soit à l'amiable* ». Le préfet autorise l'adjudication et organise la publicité en cas de cession amiable, procédure qui est encouragée. Il a été prévu un « *droit de priorité* » en faveur des communes et des groupements de communes EPCI .

La *Commission pour la transparence et la qualité des opérations immobilières de l'État* est obligatoirement informée des opérations les plus lourdes : cessions amiables à un prix égal ou supérieur à un million d'euros (deux millions d'euros en Île-de-France).

La vente des *meubles* détenus par les services de l'État, au contenu hétéroclite (navire, véhicule automobile, bijoux, vaisselle ...), prend la forme d'une vente aux enchères orales ou écrites au profit du plus offrant.

La vente des biens immobiliers des *collectivités territoriales* et de leurs groupements doit être autorisée par une délibération motivée de l'organe délibérant. Les collectivités disposent d'une assez grande liberté pour l'aliénation de leurs biens, qui a souvent lieu aux enchères publiques. Il existe, cependant, de précieux garde-fous, à l'instar de la règle selon laquelle les maires et les conseillers municipaux en exercice ne peuvent, sous peine de condamnations pénales, se porter acquéreurs de biens communaux .

Les pouvoirs publics cherchent à encourager et à simplifier la cession de logements sociaux qui doivent être proposés en priorité à l'ensemble des locataires de l'immeuble.

Le contentieux des aliénations du domaine privé relève, en principe, du juge judiciaire, à l'exception de celui des immeubles appartenant à l'État ou la compétence revient au juge administratif. Ce n'est qu'un des exemples de l'extrême complexité du contentieux du domaine privé.

VI. Domaine public

1. Affectation et désaffectation

A) *Affectation*

Le concept d'*affectation* joue un rôle capital dans l'identification de la domanialité publique. Elle « *anime la propriété administrative et circule en elle comme un sang pour lui donner sa vie et sa personnalité* » (André de Laubadère). Les critères ont été, jusqu' au code de 2006, établis par la jurisprudence.

À l'origine, la marque de la domanialité publique était *l'affectation à l'usage du public.*, consacrée par l'arrêt « *Marécar »* de 1935 .

Il s'agit, a-t-on dit, du « noyau dur » du domaine public. L'affectation doit être destinée à l'ensemble des usagers et non réservée à une partie seulement et le public doit utiliser directement la dépendance domaniale. Lorsqu'une référence peut être faite aussi à l'affectation au service public , la préférence de la jurisprudence va plutôt vers cette dernière : il en est ainsi des halles et marchés et des œuvres d'art des collections publiques, présentées dans les musées.

Dès le XIXème siècle la doctrine faisait de *l'affectation au service public* un critère de la domanialité publique. Mais il faut attendre les années de « résurrection » du service public, alors en crise, pour que soit rendu un arrêt, considéré comme de principe : CE, 19 octobre 1956, « *Soc. Le Béton* » qui fait de l'affectation au service public *à elle seule* un critère de cette domanialité .

La reconnaissance de la domanialité public par la seule affectation au service public —à la fois les services publics administratifs (SPA) et les services publics industriels et commerciaux (SPIC)— et l'extension considérable du service public « à la française » ont conduit à celle du domaine public. Le juge administratif voyait ainsi s'étendre sa compétence par rapport à celle du juge judiciaire, stratégie habilement menée.

Pour limiter cette extension la condition supplémentaire d'un « *aménagement spécial* » avait été posée mais la notion était devenue si floue et contingente que certains la qualifiaient, sévèrement, de « clause de style ». Par ailleurs, la jurisprudence construisit les notions de *domaine public global*, de *bien* accessoire et de *domaine virtuel par anticipation* qui allaient dans le sens de l'élargissement. Le code CGPPP lui substitue celle d'« *aménagement indispensable* » dont le caractère réducteur reste faible.

Le pouvoir d'affecter, de désaffecter ou de changer d'affectation, considéré comme un attribut du droit de propriété, est de la compétence de l'autorité propriétaire du bien. Celle-ci dispose d'un pouvoir largement discrétionnaire et le juge se refuse à apprécier le bien-fondé des choix effectués pour donner à la dépendance telle ou telle affectation. Il s'agit d'une décision expresse prenant la forme d'un acte administratif unilatéral. L'affectation à un service public peut aussi résulter d'un contrat entre le propriétaire et l'affectataire.

Cette affectation formelle doit être suivie d'une affectation matérielle de fait qui s'observe souvent par la réalisation de travaux entrepris pour rendre la dépendance domaniale appropriée à sa destination.

L'affectation d'une dépendance domaniale change au gré de l'évolution des intérêts publics qu'elle sert. Dans le souci d'une bonne utilisation et gestion dynamique de leur domaine, les personnes publiques ont ainsi le droit, sinon le devoir, de mettre en œuvre ces *changements d'affectation*. Il est présumé qu'elles le font à bon escient. Plusieurs situations se rencontrent : les changements d'affectation peuvent soit intervenir au sein d'une même personne publique, soit concerner plusieurs personnes publiques ; le changement d'affectation peut ou non s'accompagner d'un transfert de propriété, simple transfert de gestion . Un régime singulier a survécu mais n'a heureusement que peu d'applications, celui des *mutations domaniales*, changement autoritaire d'affectation sans perte de propriété au seul profit de l'Etat. Désormais une indemnisation versée à la collectivité territoriale est prévue.

B) *Désaffectation*

Lorsque le bien n'est plus affecté, il doit être *déclassé* et il entre dans le domaine privé. La cessation de l'affectation ne suffit pas à entraîner la fin de la domanialité publique. Par souci de protection, la jurisprudence exige à la fois une *désaffectation de fait* qui constate que les biens ne sont plus utiles à l'usage direct du public ou à un service public et un *acte formel de déclassement*. C'est ce que rappelle régulièrement le Conseil d'État dans sa jurisprudence et ses avis et ce qu'a consacré le Conseil constitutionnel. Ainsi, une décision de déclassement serait illégale et inefficace si elle ne sanctionnait pas une désaffectation de fait, laquelle, réciproquement, ne produirait pas d'effets si elle n'était pas consacrée par un acte de déclassement. À défaut de décision expresse de déclassement, le maintien dans le domaine public de biens qui ne devraient plus en faire partie est donc possible. La jurisprudence fait une application rigoureuse de ce principe. Réciproquement, le déclassement ne peut intervenir que si la dépendance domaniale a perdu son affectation. S'il la conserve, une décision expresse de déclassement serait sans effet.

Deux exceptions à la double condition sont autorisées. Il s'agit d'abord du *déclassement par anticipation* . Ce système facilite, sans porter atteinte au principe d'inaliénabilité, les cessions de biens lorsque leur désaffectation a été décidée. Le déclassement peut intervenir de manière anticipée, alors que la désaffectation est certaine mais que les opérations matérielles, souvent longues à réaliser en pratique, retardent sa réalisation effective, situation provisoire et strictement encadrée.

Le CGPP prévoit aussi la possibilité d'échange ou de cessions entre personnes publiques *sans déclassement préalable* lorsque le bien doit rester dans le domaine public. Cette simplification a été présentée comme destinée à faciliter les opérations foncières entre l'État, les collectivités territoriales et les établissements publics.

Les assouplissements apportés aux procédures de déclassement en vue de faciliter la « circulation » des biens des personnes publiques sont propres à améliorer la gestion des biens publics, encore faut-il que l'affectation, objectif majeur, ne soit pas affaiblie. Le Conseil constitutionnel a tenu à rappeler que le déclassement d'un bien du domaine public ne saurait avoir pour effet de priver de garanties légales l'exigence constitutionnelle de continuité et d'existence des services publics : CC, 14 avril 2005, *Loi relative aux aéroports*.

2. Utilisations

Plusieurs principes commandent l'utilisation du domaine public : l'utilisation doit être conforme à l'affectation domaniale et ne pas compromettre sa conservation. La liberté d'utilisation n'est pas absolue et même lorsque la dépendance domaniale est « à l'usage de tous », le libre accès peut être restreint, notamment dans l'intérêt supérieur de l'ordre public. Enfin l'utilisation doit supporter les conséquences des modifications imposées autoritairement à l'affectation domaniale. Les utilisations privatives sont soumises au principe de *précarité* et peuvent être modifiées ou supprimées par la collectivité propriétaire du domaine.

Une distinction sera faite entre les dépendances domaniales affectées à l'usage collectif du public et celles affectées à des utilisations privatives .

A) *Utilisations collectives du domaine public*

L'usage collectif est lié à l'affectation de certains biens du domaine, « à l'usage de tous » : voies publiques, rivages de la mer, fleuves navigables ... L'usager est alors anonyme, impersonnel, dépourvu de droits privatifs ou exclusifs, mais bénéficie des « lois » du domaine public, telles que la liberté, l'égalité et la gratuité ...

a) *Voies publiques.* Les voies publiques sont, en principe, largement ouvertes à l'usage collectif. Les principes de liberté, d'égalité et de gratuité admettent des assouplissements, mais les restrictions sont l'exception. La *liberté d'aller et venir* fait partie des libertés fondamentales et doit être particulièrement protégée mais l'usage des voies publiques est encadré par les règles de police administrative et les nécessités de l'ordre public, sécurité et tranquillité publiques. Les difficultés engendrées par l'essor de la circulation automobile imposent que, dans l'intérêt de tous, cette liberté puisse être aménagée.

Autorité de police générale, le *maire* joue un rôle essentiel dans la mise en œuvre des mesures de police qui doivent être adaptées aux circonstances de temps et de lieu et proportionnées au but à atteindre

On observe la place désormais accordée à la finalité de *protection de l'environnement* en ses différents aspects : préoccupations d'esthétique, de santé (lutte contre la pollution atmosphérique), de protection de la flore et de la faune. Les grandes sociétés gestionnaires des autoroutes se sont engagées, à partir de 2010, à investir dans des aménagements écologiques afin, notamment, de préserver les écosystèmes.

Plusieurs principes, tendant à assurer la *conciliation* entre les divers intérêts en présence, ont été peu à peu dégagés par la jurisprudence: l'utilisation doit être conforme à l'affectation domaniale, les interdictions générales sont prohibées. La réglementation doit parvenir à un juste équilibre entre les utilisateurs, notamment piétons et automobilistes et les restrictions à la liberté de circulation se sont développées : voies piétonnes, couloirs réservés aux autobus, taxis et ambulances, aménagements de pistes cyclables, de modes de transports collectifs propres, tel le tramway, circulation alternée en région parisienne lorsqu'un pic de pollution est atteint. Ces contraintes ont été renforcées par le législateur en 2015 avec la volonté d'assurer la qualité de vie dans les villes et de prendre en compte les questions de santé[14].

Le *principe d'égalité des usagers du domaine public* » n'est que proportionnel et ne s'applique, comme en matière de service public, qu'aux usagers du domaine public placés dans la même situation.

Quant à la *gratuité,* principe traditionnel d'utilisation du domaine public, elle, est devenue de plus en plus relative, comme l'a reconnu le Conseil constitutionnel: « *Si la liberté d'aller et de venir est un principe constitutionnel, celui-ci ne saurait faire obstacle à ce que l'utilisation de certains ouvrages donne lieu au versement d'une redevance* » (décision du 12 juillet 1979). Le stationnement payant, le péage pour l'utilisation de certains ouvrages d'art ont ainsi admis.

[14] *Loi sur l'air et l'utilisation rationnelle de l'énergie du 30 décembre 1996* accentuant les restrictions à la circulation des véhicules lorsqu'un seuil d'alerte est franchi.

b) *Dépendances autres que les voies publiques.* La liberté d'utilisation du *domaine public fluvial* peut subir des restrictions pour des raisons de sécurité en période de crues et pour des raisons d'économie de la ressource eau en période de sécheresse.

L'établissement public « *Voies navigables de France* », EPIC, a pour mission d'exploiter, entretenir, améliorer et étendre le réseau des voies navigables. Une taxe sur les utilisateurs de la voie d'eau est perçue à son profit et les transporteurs publics et privés de marchandises et de passagers sont soumis à des péages : l'usage du domaine public fluvial souffre, lui aussi, de restrictions au principe de gratuité.

La circulation sur le *domaine public maritime* est, en principe, libre et ne doit pas être entravée. Les autorités administratives sont tenues de « *veiller à l'utilisation normale des rivages de la mer* ». Les utilisations privatives font surtout l'objet de concessions comme les concessions de plages dont le régime cherche à préserver les principes de libre accès à la mer et de précarité[15].

B) *Utilisations privatives du domaine public*

Elles correspondent à l'idée que le domaine, même s'il est « hors du commerce » constitue, selon une expression consacrée, « *une richesse dont les collectivités publiques peuvent et doivent assurer la meilleure utilisation* ». Les propriétaires publics se voient reconnaître un pouvoir de gestion de leur domaine public allant bien au-delà de leur pouvoir traditionnel de police: les trois principes inhérents à l'usage collectif —liberté, égalité, gratuité— ne trouvent pas à s'appliquer..

Selon la nature du titre d'occupation, la distinction se fait entre les utilisations fondées sur un acte unilatéral d'autorisation : la permission de voirie, et les utilisations fondées sur un contrat conclu entre l'administration et l'occupant : la concession de voirie.

a) *Autorisations unilatérales d'occupation domaniale.* Une distinction peut être faite entre la permission de voirie qui évoque une occupation avec emprise, c'est-à-dire avec pénétration dans le sous-sol et le permis de stationnement correspond à une occupation sans emprise .

L'autorité détenant le pouvoir de police est compétente s'agissant du permis de stationnement, l'autorité gestionnaire du domaine a compétence s'agissant de la permission de voirie. La délivrance des permis de stationnement repose sur

[15] Un minimum de 80 % de la longueur du rivage et de la surface doivent rester libres de tout équipement et installation s'agissant des plages naturelles et 50 % pour les plages artificielles. L'occupation sur la surface autorisée ne doit pas excéder 6 mois ou 8 mois dans les stations touristiques classées. Les équipements et installations doivent être transportables ou démontables durant la période hivernale.

des considérations d'ordre public, celle, en particulier, de ne pas entraver la circulation, celle des permissions de voirie s'appuie davantage sur des considérations de gestion patrimoniale

L'autorisation d'occupation est toujours subordonnée au versement d'une *redevance,* ce que rappelle aujourd'hui l'article L. 2125-1 CGPPP qui ouvre le chapitre où sont rassemblées toutes les « *dispositions financières* » relatives à l'utilisation du domaine public. Quelques exceptions sont prévues, par exemple pour les associations à but non lucratif, qui concourent à la satisfaction d'un intérêt général. Les redevances prennent en compte les « *avantages de toute nature procurés au titulaire de l'autorisation* et ne peuvent être fixées qu'en argent et non en nature. La question reste posée de la « vérité » de la redevance au regard des bénéfices retirés par l'usager de l'occupation domaniale en tenant compte aussi des retombées économiques, touristiques et culturelles pour le propriétaire du domaine[16]. Une meilleure transparence des occupations et de leur coût est particulièrement souhaitable

Le titre d'occupation est *personnel* et ne saurait, en principe, être cédé à titre gratuit (succession) ou onéreux (transfert), sans l'accord de l'administration. Normalement, un changement d'occupant impose la délivrance d'un nouveau titre d'occupation. La jurisprudence se montre ferme quant au caractère personnel des autorisations,

À l'égard des tiers, le permissionnaire dispose de moyens pour faire respecter ses droits, pouvant, en particulier, introduire devant le juge judiciaire les *actions possessoires* traditionnelles

À l'égard de l'administration, les garanties du permissionnaire sont moindres puisque sa situation est marquée par la *précarité* et qu'il ne peut s'opposer à un retrait régulier. Par ailleurs, sa paisible occupation peut être troublée par *l'exécution de travaux publics* et la jurisprudence se montre rigoureuse à son égard en laissant souvent à sa charge le coût des déplacements et des aménagements qu'il est obligé de faire pour rendre possible la réalisation des travaux.

L'administration « *jouit d'un pouvoir très large d'appréciation* » pour accorder ou refuser les autorisations d'occupation . Les motifs de refus seront justifiés à la fois par la considération des « *intérêts proprement dits du domaine* » et par « *la sauvegarde d'autres intérêts de caractère général* » :

[16] Tout à fait intéressant quant à la complexité juridique et aux enjeux économiques est le problème de savoir si les prises de vues peuvent être assimilées à une utilisation privative du domaine public. L'arrêt CE, 29 octobre 2012, « *Commune de Tours* », rendu à propos de photographies d'œuvres d'art appartenant aux collections des musées répond par l'affirmative: des redevances seront perçues . Ce n'est pas le cas pour les photographies faites à des fins publicitaires (les bières Kronenbourg), d'un monument historique CE, ass., 13 avril 2018, « EP *Domaine national de Chambord* », jurisprudence qui a fait l'objet de critiques.

ordre public, conservation domaniale , et aussi intérêt économique, financier, esthétique , environnemental. La légalité des motifs de refus est soumise au contrôle du juge administratif.

« *L'autorisation présente un caractère précaire et révocable* » mais la précarité a des effets moins redoutables qu'il n'y paraît en théorie, car les autorités gestionnaires du domaine n'ont pas intérêt à déstabiliser la situation des occupants, lesquels contribuent à la mise en valeur des dépendances domaniales.

Par principe, les titres d'occupation privative, qu'ils soient unilatéraux ou contractuels, sont *personnels et incessibles*. En conséquence, l'occupant ne saurait prendre l'initiative de transférer son autorisation par voie de succession, par exemple, à la personne qui reprendrait son activité

Mais la jurisprudence s'est progressivement assouplie en acceptant les transferts d'autorisation d'occupation du domaine public lorsque la personne publique donne son agrément.

L'occupant doit *remettre le domaine en l'état*, c'est-à-dire démolir l'ensemble des installations et ouvrages qu'il avait implantés. L'administration est libre de lui accorder des délais et l'action pour exiger la remise en état est imprescriptible. L'administration a la faculté de dispenser les occupants de la démolition et, si les installations présentent un intérêt pour la collectivité, elle peut demander de les conserver (sans avoir à verser une indemnité) .

b) *Autorisations contractuelles : les concessions d'occupation domaniale (COT)*. Ces contrats conclus entre l'administration et un particulier en vue de l'occupation privative d'une dépendance domaniale sont *des contrats administratifs* par détermination de la loi .Ils doivent être distingués des concessions de service public. Les deux peuvent être réunies mais pas nécessairement. La précarité des contrats et l'insécurité juridique qui peut en résulter, préjudiciable à la bonne gestion domaniale, ont été à l'origine de divers montages juridiques : déclassements en volumes, baux emphytéotiques, droits réels consentis par l'État, généralisés par le CGPPP .Comme le fait le droit commercial, le fonds lui-même est dissocié du droit au bail, les baux commerciaux étant interdits quant à eux.

Cette réforme attendue oblige dorénavant le propriétaire du domaine à intégrer la valeur du fonds dans le calcul de l'indemnité en cas de résiliation anticipée de l'autorisation.

La transmissibilité des COT est admise. Une condition est posée : le cessionnaire devra, au préalable, obtenir l'accord exprès écrit du gestionnaire. Cette évolution va dans le sens de la circulation facilitée des titres et de l'encouragement des investissements sur le domaine public.

• Un délicat problème a trouvé une solution à la suite d'une évolution récente de la jurisprudence celui de de savoir si les actes de gestion domaniale pouvaient être soumis aux règles du marché et dans quelle mesure les autorisations d'occupation, notamment contractuelles, devaient respecter, à l'instar des contrats de la commande publique, certaines *obligations de publicité et de mise en concurrence.*

Les actes de gestion domaniale ont longtemps été considérés, dans leur ensemble, comme la simple manifestation des prérogatives de puissance publique, insusceptibles d'être assimilés à une « *activité de production, de distribution ou de services* » au sens de l'ordonnance de 1986. Les personnes publiques se voyaient donc reconnaître une grande liberté pour choisir l'occupant du domaine, en fonction de considérations d'intérêt général, et les conventions d'autorisation d'occupation domaniale échappaient à l'application des règles du marché[17]. Pressé par la jurisprudence européenne (cf arrêt CJCE« *Telesaustria* » en décembre 2000, un important arrêt CE 26 mars 1999, « *Soc.* EDA », rendu à propos de l'attribution aux entreprises, par Aéroports de Paris, d'emplacements de location de voitures, reconnaît l'applicabilité du droit de la concurrence —tant interne qu'européen— et du principe de liberté du commerce et de l'industrie aux actes de gestion domaniale lorsque la dépendance litigieuse est le siège d'activités de production, de distribution ou de services ce qui oblige l'autorité gestionnaire à refuser d'accorder une autorisation ou de signer une concession d'occupation qui placerait le titulaire dans une situation d'abus de position dominante.

L'ordonnance du 19 avril 2017 décide que lorsque le titre d'occupation permet à son titulaire d'occuper le domaine public en vue d'une exploitation économique, l'administration organise librement une procédure de sélection préalable présentant toutes les garanties d'impartialité et de transparence, et comportant des mesures de publicité permettant aux candidats potentiels de se manifester. Ce principe est assorti d'exceptions qui, en l'état, apparaissent relativement nombreuses. Le Tribunal des conflits prend position en faveur de la compétence du juge administratif pour l'ensemble des problèmes posés par ce contentieux.

La fin de la concession peut survenir à l'arrivée du terme. L'occupant n'a aucun droit au renouvellement de son contrat dont la non-reconduction ne donne, en principe, pas lieu à indemnité. Des clauses de renouvellement seraient nulles pour violation du principe de précarité, alors que ces clauses sont fréquentes dans les autres contrats administratifs.

[17] Dans un arrêt remarqué, CE, sect., 3 décembre 2010, « *Ass. Stade Paris Jean Bouin* », un coup d'arrêt —provisoire— avait été porté à la soumission des COT aux obligations de publicité et de mise en concurrence: importance de l'*intuitu personae,* présomption de la capacité de l'autorité publique à choisir le meilleur affectataire pour servir l'utilité publique. La qualification du contrat avait une importance décisive : si le contrat pouvait être qualifié de contrat de la commande publique, sa passation devait être soumise aux règles de publicité et de mise en concurrence ; s'il pouvait être qualifié de simple COT, sa passation échappait à l'application de ces règles.

c) *Autorisations d'occupation constitutives de droits réels.* L'interdiction de conférer par contrat, à un particulier ou à une entreprise, des droits réels sur le domaine public était l'un des principaux obstacles à sa valorisation économique. Des opérations d'intérêt général se voyaient paralysées car les entreprises désireuses d'investir couraient le risque de se voir refuser les financements nécessaires, les établissements de crédit mettant peu d'empressement à garantir les emprunts qui leur étaient demandés. Les collectivités publiques supportaient alors la charge de l'investissement et le financement des ouvrages qu'elles n'avaient pas les moyens d'assurer[18].

Baux emphytéotiques administratifs. L'évolution commence avec la *loi du 5 janvier 1988* qui autorise les collectivités territoriales, à consentir sur leur domaine public (et privé) des baux emphytéotiques (BEA), « *dans la mesure où leur existence est compatible avec l'affectation de ceux de ces biens sur lesquels ces servitudes s'exercent* ».

L'un des avantages les plus appréciés du preneur est de disposer d'un véritable « *droit réel immobilier* » et de pouvoir avoir les prérogatives d'un propriétaire à l'égard des ouvrages qu'il réalise et dont il tirera profit pendant la durée du bail. En conséquence, des hypothèques pourront être prises sur le bien domanial et les emprunts seront encouragés, car garantis. Un BEA peut être conclu en vue de la réalisation d'un ouvrage que le preneur met à la disposition de la collectivité publique bailleresse : CE, sect., 25 février 1994, « SA SOFAP *Marignan Immobilier* ».

Le législateur a progressivement étendu le champ d'application du BEA pour les besoins de la justice, de la police ou de la gendarmerie nationales , des établissements publics de santé ou encore des services départementaux d'incendie et de secours , systèmes destinés à se fondre dans le droit commun.

L'État a désormais la possibilité de conclure des BEA mais elle est limitée à deux hypothèses particulières:

La première concerne les BEA *« logements sociaux »,* s'agissant des réalisations nouvelles et non des restaurations. Mais le recours au crédit bail est en général préféré. La seconde met au point un « BEA *valorisation* ». Son objet est de restaurer, réparer ou mettre en valeur un bien immobilier de l'État, sans qu'il y ait obligation de construction d'un immeuble nouveau.

Le dispositif de la loi de 1988, quel que soit son intérêt, n'était que le prélude à une réforme plus large qui fit l'objet de la *loi du 25 juillet 1994*, introduisant une rubrique intitulée : « *Occupations constitutives de droits réels* ».

[18] Le Conseil d'Etat maintenait sa position rigoriste en décidant de constater la nullité d'un contrat qui conférait un droit réel sur le domaine public : CE, 6 mai 1985, « *Ass. Eurolat et Crédit foncier de France* ».

Le système est généralisé à l'ensemble du domaine public artificiel de l'État et de ses établissements publics. Il ne s'applique ni au domaine mobilier, ni au domaine naturel maritime ou fluvial. Ces espaces doivent être préservés des opérations importantes de construction que le dispositif particulier de financement encourage. «*Ce droit réel confère à son titulaire les prérogatives et obligations du propriétaire. Le titre fixe la durée de l'autorisation, en fonction de la nature de l'activité et de celle des ouvrages autorisés, et compte tenu de l'importance de ces derniers, sans pouvoir excéder soixante-dix ans* ... ».

La constitution de droits réels demeure très contrôlée par les autorités publiques de l'État. En cas de cession ou de transmission dans le cadre de mutation entre vifs, en cas de fusion ou absorption de sociétés et en cas de décès, les droits ne peuvent être transmis qu'à une personne agréée par l'autorité publique compétente.

Ce même droit existe-t-il à l'égard des terrains sur lesquels l'ouvrage doit être édifié? Question importante à laquelle le Code n'apporte pas de réponse tranchée, mais on penche en général pour l'indissociabilité entre le terrain et l'ouvrage, durant la durée de l'occupation, la dissociabilité étant bien difficile à opérer en pratique.

À l'issue de l'occupation, les ouvrages, s'ils ne sont pas démolis afin de remettre le domaine en son état initial et si leur maintien a été accepté, redeviendront de plein droit et gratuitement la propriété de l'État, libres de tout privilège ou de toute hypothèque.

En plus des BEA, l'État et les collectivités territoriales ont à leur disposition une panoplie d'instruments juridiques qui leur permettent une gestion performante de leurs biens.

• *Crédit-bail.* L'occupant du domaine public (crédit-preneur) cède son droit réel à un organisme financier (crédit-bailleur) qui lui concède un crédit-bail. L'occupant entreprend la construction des ouvrages grâce aux prêts obtenus mais la propriété des ouvrages revient au crédit-bailleur. Le crédit preneur rembourse les emprunts avec les revenus nés de l'exploitation de l'ouvrage. Au terme du contrat de crédit-bail, lorsqu'il a entièrement remboursé l'emprunt et les intérêts, l'occupant devient propriétaire des ouvrages.

• *Marchés de partenariat* Ils confient au cocontractant une *mission globale* de financement, de construction et d'exploitation d'un ouvrage, formalisée dans un contrat unique qui rassemble les trois missions, ce qui évite la dispersion, comme auparavant, dans une pluralité de contrats. « *Lorsque le contrat emporte occupation du domaine public, il vaut autorisation d'occupation de ce domaine pour sa durée* », ce qui entraîne la détention de droits réels sur l'ouvrage à construire. Il s'agit de faciliter le financement privé des équipements publics.

3. Inaliénabilite et imprescriptibilité

A) *Inaliénabilité*

Consacré « *loi fondamentale du Royaume* » par l'édit de Moulins de 1566, le principe d'inaliénabilité lié à l'idée d'affectation ne s'applique qu'aux biens du domaine public, On fera observer que l'affectation en droit comparé peut avoir pour fonction de protéger tout aussi bien une propriété privée que publique. Si, en droit français, l'affectation et l'inaliénabilité ne s'appliquent qu'à des biens appartenant à une personne publique, en droit allemand, les biens publics (*öffentliche Sachen*) qui sont identifiables par leur destination, doctrine dite des « *patrimoines-buts* », peuvent appartenir à des propriétaires privés et être soumis à une affectation conçue comme une servitude d'usage public. Le système anglais développe des pratiques voisines.

Le champ d'application du principe d'inaliénabilité est large et les exceptions demeurent étroitement limitées, justifiées par des circonstances historiques particulières lorsque les riverains du domaine public sont fondés à opposer à l'administration des « *droits fondés en titre* », la preuve des titres de propriété étant souvent difficile à apporter lorsque la jurisprudence est appelée à interroger de vieux parchemins vieux de plusieurs siècles .

L'inaliénabilité entraîne la *nullité des aliénations*, nullité absolue ce qui conduit à admettre, largement et sans condition de délai, le recours de tout intéressé censé intervenir au nom de l'intérêt général. L'action en nullité est portée devant le juge judiciaire sauf s'il s'agit de ventes d'immeubles de l'Etat. L'acquéreur, même de bonne foi, doit restituer le bien irrégulièrement vendu, sans pouvoir se prévaloir, en ce qui concerne le domaine public mobilier, du principe posé par le Code civil : « *En fait de meubles, la possession vaut titre* ». L'administration devra restituer le prix, afin d'éviter un enrichissement sans cause. Si le bien a été volé à la personne publique propriétaire et revendu à un tiers —ce qui est fréquent en matière d'œuvres d'art —, la personne publique est en droit de récupérer son bien inaliénable et la jurisprudence reconnaît désormais au tiers de bonne foi le droit à la restitution du prix.

Les aliénations forcées sont interdites au même titre que les aliénations volontaires et il y a donc impossibilité d'exproprier les biens du domaine public s'ils n'ont pas été auparavant déclassés.

Mais l'inaliénabilité n'est que relative et potestative puisque l'administration reste libre de supprimer l'affectation et de disposer ensuite des biens comme elle l'entend. Une grande liberté est laissée aux personnes publiques pour disposer de leurs biens domaniaux et le contrôle du juge sur les déclassements, qu'il estimera *a priori* liés à une « politique » raisonnable de gestion domaniale, est réduit au minimum. Ainsi, sous condition d'une procédure préalable de déclassement, l'aliénabilité est tout à fait concevable et l'on comprend que certains puissent préférer parler *d'aliénabilité conditionnelle* plutôt que d'inaliénabilité. Ces observations ne s'appliquent qu'au domaine artificiel puisque la personne publique propriétaire n'a pas le pouvoir de déclasser les biens du domaine public naturel, dont l'incorporation repose sur le constat de phénomènes naturels.

Constatant *l'hypertrophie du domaine public* et pour alimenter le budget de l'Etat, une politique d'encouragement à la cession à des personnes privées d'une partie du domaine public immobilier des personnes publiques a été menées massivement dans les années 2010. Elle a d'abord concerné les biens du ministère de la Défense puis ceux des autres ministères et ceux des entreprises publiques (La Poste, EDF, GDF)... Il était aisé au ministre de l'Économie et des Finances, désormais seul chargé de ces opérations pour le compte des ministères, de désaffecter et déclasser les biens avant de les aliéner.

Dans certains cas les biens aliénés sont ensuite loués au nouvel acquéreur —souvent une personne privée à laquelle l'administration verse des loyers—, l'affectation au service public étant maintenue. Des critiques sont apportées à cet appauvrissement des patrimoines publics et aux profits dont ont bénéficié les acquéreurs privés[19] surtout lorsqu'ont été vendus des immeubles historiques et de prestige, les « perles de la couronne ».

Le CE élève la protection du domaine public au rang d'« *impératif d'ordre constitutionnel* » et rappelle que le domaine public n'est pas un « espace marchand » comme les autres.

B) *Imprescriptibilité*

Posé par un édit d'avril 1667, le principe d'imprescriptibilité, qui mit plus longtemps à s'imposer que celui d'inaliénabilité, lui est étroitement lié. Les Légistes écriront que le Roi peut être comparé « *à l'océan duquel toutes choses coulent et procèdent et néanmoins y retournent encore* ». La jurisprudence d'abord civile (arrêt de 1846), puis administrative (arrêt de 1866) ont consacré ce principe.

Cette règle interdit d'acquérir par prescription, c'est-à-dire par possession prolongée, la propriété d'une dépendance du domaine public ou tout autre droit réel immobilier sur ces biens. C'est une protection efficace destinée à garantir l'affectation et qui ne souffre aucune exception. Elle permet de s'opposer aux revendications des particuliers qui ont profité de la négligence de l'admi-

[19] Exemple, la cession, par l'État, en 2005, de l'hôtel des Douanes, vaste et bel immeuble de prestige au cœur de Paris pour la somme de 165 millions d'euros à un Fonds d'investissement qui, quelques années plus tard, le revend —certes après travaux— 250 millions d'euros à deux compagnies d'assurance vie.

nistration pour s'établir sans titre sur une partie du domaine public, parfois de bonne foi, lorsque les limites du domaine ne sont pas clairement établies.

En conséquence, d'une part, les actions en réparation des dommages causés au domaine public sont imprescriptibles et, d'autre part, les actions possessoires des particuliers contre l'administration propriétaire ou affectataire du domaine public sont irrecevables.

L'imprescriptibilité s'étend aux actions en revendication des biens irrégulièrement aliénés et aux actions en réparation des dommages causés au domaine, en particulier les contraventions de voirie. Elle concerne aussi les *œuvres d'art* faisant partie du domaine public mobilier. Une affaire récente montre la radicalité de ses effets [20]:

VII. Domaine collectif

Le droit français s'il a développé le concept de « patrimoine commun » dans des proclamations qui restent théoriques ne connaît la mise en œuvre effective d'un véritable régime de biens collectifs qu'avec la survivance d'une vénérable et originale catégorie, celle des biens sectionaux et communaux.

1. Patrimoine commun

La notion de patrimoine jusqu'alors privatiste est utilisée ces dernières années comme support à une conception communautariste des biens publics. Le territoire, l'eau, les espaces, ressources et milieux naturels, les sites et paysages, la qualité de l'air... ont été proclamés « *patrimoine commun de la Nation* ». La Charte de l'environnement de 2005 fait de l'environnement le « *patrimoine commun des êtres humains* ».

Des réflexions doctrinales venues d'horizons différents convergent, depuis quelques années, pour relancer le débat traditionnel sur les diverses catégories de biens et sur la nature du droit de propriété exercé sur chacune[21]. La notion

[20] Une statue en albâtre, détachée lors de la Révolution de 1789 d'un tombeau construite en 1340 et que son propriétaire , un collectionneur privé, désirait exporter restera en France et reviendra à l'Etat , le Conseil d'Etat constatant, au vu de documents fort anciens qu'elle n'avait jamais quitté le domaine de l'Etat :CE, 11 juin 2018, « *Société Pierre Bergé* »).

[21] Les cercles économiques anglo-saxons ont lancé le débat en isolant une catégorie particulière, qualifiée de *Public Goods* : v. P .A. Samuelson, "*The pure theory of public Expenditure*", 1954 ; G. Hardin, "*The Tragedy of the Commons*", 1968 ; et Elinor Ostrom, "*Governing the Commons*" (1990). Ces biens ont deux caractéristiques : ils sont non exclusifs (impossibilité d'usage exclusif par une personne) et non rivaux (l'utilisation du bien ne réduit pas la quantité disponible pour les autres usagers). Ces « communs » peuvent être des biens publics ou des biens privés.

de « res communes » emprunte au droit romain inspirant la reconnaissance par des l'article 714 du Code civil, choses qui « n'appartiennent à personne et dont l'usage est commun à tous ».

L'irrésistible montée en puissance de la protection de l'environnement appelle à une renaissance de ces « *res communes omnium* », ce que constate la doctrine civiliste contemporaine. Le risque de rareté et de pénurie de biens estimés auparavant inépuisables (ainsi de l'eau qui ne peut plus être *res nullius*), les menaces liées à la pollution (l'air et le réchauffement climatique), les conséquences d'une exploitation économique désastreuse pour les ressources naturelles (forêt) et la biodiversité sont à l'origine d'une *réaction contre la marchandisation* et la valorisation économique généralisée des biens dits « environnementaux ».

Par ailleurs, on voit réapparaître sous des formes modernisés de vieux concepts : celui de « *droit de garde et de surintendance* » de l'Ancien Régime, celui de « *propriété administrative* » bien différente de la propriété privée. Cette distinction avait déjà été esquissée au début du XXème siècle par de célèbres privatistes AUBRY et RAU entre trois catégories de biens : les biens privés, les biens publics affectés (domaine public) et les *res communes omnium*, insusceptibles d'appropriation. Les notions d'« *État-gardien* » s'agissant des missions et de *fiducie* s'agissant des modes de gestion ouvrent des perspectives nouvelles aux politiques et aux autorités publiques.

À cet égard le vénérable statut particulier des « *biens communaux* » et des « *sections de communes* » en France devrait susciter davantage d'intérêt, car il donne un exemple de propriété et utilisation collective à finalité environnementale et sociale tout à fait intéressant.

2. BIENS SECTIONAUX ET COMMUNAUX

Dans un esprit de socialisation des terres rurales la Révolution française de 1789 (loi du 10 juin 1793) créé, dans le cadre de la commune, une catégorie originale de biens collectifs: les *biens communaux et les biens sectionaux* dont la propriété n'appartient pas à la commune mais soit à une *« section »* (personne morale de droit public innommée), soit aux *habitants dans leur ensemble*. C'est une propriété indivise avec un droit d'usage individuel ou collectif distinct des droits de la commune (art. 542 du Code Civil). Il y a plus de 30 000 sections de commune actuellement.

Ce vénérable système s'est maintenu jusqu'à nos jours et concerne surtout des terres, bois, forêts peu peuplés et peu productifs. Sur le plan des principes on peut le considérer comme d'avant-garde car répondant à l'idée contemporaine des « biens communs » environnementaux. Ils répondent aux aspirations de solidarité en milieu rural et de protection de la biodiversité et des paysages et leur disparition, parfois envisagée, serait regrettable. On assiste actuellement à la volonté de certaines communes d'intégrer les sections en les privant de leur droit de jouissance exclusif. Des lois de 2004 et 2013 facilitent ce transfert, le Conseil constitutionnel et le Conseil d'Etat ayant reconnu qu'il n'y avait pas atteinte à la protection de la propriété et au principe d'égalité devant la loi.

LOS BIENES PÚBLICOS DEL ESTADO

Jacqueline Morand-Deviller*

I. Categorías

Los bienes públicos en Francia se rigen por dos regímenes diferentes según que ellos pertenezcan al dominio público o al dominio privado. El derecho francés no incluye verdaderamente el concepto de dominio colectivo salvo en lo que concierne a un antiguo sistema absolutamente interesante pero que en puridad tiene carácter marginal: el sistema de los "bienes comunales" o "seccionales".

Un problema dividió por mucho tiempo la doctrina y la jurisprudencia: el de saber si las personas públicas ejercían un verdadero derecho de propiedad sobre sus bienes[1]. Durante mucho tiempo la Corte de casación (C. Cas.) y el Consejo de Estado (CE) guardaron silencio sobre esta cuestión y fue necesario esperar la gran decisión "*Privatisations*" [*Privatizaciones*] del Consejo constitucional (CC) de 18 de diciembre 1986 para que se definiera que la protección debida al derecho de propiedad, "no concierne solamente a la propiedad privada de los particulares, sino que también alcanza en pie de igualdad a la propiedad del Estado y de las otras personas públicas", lo cual les asegura la misma protección constitucional de la que se benefician los bienes privados y la libertad misma de emprender.

No siendo cuestionable la existencia de un derecho de propiedad de la misma naturaleza que la propiedad privada, sería sin embargo excesivo negar la especificidad del derecho de propiedad ejercido sobre el dominio público por lo que se puede desplazar el debate vinculándolo con las finalidades particulares de la gestión del dominio público y a la idea de una valorización ética y política, complementos que se agregan a la valorización económica[2].

* Jurista y profesora emérita de la Universidad de París (Panthéon-Sorbonne); Doctora honoris causa por las Universidades de Liège, Turin y Laval; especialista en derecho administrativo, en derecho ambiental y en derecho urbanístico; caballero de la Legión de Honor y Oficial de la Orden del Mérito.

[1] Autores como Proudhon y Barthélemy sostenían que el Estado no ostentaba sobre el dominio público ni el *usus* (que pertenece al público), ni el *fructus* (siendo los bienes improductivos), ni el *abusus* (inalienabilidad) y Jèze y Duguit estimaban que el reconocimiento de un derecho de propiedad era inútil, siendo suficientes las consecuencias de la afectación.

[2] En sus *Principes de droit public* (1910), Maurice Hauriou insistía sobre esta especificidad: "Si el derecho del dominio público es un derecho de propiedad, no es la propiedad ordinaria, es una propiedad que merece el nombre de pública".

Como si se quisiera buscar perdón por el retraso que este reconocimiento implicó, el código tan esperado sobre los bienes públicos de 2016 se denomina "Código de la propiedad de las personas públicas" (CGPPP). Reemplaza al antiguo *Code du domaine de l'État* (Código del Dominio del Estado) que había devenido vetusto y trata a la vez del dominio privado y del dominio público.

1. Dominio privado

A) *Definición*

El dominio privado durante mucho tiempo fue presentado de manera negativa y residual, su régimen de derecho común y su ausencia de afectación lo convertían en poco menos que interesante para estudiar el prestigioso dominio público afectado a más nobles misiones y que, solo, tuvo derecho a un código. Fue necesario esperar la codificación de 2016 para que el dominio privado encontrara su lugar al lado del dominio público, en lo relativo a la adquisición y a su recepción entre los bienes públicos (libro I) y del reconocimiento de sus diferencias en punto a su gestión (libro II) o de su cesión (libro III). Pero a causa de su singularidad, el dominio público ocupa un lugar más amplio en el código y sigue llamando más la atención de la doctrina.

B) *Consistencia*

Es posible distinguir un dominio inmobiliario, mobiliario y un dominio inmaterial que adquiere cada vez más importancia. Los modos de adquisición pueden tener lugar a título gratuito u oneroso y por transacción amistosa (compra, dación en pago, permuta) o con arreglo a procedimientos de coacción (nacionalización, expropiación, derecho de preferencia). El dominio privado ha experimentado considerable acrecimiento como consecuencia de las decisiones de nacionalización de 1936, 1945 y 1982, y luego se ha empobrecido tras las leyes de privatización sancionadas a partir de 1986. Existen seis hipótesis de adquisición a título gratuito, entre las que se destacan las donaciones y los legados. Los bienes que carecen de dueño pasan en lo sucesivo a las comunas y no al Estado.

a) *Dominio privado inmobiliario.* Se trata "especialmente" (pues puede haber cambios) de los:

• *Bosques dominiales.* Los bosques cubren alrededor de 15,3 millones de hectáreas en Francia metropolitana, lo cual ubica a Francia en el tercer puesto en Europa, luego de Suecia y Finlandia, y de 7,7 millones de hectáreas en los territorios de ultramar, de las cuales el 98 por ciento se encuentran en Guyana. Esta superficie aumenta alrededor de 30.000 hectáreas por año. El 15 por ciento de los bosques metropolitanos se benefician de un estatuto de áreas protegidas: parques nacionales y reservas naturales. El dominio forestal del Estado representa alrededor del 12 por ciento, el de las comunas, 18 por ciento, y el resto es propiedad de las personas privadas. Su gestión corresponde a la Oficina Nacional de Bosques [*l'Office National des Forêts* (ONF)], bajo el estatuto de EPIC*. La explotación procura los recursos sustanciales a las colectividades públicas. Un código forestal ha sido adoptado en 2012.

El Consejo de Estado ha resuelto en favor del dominio privado, en una sentencia de 28 de noviembre 1975, "ONF *c/Abamonte*" sin hacer distinción entre los espacios explotados, los más extensos (afectación principal), y los espacios utilizados por el público e instalaciones (afectación secundaria)[3]. La jurisprudencia ha dado un destino especial a ciertos espacios de bosques urbanos considerándolos como "paseos públicos" y que forman parte del dominio público.

• *Bienes inmobiliarios para uso de oficinas.* El CGPPP reclasifica y ubica dentro del dominio privado a los bienes inmobiliarios para uso de oficinas, lo cual simplifica su cesión y gestión.

• *Viviendas sociales.* La jurisprudencia las ha hecho entrar en el dominio privado con el fin de preservar a sus locatarios de la situación de precariedad de los ocupantes del dominio público, conservándoles la calidad de obra pública. Se trata de un patrimonio inmobiliario importante, administrado sea por una estructura de derecho público: las oficinas públicas de la vivienda (OPH [*Offices Publics de l`Habitat*]), conforme al estatuto de establecimiento público industrial y comercial (EPIC), sea de derecho privado: las sociedades privadas de HLM (Habitations à Loyers Modérés [viviendas de alquileres moderados]).

El dominio privado comprende además *bienes de origen variado*: partes abandonadas de carreteras o de cursos de agua, bienes bajo régimen de copropiedad, algunas explotaciones industriales tales como fuentes de agua mineral, o las manufacturas nacionales, así como los *caminos rurales* en tanto estén afectados al uso del público del mismo modo que las otras vías terrestres.

b) *Dominio privado mobiliario.* Comprende los bienes muebles corporales: navíos, material del ejército, bienes pertenecientes al mobiliario nacional, producidos por manufacturas nacionales y al conjunto de los muebles y materiales de la administración (con excepción de aquellos afectados a colecciones públicas y al servicio público cultural).

* [N. del T.]: EPIC es un establecimiento público de carácter industrial y comercial; se trata de una persona ideal de derecho público que tiene por objeto la gestión de una actividad de servicio público de naturaleza industrial y comercial.

[3] Las razones de esta toma de posición son de orden práctico, inspiradas por la voluntad de dar a la ONF una cierta libertad y agilidad en la gestión económica y patrimonial de los bienes en los que la función económica y patrimonial se mantiene dominante. Más allá de 150 hectáreas, es necesario una ley que permita la venta.

Entran también en el dominio privado de las personas públicas las acciones o obligaciones de las que ellas son propietarias. Pero las especies monetarias o escriturales son vinculadas a una categoría especial y no forman parte ni del dominio público ni del dominio privado.

c) *Dominio privado incorporal: el patrimonio inmaterial del Estado.* Se trata de los nuevos bienes de la economía del saber y del *capitalismo cognitivo* que comprende las propiedades industriales (patentes, marcas públicas, saber hacer [*know how*], nombres de dominio...), las propiedades literarias y artísticas (software, sitios de internet, bases de datos...), los derechos de regalías (cuotas de derechos de emisión de gas de efecto invernadero, derechos de ocupación...). El propietario del patrimonio inmaterial es el Estado. La protección de estos bienes debe buscarse básicamente en el *Código de la propiedad intelectual.*

Se estima en más de 250.000 millones de euros el valor económico de este patrimonio con importes records para el producido de los derechos de emisión de gas de efecto invernadero. Este "inmaterial público" ha cobrado relevancia y en el seno del Ministerio de Finanzas ha sido creada, en 2007, una *Agencia del patrimonio inmaterial del Estado* encargada de promover una gestión optimizada de los activos inmateriales públicos y de acompañar las estrategias de valorización de este patrimonio. El régimen de propiedades públicas inmateriales, todavía poco explorado, genera numerosos y delicados interrogantes relativos a su pertenencia al dominio privado o público así como a sus modos de gestión.

La definición de dominialidad pública del artículo L. 2111-1 del CGPPP que se refiere a los "bienes" y no a los derechos, tiene por efecto excluir del dominio público una gran parte de los activos inmateriales, derechos personales y derechos reales: así, las marcas, los *software*, la participación en el capital de las empresas. La dominialidad pública permanece eminentemente material.

Los textos prevén regímenes especiales: así los de las frecuencias radioeléctricas que forman parte del dominio público. Se plantea la cuestión de un movimiento hacia la dominialidad pública de los activos inmateriales que presentan "un interés público desde el punto de vista de la historia, del arte, de la ciencia o de la técnica", que podrían incorporarse al dominio público mobiliario.

2. Dominio público

A) *Definición*

Procede considerar de ahora en adelante como premisa que el dualismo entre los dos dominios no es más que relativo y que lo más justo es hablar de una "escala de dominialidad"[4] según sea la parte variable de derecho público y de derecho privado.

[4] Jean-Marie Auby, "Contribution à l'étude du domaine privé de l'Administration", en *Etudes et Documents du Conseil d'Etat*, 1958.

El reconocimiento de un *dominio* público distinto del dominio privado es obra de la doctrina y la tierra de elección de los "hacedores de sistemas"*[5], caros a J. RIVERO. En la búsqueda de criterios de identificación, el legislador intervendrá tardíamente consagrando criterios de identificación que habían sido desarrollados a lo largo del siglo XX por la doctrina y la jurisprudencia. La "edad de oro" de la jurisprudencia administrativa y de la creación pretoriana del Consejo de Estado y del Tribunal de los Conflictos ha conocido una sucesión de "grandes sentencias" que han recurrido a "fórmulas prudentes y evolutivas" para despejar los grandes principios de la dominialidad pública que los textos, sin duda a causa de la dificultad para transcribirlos, habían descuidado.

Se desarrollarán más tarde los criterios de reconocimiento de la dominialidad pública: utilización directa por el público y servicio público. Cuando en 1956 este último criterio bastó por sí mismo, la extensión del reconocimiento de un servicio público tuvo como consecuencia la correlativa y considerable extensión de la dominialidad pública.

B) *Consistencia*

a) *Dominio público natural. Dominio público marítimo.* Comprende:

1°) El suelo y el subsuelo del mar, entre el límite exterior del mar territorial y, del lado de la tierra, la costa del mar.

La costa del mar está constituida por todo lo que ella cubre y descubre hasta donde las más altas aguas pueden extenderse en ausencia de perturbaciones meteorológicas excepcionales[6];

2°) El suelo y el subsuelo de lagos salados que tengan comunicación directa con el mar;

3°) Terrenos formados por los depósitos de sedimentos marinos que han quedado al descubierto por el retiro definitivo del mar.

La plataforma continental, cuya extensión es considerable, no forma parte oficialmente fuera del mar territorial, del dominio público marítimo. Pero el

* [N. del T.): elaboradores de clasificaciones.

[5] "La riqueza de los antecedentes históricos, las soluciones disparatadas dadas por la ley, las fórmulas prudentes y evolutivas de la jurisprudencia, el interés jurídico del problema vinculado a una de las piezas fundamentales y de las más elaboradas del derecho privado —la propiedad— todo debía hacer del criterio de la dominialidad pública la tierra elegida de las construcciones doctrinales; y es bien conocido que cada uno de los maestros del derecho público ha dejado su nombre en una concepción del dominio, o si es necesario, a una teoría que niega toda utilidad a esta noción". Conclusiones MARCEAU LONG sobre CE, 19 octubre 1956, *Soc. Le Béton*.

[6] Definición de la célebre sentencia del Consejo de Estado de 12 de octubre de 1973, *Kreitman*.

Estado ribereño posee sobre ella, "*derechos soberanos* exclusivos" en cuanto hace a la explotación de recursos mineros y biológicos, cuyos desafíos económicos son importantes. Los terrenos adquiridos por el Estado y reservados "en vista de la satisfacción de las necesidades de interés público de orden marítimo, balneario o turístico", como son los del *Conservatorio del litoral y de riberas lacustres*[7] (CEL [Conservatorio del Espacio Litoral]) son también parte del dominio público del Estado.

b) *Dominio público fluvial.* Comprende alrededor de 18.000 km de cursos de agua de los cuales 8.500 son navegables (la longitud de los cursos de agua no dominiales tiene más de 250.000 km) y también diferentes lagos. Como el dominio público marítimo, pertenece en su mayor parte al Estado, pero la posibilidad de ser propietario ha sido poco a poco reconocida a las colectividades locales que solo la han utilizado con moderación, teniendo en cuenta las pesadas cargas de mantenimiento: limpieza, tratamiento de los sedimentos tóxicos, preservación contra los riesgos de inundación. La fijación de los límites se refiere a los fenómenos naturales: "altura de las aguas que corren al máximo caudal antes de desbordarse". La gestión del dominio fluvial del Estado está asegurada por un EPIC: "Vías navegables de Francia". La ley sobre el agua de 3 de enero de 1992 hace de este recurso el "patrimonio común de la Nación".

c) *Dominio público radioeléctrico.* La existencia de un dominio público aéreo no es reconocida a diferencia del dominio público radioeléctrico: "Las frecuencias radioeléctricas disponibles sobre el territorio de la República pertenecen al dominio público del Estado".

El Estado es el *gestor y no el propietario* pues los tratados internacionales, sobre todo el Tratado sobre el espacio, entrado en vigor en 1967, han establecido que los Estados no pueden apropiarse de los espacios extra-atmosféricos y de los cuerpos celestes, proclamados "patrimonio común de la humanidad". Las frecuencias son atribuidas a cada Estado por la Unión Internacional de las Telecomunicaciones que les reconoce el derecho soberano de reglamentar el uso y la gestión. Ellas tienen la calidad de *actos creadores de derecho* a fin de garantizar a los operadores contra la precariedad. Se verifica acá una derogación a la vez del principio de inalienabilidad y de precariedad de las ocupaciones dominiales.

d) *Dominio público subterráneo.* Los progresos técnicos en el marco de la erosión y de la consolidación de los terrenos explorados han estimulado el desarrollo de algunas actividades de servicios públicos en el subsuelo y la

[7] Establecimiento público del Estado, ha sido creado en 1975 para implementar una política de salvaguardia del espacio litoral. Es propietario de alrededor del 12 por ciento de la línea costera.

afectación cada vez más frecuente de dependencias subterráneas para uso del público. Además de la afectación, puede aplicarse a estos conceptos la teoría de la accesoriedad.

C) *Dominio público artificial*

a) *Dominio público terrestre*. Comprende "el conjunto de bienes pertenecientes a una persona pública y afectados a las necesidades de la circulación terrestre con excepción de las vías férreas" (v también el Código de la red vial).

Se debe distinguir las vías propiamente dichas y sus dependencias antes de presentar una categoría intermedia: la de las vías privadas abiertas a la circulación que no forman parte del dominio público.

a') *Las diferentes categorías de vías*. Un Código de las carreteras reúne las disposiciones aplicables al dominio público de las carreteras del Estado, de los departamentos y de las comunas. El Código de la ruta es aplicable a los vehículos que circulan por el dominio de las carreteras.

b') *Rutas nacionales*. "Las carreteras del dominio público viario nacional distintas a las autopistas son denominadas rutas nacionales". La clasificación dentro de la red viaria nacional resulta bien de un acto declarativo de utilidad pública, bien de una resolución del ministro del Equipamiento. La transferencia de una vía departamental o comunal existente dentro de la red viaria nacional requiere del acuerdo de la colectividad interesada.

El punto de partida de las rutas nacionales es la plaza situada en frente de la catedral de Notre-Dame de París* (sistema que empezó a funcionar bajo el reinado de LUIS XV).

El dominio público de las carreteras del Estado se limita a las rutas que presentan un verdadero interés nacional o europeo. Las rutas nacionales que no responden a estos criterios han sido transferidas al dominio público departamental. El Estado conserva la misión de velar por la coherencia y la eficacia de la red viaria en su conjunto.

La red viaria de carreteras nacionales comprende 12.000 km de rutas nacionales y de autopistas no concedidas y 9.000 km de autopistas concedidas al sector privado. Las dependencias de las vías públicas que no pueden ser disociadas forman parte del dominio público.

b) *Dominio marítimo y fluvial artificial*. El dominio marítimo está constituido por las "obras e instalaciones [...] destinadas a establecer la seguridad y la facilidad de la navegación marítima" así como, en el interior de los puertos, de los "bienes inmobiliarios, situados aguas abajo del límite transversal del mar

* [N. de T.]: se refiere al "parvis", que es el espacio abierto situado frente a la catedral (Place Jean-Paul II).

[...] que concurren al funcionamiento de conjunto de los puertos marítimos". El agua al interior de los puertos forma parte también del dominio público.

Dentro del perímetro de los puertos, los terrenos que han sido sustraídos de la acción de las aguas son objeto de mantenimientos autorizados bien unilateralmente, o lo más frecuente, por el recurso al sistema de la concesión. Pueden distinguirse tres tipos de concesiones: *concesión de puerto de recreo, concesión de utilidad pública* y *concesión de encauzamiento o contención.*

El dominio fluvial comprende bienes muy variados como los canales, los puertos fluviales, así como los terrenos comprendidos dentro de sus dependencias cuando son afectados a un SP. La gestión de la mayor parte de las vías navegables del dominio del Estado está asegurada por "Vías navegables de Francia", que tiene por misión mantener, mejorar y extender la red de vías navegables[8].

c) *Edificios de culto.* Desde la ley de separación de la Iglesia y del Estado de 9 de diciembre de 2005 y la desaparición del servicio público del culto, los edificios de culto son propiedad bien del Estado, en el caso de los más importantes[9], bien, en su gran mayoría, de las comunas. Son afectados a los fieles y a los ministros del culto.

Si las colectividades públicas propietarias tienen la carga, a menudo pesada para las pequeñas comunas, de su mantenimiento, el financiamiento no debe ser analizado como una ayuda al ejercicio de un culto (principio de laicidad); en cuanto a la policía interna de los edificios ella es competencia de los ministros del culto.

d) *Dominio público militar.* La importancia del dominio de la Defensa nacional es considerable y heterogénea. Se despliega sobre 330.000 hectáreas de superficie de influencia e incluye terrenos situados a la vez en el corazón de las ciudades (*cf.* los cuarteles desafectados) y en sitios naturales salvaguardados (*cf.* los grandes campos militares), tentación para aquellos que desean apropiárselos para operaciones de planificación y de urbanismo. La *ley de 23 diciembre de 1986* ha incentivado a los servicios del Ministerio de la Defensa a enajenar los inmuebles "devenidos inútiles para las Fuerzas Armadas". Una parte de las ventas ha sido realizada en beneficio del provecho de las comunas

[8] VNF administra el dominio más extendido después del correspondiente a la Defensa y al de la Red férrea. Es la *red fluvial la más vasta de Europa*, comprende 6.700 km de vías navegables (de las cuales 3.800 km de canales, 2.900 km de riachuelos y ríos), 494 represas y 40.000 hectáreas de dominio público a lo largo de las vías) mientras que el transporte de carga fluvial es más débil en Francia que en otros países europeos.

[9] El Estado es propietario de 90 catedrales clasificadas como monumentos históricos. Las otras iglesias que pertenecen a las comunas son numerosas debido a la tradición: una iglesia en cada una de las 36.000 comunas.

en las que se encuentran los bienes, que tienen un derecho de preferencia[10]. Esta política de cesión ha sido generalizada respecto del resto de bienes afectados a los diferentes ministerios.

e) *Dominio público aeronáutico y ferroviario*. El primero comprende las instalaciones de los aeródromos y las instalaciones necesarias para la seguridad de la circulación aérea: estaciones aéreas, pistas de vuelo, instalaciones anexas. El Estado es el propietario de la mayor parte de los aeródromos que gerencia en casi todos los casos por administración directa, con excepción, desde 2005, del Aeropuerto de París, transformado en sociedad de derecho privado, cuyos bienes han sido desclasificados, permaneciendo la afectación protegida.

El segundo comprende principalmente: las vías férreas y las instalaciones técnicas; las obras de arte (túneles, viaductos, puentes); las estaciones y sus anexos: buffets, negocios.

La red férrea nacional, propiedad del Estado, se encuentra adjudicada a SNCF *Réseau* [Sociedad nacional de vías férreas francesas] la cual podrá ejercer todos los poderes de gestión sobre los bienes que tiene adjudicados y sobre los que adquiera, en nombre del Estado que custodia y controla las desafectaciones.

f) *Dominio público hospitalario*. Los hospitales públicos, puesto que son tradicionalmente destinatarios de importantes donaciones y legados, tienen a su disposición un rico patrimonio (de alrededor de 6 millones de m^2). La afectación al servicio público es interpretada ampliamente, en nombre del "*conjunto*" constituido por el complejo hospitalario, al igual que los puertos y aeropuertos[11].

II. Titulares y fuentes reguladoras

1. Titulares

A) *Estado y colectividades territoriales*

Las personas privadas no pueden disponer de un dominio público aunque este se encuentre afectado a la utilidad pública. Este principio es reiterado constantemente por la jurisprudencia.

Los bienes públicos tienen como propietarios al conjunto de personas públicas, es decir, al Estado, las colectividades territoriales: regiones, depar-

[10] Las enajenaciones son frenadas por el hecho de que un cierto número de terrenos militares tienen los suelos polucionados (campos de tiro, depósitos subterráneos de combustibles); el costo del saneamiento, muy alto, desalienta a los adquirentes.

[11] Los bienes no afectados forman parte del dominio privado y constituyen un conjunto heterogéneo: famosos viñedos borgoñeses de los Hospicios de Beaune o los del vino muscadet de los hospitales de Nantes, el gran teatro de Bordeaux, el teatro de variedades Folies Bergères en París.

tamentos, comunas y sus agrupaciones, los establecimientos públicos (EP) y desde los últimos años, las personas públicas *sui generis* a las que se les ha negado el estatuto de establecimientos públicos, tales como la *Banque de France* y algunas *autoridades públicas independientes*.

Para hacer más eficaz la gestión de los bienes del Estado, el *decreto de 1° de diciembre de 2008* confía solamente al Ministerio del Presupuesto, la gestión de las propiedades del Estado antes dispersa en cada ministerio. Localmente, es el prefecto de la región el responsable de la política inmobiliaria de gestión.

El dominio público de las colectividades locales es cada vez más importante: rutas departamentales, prefecturas, palacios de justicia, prisiones, para el departamento; vías urbanas y vecinales, cementerios, edificios de culto para las comunas. Las transferencias del Estado son estimuladas.

B) *Establecimientos públicos*

Hasta una época reciente, se excluía que los establecimientos públicos pudieran ser propietarios de dependencias del dominio público. Estas podían serles atribuidas pero formaban parte de su dominio privado. Las razones invocadas no eran convincentes y fue necesario esperar hasta 1984 cuando se profirió una sentencia que esclareció el tema: CE, 21 de marzo de 1984 *Mansuy* para que el Consejo de Estado reconociera que los establecimientos públicos sean territoriales o nacionales, administrativos (EPA) o industriales y comerciales (EPIC) pueden ser titulares de un dominio público.

La posibilidad reconocida a los establecimientos públicos, tan numerosos y diversos, de ser propietarios de bienes pertenecientes al dominio público es una de las causas del incremento de la composición de este dominio. Pero la transformación de las grandes empresas públicas y de algunos establecimientos públicos industriales y comerciales en sociedades comerciales de derecho privado ha conducido a reducir muy sensiblemente la extensión del dominio público. Cuando, en el marco de las *leyes de privatización*, un establecimiento público es transformado en sociedad privada, los bienes de su dominio público deben ser desclasificados. En una *decisión de 14 de abril de 2005*, el Consejo Constitucional estima que esta *desclasificación* no afecta las exigencias constitucionales de continuidad del servicio público a condición de que sean sometidos a un régimen jurídico que garantice el respeto de esta continuidad.

2. Fuentes reguladoras

La Constitución no trata directamente la cuestión de los bienes públicos. El derecho de la *Unión Europea*, de manera subsidiaria, solo se interesa cuando se trata de convenciones de ocupación dominial en el marco de los principios de no concurrencia.

Las principales fuentes de derecho se pueden encontrar en la jurisprudencia y en las normas legislativas y reglamentarias.

La *jurisprudencia* y la *doctrina* durante mucho tiempo fueron las fuentes principales de un derecho que ha permanecido inveterado, construido alrededor de grandes principios "revelados por el juez". En la selección de las más importantes sentencias de la jurisprudencia administrativa[12], aquellas que versan sobre los bienes públicos son numerosas y si las sentencias sobre los principios resultan más bien escasas, las que tratan sobre la protección y la gestión no han cesado de desarrollarse.

Las leyes y los decretos han sido reunidos en un *Código general de la propiedad de las personas públicas*, creado por ordenanza de 21 de abril de 2006, que trata del dominio público y del dominio privado poniendo en valor a la vez las disposiciones que les son comunes y su especificidad.

El código es el resultado de dilatados trabajos y su redacción definitiva ha sido confiada a dos miembros del Consejo de Estado. Tiene el mérito de no alterar nada, inspirándose en las reflexiones anteriores y en la sabia jurisprudencia forjada por el Consejo de Estado durante más de un siglo.

Ha logrado poner orden en el marco de una acumulación de textos coyunturales que se había acelerado. Resultaba urgente "devolver coherencia y unicidad al derecho dominial con arreglo al principio constitucional de accesibilidad y de legibilidad de las normas" (Informe de presentación). Se trata de un "Código piloto" que debe ser completado por los "códigos específicos": Código general de las colectividades territoriales, Código de la vía pública, Código del ambiente, Código del patrimonio, Código de la salud pública... y tratándose de las reglas del derecho común del dominio privado, por el Código Civil.

El CGPPP se divide en *cinco partes* de las cuales los tres primeros títulos siguen el ordenamiento del Código Civil: adquisición, gestión, cesión. Se apoya en lo esencial, sobre los elementos de una jurisprudencia paciente y finamente elaborada desde el principio del siglo XX por el Consejo de Estado, el Tribunal de Conflictos y a veces la Corte de Casación. Tiene el mérito de una puesta en forma rigurosa que toma en cuenta las importantes evoluciones de la materia durante los últimos años.

III. Organización

1. Órganos específicos

Tratándose de las propiedades públicas de las *colectividades territoriales*, la gestión supone la actuación de asambleas deliberantes: consejos regionales,

[12] Ver *Las grandes sentencias de la jurisprudencia administrativa*, París, Dalloz, 23ª ed., 2021.

generales y municipales para las decisiones de adquisición, enajenación, aceptación de liberalidades, determinación de las modalidades de gestión —y de sus autoridades ejecutivas— presidentes de los consejos regionales y generales, intendentes para la ejecución de estas decisiones y de la gestión corriente.

Tratándose de las propiedades públicas del Estado, su gestión ha sido confiada, en 2016, a *la Dirección Inmobiliaria del Estado* (DIE), dirección del Ministerio de Economía y de las Finanzas heredera del antiguo servicio de los "Dominios" creado en 1780. En el marco de la *política de modernización de las políticas públicas* y de la necesidad de una estrategia inmobiliaria dinámica, ella asume las misiones de evaluación y de gestión dominial, registra los actos de las compras y los arrendamientos en nombre del Estado, controla el mantenimiento y la utilización de los bienes, fija las condiciones financieras de las ocupaciones privativas y procede a numerosas evaluaciones: cerca de 200.000 cada año. Contribuye al establecimiento y ha seguido los *Esquemas plurianuales de estrategia inmobiliaria* (SPSI) de las administraciones centrales y los servicios desconcentrados. En el ámbito regional es el prefecto de la región quien cumple esta tarea, asistido por el representante de la DIE.

Numerosas estructuras han sido dispuestas para aconsejar y controlar, principalmente el *Consejo Inmobiliario del Estado*, creado en 2006, compuesto de parlamentarios y de profesionales y la *Comisión para la transparencia y la calidad de las operaciones inmobiliarias.* Intervienen también los controles de derecho común: *Tribunal de Cuentas,* Inspección de las Finanzas y comisiones parlamentarias.

Los poderes importantes de gestión han sido delegados a los *organismos autónomos*: la Oficina Nacional de Bosques (ONF), establecimiento público industrial y comercial ubicado bajo la tutela del Ministerio de Agricultura y Vías navegables de Francia (VNF).

2. Inventario

La búsqueda de rentabilidad y de beneficio durante mucho tiempo ha sido descuidada por la vieja administración de los dominios. Ella es plenamente admitida ahora y se considera no solo que es totalmente compatible con la afectación sino también que sirve mejor el interés general que una gestión liviana poco preocupada de enriquecer los presupuestos de las personas públicas. Era necesario incluso comenzar por conocer la extensión de las propiedades públicas.

Hasta hace muy poco, ningún *inventario general* serio y actualizado estaba disponible y solo hasta 2009 un decreto impuso la obligación de establecer y de actualizar "un estado de inmuebles pertenecientes al Estado o a los EPA nacionales y de los inmuebles de los que tiene disfrute". Ha sido previsto que el prefecto puede autorizar que agentes públicos ingresen a propiedades privadas para realizar los inventarios, y cuando corresponda, para los relevamientos.

Se han realizado *inventarios específicos* como el inventario nacional del patrimonio natural y el inventario de bosques. En cuanto a los objetos mobiliarios, un banco de datos contiene las informaciones sobre los únicos objetos afectados por su interés artístico, histórico o técnico.

3. Catastro

El catastro es el conjunto de los documentos que inventarían y evalúan las propiedades inmobiliarias de cada comuna. Sirve de base para calcular los impuestos locales.

Comprende un *plan catastral,* documento gráfico que muestra el conjunto del territorio de la comuna recortado en secciones; la existencia de instalaciones edificadas en el suelo se encuentra igualmente representada. El nombre de los propietarios no figura. Este documento es de consulta libre.

Comprende también una *matriz catastral*, documentación escrita, editada cada año, que reagrupa las parcelas y los inmuebles edificados que pertenecen a un mismo propietario, comunicable solamente al propietario.

IV. Prerrogativas

Dos principios son comunes al dominio público y al dominio privado: la inembargabilidad y la prohibición de transferir los bienes por debajo de su valor. Otros dos son propios del dominio público: la inalienabilidad y la imprescriptibilidad, que estudiaremos a continuación.

1. Inembargabilidad

Este principio ha sido perfilado por la jurisprudencia desde los primeros años del siglo XIX. No ha disminuido en nada su vigencia y ha tomado nuevo impulso cuando la Corte de Casación ha decidido que los establecimientos públicos industriales y comerciales no habían sido excluidos, aun cuando su actividad se ejerce desde numerosos puntos de vista en condiciones idénticas a las del derecho comercial común.

Codificada en el artículo L. 2311-1 CG3P, siempre de la misma manera lapidaria: "los bienes de las personas públicas son inembargables", la inembargabilidad deroga el artículo 2092 del Código Civil, según el cual "quien se ha obligado personalmente debe responder a su compromiso *con todos sus bienes mobiliarios e inmobiliarios presentes y futuros*". Ello implica tres consecuencias: la imposibilidad de recurrir a las vías de ejecución del derecho privado: medidas conservatorias (embargo conservatorio y medidas cautelares) y medidas de ejecución forzada (embargo para venta de los muebles y embargo sobre los créditos); prohibición de garantías reales, principalmente la prenda y la hipoteca; la exclusión del recurso a los procedimientos "colectivos" (recuperación y liquidación judiciales). Varias justificaciones se han dado respecto de esta regla, principalmente aquella según la cual el Estado teniendo el monopolio de la fuerza pública no podría usar la coacción contra sí mismo y trabar embargo sobre sus propios bienes, como también el principio de continuidad de los servicios públicos.

La rigidez de este principio ha sido alterada por la Unión Europea que estima que cuando las personas públicas se dedican a actividades comerciales administrando los SPIC [servicios públicos industriales y comerciales], la imposibilidad de embargar sus bienes puede ser asimilada a una ayuda del Estado o a una ventaja con el objeto de distorsionar la competencia entre los operadores públicos y los privados.

La Comisión Europea y la Corte de Justicia de la Unión Europea (CJUE) se han pronunciado en varios casos sin ambigüedad para condenar este principio.

En un *dictamen* de 30 de enero de 1992 el Consejo de Estado admite que la inembargabilidad no es absoluta, pero a condición de que las limitaciones que puedan verificarse no comprometan ni la continuidad del servicio público, ni las relaciones internacionales de Francia.

Tratándose de los bienes de las colectividades locales —no de los del Estado—, el Consejo de Estado ha encontrado una solución, recurriendo a las vías de ejecución administrativa: una *inscripción de oficio*, en el presupuesto de la colectividad, de los "gastos necesarios para solventar las deudas exigibles". Una evolución que alcanzara también a los bienes del Estado podría conducir a reservar la regla de la inembargabilidad solamente para los bienes indispensables para la continuidad del servicio público.

2. Intransferibilidad de los bienes por debajo de su valor

Las personas públicas no pueden enajenar ni intercambiar sus bienes sin contrapartida, generalmente financiera, contrapartida que no debe ser *a precio vil* es decir, por debajo de su valor. Esta prohibición tiene por objeto respetar la igualdad ante las cargas públicas y sobre todo la calidad particular de los bienes públicos puestos al servicio del interés general. Más prosaicamente, se trata de evitar el favoritismo y el derroche en la gestión de los dineros públicos.

Esta regla ha sido consagrada por el Consejo Constitucional (CC) en la célebre decisión *Privatizaciones* de 25 y 26 junio de 1986, emitida con el objeto de poner en guardia al legislador contra la tentación de "malvender" los bienes de las empresas públicas durante el movimiento de privatización. El Consejo Constitucional se funda sobre el principio de igualdad ante la ley y las cargas públicas y sobre las disposiciones de la Declaración de los Derechos del Hombre de 1789 sobre el derecho de propiedad.

La jurisprudencia ha aportado algunas flexibilizaciones. El Consejo Constitucional estima que esta prohibición no alcanza las transferencias gratuitas de las dependencias del dominio público que tengan por objeto el interés general (CC, 3 diciembre de 2009).

El Consejo de Estado, en varias sentencias ha decidido que una cesión a un precio modesto, aun simbólico, puede ser legal supeditado a la *doble condición* de un interés general relacionado con la operación encarada y de contrapartidas suficientes en beneficio de la persona pública. El interés general puede ser económico (creación de empleos) y de orden social (alojamiento para personas vulnerables).

En el marco de una política social habitacional, el legislador ha intervenido en 2013 con el objeto de permitir al Estado ceder a un precio inferior a su valor venal "los terrenos destinados a la realización de programas de construcciones de las cuales una parte está destinada para fines habitacionales sociales". El descuento alcanza entre un 25 y un 35 por ciento del valor venal.

3. Delimitación

La delimitación tiene un carácter unilateral. Se realiza por decisión de la administración encargada de los Dominios. Se distingue de la fijación de los límites del sector privado que se hace por acuerdo amistoso o, en su defecto, por acción de demarcación ante los tribunales judiciales, procedimientos que se siguen también para delimitar el dominio privado. La delimitación es un derecho para los vecinos y la administración se encuentra obligada a efectuarla cuando aquellos la solicitan. Las condiciones de delimitación son diferentes según que se trate del dominio público natural o del dominio público artificial.

A) *Dominio público natural*

La delimitación tiene, a la vez, un carácter *de reconocimiento,* denominado también declarativo, del hecho de la simple verificación de fenómenos naturales y un carácter *contingente,* pues los cambios de circunstancias pueden modificar una delimitación precedentemente efectuada. Una nueva demarcación puede entonces ser solicitada.

Tratándose del *dominio público marítimo*, el conjunto del litoral francés está sometido a un régimen único de delimitación de las riberas "hasta donde las más altas aguas pueden extenderse en ausencia de perturbaciones meteorológicas excepcionales". Esta regla ha sido declarada conforme a la Constitución y el Consejo Constitucional ha insistido sobre las garantías acordadas a los ribereños. Una reserva de interpretación les permite, cuando han sido autorizados a construir un dique para proteger sus propiedades, no ser obligados a destruirlo haciéndose cargo de los gastos, en caso de evolución de los límites del dominio público marítimo.

La demarcación de las *tierras aluvionales y de las tierras desocupadas por el mar* del lado de la costa, resulta, bien de un decreto de prefectura si ninguna oposición se ha manifestado durante la consulta pública abierta en cada comuna implicada, bien de un decreto en el Consejo de Estado en el caso contrario. La extensión del *suelo y del subsuelo del mar territorial* está fijada en 12 millas. El cálculo se hace a partir de las líneas de bajamar cuando la costa es rectilínea, a partir de las líneas de bases rectas cuando la costa presenta hendiduras y por líneas de cierre si la costa contiene bahías.

Las operaciones materiales de delimitación son difíciles de ejecutar. Un decreto de *29 de marzo de 2004*, esperado por mucho tiempo, prevé un procedimiento único de delimitación para las riberas, las tierras aluvionales y las tierras desocupadas por el mar, las desembocaduras de los ríos y cursos de agua y enumera *a minima* los procedimientos científicos utilizados. El procedimiento es simplificado: expediente de demarcación único, audiencia pública, reunión contradictoria en el lugar a fin de garantizar los derechos de los vecinos, decreto en Consejo de Estado en caso de dictamen desfavorable del comisario instructor. La carga financiera de la delimitación pesa sobre el Estado que puede sin embargo exigir a los propietarios, a las asociaciones sindicales y a las comunas una participación en el financiamiento.

Tratándose del *dominio público fluvial* la delimitación se hace a la vez longitudinal y transversalmente. El *límite longitudinal* de las riberas con relación a las propiedades vecinas se fija por decreto prefectoral una vez establecida la altura a la que llegan las aguas "corriendo muy llenas antes de desbordar", haciendo abstracción —como con el dominio público marítimo— de las "perturbaciones meteorológicas excepcionales". El *límite transversal* está fijado por decreto, luego de una indagación *de commodo e incommodo*[*].

Todos los textos sobre la delimitación del dominio público natural recuerdan que la delimitación está hecha "bajo reserva de los derechos de terceros", los cuales, si estiman que la administración ha violado sus derechos de propiedad, disponen de diversos medios para hacer respetar estos derechos.

[*] [N. de T.]. Consulta pública, procedimiento administrativo que consiste en recoger opiniones, observaciones, oposiciones y adhesiones de la población antes de la realización de un proyecto que tiene cierto impacto público.

El vecino también puede solicitar a la autoridad administrativa abrogar la delimitación irregular, en aplicación de la jurisprudencia del Consejo de Estado de 3 de febrero de 1989, *Alitalia*. Puede también dirigirse al juez judicial y demandar una indemnización, bajo el conocimiento de que el otorgamiento de esta indemnización transfiere la propiedad del terreno al Estado.

B) *Dominio público artificial*

La administración tiene aquí un cometido más activo para desplegar. Los procedimientos de delimitación varían según el dominio implicado. Así, para el dominio público ferroviario, la delimitación se hace por amojonamiento y estas operaciones no distinguen entre dominio público y dominio privado. La delimitación de las carreteras públicas, que interesa a un gran número de personas, cuyo régimen y sus consecuencias sobre las propiedades vecinas es singular, se encuentra marcado por la importancia de las prerrogativas de poder público.

La delimitación resulta, por una parte, de los planes de alineación y, por otra, de medidas de alineación individual.

Los *planes de alineación* prevén para los años futuros el trazado del conjunto de las vías públicas y la línea de separación con las propiedades vecinas. En contrapartida de estas restricciones, el vecino dispone de un derecho de *abandono* y puede intimar al beneficiario de la reserva para que adquiera el terreno dentro del plazo de un año. En caso de desacuerdo sobre el precio del terreno, el juez de la expropiación zanja el litigio.

Como consecuencia de un plan de alineación, se dictan *decretos individuales de alineación* cuyo objeto es hacer conocer a cada propietario, los límites de su propiedad al derecho de la vía pública.

Los efectos del plan de alineación son perjudiciales para las propiedades vecinas desde que se prevé *la ampliación de la vía,* pues procede entonces un modo de cesión forzada de la propiedad, sustitutivo, expeditivo y práctico de la expropiación sin las garantías que ella presenta. Es necesario distinguir según se trate de terrenos con construcciones o cerrados.

Cuando los terrenos *no están edificados o amurallados*, el plan conlleva desde su publicación, la *transferencia inmediata* de la propiedad de las parcelas necesarias para la ampliación. Los propietarios originales tienen derecho a las indemnizaciones correspondientes al valor de su bien, las cuales, en defecto de acuerdo amigable, serán fijadas por el juez de la expropiación.

Cuando los terrenos *están edificados o amurallados*, las propiedades vecinas resultan afectadas por una *servidumbre de retroceso* [amortiguamiento o *setback*] que se extiende hasta el límite de la nueva vía pública y tiene por objeto la extinción por obsolescencia o destrucción natural de la construcción o del encerramiento. Esta servidumbre impide a los propietarios realizar construcciones nuevas o trabajos de acondicionamiento (que serían susceptibles de prolongar la duración de la vida del inmueble) sobre las construcciones existentes. Solos son admitidos trabajos de simple mantenimiento[13].

V. Dominio privado

1. Modos de adquisición

A) *Adquisiciones a título oneroso*

Pueden tener lugar *voluntariamente* por compra (según las reglas del Código Civil para los bienes y derechos inmobiliarios), por dación en pago en beneficio del Estado o por intercambio o permuta. Existen disposiciones particulares previstas para los intercambios entre colectividades territoriales.

Pueden tener lugar según procedimientos de *coacción*: nacionalización, expropiación, derecho de preferencia.

Seis hipótesis *de adquisición a título gratuito* son diferenciadas por el Código: las donaciones y legados respecto de los cuales las regiones pueden desde ahora ser beneficiarios, las herencias vacantes, los bienes sin dueño, los bienes confiscados, los objetos colocados bajo la custodia de la justicia y las sumas y valores prescritos (es decir los depósitos o activos en efectivo o títulos no reclamados durante treinta años).

Las liberalidades hechas por personas privadas a instituciones públicas como hospitales, universidades, museos, son bastante frecuentes y estas donaciones y legados han enriquecido las propiedades públicas de bienes a veces singulares. Los herederos legales pueden hacer una reclamación dentro de los seis meses y la administración tiene doce meses para pronunciarse. La restitución de estas liberalidades puede ser solicitada, pero las condiciones son restrictivas.

La ley de 13 de agosto de 2004 ha modificado de manera sustancial el régimen de los bienes sin dueño, inmutable desde hace dos siglos. Antes estos bienes *res nullius* retornaban de pleno derecho al Estado. La ley de 2004 les hace entrar dentro del patrimonio de las comunas y los bienes no son transferidos al Estado sino cuando la comuna renuncia a ejercer sus derechos.

[13] El inmueble tiene por destino desmoronarse o amenazar ruina a fin de que su demolición pueda ser ordenada. Y lo más cuestionable de este régimen, que debería ser modificado, es que la indemnización al propietario será calculada al momento de su pago, es decir, sobre el valor del terreno prácticamente libre de mejoras.

El ingreso de un bien dentro del patrimonio privado de una persona pública puede también resultar del desuso o de la desafectación de una dependencia del dominio público.

B) *Gestión y enajenaciones*

a) *Gestión.* La mayoría de las reglas de gestión remiten al derecho común de la propiedad privada.

A diferencia del dominio público, la utilización del dominio privado por los particulares nunca es colectiva. Los *usos privativos* encuentran su fundamento bien en un acto unilateral, bien en un contrato. La legislación de los arrendamientos comerciales, de los arrendamientos rurales, de los arrendamientos enfitéuticos y de los arrendamientos habitacionales es aplicable, salvo para ciertos contratos como los arrendamientos forestales sometidos a reglas específicas.

Desde hace algunos años, la gestión de los bienes públicos utiliza la práctica de la externalización recurriendo a la *cesión-fianza*: después de la venta la persona pública continúa con la utilización del bien, alquilándolo al adquirente privado, lo cual no es siempre una buena operación económica.

b) *Enajenaciones.* Algunas enajenaciones no pueden ser decididas sin autorización expresa del legislador, como las transferencias de la propiedad de las empresas del sector público y del sector privado y las cesiones de bosques o forestas del Estado de una cierta importancia. De una manera general, los inmuebles del dominio privado del Estado solo pueden ser vendidos cuando no son más utilizados, con excepción de los inmuebles de las oficinas cuya enajenación es siempre posible. El acto de venta debe entonces contener cláusulas que permitan preservar la continuidad del servicio público.

Si bien su embargo es imposible, los bienes pueden ser objeto de expropiación, aun cuando se trate de bienes pertenecientes al Estado, el cual, situación original, se expropia a sí mismo por intermedio del prefecto.

Ningún formalismo particular es requerido para la venta de los bienes de las colectividades territoriales y de sus establecimientos públicos de cooperación (EPCI).

La enajenación de los bienes del Estado es realizada por la Dirección Inmobiliaria del Estado (DIE) del Ministerio de Economía y de Finanzas o con su concurso y en beneficio del Tesoro. Ella tiene lugar "con publicidad y en régimen de competencia, sea por adjudicación pública, sea por acuerdo". El prefecto autoriza la adjudicación y organiza la publicidad en caso de cesión extrajudicial, procedimiento que es estimulado. Se ha previsto un "derecho de prioridad" en favor de las comunas y de los agrupamientos de comunas (EPCI).

La *Comisión para la transparencia y la calidad de las operaciones inmobiliarias del Estado* es obligatoriamente informada de las operaciones más relevantes: cesiones extrajudiciales a un precio igual o superior a un millón de euros (dos millones de euros en la región parisina [*Île-de-France*]).

La venta de los muebles incautados por los servicios del Estado, de contenido heterogéneo (navíos, vehículos automóviles, joyas, vajilla ...), toma la forma de una venta en subasta oral o escrita al mejor postor.

La venta de los bienes inmobiliarios de las *colectividades territoriales* y de sus agrupamientos debe ser autorizada por una deliberación motivada del órgano deliberante. Las colectividades disponen de una bastante amplia libertad para enajenar sus bienes, que a menudo ha tenido lugar mediante subasta pública. Existen, sin embargo, importantes salvaguardias junto con la regla según la cual los intendentes y los consejeros municipales en ejercicio no pueden, bajo pena de condenas penales, convertirse en adquirentes de los bienes comunales.

Los poderes públicos buscan estimular y simplificar la cesión de las viviendas sociales que deben ser propuestos en prioridad frente al conjunto de locatarios de inmuebles.

El contencioso de las enajenaciones del dominio privado se encuentra, en principio, dentro de la órbita del juez judicial, con excepción del que corresponde a los inmuebles pertenecientes al Estado donde la competencia vuelve al juez administrativo. Este no es sino uno de los ejemplos de la extrema complejidad del dominio privado.

VI. Dominio público

1. Afectación y desafectación

A) *Afectación*

El concepto de *afectación* tiene un papel determinante en la identificación de la dominialidad pública. Él "anima la propiedad administrativa y circula en ella como la sangre para darle su vida y su personalidad" (André de Laubadère). Los criterios han sido, hasta el código de 2006, establecidos por la jurisprudencia.

En su origen, la marca de la dominialidad pública era *la afectación para el uso del público*, consagrada por la sentencia *Marécar* de 1935.

Se trata, según se ha dicho, del "núcleo duro" del dominio público. La afectación debe estar destinada para el conjunto de los usuarios y no reservada a una parte solamente y el público debe utilizar directamente la dependencia dominial. Una referencia puede ser hecha a la afectación al servicio público, en tanto la preferencia de la jurisprudencia va más bien hacia ella: esta se encuentra en los abastos y mercados y en las obras de arte de las colecciones públicas, presentadas en los museos.

Desde el siglo XIX la doctrina de *la afectación al servicio público* ha sido un criterio de la dominialidad pública. Pero fue necesario esperar a los años de "resurrección" del servicio público, entonces en crisis, para que se emitiera una sentencia, considerada como de principio: CE, 19 de octubre de 1956, "*Soc. Le Béton*" la cual hace de la afectación al servicio público, *por sí sola,* un criterio de esta dominialidad.

El reconocimiento de la dominialidad pública por la sola afectación al servicio público —que incluye en el término tanto a los servicios públicos administrativos (SPA) como a los servicios públicos industriales y comerciales (SPIC)— y la extensión considerable del servicio público "a la francesa" han conducido a la del dominio público. El juez administrativo veía así cómo se ampliaba su competencia con relación a la del juez judicial, estrategia hábilmente desplegada.

Para limitar esta extensión la condición suplementaria de un "acondicionamiento especial" había sido planteada pero la noción había devenido tan vaga y contingente que algunos la calificaban, con severidad, de "cláusula de estilo". Por otra parte, la jurisprudencia construyó las nociones de *dominio público global*, de *bien accesorio* y de *dominio virtual por anticipación* que iban en el sentido de la ampliación. El código CGPPP la sustituyó por la de "acondicionamiento indispensable*"* cuyo carácter reductor quedó débil.

El poder de afectar, desafectar o de cambiar de afectación, considerado como un atributo del derecho de propiedad, resulta de la competencia de la autoridad propietaria del bien. Esta dispone de un poder ampliamente discrecional y el juez se rehúsa a apreciar el fundamento o criterio de las opciones efectuadas para dar a la dependencia tal o cual afectación. Se trata de una decisión expresa que toma la forma de un acto administrativo unilateral. La afectación a un servicio público también puede resultar de un contrato entre el propietario y el prestador del servicio público.

Esta afectación formal debe ser seguida de una afectación material de hecho que se observa a menudo por la realización de trabajos emprendidos para que la dependencia dominial resulte apropiada a su destino.

La afectación de una dependencia dominial cambia según el grado de la evolución de los intereses públicos que ella atiende. En aras de una buena utilización y gestión dinámica de su dominio, las personas públicas tienen también el derecho, incluso el deber, de poner en ejecución estos *cambios de afectación*. Se presume que ellos responden a un buen uso. Varias situaciones pueden verificarse: los cambios de afectación pueden darse en el seno de una misma persona pública, o implicar a varias personas públicas; el cambio de afectación puede o no acompañarse de una transferencia de propiedad, o de una simple transferencia de gestión. Un régimen singular ha sobrevivido pero felizmente tiene muy poca aplicación, el de las *mutaciones dominiales*, cambio autoritario de afectación sin pérdida de propiedad en el solo beneficio del Estado. En ese caso, una indemnización destinada a la colectividad territorial se encuentra prevista.

B) *Desafectación*

Cuando el bien no está más afectado, debe ser *desclasificado* y entra en el dominio privado. La cesación de la afectación no resulta suficiente para extinguir la dominialidad pública. Para una mayor protección, la jurisprudencia exige a la vez una *desafectación de hecho* que verifica que los bienes no son más útiles para el uso directo del público o a un servicio público y un *acto formal de desafectación* ["desclasificación"]. Esto es lo que recuerda regularmente el Consejo de Estado en su jurisprudencia y en sus dictámenes y que ha consagrado el Consejo Constitucional. Así, una decisión de desclasificación o desafectación formal sería ilegal e ineficaz si no fuera acompañada por una desafectación de hecho, la cual, recíprocamente, no produciría efectos si ella no estuviera consagrada por un acto de desclasificación. A falta de decisión expresa de desclasificación, conservar en el dominio público bienes que no deberían integrarlo, es pues posible. La jurisprudencia hace una aplicación rigurosa de este principio. Recíprocamente, la desclasificación no puede ser realizada si la dependencia dominial no ha perdido su afectación. Si la conserva, una decisión expresa de desclasificación carecería de efectos.

Dos excepciones a la doble condición son autorizadas. La primera, la *desclasificación por anticipación*. Este sistema facilita, sin afectar el principio de inalienabilidad, las cesiones de bienes cuando su desafectación ha sido decidida. La desclasificación puede operar de manera anticipada, una vez que la desafectación es segura pero que las operaciones materiales, que a menudo son complejas para realizar en la práctica, retardan su realización efectiva, situación provisoria y estrictamente encuadrada.

El CGPP prevé también la posibilidad de intercambio o de cesiones entre personas públicas *sin desclasificación previa* cuando el bien debe permanecer en el dominio público. Esta simplificación ha sido presentada como destinada a facilitar las operaciones inmobiliarias entre el Estado, las colectividades territoriales y los establecimientos públicos.

Si bien las flexibilizaciones implementadas en los procedimientos de desclasificación con el objeto de facilitar la "circulación" de los bienes de las personas públicas son adecuadas para mejorar la gestión de los bienes públicos, es necesario que la afectación, objetivo mayor, no se vea debilitada. El Consejo Constitucional ha recordado que la desclasificación de un bien del dominio público no debería tener por efecto privar de las garantías legales a la exigencia constitucional de continuidad y a la existencia de los servicios públicos (CC, 14 de abril de 2005, *Ley relativa a los aeropuertos*).

2. Utilizaciones

Varios principios rigen la utilización del dominio público: la utilización debe ser conforme a la afectación dominial y no puede comprometer su conservación. La libertad de utilización no es absoluta y aun cuando la dependencia dominial está para "el uso de todos", el libre acceso puede ser restringido, principalmente en función del interés superior del orden público. En fin, la utilización debe soportar las consecuencias de las modificaciones impuestas autoritariamente a la afectación dominial. Las utilizaciones privativas se encuentran sometidas al principio de *precariedad* y pueden ser modificadas o suprimidas por la colectividad propietaria del dominio.

Cabe formular una distinción según las dependencias dominiales se encuentren afectadas al uso colectivo del público o afectadas a usos privativos.

A) *Utilizaciones colectivas del dominio público*

El uso colectivo está vinculado a la afectación de algunos bienes del dominio "al uso de todos": vías públicas, riberas del mar, ríos navegables. El usuario es entonces anónimo, impersonal, desprovisto de derechos privativos o exclusivos, pero se beneficia de las "leyes" del dominio público, tales como la libertad, la igualdad y la gratuidad.

a) *Vías públicas*. Las vías públicas están, en principio, ampliamente abiertas al uso colectivo. Los principios de libertad, igualdad y de gratuidad admiten flexibilizaciones, pero las restricciones son la excepción. La *libertad de ir y venir* forma parte de las libertades fundamentales y debe ser particularmente protegida pero el uso de las vías públicas está enmarcado en las reglas de policía administrativa y las necesidades de orden público, seguridad y tranquilidad públicas. Las dificultades engendradas por el auge de la circulación automovilística imponen, en el interés de todos, que esta libertad pueda ser reducida.

Como autoridad de policía general, el *intendente* cumple un papel esencial en la ejecución de las medidas de policía que deben ser adaptadas a las circunstancias de tiempo y de lugar y proporcionales al objetivo que se debe conseguir.

Se observa el lugar ahora acordado a la finalidad de *protección del ambiente* en sus diferentes aspectos: preocupaciones de estética, de salud (lucha contra la polución atmosférica), de protección de la flora y de la fauna. Las grandes sociedades administradoras de las autopistas se han comprometido, a partir de 2010, a invertir en los desarrollos ecológicos, con el fin, principalmente, de preservar los ecosistemas.

Varios principios, tendientes a asegurar la *conciliación* entre los diversos intereses presentes, han sido poco a poco desarrollados por la jurisprudencia: la utilización debe ser conforme a la afectación dominial, las interdicciones generales se prohíben. La reglamentación debe lograr un justo equilibrio entre los usuarios, principalmente los peatones y automovilistas; las restricciones a la libertad de circulación se han desarrollado: vías peatonales, corredores reservados a los autobuses, taxis y ambulancias, desarrollos de ciclovías, modos de transporte colectivos propios, como el tranvía, circulación alternada en la región parisina cuando un pico de polución se concreta. Estas restricciones han sido reforzadas por el legislador en 2015 con la voluntad de asegurar la calidad de vida en las ciudades y de tomar en cuenta las cuestiones de salud[14].

El *principio de igualdad de los usuarios del dominio público* es proporcional y solo se aplica, como en materia de servicios públicos, a los usuarios del dominio público que se encuentran en la misma situación.

En cuanto a la *gratuidad,* principio tradicional de utilización del dominio público, ha devenido cada vez más relativo, como lo ha reconocido el Consejo Constitucional: "Si bien la libertad de ir y de venir es un principio constitucional, este no podría obstaculizar que la utilización de determinadas obras diera lugar al pago de un canon" (decisión del 12 de julio de 1979). El estacionamiento pago, el peaje por la utilización de ciertas obras de arte han así sido admitidos.

b) *Dependencias distintas de las vías públicas.* La libertad de utilización del *dominio público fluvial* puede ser restringida por razones de seguridad en período de crecidas y por razones de economía de la provisión de agua en período de sequía.

El establecimiento público industrial y comercial "Vías navegables de France", tiene por misión explotar, mantener, mejorar y extender la red de vías navegables. Percibe una tasa que pagan los usuarios de la vía de agua y los transportistas públicos y privados de mercaderías y de pasajeros se encuentran sometidos a peajes: el uso del dominio público fluvial sufre también así, restricciones al principio de gratuidad.

La circulación sobre el *dominio público marítimo* es, en principio, libre y no debería ser trabada. Las autoridades administrativas se encuentran obligadas a "velar por la utilización normal de las costas del mar". Las utilizaciones privativas, son, sobre todo, el objeto de concesiones como las playas cuyo régimen busca preservar los principios de libre acceso al mar y de precariedad[15].

[14] La ley sobre el aire y la utilización racional de la energía de 30 de diciembre de 1996 acentúa las restricciones a la circulación de los vehículos cuando se supera un umbral de alerta.

[15] Un mínimo del 80 por ciento de la extensión de la costa y de la superficie deben permanecer libres de todo equipamiento e instalación tratándose de playas naturales y del 50 por

B) *Utilizaciones privativas del dominio público*

Corresponden a la idea de que el dominio, incluso cuando está "fuera del comercio" constituye, según una expresión consagrada, "una riqueza de la cual las colectividades públicas pueden y deben asegurar la mejor utilización". Los propietarios públicos se reconocen un poder de gestión de su dominio público que va mucho más allá de su poder tradicional de policía; los tres principios inherentes al uso colectivo —libertad, igualdad, gratuidad— no llegan a aplicarse.

Según la naturaleza del título de la ocupación, la distinción se hace entre las utilizaciones fundadas sobre un acto unilateral de autorización: el permiso de ocupación del dominio público, y las utilizaciones fundadas sobre un contrato concluido entre la administración y el ocupante: la concesión de ocupación del dominio público.

a) *Autorizaciones unilaterales de ocupación dominial.* Puede hacerse una distinción entre el permiso de ocupación de la vía pública que evoca una ocupación con construcción, es decir, con penetración (implantación, utilización, modificación o fijación) del suelo o del subsuelo y el permiso de estacionamiento que corresponde a una ocupación solo de la superficie (sin implantación en el suelo, sin modificación de este).

La autoridad que ejerce el poder de policía es la competente tratándose del permiso de estacionamiento; la autoridad administradora del dominio es la competente tratándose del permiso de ocupación del dominio público. El otorgamiento de los permisos de estacionamiento reposa sobre consideraciones de orden público, sobre todo en no obstaculizar la circulación, la de los permisos de ocupación del dominio público se apoya más sobre consideraciones de gestión patrimonial.

La autorización de la ocupación está siempre subordinada al pago de un *canon,* lo cual recuerda hoy el artículo L. 2125-1 del CGPPP que abre el capítulo donde son reunidas todas las "disposiciones financieras" relativas a la utilización del dominio público. Algunas excepciones son contempladas, por ejemplo, para las asociaciones con objeto no lucrativo que concurren a la satisfacción de un interés general. Los cánones toman en cuenta las "ventajas de toda naturaleza procuradas al titular de la autorización" y solo pueden ser fijadas en dinero y no en especie. Se plantea la cuestión de la "adecuación" del canon en vista de las ganancias retiradas por el usuario de la ocupación dominial teniendo en cuenta también los efectos económicos, turísticos y

ciento para las playas artificiales. La ocupación sobre la superficie autorizada no debe exceder seis u ocho meses en las denominadas "estaciones turísticas clasificadas". Los equipos e instalaciones deben ser transportables o desmontables durante el período invernal.

culturales para el propietario del dominio[16]. Una mejor transparencia de las ocupaciones y de su costo es particularmente deseable.

El título de ocupación es *personal* y no podría, en principio, ser cedido a título gratuito (sucesión) u oneroso (transferencia), sin acuerdo de la administración. Normalmente, un cambio de ocupante impone la emisión de un nuevo título de ocupación. La jurisprudencia se muestra firme en cuanto al carácter personal de las autorizaciones,

Frente a terceros, el permisionario dispone de medios para hacer respetar sus derechos, pudiendo, en particular, deducir ante el juez judicial las *acciones posesorias* tradicionales.

Frente a la Administración, las garantías del permisionario son menores porque su situación está marcada por la *precariedad* y no puede oponerse ante una extinción regular. Por otra parte, su pacífica ocupación puede ser afectada por la *ejecución de trabajos públicos* y la jurisprudencia se muestra rigurosa respecto de estos, dejando a menudo a cargo del permisionario el costo de los desplazamientos y de los arreglos que este se encuentra obligado a hacer para tornar posible la realización de estos trabajos.

La administración "goza de un poder muy amplio de apreciación" para acordar o rechazar las autorizaciones de ocupación. Los motivos de rechazo serán a la vez justificados por la consideración de los "intereses propiamente dichos del dominio" y por "la salvaguardia de otros intereses de carácter general": orden público, conservación dominial, y también interés económico, financiero, estético, ambiental. La legalidad de los motivos de rechazo se encuentra sujeta al control del juez administrativo.

"La autorización presenta un carácter precario y revocable" pero la precariedad tiene efectos menos graves de lo que puede parecer en teoría, pues las autoridades administradoras del dominio no tienen interés en desestabilizar la situación de los ocupantes, los cuales contribuyen a la puesta en valor de las dependencias dominiales.

Por principio, los títulos de ocupación privativa, sean unilaterales o contractuales, son *personales e incesibles*. En consecuencia, el ocupante no podría tomar la iniciativa de transferir su autorización por vía de sucesión, por ejemplo, a la persona que retomaría su actividad.

[16] Sumamente interesante en cuanto a la complejidad jurídica y a los desafíos económicos es el problema de saber si las tomas de vistas [toma de fotos o filmaciones] pueden ser asimiladas a la utilización privativa del dominio público. La sentencia del CE de 29 de octubre de 2012, "*Commune de Tours*", emitida a propósito de fotografías de obras de arte pertenecientes a las colecciones de los museos responde por la afirmativa: deberán ser percibidos cánones. Este no es el caso de fotografías hechas para fines publicitarios (las cervezas Kronenbourg) de un monumento histórico, CE, Asamblea, 13 de abril de 2018, "*EP Domaine national de Chambord*", jurisprudencia que ha sido objeto de críticas.

Pero la jurisprudencia se ha ido progresivamente flexibilizando y ha aceptado las transferencias de autorización de ocupación del dominio público cuando la persona pública otorga su acuerdo.

El ocupante debe *devolver la dependencia en el estado en que la recibió*, es decir, demoler el conjunto de las instalaciones y obras que había instalado. La administración es libre de fijarle los plazos y la acción para exigir la devolución en buenas condiciones es imprescriptible. La administración tiene la facultad de dispensar a los ocupantes de la demolición y, si las instalaciones presentan un interés para la colectividad, puede solicitar su conservación (sin tener que pagar una indemnización).

b) *Autorizaciones contractuales: las concesiones de ocupación dominial (*COT*).* Estos contratos concluidos entre la administración y un particular en vista de la ocupación privativa de una dependencia de propiedad del Estado son los *contratos administrativos* por determinación de la ley. Deben distinguirse de las concesiones de servicio público. Los dos pueden coincidir, pero no necesariamente. La precariedad de los contratos y la inseguridad jurídica que pueden resultar perjudiciales para la buena gestión dominial han generado accesorios jurídicos: desafectaciones en masa, arrendamientos enfitéuticos, derechos reales consentidos por el Estado, generalizados por el CGPPP. Al igual que en el derecho comercial, el negocio en sí está disociado del derecho al arrendamiento, mientras que los contratos de arrendamientos comerciales están prohibidos respecto de las concesiones de ocupación dominial.

Una reforma esperada obliga en adelante al propietario del dominio a incluir el valor del bien en el cálculo de la indemnización para el caso de rescisión anticipada de la autorización.

La transmisión de las concesiones de ocupación temporal se admite. Una condición se plantea: el cesionario deberá, previamente, obtener el acuerdo expreso escrito del administrador. Esta evolución va en el sentido de facilitar la circulación de los títulos y del fomento de las inversiones sobre el dominio público.

Un delicado problema que ha encontrado una solución como consecuencia de la evolución reciente de la jurisprudencia es el de saber si los actos de gestión dominial podían ser sometidos a las reglas del mercado y en qué medida las autorizaciones de ocupación, especialmente, las contractuales, debían respetar, como lo hacen, por ejemplo, los contratos administrativos, ciertas *obligaciones de publicidad y de concurrencia.*

Los actos de gestión dominial durante mucho tiempo han sido considerados, en su conjunto, como la simple manifestación de las prerrogativas de poder público, no susceptibles de ser asimiladas a una "actividad de producción, de distribución o de servicios" en el sentido de la ordenanza de 1986. A las personas públicas se les reconocía una gran libertad para elegir el ocupante del dominio, en función de las consideraciones de interés general, y las convenciones de autorización de la ocupación dominial escapaban a las reglas del mercado[17]. Impulsada por la jurisprudencia europea (cf. Sent. CJCE *Telesaustria* en diciembre de 2000), una importante sentencia (CE, 26 de marzo de 1999, *Soc.* EDA), emitida a propósito de la atribución a las empresas, por parte de Aéroports de París [Aeropuertos de Paris], de instalaciones de alquiler de autos, reconoció la aplicabilidad del derecho de la competencia —tanto interno como europeo— y de un principio de libertad de comercio y de la industria a los actos de gestión dominial cuando la dependencia litigiosa era el sitio de actividades de producción, de distribución o de servicios, lo cual obliga a la autoridad administradora a rehusar el otorgamiento de una autorización o de firmar una concesión de ocupación que ubicaría al titular en una situación de abuso de posición dominante.

La ordenanza de 19 de abril de 2017 dispone que cuando el título de ocupación permite a su titular ocupar el dominio público en vista de una explotación económica, la administración organiza libremente un procedimiento de selección previa que presenta todas las garantías de imparcialidad y transparencia y permite a los candidatos potenciales manifestarse. Este principio va acompañado de excepciones que, en su forma actual, aparecen numerosas. El Tribunal de Conflictos toma posición en favor de la competencia del juez administrativo para el conjunto de los problemas planteados por este contencioso.

El fin de la concesión puede sobrevenir con el cumplimiento del plazo. El ocupante no tiene ningún derecho a la renovación de su contrato al que la no reconducción no da, en principio, lugar a indemnización. Las cláusulas de renovación serían nulas por violación del principio de precariedad, si bien estas cláusulas son frecuentes en los otros contratos administrativos.

c) *Autorizaciones de ocupación constitutivas de derechos reales*. La prohibición de conferir por contrato, a un particular o a una empresa, derechos reales sobre el dominio público era uno de los principales obstáculos a su valorización económica. Las operaciones de interés general se veían paralizadas pues las empresas deseosas de invertir corrían el riesgo de que los

17. En una sentencia remarcable, CE, sect., 3 de diciembre de 2010, "*Ass.Stade Paris Jean Bouin*", se produjo un freno —provisorio— respecto de la sumisión de las COT a las obligaciones de publicidad y de puesta en competencia: la importancia del *intuitu personae*, presunción de la capacidad de la autoridad pública para elegir el mejor adjudicatario para servir la utilidad pública. La calificación del contrato tenía una importancia decisiva: si el contrato podía ser calificado como administrativo, su adjudicación debía ser sometida a las reglas de la publicidad y de la puesta en competencia; si podía ser calificado como simple COT, su adjudicación escapaba a la aplicación de estas reglas.

financiamientos necesarios les fueran negados pues los establecimientos de crédito mostraban poco interés en garantizar los préstamos que les eran solicitados. Las colectividades públicas asumían entonces la carga de la inversión y el financiamiento de las obras porque no tenían los medios de asegurarlos[18].

Arrendamientos enfitéuticos administrativos. La evolución comienza con la ley de 5 de enero de 1988 que autoriza a las colectividades territoriales, a consentir sobre su dominio público (y privado) arrendamientos enfitéuticos (BEA)[19], "en la medida en que su existencia sea compatible con la afectación de aquellos bienes sobre los cuales estas servidumbres se ejercen".

Una de las ventajas más apreciadas del arrendatario es la de disponer de un verdadero "derecho real inmobiliario" y de poder gozar de las prerrogativas de un propietario respecto de las obras que realiza y de las cuales se beneficiará durante la duración del alquiler. En consecuencia, se podrán constituir hipotecas sobre el bien dominial y los préstamos serán fomentados en tanto estén garantizados. Un BEA puede ser concluido en vista de la realización de una obra que el arrendatario pone a disposición de la colectividad pública arrendadora (CE, secc., 25 de febrero de 1994, "SA SOFAP *Marignan Immobilier*").

El legislador progresivamente se ha pronunciado sobre el campo de aplicación del BEA para las necesidades de la justicia, de la policía o de la gendarmería nacionales, los establecimientos públicos de salud e incluso los servicios departamentales de bomberos y de auxilios, sistemas destinados a confluir en el derecho común.

El Estado tiene ahora la posibilidad de celebrar los BEA pero esta posibilidad se encuentra limitada a dos hipótesis particulares:

La primera concierne a los BEA "viviendas sociales", tratándose de instalaciones nuevas y no de restauraciones. Pero el recurso al arrendamiento financiero [*leasing*] es en general preferido. La segunda desarrolla un BEA "valorización". Su objeto es el de restaurar, reparar o poner en valor un bien inmobiliario del Estado, sin que exista la obligación de construir un inmueble nuevo.

El dispositivo de la ley de 1988, cualquiera sea su interés, no fue más que el preludio de una reforma más amplia que se concretó en la ley de 15 de julio de 1994, que introdujo una sección titulada "Ocupaciones constitutivas de derechos reales".

El sistema es generalizado sobre el conjunto del dominio público artificial del Estado y de sus establecimientos públicos. No se aplica al dominio mo-

[18] El Consejo de Estado mantenía su posición rigorista al considerar nulo todo contrato que confería un derecho real sobre el dominio público: CE, 6 de mayo de 1985, "*Ass. Eurolat et Crédit foncier de France*".

[19] BEA, *baux emphytéotiques administratifs* (arrendamientos enfitéuticos administrativos).

biliario, ni al dominio natural marítimo o fluvial. Estos espacios deben ser preservados de las operaciones importantes de construcción que el dispositivo particular de financiamiento fomenta. "Este derecho real confiere a su titular las prerrogativas y obligaciones del propietario. El título fija la duración de la autorización, en función de la naturaleza de la actividad y de la de las obras autorizadas, y teniendo en cuenta la importancia de estas últimas, sin poder exceder de setenta años [...]".

La constitución de los derechos reales resulta muy controlada por las autoridades públicas del Estado. En caso de cesión o de transmisión en el marco de negociaciones entre vivos, en caso de fusión o absorción de sociedades y en caso de deceso, los derechos no pueden ser transmitidos a las personas sin el acuerdo de la autoridad pública competente.

¿Este mismo derecho existe respecto de los terrenos sobre los cuales la obra debe ser edificada? El Código no aporta una respuesta que zanje esta cuestión, pero cabe inclinarse por la indisociabilidad entre el terreno y la obra, durante la extensión de la ocupación, siendo muy difícil que la disociación pueda operar en la práctica.

Al final de la ocupación, las obras, si no son demolidas con el objeto de devolver el inmueble a su estado inicial y si su mantenimiento ha sido aceptado, quedarán de pleno derecho y gratuitamente como propiedad del Estado, libres de todo privilegio o de toda hipoteca.

Además de los BEA, el Estado y las colectividades territoriales tienen a su disposición una panoplia de instrumentos jurídicos que les permiten una gestión eficiente de sus bienes.

• *Crédito financiero [leasing].* El ocupante del dominio público (tomador del crédito) cede su derecho real a un organismo financiero (prestador) que le concede un crédito. El ocupante emprende la construcción de las obras gracias a los préstamos obtenidos pero la propiedad de las obras queda para el prestador. El tomador paga los préstamos con los ingresos procedentes de la explotación de la obra. Al término del contrato de crédito financiero, cuando ha pagado el préstamo y los intereses, el ocupante deviene propietario de las obras.

• *Contratos de sociedad.* Confían al cocontratante una *misión global* de financiamiento, de construcción y de explotación de una obra, formalizada dentro de un contrato único que reúne las tres misiones, lo cual evita la dispersión, como antes, en una pluralidad de contratos. "Cuando el contrato conlleva ocupación del dominio público, sirve como autorización de ocupación de este dominio durante su duración", lo cual conlleva la posesión de derechos reales sobre la obra que se debe construir. Se trata de facilitar el financiamiento privado de los equipamientos públicos.

3. Inalienabilidad e imprescriptibilidad

A) *Inalienabilidad*

Consagrado "ley fundamental del Reino" por el edicto de Moulins de 1566, el principio de inalienabilidad vinculado a la idea de la afectación solo se aplica a los bienes del dominio público. Se podrá observar que la afectación en derecho comparado puede tener por función proteger también una propiedad privada como pública. Si en el derecho francés, la afectación y la inalienabilidad solo se aplican a los bienes pertenecientes a una persona pública, en derecho alemán, los bienes públicos (*öffentliche Sachen*) que son identificables por su destino, doctrina llamada de los "objetivos patrimoniales [patrimonios de afectación]", pueden pertenecer a propietarios privados y ser sometidos a una afectación concebida como una servidumbre de uso público. El sistema inglés desarrolla prácticas similares.

El campo de aplicación del principio de inalienabilidad es amplio y las excepciones permanecen estrechamente limitadas, justificadas por las circunstancias históricas particulares cuando los vecinos u ocupantes del dominio público encuentran fundamento para oponer a la administración los "derechos fundados en un título"; la prueba de los títulos de propiedad resulta a menudo difícil de presentar cuando la jurisprudencia es llamada a interrogar viejos pergaminos de varios siglos.

La inalienabilidad conlleva la *nulidad de las enajenaciones*, nulidad absoluta que conduce a admitir, ampliamente y sin condición de plazo, el recurso de todo interesado supuesto a intervenir en nombre del interés general. La acción de nulidad es planteada ante el juez judicial salvo si se trata de la venta de inmuebles del Estado. El adquirente, aun de buena fe, debe restituir el bien irregularmente vendido, y no puede valerse, en lo que atañe al dominio público mobiliario, del principio establecido por el Código Civil: "En el caso de los muebles, la posesión vale título". La administración deberá restituir el precio, a fin de evitar un enriquecimiento sin causa. Si el bien ha sido robado a la persona pública propietaria y revendido a un tercero —lo cual es frecuente en materia de obras de arte— la persona pública tiene derecho de recuperar su bien inalienable y la jurisprudencia reconoce de ahora en adelante al tercero de buena fe el derecho a la restitución del precio.

Las enajenaciones forzadas son prohibidas del mismo modo que las enajenaciones voluntarias y no hay posibilidad de expropiar los bienes del dominio público si no han sido antes desclasificados.

Pero la inalienabilidad no deja de ser relativa y potestativa porque la administración queda libre de suprimir la afectación y de disponer enseguida de los bienes como ella lo entiende. Una gran libertad es dejada a las personas públicas para disponer de sus bienes dominiales y el control del juez sobre las desclasificaciones que él estimará *a priori* vinculadas a una "política" razonable de gestión dominial, se reduce al mínimo. Así, bajo condición de un procedimiento previo de desclasificación, la enajenación es absolutamente concebible y se comprende que algunos puedan preferir hablar de *enajenabilidad condicional* más bien que de inalienabilidad. Estas observaciones no se aplican más que al dominio artificial porque la persona pública propietaria no tiene el poder de desafectar los bienes del dominio público natural, cuya incorporación reposa sobre la verificación de fenómenos naturales.

Establecida *la hipertrofia del dominio público* y para alimentar el presupuesto del Estado, una política de fomento de la cesión a las personas privadas de una parte del dominio público inmobiliario de las personas públicas ha sido puesta en práctica masivamente durante la década de 2010. Ella se ha referido primero a los bienes del Ministerio de la Defensa, luego a los de otros ministerios y a los de las empresas públicas (Correos, EDF [Electricidad de Francia], GDF [Gas de Francia]). En ese escenario, para el ministro de Economía y de las Finanzas, desde entonces único encargado de estas operaciones por cuenta de los ministerios, era sencillo desafectar y desclasificar los bienes antes de enajenarlos.

En algunos casos, los bienes enajenados enseguida son alquilados al nuevo adquirente —a menudo una persona privada a la cual la administración paga los alquileres—, conservando la afectación al servicio público. Se ha criticado este empobrecimiento de los patrimonios públicos y los beneficios con los cuales se han beneficiado los adquirentes privados[20] sobre todo cuando se han vendido inmuebles históricos y de prestigio, las "perlas de la corona".

El Consejo de Estado eleva la protección del dominio público al rango de "imperativo de orden constitucional" y recuerda que el dominio público no es un "espacio comercial" como los otros.

4. Imprescriptibilidad

Implantado por un edicto de abril de 1967, el principio de imprescriptibilidad, que demoró más tiempo en imponerse que el de inalienabilidad, resulta estrechamente ligado a este. Los legistas[21] escribirán que el Rey puede ser com-

[20] Por ejemplo, la cesión por el Estado, en 2005, del Hotel de las Aduanas, amplio y bello edificio de prestigio en el corazón de París por la suma de 165 millones de euros a un Fondo de Inversión que, algunos años más tarde, lo revendió —ciertamente después de realizarle mejoras— a 250 millones de euros a dos compañías de seguros de vida.

[21] N. del T. Primeros artífices del absolutismo en Francia, constituyeron los "hombres de toga" (*gens de robe*) que acompañaron a los últimos miembros de la dinastía de los Capetos; formados en derecho romano eran profesores en las escuelas de derecho civil de Francia o

parado "al océano del que todas las cosas proceden y al cual retornan"[22]. La jurisprudencia primero civil (sentencia de 1846), luego administrativa (sentencia de 1866) ha consagrado este principio.

Esta regla prohíbe adquirir por prescripción, es decir por posesión prolongada, la propiedad de una dependencia del dominio público o de todo otro derecho real inmobiliario sobre estos bienes. Es una protección eficaz destinada a garantizar la afectación y que no sufre ninguna excepción. Permite oponerse a las reivindicaciones de los particulares que se han beneficiado de la negligencia de la administración para establecerse sin título sobre una parte del dominio público, a veces de buena fe, cuando los límites del dominio no están claramente establecidos.

En consecuencia, por una parte, las acciones de reparación de los daños causados al dominio público son imprescriptibles y, por otra parte, las acciones posesorias de los particulares contra la administración propietaria o administradora del dominio público son inadmisibles.

La imprescriptibilidad se extiende a las acciones de reivindicación de los bienes irregularmente enajenados y a las acciones de reparación de los daños causados al dominio, en particular, por contravenciones en el dominio público. Ella alcanza también a las *obras de arte* que forman parte del dominio público mobiliario. Un asunto reciente muestra la radicalidad de sus efectos[23].

VII. Dominio colectivo

El derecho francés si bien ha desarrollado el concepto de "patrimonio común" en proclamaciones que permanecen teóricas, solo conoce la puesta

---

simples egresados de esas escuelas; hicieron evolucionar a la monarquía feudal en la que los poderes del rey se encontraban limitados por los de sus vasallos, hacia una monarquía absoluta. Tuvieron su apogeo durante el reinado de Felipe IV, *el Hermoso* (1268-1314) perteneciente a la dinastía de los Capetos (cfr. Jean Favier, "*Les légistes et le gouvernement de Philippe le Bel*", en *Journal des savants*, 1969, págs. 92-108; https://doi.org/10.3406/jds.1969.1196).

[22] N. del T. La metáfora, atribuida a los legistas, compara la majestad real con la del océano; significa en sentido figurado que los bienes que hoy reputamos del dominio público, considerados en la época *res publicae* (de uso público por contraposición a la *res fisci*) se vinculan —en el tránsito del régimen feudal de la baja Edad Media hacia el absolutismo—, con la figura del monarca. Ello, en tanto este representaba la autoridad, la propiedad y la unidad de la comunidad política, nación o del Estado (más allá de que estos dos últimos términos se perfilan en sentido técnico mucho más adelante). Esos bienes públicos aprovechaban a las personas y a la comunidad, pero su titularidad comienza a identificarse más que con el pueblo —como acontecía e la época del derecho romano—, con quien representa ahora a la comunidad política, es decir, con el monarca, en tanto símbolo del Estado.

[23] Una estatua en alabastro, separada durante la Revolución de 1789 de un sepulcro construido en 1340 y cuyo propietario, un coleccionista privado, deseaba exponer quedará en Francia y retornará al Estado; habiendo verificado el Consejo de Estado a la vista de documentos muy antiguos que ella no había salido nunca del dominio del Estado: CE, 11 junio de 2018, *Société Pierre Bergé*.

en ejecución efectiva de un verdadero régimen de bienes colectivos a través de la sobrevivencia de una antigua y particular categoría, la de los bienes seccionales y comunales.

1. Patrimonio común

La noción de patrimonio hasta entonces privatista es utilizada estos últimos años como soporte de una concepción comunitaria de los bienes públicos. El territorio, el agua, los espacios, recursos y medios naturales, los sitios y paisajes, la calidad del aire... han sido proclamados "patrimonio común de la Nación". La Carta del ambiente de 2005 hace del ambiente el "patrimonio común de los seres humanos".

Reflexiones doctrinales procedentes de horizontes diferentes convergen, desde hace algunos años, para relanzar el debate tradicional sobre las diversas categorías de bienes y sobre la naturaleza del derecho de propiedad ejercido sobre cada una[24]. La noción de *res communes* [cosas comunes] remite al derecho romano y es reconocida por el artículo 714 del Código Civil, como cosas que "no pertenecen a nadie y cuyo uso es común a todos".

La necesidad imperativa de proteger el ambiente llama a un reconocimiento de estas "*res communes omnium* [cosas comunes a todos por derecho natural]", lo que pone de presente la doctrina civilista contemporánea. El riesgo de escasez y de daño de bienes estimados antes inagotables (como el agua que no puede ser más *res nullius* [cosa de nadie]), las amenazas vinculadas a la polución (el aire y el recalentamiento climático), las consecuencias de una explotación económica desastrosa para los recursos naturales (bosques) y la biodiversidad se encuentran en el origen de una *reacción contra la comercialización* y la valorización económica generalizada de los bienes llamados "ambientales".

Por otra parte, bajo formas modernizadas reaparecen viejos conceptos: el de "derecho de guardia y de superintendencia" *del Antiguo Régimen*, el de "propiedad administrativa", bien diferente de la propiedad privada. Esta distinción había sido ya esbozada al principio del siglo XX por los célebres privatistas AUBRY y RAU en tres categorías de bienes: los bienes privados, los bienes públicos afectados (dominio público) y las *res communes omnium*, no

[24] Los círculos económicos anglosajones han lanzado el debate aislando una categoría particular calificada como *Public Goods* [bienes públicos]: v. P. A. SAMUELSON, *The pure theory of public expenditure* [Teoría pura del gasto público], (1954); G. HARDIN, *The Tragedy of the Commons*, [La tragedia de los comunes], 1968, y ELINOR OSTROM, *Governing the Commons* [Gobernando a los Comunes], (1990). Estos bienes tienen dos características: no son exclusivos (imposibilidad de uso exclusivo por una persona) y no compiten entre sí (la utilización del bien no reduce la cantidad disponible para los otros usuarios). Estos "comunes" pueden ser públicos o privados.

susceptibles de apropiación. Las nociones de "Estado-guardián" si se trata del control de los objetivos y el *fideicomiso,* en lo relativo a los modos de gestión abren perspectivas nuevas a las políticas y a las autoridades públicas.

En este aspecto, el antiguo estatuto particular de los "bienes comunales" y de las "secciones de comunas" en Francia debería suscitar más interés, pues da un ejemplo de propiedad y utilización colectiva con finalidad ambiental y social absolutamente interesante.

2. Bienes seccionales y comunales

En el contexto de un espíritu de socialización de las tierras rurales la Revolución francesa de 1789 (ley del 10 junio de 1793) creó, en el marco de la comuna, una categoría original de bienes colectivos: los *bienes comunales y los bienes seccionales* en los cuales la propiedad no pertenece a la comuna pero sí a una *sección* (persona moral de derecho público innominada), o a los *habitantes en su conjunto.* Es una propiedad indivisa con un derecho de uso individual o colectivo distinto de los derechos de la comuna (C. C., art. 542). Hay más de 30.000 secciones de comuna actualmente.

Este antiguo sistema se ha conservado hasta nuestros días y concierne sobre todo a las tierras, bosques, forestas poco pobladas y poco productivas. Sobre el plano de los principios se puede considerar de vanguardia pues responde a la idea contemporánea de los "bienes públicos" ambientales. Responden a las aspiraciones de solidaridad en el medio rural y de protección de la biodiversidad y de los paisajes y su desaparición, a veces encarada, sería lamentable.

Se advierte actualmente la voluntad de ciertas comunas de integrar las secciones privándolas de su derecho de disfrute exclusivo. Las leyes de 2004 y de 2013 facilitan esta transferencia, y el Consejo Constitucional y el Consejo de Estado han reconocido que no existe agravio a la protección de la propiedad y al principio de igualdad ante la ley.

ITALIA

LOS BIENES PÚBLICOS EN EL DERECHO ITALIANO*

Antonello Tarzia**
Giuseppe Curci***

Introducción. Coordinación del texto constitucional con el preexistente Código Civil y las privatizaciones sobrevinientes.

La Constitución italiana establece en su artículo 42 que "la propiedad es pública o privada" y que "los bienes económicos[1] pertenecen al Estado, a las entidades o a los particulares". Sin embargo, por medio de tal formulación los constituyentes entendieron dar firmeza al principio conforme al cual el concepto tradicional de "propiedad" puede ser adaptado a la regulación de la relación existente entre la Administración y los bienes públicos de manera que, si se cumplen las condiciones previstas por la ley, tal relación pueda ser reglamentada por las normas que regulan la propiedad privada[2]; al mismo tiempo, dependiendo de la naturaleza jurídica del propietario o del uso a que están destinados los bienes, con el artículo 42 entendieron poner las bases para regímenes jurídicos distintos, de lo que deriva el debate sobre la existencia de un verdadero régimen de propiedad pública o, al contrario, un régimen dominal y patrimonial que por sus caracteres y restricciones al sujeto público sea diferente del de la propiedad como concepto de derecho civil.

Es preciso destacar que a los fines de realizar los principios y valores de que se alimenta la Constitución, la permanencia de un ámbito público —bajo viejas y nuevas formas de organización administrativa, empresarial, demanial,

* El trabajo se debe a la colaboración de los autores; concretamente, se atribuyen a Giuseppe Curci los párrafos 2.D, 2.E y 4, a Antonello Tarzia todos los demás.

** Catedrático de Derecho público comparado en la Universidad LUM Giuseppe Degennaro, Departamento de Ciencias Jurídicas y Empresariales. tarzia@lum.it

*** Licenciado en Derecho y becario en Derecho público comparado en la Universidad LUM Giuseppe Degennaro, Departamento de Ciencias Jurídicas y Empresariales. curci.cultore@lum.it

[1] Para aquellos tiempos la consagración en la Constitución del sintagma "bienes económicos" era inusual, encontrando un ilustre e infeliz antecedente en los arts. 7 y 156 de la Constitución de Weimar.

[2] Cfr. D. Sorace, *Cartolarizzazione e regime dei beni pubblici*, en *Aedon. Rivista di arti e diritto online*, 2003, núm. 1.

patrimonial— es imborrable; igualmente, los bienes son indispensables para la acción administrativa[3]. Premiso lo anterior, la extensión de lo "público" se sujeta a variaciones debido, por un lado, a la privatización como tendencia del derecho italiano y comparado; por otro, a la difusa sensibilización sobre la exigencia de tutela jurídica de "nuevos" bienes públicos (piénsese en el patrimonio cultural inmaterial o también en las arduas tentativas, incluso en otros sistemas legales, de cualificar normativamente unos "bienes comunes").

Con la entrada en vigor de la Constitución en 1948 pronto se hizo patente un problema de coordinación de las disposiciones que apenas mencionaban las normas del preexistente Código Civil de 1942[4] —que dedica el Capítulo II del Título I del Libro III (consagrado a "la propiedad") a los *bienes* pertenecientes al Estado, a las entidades públicas y a las entidades eclesiásticas— y con toda la legislación especial antecedente o posterior. En particular, se planteó la cuestión de si el instituto de la propiedad fuese apto para englobar todas relaciones entre entes y bienes públicos o si, por el contrario, las especialidades del régimen jurídico precisarían una diferente conceptualización de los bienes dominiales y patrimoniales indisponibles, en consideración a su naturaleza *extra commercium*.

Sobre el asunto no hay todavía unanimidad. Aunque con varias matizaciones, hay quienes opinan que *propiedad* es congruente con "pertenencia"[5], y otros que puntualizan que el concepto de propiedad se adapta solo a un tipo de relación entre bienes y entes públicos[6], dado de que los bienes de "propiedad pública" "confluyen [...] en el *genus* de los bienes de interés público: es precisamente en razón de su pertenencia al Estado y otras entidades que el

[3] F. Benvenuti dedicó páginas fundamentales a la "acción administrativa mediante los bienes" (*Appunti di diritto amministrativo. Parte generale*, 4ª ed., Padova, Cedam, 1959, págs. 185 y ss.); además, A. M. Sandulli observó que bien puede la Administración realizar sus finalidades mediante bienes que no le pertenecen (piénsese en las colecciones privadas de bienes culturales) (*Beni pubblici*, en *Enc. dir.*, V, 1959, págs. 277 y ss.).

[4] Real decreto 16 de marzo de 1942, núm. 262.

[5] Cfr., entre otros, M. Renna, *Beni pubblici*, en S. Cassese (dir.), *Dizionario di diritto pubblico*, Milano, Giuffrè, 2006, págs. 714 y ss., esp. 715 ("se utilizará la expresión «bienes públicos» en su sentido más estricto, ya que la atención principalmente se centrará en el régimen especial de la propiedad pública y sus transformaciones más recientes").

[6] Excluía tal relación de propiedad con los bienes demaniales F. Benvenuti: «Si noti peraltro che l'ente pubblico non è in nessun modo proprietario di questi beni: la proprietà è un diritto di natura privata e quindi riconosciuto al soggetto quale che sia l'interesse che egli voglia soddisfare con il bene oggetto di quel diritto. Questi beni invece soddisfano necessariamente un interesse pubblico e di essi non potrebbe essere fatto un uso contrario a quell'interesse. Essi pertanto sono oggetto di un diritto di natura pubblica, che secondo l'antica espressione è appunto chiamato dominio (dominium eminens) o demanio» (*Appunti di diritto amministrativo*, pág. 186) [Algunas notas referidas a autores "clásicos" no se traducirán al español para no correr el riesgo de simplificar la densidad de conceptos que han marcado el desarrollo de toda doctrina posterior].

régimen jurídico se caracteriza en medida preponderante en el sentido de los *deberes* más que de los *derechos*"[7]. La terminología utilizada por los padres constituyentes apoyaría tal doctrina por decir que la *propiedad*, y no los *bienes*, puede ser pública o privada[8], mientras que los bienes pueden "pertenecer" a alguien, aunque no sea propietario[9].

Tan sobresaliente posición legitimaría, entonces, la muy controvertida categoría dogmática de los "bienes (de propiedad pública o privada) de interés público". En efecto, es fisiológico que en la dinámica del ordenamiento jurídico germinen nuevos intereses que se deben proteger y nuevas soluciones legales y organizativas que puedan determinar una reducción de intensidad de protección de unos bienes públicos o, en sentido contrario, un incremento de protección de bienes privados[10], así exista una larga y heterogénea clase de bienes y derechos reales a la cual se apliquen regímenes jurídicos distintos[11].

Cabe subrayar que la necesidad de protección de los bienes públicos también puede determinar restricciones a la libre disponibilidad de otros bienes integralmente privados: se considera, por ejemplo, el caso de edificios privados limítrofes a monumentos de interés artístico y cultural[12], para proteger los cuales la ley puede establecer distancias especiales. Incluso se puede llegar a imponer "derechos reales dominicales sobre bienes de otros" (*ius in*

[7] En tal sentido V. CAPUTI JAMBRENGHI, *Beni pubblici*, en *Enc. Giuridica Treccani*, V, 2004, pág. 2.

[8] *Ibidem*, pág. 2.

[9] Así opinaba, con gran autoridad, F. CARNELUTTI, *Sistema di diritto processuale civile*, Padova, CEDAM, 1936, pág. 834: «Qui gioca in prima linea il concetto di *appartenenza*. Per lo più questo concetto si confonde con quello di proprietà; ma la confusione deve essere evitata con cura dai giuristi. Che un bene appartiene a taluno significa che a costui spetta un diritto su di esso o, in altri termini, il lato attivo della appartenenza si risolve nella *titolarità di un diritto avente per oggetto quel bene* e il lato passivo *nell'essere oggetto di un diritto avente per soggetto quella persona*. Questo diritto può essere o non essere il diritto di proprietà: può essere un *ius in re aliena*; può essere un diritto di credito. Mi appartiene, per esempio, una casa non soltanto se la ho comperata, ma anche se la ho presa in affitto; la appartenenza, anche nella seconda ipotesi, è segnalata dal comune linguaggio, che parla, nell'una e nell'altra, di *casa mia*; soltanto mi appartiene in modo diverso perché è diverso il diritto che lega, nell'una o nell'altra, la cosa a me».

[10] Un caso frecuentemente referido por la doctrina italiana es el de las caravanas privadas que durante un cierto periodo después del masivo terremoto de 1980 se transformaron en bienes privados de interés público en todo el territorio nacional (cfr. V. CAPUTI JAMBRENGHI, *Beni pubblici*, cit., pág. 3).

[11] «Ogni istituto amministrativo, infatti, in quanto esista, fatalmente limita un potere —in senso tecnico— del privato» (M. S. GIANNINI, *I beni pubblici*, cit., pág. 177).

[12] Cfr. V. CAPUTI JAMBRENGHI, *Proprietà privata (disciplina amministrativa)*, en *Digesto. Discipline pubblicistiche*, XII, 1997, págs. 111-123, y A. M. SANDULLI, *Manuale di diritto amministrativo*, II, Napoli, Jovene, 1989, págs. 802-803.

re aliena, art. 825 C. C.): piénsese en las "servidumbres públicas"[13] como, por ejemplo, la servidumbre de descarga que pesa sobre los terrenos colindantes a los lagos, para permitir el desagüe del exceso de agua, o la servidumbre de líneas eléctricas; además, puede tratarse de derechos reales diferentes de las servidumbres, como en el caso de derechos reales sobre tuberías municipales concedidas a otras entidades territoriales propietarias del acueducto.

Por ende, puede entenderse fácilmente que la clase de los bienes privados de interés público (como pueden ser acueductos, pozos, carreteras, bienes culturales, etc.) se compone por la mayor parte de cosas sobre las cuales se reconocen derechos de uso público a beneficio de una colectividad determinada —por ejemplo, una comunidad de vecinos— o de la generalidad de ciudadanos.

Estas cuestiones tradicionales se han ido trenzando con otras, difícilmente abordables, que tienen origen en las profundas transformaciones del derecho constitucional y administrativo italiano durante las últimas décadas, tal como la desdemanialización (*sdemanializzazione*); la creciente complejidad de una normativa multinivel (europea, nacional, regional, municipal), sectorial, especial y transversal (tal como las normas de contabilidad pública, sobre contratación pública, etc.); la privatización de entes públicos económicos y la trasferencia de bienes públicos a las sociedades de capital constituidas; la creación de sociedades de capital cuyo objeto social es la gestión del patrimonio del Estado; la reciente "erosión por vía judicial de los privilegios de la Administración[14] con respecto a su (atávico) retraso en el pago de las obligaciones y a su (tradicional) monopolio en la evaluación de la *utilitas* de las obras publicas en el marco de la acción de enriquecimiento sin causa[15]; las exigencias presupuestarias y de mejora en la gestión de los bienes públicos que han ocasionado la búsqueda de soluciones para su valoración económica, especialmente en el ámbito del patrimonio cultural, y originado nuevos instrumentos jurídicos, tal como la titulización (*cartolizzazione*) de los bienes públicos; la incontrarrestable fuerza de las normas supranacionales que modifican reglas domésticas consolidadas

[13] Al respecto, cabe evidenciar el principio constitucional conforme el cual "La propiedad privada podrá ser expropiada [e igualmente, «objeto de restricciones»] por razones de interés general en los casos previstos por la ley y sin perjuicio de la correspondiente indemnización"; sobre el tema hay una amplia jurisprudencia constitucional, administrativa y civil, y también del Tribunal Europeo de Derechos Humanos en aplicación del art. 1 del Convenio Europeo de Derechos Humanos.

[14] Así A. Guerrieri, *I tempi di pagamento delle amministrazioni italiane*, en *Giornale di diritto amministrativo*, n. 3, 2017, págs. 316 y ss., esp. pág. 321.

[15] Corte di cassazione, secc. un. civ., sent. 10798, de 26 mayo 2015; cfr., *ex multis*, V. Brizzolari, *Arricchimento ingiustificato della pubblica amministrazione: la fine di un privilegio?*, en *Nuova giur. civ. comm.*, núm. 10, 2015, págs. 870 y ss., y M. Bellante, *L'azione di arricchimento senza causa nei confronti della p.a.: le nuove indicazioni delle Sezioni Unite*, en *Il Corriere giuridico*, 2016, págs. 475 y ss.

(aunque el Tratado de Lisboa establezca que "Los tratados no prejuzgan en modo alguno el régimen de la propiedad en los Estados miembros[16]); la evolución de la organización territorial del Estado[17] que ha ocasionado el "federalismo demanial", algo desconocido antes en el sistema italiano y conceptualmente difícil de abordar tratándose de una etiqueta ("federalismo") manipulada por razones políticas en un Estado no federal[18], si bien regional.

Todo lo anterior, como se mostrará, pone en duda la utilidad de la aparentemente simple, pero nunca totalmente aclarada, clasificación de los bienes públicos en demaniales y patrimoniales.

1. Definición, clasificaciones y usos de los bienes públicos en Italia

Conforme al artículo 810 del Código Civil, "son bienes las cosas que pueden ser objeto de derechos".

En sentido estricto, son "públicos" los bienes así calificados por la ley que sirven para satisfacer directamente necesidades colectivas; por ello, están sujetos a especiales limitaciones. Este conjunto heterogéneo de bienes se caracteriza por su uso directo a favor de la comunidad o, en todo caso, por entidades públicas y privadas encargadas de funciones y servicios públicos.

Por otra parte, utilizamos "bienes públicos" en sentido amplio cuando queremos referirnos a todos los bienes pertenecientes a la Administración pública.

Evidentemente, en el primer caso se hace referencia al especial régimen jurídico (*rectius*, regímenes jurídicos) al que está sujeto un coacervo de bienes; en el segundo, enmarcándolos dentro de un significado tanto descriptivo cuanto indeterminado, se hace referencia a la Administración y sus medios para satisfacer los intereses públicos[19].

[16] Versión consolidada del Tratado de Funcionamiento de la Unión Europea, art. 345. La Carta de Niza (Carta de los Derechos fundamentales en la Unión Europea) en su art. 17, núm. 1, establece que "[t]oda persona tiene derecho a disfrutar de la propiedad de sus bienes adquiridos legalmente, a usarlos, a disponer de ellos y a legarlos. Nadie puede ser privado de su propiedad más que por causa de utilidad pública, en los casos y condiciones previstos en la ley y a cambio, en un tiempo razonable, de una justa indemnización por su pérdida. El uso de los bienes podrá regularse por ley en la medida que resulte necesario para el interés general".

[17] Tema del que se ocupa, junto con muchos tantos otros, la sobresaliente (ver *infra*) sentencia de la Corte di cassazione, secc. un. civiles, de 14 de febrero 2011, núm. 3665.

[18] Véase al respecto la Ley de delegación legislativa de 5 mayo 2009, núm. 42 ("Delegación al gobierno en materia de federalismo fiscal").

[19] Sobre el tema hay una bibliografia monumental: *ex multis*, cfr. G. Zanobini, *Dei beni appartenenti allo Stato, agli enti pubblici e agli enti ecclesiastici*, en M. D'Amelio (dir.), *Codice civile. Libro delle proprietà. Commentario,* Firenze, Barbera, 1942, págs. 81 y ss.; A. M. Sandulli, *Beni pubblici*, en *Enc. dir.*, V, 1959, págs. 277 y ss.; M. S. Giannini, *I beni pubblici. Dispense delle lezioni del Corso di Diritto Amministrativo tenute nell'Anno Acc.*

Sin embargo, varias teorías sobre la dominicalidad se formularon por gigantes[20] del derecho europeo durante los últimos siglos.

En la estela de la entrada en vigor del Código Civil de 1942, una autorizada doctrina italiana indicó dos elementos contundentes: la indispensabilidad de los bienes para el desempeño de funciones públicas fundamentales; su integración en un sistema jurídico complejo y coordenado de protección[21]. Pero luego se observó que existen bienes que pueden solamente ser destinados a la realización de un interés público —tal como las instalaciones destinadas a la defensa nacional—, y sobre ellos el Estado se pone en una posición de "dominio"[22] necesario; lo anterior explicaría los motivos por los cuales la adquisición de estos bienes al demanio se produce *ex lege*, y no por medio de los institutos del derecho civil, y al Estado se atribuyen poderes de policía demanial y de actuar en autotutela administrativa para su protección[23].

El régimen jurídico especial se justifica por la necesidad de resguardar los bienes para el ejercicio de derechos o servicios públicos e impedir que resulten desviados de su destino institucional; su regulación por el derecho privado los expondría a una pluralidad de riesgos relacionados por un lado con las conductas de la Administración, especialmente con las necesidades financieras provocadas por la ingente deuda pública, y por otro con la exposición de los bienes a la acción de los acreedores de la Administración, que en Italia no es exactamente un modelo de pago puntual de sus deudas con empresas y particulares. Como se explicará más adelante, esto no concierne totalmente a la aplicación de normas de derecho común; por cierto, siempre habrá un substrato de normas de derecho público con finalidad de protección.

La tipificación de los bienes públicos, que incluye los bienes dominiales, por un lado, implica la valoración de sus peculiares características e idoneidad a la

---

1962-1963, Roma, Bulzoni, 1963; S. Cassese, *I beni pubblici. Circolazione e tutela*, Milano, Giuffrè, 1969; V. Caputi Jambrenghi, *Premesse per una teoria dell'uso dei beni pubblici*, Napoli, Jovene, 1979; G. Palma, *I beni appartenenti allo Stato, agli enti pubblici e agli enti ecclesiastici*, en P. Rescigno (dir.), *Trattato di diritto privato. VII, Proprietà*, Torino, UTET, 1982, págs. 75 y ss.; V. Cerulli Irelli, *Beni pubblici*, en *Digesto. Discipline pubblicistiche*, Torino, UTET, 1987, págs. 273 y ss.; M. Arsì, *I beni pubblici*, en S. Cassese (cur.), *Trattato di diritto amministrativo*, II, Milano, Giuffrè, 2003, págs. 1705 y ss.; M. Renna, *La regolazione amministrativa dei beni a destinazione pubblica*, Milano, Giuffrè, 2003, e Íd., *Beni pubblici*, en S. Cassese (cur.), *Dizionario di diritto pubblico*, 2009, págs. 714 y ss.; P. Centofanti, V. Natali, C. Zambelli, *Demanio e patrimonio*, Milano, Key Editore, 2021.

[20] Zanobini, Mayer, Guicciardi, Donati, Ranelletti, Santi Romano, Cammeo, Eisele, etc.; cfr. V. Caputi Jambrenghi, *Beni pubblici*, cit., pág. 4.

[21] P. Del Prete, *Il regime giuridico dell'autostrada*, en AA.VV., *Studi in onore di A. D. Giannini*, Milano, Giuffrè, 1961, págs. 451 y ss., esp. págs. 453-454.

[22] F. Benvenuti, *Appunti di diritto amministrativo*, cit., pág. 186.

[23] *Ibidem*, págs. 187-188.

satisfacción de intereses públicos[24]; por otro lado, representa la manifestación concreta, jurídica, de las tipologías de intereses públicos que el ordenamiento estima necesario proteger y realizar[25].

El *genus* de los bienes públicos se bifurca tradicionalmente en dos categorías: los bienes públicos en sentido estricto, que pertenecen al Estado o a otra entidad pública; y los "bienes de interés público" que, aun cuando pertenezcan a particulares (piénsese en una red privada de servicios de telecomunicaciones), están sujetas a un régimen especial derogatorio en razón de la especial importancia que les atribuye la comunidad que habitualmente se beneficia de ellos. En efecto, conforme el apartado 2 del artículo 42 de la Constitución, "la propiedad privada está reconocida y garantizada por la ley, la cual determina sus formas de adquisición y de goce, y los límites de la misma, con el fin de asegurar su función social y de hacerla accesible a todos".

De acuerdo con el Código Civil, la tipología de bienes pertenecientes a la Administración está compuesta de bienes dominiales (C. C., arts. 822-825), y bienes patrimoniales como categoría residual; los patrimoniales se diferencian en bienes adscritos a un uso o servicio público ("*beni indisponibili*" de acuerdo con el C. C., art. 826) y patrimoniales no adscritos a ese uso o servicio público (*beni disponibili*)[26].

Por Administración aquí se entiende el conjunto de entidades públicas no económicas; en cambio, los bienes pertenecientes a las entidades públicas económicas y a las sociedades de capitales originadas de las privatizaciones necesitarían, por la complejidad del tema, de un trabajo aparte. En síntesis, respecto de los bienes transferidos a las sociedades de capitales se aplica un sustrato de derecho público que frecuentemente los vincula a los intereses públicos y los regula de manera similar a los bienes del demanio accidental[27].

Además de la ya aludida distinción entre bienes dominiales y patrimoniales, otra basilar clasificación atañe al tipo de uso a que los bienes públicos están sometidos. Como se ha aludido antes, su régimen especial se fundamenta en ser aptos para cumplir finalidades de interés público por medio de su uso.

Al respecto, no hay unanimidad terminológica entre los autores; simplificando un poco, se pueden diferenciar el uso general, el directo y el particular[28].

[24] M. S. Giannini, *I beni pubblici*, cit., pág. 11.

[25] S. Cassarino, *La destinazione dei beni degli enti pubblici*, Milano, Giuffrè, 1962, pág. 26.

[26] La tripartición remonta sus orígenes al Código Civil de 1865 y al Reglamento sobre administración del patrimonio y de contabilidad general del Estado de 1885.

[27] Cfr., *ex multis*, Consiglio di Stato, secc. IV, sent. 6923, de 14 diciembre 2002 (sobre la transformación del ente público económico Ferrovie dello Stato en sociedad de capitales); en contra, sobre los efectos de la anterior transformación de las Ferrovie dello Stato desde "Azienda pubblica" a "Ente público económico", y consiguiente aplicación del régimen privatista de la propiedad, cfr. Corte di cassazione, secc. un. civ., sent. 5116, de 10 mayo 1995.

[28] Conforme a la autorizada doctrina de A. M. Sandulli, *Beni pubblici*, cit., págs. 286-290.

Por "uso general"[29] se entiende el uso que, de acuerdo con el destino del bien, toda persona puede hacer sin necesidad de autorización: por ejemplo, el tránsito por la vía pública, que de antaño la Corte Constitucional[30] ha relacionado con la libre circulación en todo el territorio nacional garantizada por el artículo 16 de la Constitución.

El "uso directo" es reservado a la Administración típicamente cuando se evalúa que el bien es indefectible al cumplimiento de sus finalidades institucionales: por ejemplo, los bienes destinados a la defensa nacional.

El uso es "particular" cuando está subordinado a una medida administrativa, en forma de autorización o de concesión. La medida en cuestión, tal vez, puede legitimar un uso excepcional del bien, esto es, no conforme al uso "normal" previsto por la ley: por ejemplo, una concesión para la derivación de agua pública destinada a fines de riego.

De lo anterior deriva que la *ratio* de la publicidad de los bienes, esto es la justificación de su importancia en el orden social de las relaciones jurídicas y de los intereses, se proyecta directamente en el uso de los bienes, más que en su régimen de propiedad.

Las cosas se complican porque las clasificaciones se solapan y entrelazan: hay bienes demaniales naturales y artificiales, patrimoniales naturales y artificiales; bienes destinados al uso público y otros destinados a la acción administrativa relacionada con la producción de bienes y servicios.

Por lo tanto, lo que parece incontrovertible es que los bienes públicos en el derecho italiano se cualifican "por ser *quoad usum*, más que *quoad proprietatem*"[31].

2. Los bienes demaniales y su régimen legal

Los bienes dominiales son bienes inmuebles o universalidades de muebles que *pertenecen* al Estado o a otro ente público territorial (regiones, provincias, ciudades metropolitanas[32], municipios y consorcios de municipios)[33]. Puede

[29] Por razones de espacio no podemos extendernos más sobre otras clasificaciones; cfr. al respecto V. Caputi Jambrenghi, *Beni pubblici*, cit., págs. 7-9.

[30] Corte costituzionale, sent. 12, de 12 marzo 1965.

[31] V. Caputi Jambrenghi, *Beni pubblici*, cit., pág. 8. En tal sentido, M. Renna esclarece cómo el problema del destino de los bienes públicos se agudiza en consecuencia del proceso de privatización de los entes públicos (*La regolazione amministrativa dei beni a destinazione pubblica*, cit.).

[32] Cfr., por ejemplo, el art. 2 del Reglamento sobre enajenación y adquisición del patrimonio inmobiliario de la Ciudad Metropolitana de Génova.

[33] Conforme a la formulación introducida con la revisión de 2001, el art. 119, último apartado de la Constitución dispone: "Los municipios, las provincias, las ciudades y las regiones tendrán su propio patrimonio".

tratarse de demanio natural (bienes que por sus características naturales se encuentran afectos a uso dominial) o artificial (bienes producidos por el hombre)[34]; sea lo que fuere, en ambos casos se necesitan criterios identificativos de la dominialidad, así como de la eventual desafectación de las *res* al uso público, que puede ser causada por varios factores (piénsese, por ejemplo, en una carretera que ha caído en desuso, en un rio que haya abandonado su cauce, etc.).

A) *El demanio necesario*

El primer apartado del artículo 822 del Código Civil identifica el "demanio necesario" como un conjunto de bienes enumerados por la ley en razón de "su intrínseca naturaleza"[35]. Conforme el Código Civil, "[p]ertenecen al Estado e integran la dominialidad pública las costas marítimas [*lido del mare*][36], la playa, las radas y los puertos (demanio marítimo, regulado por el Código de la Navegación[37]); los ríos, arroyos y lagos y las otras aguas cualificadas como públicas por la ley (demanio hídrico); las instalaciones destinadas a la defensa nacional (demanio militar). Los bienes apenas mencionados, entonces, obligatoriamente pertenecen al Estado, salvo que la ley disponga diversamente a favor de otro ente territorial (por ejemplo, los puertos lacustres pertenecen al demanio regional[38]).

La categoría se amplía con bienes similares detallados en la legislación especial.

a) *Demanio marítimo*. A la lista del artículo 822 del Código Civil se añade la del artículo 28 del Código de la Navegación según el cual integran el demanio marítimo "el *lido*, la playa, los puertos y las radas; las lagunas, las desembocaduras de los ríos que convergen en el mar, las cuencas de salmuera o agua salobre que al menos durante parte del año se comunican libremente con el mar; los canales utilizables para uso público marítimo". Cabe destacar que con el "demanio marítimo" el legislador empieza su obra de enumeración

[34] Por ende, se puede aquí tomar nota de unas diferencias de significado con los conceptos de "demanio natural" y "demanio artificial" referidos en el *Diccionario panhispánico del español Jurídico* (www.dpej.rae.es).

[35] Corte di cassazione, secc. un. civ., sent. 3665, de 14 de febrero 2011.

[36] Por "lido del mare" se entiende aquella parte de costa en contacto directo con las aguas del mar, de las que normalmente queda cubierta por las marejadas ordinarias, de modo que es imposible cualquier otro uso que no sea el marítimo.

[37] Real decr. 30 marzo 1942, núm. 327: en su art. 28, el Código de la Navegación establece que "[f]orman parte del demanio marítimo: a) el "lido", la playa, los puertos, las bahías; b) las lagunas, las desembocaduras de los ríos que desaguan en el mar, las cuencas de agua salada o salobre que, al menos durante parte del año, se comunican libremente con el mar; c) los canales utilizables para uso público marítimo".

[38] Ley 281 de 16 mayo 1970, art. 11.

del "demanio estatal exclusivo" en razón de reconocer en los bienes comprendidos en ello un elevado nivel de intensidad de intereses públicos que se debe proteger. En consideración también a la morfología peninsular del Estado italiano, bien se dijo que evidentemente el demanio marítimo es "el perímetro del Estado, cuasi la envoltura de su unidad en *rerum natura*", lo que hace patente la noción de demanio como "sistema complejo y continuo en el cual cada bien dominial encuentra ubicación juntamente con otros bienes de la misma naturaleza"[39]. Las listas proporcionadas en los dos códigos (C. C. y Cód. Nav.) no se consideran exhaustivas y la jurisprudencia ha ido definiendo unos criterios alternativos para integrar en la dominialidad marítima bienes no enumerados en los artículos que aquí se comentan: que el área cuestionada normalmente se inunde durante las marejadas ordinarias; que el área estuvo sumergida en la antigüedad y sea actualmente utilizable para el uso público del mar; que en todo caso el bien se destine necesariamente a usos relacionados con la navegación, la pesca (incluida la pesca en tierra) o el baño[40]. Antigua cuestión es la de dominicalidad del mar territorial, ni siquiera mencionado en los artículos que hemos citado. La doctrina más compartida[41] considera el mar territorial una *res communis omnium* sobre la cual el Estado ejerce su soberanía, de manera que, aunque el ordenamiento jurídico regule un complejo sistema de concesiones administrativas, por un lado se garantice la utilización por la comunidad sin "reservas de actividad a favor de unos particulares"[42] y, por otro, el Estado preserve su potestad de imperio[43] y capacidad de excluir derechos ajenos.

b) *Demanio hídrico*. Se compone de ríos, arroyos, lagos, aguas superficiales y subterráneas (art. 144 del decr. leg. 152 de 2006, *Código del Ambiente*); glaciares y tierras abandonadas por corrientes de agua (C. C., art. 942); cauces abandonados de los ríos (C. C., art. 946); islas que se forman en el lecho de ríos y arroyos (C. C., art. 945). Tres acotaciones deben hacerse a propósito de los recursos hídricos: el artículo 144 del Código ha solucionado la antigua cuestión de la dominialidad de las aguas subterráneas al establecer que "todas aguas superficiales y subterráneas, aunque no extraídas del subsuelo, pertenecen al demanio del Estado"[44]; la legislación nacional, que en buena parte ha sido tramitada en consonancia con la legislación europea, ha tomado conciencia del problema de la escasez del agua, y por ello ha ampliado el ámbito de regulación del derecho público con relación a la titularidad de los recursos y a

[39] V. CAPUTI JAMBRENGHI, *Beni pubblici*, cit., pág. 15.

[40] Corte di cassazione, secc. III civ., sent. 10304, de 28 de mayo de 2004.

[41] V. CAPUTI JAMBRENGHI, *Beni pubblici*, cit., págs. 16-17.

[42] Cfr. M. S. GIANNINI, *I beni pubblici*, cit., pág. 39.

[43] Cfr. A. M. SANDULLI, *Beni pubblici*, cit., pág. 282.

[44] Referencias a tal controvertida cuestión en V. CAPUTI JAMBRENGHI, *Beni pubblici*, cit., pág. 17.

los usos públicos de las aguas (uso potable, riego agrícola, piscicultura, etc.); la jurisprudencia ha ido extendiendo el área de dominialidad en materia de recursos hídricos[45].

c) *Demanio militar.* De acuerdo con el artículo 822, apartado 1, pertenecen al demanio militar (necesario) del Estado las obras destinadas a la defensa nacional. La formulación del artículo 822 ha solucionado el antiguo problema de fundamentar una interpretación amplia de los bienes del demanio militar que suscitaba el artículo 427 del Código Civil de 1865, que expresamente hacía referencia solamente a unos bienes; en cambio, la formulación vigente[46] permite una interpretación bastante amplia y esclarece que en todo caso trátase de demanio artificial ("obras"). Las obras destinadas a la defensa nacional se identifican con base en su destino efectivo e inequívoco, por lo que ellas "abarcan no solo las destinadas a la defensa del país en estado de guerra, sino en general todas aquellas necesarias para satisfacer la seguridad exterior e interna (como, por ejemplo, los cuarteles de la policía) del Estado"[47], aun cuando no sean realizados por la administración militar, y hasta cuando intervenga la desafectación de destino en la defensa nacional. Los bienes del demanio militar pueden ser objeto de uso público cuando este no entre en conflicto con el interés de la defensa nacional. Piénsese, por ejemplo, en las carreteras y aeródromos militares: con respecto a las carreteras militares, el uso público y no reservado a las fuerzas armadas se considera regla general[48]; los aeródromos militares pueden utilizarse por el tráfico aéreo civil cuando es autorizado por el Ministerio de la Defensa.

B) *El demanio accidental*

Cuando pertenezcan al Estado o a otro ente territorial, integran el "demanio accidental" las carreteras, autopistas y vías férreas; los aeródromos; los

[45] Véase la jurisprudencia mencionada por P. Centofanti, V. Natali, C. Zambelli, *Demanio e patrimonio*, cit., págs. 113 y ss.

[46] El art. 233 del decr. leg. 66 de 2010 (*Código del Ordenamiento Militar*) menciona una larga tipología de obras destinadas a la defensa nacional: bases navales, cuarteles, fábricas y arsenales, redes, depósitos de combustibles y lubricantes, depósitos de municiones y sistemas de armas, actividades financiadas con fondos de la OTAN y por usuarios aliados en el territorio nacional, etc.

[47] Cfr. Tribunal Administrativo Regional (T.A.R.) Lazio, secc. I, sent. 1484, de 15 octubre 1993, en *Foro amministrativo*, 1994, 632; igualmente, los cuarteles de los Carabinieri (T.A.R. L'Aquila, sent. 819, de 5 julio 2004); los edificios destinados al alojamiento del personal de las Capitanías de Puerto para el alojamiento del personal encargado de actividad de seguridad y defensa nacional (Consiglio di Stato, secc. VI, sent. 18543, de abril de 2022), etc.

[48] "[L]a pertenencia al demanio militar de una carretera no impide el uso público, sino que, antes bien y salvo medidas excepcionales, este es carácter funcional del primero" (Corte di cassazione, secc. II civ., sent. 4630, de 16 de octubre de 1978).

acueductos; los edificios reconocidos como de interés histórico, arqueológico y artístico de acuerdo con las leyes pertinentes; las colecciones de museos, galerías de arte, archivos, bibliotecas[49] y, finalmente, los demás bienes que están sujetos por ley al régimen propio del dominio público. Por ende, estas tipologías muy heterogéneas de bienes por supuesto pueden pertenecer a particulares; integran el demanio accidental solo cuando pertenezcan al Estado o a otro ente territorial. Si se trata de bienes privados, de todo modo hay regímenes jurídicos de limitación de la propiedad privada de intensidad variable.

Como se verá más adelante, cuando concluyó la organización regional del Estado, al comienzo de los años setenta del siglo pasado, se dispuso por ley la creación de un demanio regional[50]. Cuando pertenezcan a los municipios (puede también tratarse de bienes privados), los cementerios y mercados municipales integran el "demanio especifico" municipal (C. C., art. 824, ap. 2) que tiene su razón de ser histórica en la importancia de la función social desarrollada por tales bienes a favor de la comunidad territorial[51].

Con respecto al demanio cultural, la Corte de Casación ha establecido que el bien de titularidad privada que, por sus características intrínsecas, tenga interés artístico, histórico y arqueológico, se incluye entre los bienes culturales si es objeto de una disposición administrativa de declaración que acredite el especial interés subyacente; es también necesario que la disposición administrativa se notifique a los interesados y que a la medida administrativa se confiera publicidad registral en la forma de la *trascrizione* (C. C., arts. 2643 y ss.). En cambio, para establecer la titularidad pública sobre un bien basta que exista interés histórico, artístico o arqueológico, independientemente de que haya sido o no objeto de declaración[52].

A los fines de la protección, los bienes dominiales gozan de inalienabilidad, imprescriptibilidad e inembargabilidad: a) *ex* artículo 823 del Código Civil, son

[49] Claros ejemplos de universalidad de muebles.

[50] Ley 16 mayo 1970, art. 11, núm. 281: en particular, el ap. 1, establece que "[l]os bienes señalados en el segundo párrafo del artículo 822 del Código Civil, si pertenecen a las Regiones, por adquisición a cualquier título, constituyen bienes del demanio regional y están sujetos al régimen previsto por el mismo Código para los bienes públicos"; sobre el demanio regional ver *infra*, párr. 2.C.

[51] Cfr. G. Zanobini, *Corso di diritto amministrativo*, IV, Milano, Giuffrè, 1948, págs. 98 y ss., y A. M. Sandulli, *Manuale di diritto amministrativo*, II, cit., 765; ver también A. Jannarelli, F. Macario, *Della proprietà. Art. 810-868* [en E. Gabrielli (dir.), *Commentario del codice civile*], Torino, UTET, 2012, pág. 172.

[52] Corte di cassazione, sec. II civ., sent. 25690, de 15 octubre 2018: en este caso la Corte ha desestimado la solicitud de usucapión por un particular ya que el bien pertenecía al dominio público por su intrínseca relevancia arqueológica, lo que determinaba la irrelevancia de la fecha de adopción de la medida administrativa que puso la restricción al bien para protegerlo.

inalienables, hasta que se lleve a cabo la necesaria "desclasificación"[53] a bienes patrimoniales disponibles, a falta de la cual haría cualquier acto de venta nulo y sin efecto; b) no pueden ser objeto de prescripción adquisitiva, salvo que se demuestre que ellos hayan perdido su destino; c) no pueden ser objeto de ejecución civil "hasta que se conserve su destino a un servicio público u a otra actividad destinada al desempeño de una función de la Administración"[54]; d) no pueden ser objeto de expropiación forzosa por razones de pública utilidad, en consideración de que la ley ya ha determinado el tipo de interés público al cual quedan destinados.

C) *El demanio regional*

El Estado italiano está organizado en forma regional asimétrica. Se han creado cinco regiones con estatuto especial (que tiene rango de ley constitucional) y quince con estatuto ordinario (que tiene rango de ley ordinaria); desde el origen de la vida republicana se procuró dotar a las primeras de un mayor nivel de autonomía legislativa y administrativa.

Mientras que las regiones especiales casi todas fueron inmediatamente operativas al momento de la entrada en vigor de la Constitución, las que tienen estatuto ordinario se crearon efectivamente solo al comienzo de los años setenta. Posteriormente, la reforma constitucional de 2001 ha incrementado enormemente el nivel de autonomía de las regiones ordinarias, y al mismo tiempo ha concedido a las especiales mayor autonomía, que no se les había otorgado al momento de la adopción de sus estatutos.

Antes de ser reformulado en 2001, en su enunciado original el artículo 119[55] de la Constitución establecía para las regiones ordinarias un demanio regional; en cambio, así siguen hoy disponiendo los estatutos especiales.

El Estatuto de la Región Siciliana establece que se atribuyen al demanio de la región los bienes dominiales del Estado, incluidas las aguas públicas existentes en la región, con excepción de los bienes que afecten a la defensa del Estado o a los servicios de carácter nacional[56].

[53] *Ex multis*, Corte di Cassazione, secc. II civ., sent. 19814, de 22 septiembre 2020.

[54] Corte di cassazione, secc. III civ., sent. 10284, de 5 mayo 2009; cfr. A. Trisciuoglio, J. A. Martínez Vela, *Observaciones sobre la pignorabilidad de los bienes públicos: derecho romano, derecho medieval, jurisprudencia actual (Italia y España)*, en *Revista General de Derecho Romano*, 2019, núm. 32, págs. 1 y ss.

[55] Art. 119, ap. 4, de la Constitución original [dedicado a las regiones ordinarias]: "La región tiene su propio demanio y patrimonio con arreglo a lo dispuesto por ley de la República"; en su formulación actual: "Los municipios, las provincias, las ciudades y las regiones tendrán su propio patrimonio, asignado conforme a los principios generales que se establezcan por ley del Estado".

[56] Real decr. leg. 15 de mayo de 1946, art. 32, núm. 455, convertido en Ley Constitucional 2, de 26 de febrero de 1948.

El Estatuto de Sardegna establece que la región, dentro de su territorio, sucede en los bienes y derechos patrimoniales del Estado de tipo inmueble y demanial, con exclusión del demanio marítimo y de los bienes y derechos relacionados con servicios estatales y monopolios fiscales[57].

El Estatuto del Valle d'Aosta establece que los bienes dominiales del Estado situados en el territorio de la región, salvo los que se refieran a la defensa del Estado o a servicios de carácter nacional, se transfieren al demanio regional[58]. El agua pública para riego y el agua potable también se transfieren al demanio regional[59].

El Estatuto del Friuli-Venezia Giulia[60] no funda un demanio regional; por lo tanto, igual que para las regiones ordinarias, su identificación se encuentra por completo en la legislación especial ordinaria.

El Estatuto del Trentino-Alto Adige establece que las carreteras, autopistas, vías férreas y acueductos que tengan un interés exclusivamente regional y que se determinan con las normas de actuación del mismo Estatuto constituyen el demanio regional[61].

Como quedó dicho, para la institución de las regiones ordinarias tuvimos que esperar a los años setenta. Con respecto al demanio regional ("ordinario"), su regulación general se encuentra en la ley 281 de 1970, cuyo artículo 11 establece que los bienes indicados en el segundo párrafo del artículo 822 del Código Civil, si pertenecen a las regiones para adquisición a cualquier título, constituyen el demanio regional; y que se transfieren a las regiones y forman parte del demanio regional los puertos lacustres y —si pertenecen al Estado— los acueductos de interés regional. La norma no es directamente aplicable a las regiones especiales.

D) *Normas europeas y nacionales en materia de concesiones administrativas*

En el sistema legal sobre bienes públicos, los derechos a favor de terceros solo pueden establecerse mediante un acto formal que lleva el nombre de "concesión". En efecto, la concesión de bienes públicos es un acto autoritativo unilateral, fuente de recíprocos derechos y obligaciones del ente concedente

[57] Ley Constitucional 3, art. 14, de 26 febrero 1948.

[58] Sobre el tema, con referencia a la transferencia de las funciones administrativas del Estado a la Región, véanse Corte costituzionale, sent. 383, de 10 octubre 1991.

[59] Ley Constitucional 4, art. 5, de 26 febrero 1948.

[60] Ley Constitucional 1, arts. 55-56, de 31 enero 1963.

[61] Decreto del presidente de la República 670, art. 66, de 31 agosto 1972.

y del concesionario privado, en el marco de un negocio jurídico bilateral (así llamada *concessione-contratto*)[62].

La constitución de las concesiones administrativas no sigue un proceso administrativo idéntico; hay un evidente nivel de variabilidad debido al tipo de Administración concedente y a la naturaleza y uso del bien objeto de concesión. A título de mero ejemplo, piénsese en que las concesiones dominiales para el uso de los espacios públicos con finalidad de comercio se otorgan por los organismos públicos titulares de los espacios, mientras que el uso de los espacios portuarios se concede por un ente institucional competente, la "Autorità di sistema portuale"[63], cuya tarea institucional específica es la gestión y organización de bienes y servicios en el respectivo perímetro portuario,

No existe una predeterminación uniforme de la duración de las concesiones administrativas; sin embargo, el asunto continúa siendo muy controvertido y ocupa el centro de la agenda política. Lo anterior ha determinado inestabilidad normativa: por ejemplo, para las concesiones dominiales con fines de turismo recreativo inicialmente se estableció un plazo de cuatro años[64]; luego se prolongó la duración, incluso con un mecanismo de renovación automático[65]; al final, la norma en cuestión ha sido derogada[66] por conflicto con la Directiva europea CE/123/2006[67] (conocida como *Bolkestein*), cuyos principios anhelan la eliminación de todos los obstáculos a la libertad de establecimiento de proveedores de servicios en los Estados miembros y a la libre circulación de servicios entre los Estados.

Desde 2010 en adelante, tanto el legislador nacional como el regional[68] han actuado en varias ocasiones para ampliar el plazo de las concesiones dominiales, a pesar de que la Corte Constitucional siempre se ha manifestado en contra de este tipo de solución por estar en conflicto con los principios europeos y con los constitucionales[69].

[62] Ex *multis* T.A.R. Liguria, secc. I, sent. 170, de 5 marzo 2021; T.A.R. Friuli-Venezia Giulia, sent. 400, de 15 julio 2013.

[63] Ley 84, art. 6, de 28 enero 1994, de reforma de la legislación portuaria.

[64] Decr. ley 400, de 5 octubre 1993, convertido en ley 494, de 4 diciembre 1993.

[65] Ley 88, art. 10, de 16 marzo 2001; art. 1, ap. 253. Ley 296, de 27 diciembre 2006.

[66] Decreto ley 194, de 30 diciembre 2009, convertido en ley 25, de 26 febrero 2010.

[67] Directiva 2006/123/CE del Parlamento Europeo y del Consejo, de 12 diciembre 2006, relativa a los servicios en el mercado interior.

[68] Por ejemplo, art. 5 Ley Regional de Veneto 13, de 16 febrero 2010; art. 4, inc. 1. Ley Regional Marche 7, de 11 febrero 2010.

[69] Corte costituzionale, sent. 180, de 12 mayo 2010.

E) *Tutela judicial y autotutela administrativa de los bienes demaniales*

La tutela judicial de los bienes dominiales se encomienda tanto al juez ordinario como al administrativo, en función del asunto objeto de la acción judicial.

En materia de bienes dominiales en concesión exclusiva a particulares, el juez ordinario es competente para cualquier controversia relativa a las obligaciones derivadas de relaciones de derecho privado, tal como, por ejemplo, la cuantificación del canon de concesión cuando quede por fuera del acto de concesión, pues se trata de cuestión meramente patrimonial; en cambio, cuando la acción judicial tenga por objeto el procedimiento de concesión y su acto conclusivo, a los fines del control del poder público la competencia corresponderá exclusivamente a la jurisdicción administrativa.

Cabe destacar la presencia en el sistema judicial italiano de una magistratura especial compuesta por los "Tribunali regionali delle acque pubbliche" y el "Tribunale Superiore delle Acque Pubbliche"[70], cuya razón de ser se explica por la complejidad técnica de la materia de aguas y su reglamentación (de las cuales ya había conciencia en la antigua Roma republicana[71]). Se trata de un complejo jurisdiccional *sui generis*, articulado con dos grados de jurisdicción de mérito en materia de derechos subjetivos y un solo grado de legitimidad en materia de intereses legítimos; el Tribunale Superiore ahora actúa como juez de apelación, y en grado único, y además con composición variable (respectivamente, con tres consejeros de Casación y un consejero de Estado y con tres consejeros de Casación y tres de Estado); en todo caso el órgano es integrado con un experto externo al orden judicial[72].

Como sucede en otros sectores del derecho administrativo italiano, no es fácil compendiar en pocas líneas la división de la jurisdicción entre juez ordinario, administrativo y especial. En primer lugar, la ley establece que los jueces del agua tienen competencia tanto en caso de acciones para tutelar derechos subjetivos, como intereses legítimos[73]; en segundo lugar, ellos se ocupan de: a) disputas sobre la dominialidad de las aguas; b) disputas sobre los límites de cursos o cuencas, su cauce y riberas; c) disputas sobre cualquier derecho relacionado con la derivación y uso de agua pública; d) los recursos

[70] Véanse art. 143, real decr. 1775, de 11 diciembre 1933 (texto refundido de las leyes de aguas y sistemas eléctricos).

[71] M. S. Giannini recordaba que fue precisamente de la necesidad de regular los usos del agua como se originaron los mayores sistemas jurídicos de la antigüedad (*Il pubblico potere: Stati e amministrazioni pubbliche*, Bologna, Il Mulino, 1986, pág. 27).

[72] Cfr. F. De Stefano, *Il ruolo dei Tribunali delle Acque pubbliche nella prospettiva sociale e giuridica della riforma del regime delle acque*, en www.giustiziainsieme.it, 2019.

[73] R. D. 1775 de 1933, art. 140.

por incompetencia, exceso de poder y violación de ley contra las medidas definitivas adoptadas por la Administración en materia de aguas públicas.

Todo lo anterior no excluye la jurisdicción del juez administrativo (Tribunali Administrativi Regionali, Consiglio di Stato) que resulta competente, por ejemplo, en caso de actos administrativos instrumentales para la adopción de la medida administrativa en materia de aguas públicas o para la protección del bien (por ejemplo, medidas urbanísticas que resulten instrumentales para la protección del demanio hídrico)[74]; ni tampoco la jurisdicción del juez ordinario: por ejemplo, las controversias en que se discute si un terreno, situado cerca de la desembocadura de un curso de agua, perteneciente al demanio estatal fluvial o marítimo, es susceptible de prescripción adquisitiva como consecuencia de una desdominilización tácita a falta de una medida administrativa[75].

Según dispone el artículo 823, apartado 2 del Código Civil, corresponde a la autoridad administrativa la protección de los bienes que forman parte del dominio público. Como alternativa a las acciones judiciales ordinarias, la Administración está por lo tanto autorizada a adoptar medidas de autotutela para la protección de los bienes dominiales y patrimoniales indisponibles[76]. Cabe subrayar, todavía, que tal vez la Administración que detiene el poder de actuar en autotutela no coincide con la Administración que tiene la responsabilidad de conservación del bien (por ejemplo, carreteras y autopistas son construidas y gestionadas por ANAS s.p.a., mientras que los poderes de actuar en autotutela corresponden al Ministerio de Infraestructuras o al Ministerio de Interior).

3. Los bienes patrimoniales del Estado, regiones y entes locales

Por bienes patrimoniales se entenderán el conjunto de los bienes no dominiales pertenecientes al Estado, entes territoriales u otros entes públicos (por ejemplo, los entes de seguridad social).

El artículo 826 del Código Civil individualiza los bienes patrimoniales indisponibles: los bosques que de acuerdo con las leyes de la materia constituyen el patrimonio estatal forestal del Estado; las minas, canteras y turberas, cuando se sustrae su disponibilidad al propietario del terreno, y las cosas de interés histórico y arqueológico, prehistórico, paleontológico y artístico, por cualquiera y de cualquier forma halladas en el subsuelo[77]; los bienes que constituyen la dotación de la Presidencia de la República; los cuarteles, el

[74] *Ex multis*, Corte di cassazione, secc. un. civ., sent. 2710, de 5 febrero 2020; cfr. P. Centofanti, V. Natali, C. Zambelli, *Demanio e patrimonio*, cit., págs. 419-423.

[75] Corte di cassazione, secc. II civ., sent. 17438, de 6 diciembre 2002.

[76] *Ex multis*, Corte di cassazione, secc. un. civ., 68526, de mayo 2003.

[77] *Ex multis*, Corte di cassazione, secc. II civ., sent. 10303, de 26 abril 2017.

armamento, las aeronaves militares y los buques de guerra. El Código de los bienes culturales y del paisaje dispone que los bienes culturales, individualizados en su artículo 10, encontrados por cualquiera y de cualquier forma bajo tierra o en los fondos marinos, pertenecen al Estado y, según sean inmuebles o muebles, forman parte del demanio estatal o del patrimonio indisponible[78].

La fauna italiana es patrimonio indisponible del Estado y se protege en interés de la comunidad nacional[79].

Los edificios destinados a oficinas públicas, con su mobiliario y los demás bienes destinados a servicios públicos, forman parte de los bienes indisponibles del Estado o, respectivamente, de provincias y municipios, según su pertenencia[80].

El reglamento de contabilidad pública establece que "se consideran indisponibles aquellos bienes que, por su destino a un servicio público o gubernamental o por disposiciones legales, no pueden ser enajenados o sustraídos al patrimonio del Estado. Los demás bienes se clasifican entre los disponibles"[81].

Con respecto a los bienes destinados al desempeño de un servicio público, la Corte de Casación ha establecido que se cualifican como patrimoniales indisponibles cuando se cumplen dos condiciones: un acto administrativo que acredite la efectiva voluntad de destinación al servicio público; la efectiva y actual destinación al servicio[82].

La legislación de los años setenta[83] del siglo pasado, al completar la forma regional del Estado, ha transferido a las regiones con estatuto ordinario los bosques demaniales, minas y turberas; igualmente, pertenecen al patrimonio regional los edificios públicos regionales y su mobiliario, y otros bienes destinados al desempeño de funciones regionales.

En su nueva formulación de 2001, el artículo 119, apartado 5, de la Constitución establece que municipios, provincias, ciudades y regiones tendrán su propio patrimonio asignado conforme a los principios generales que se establezcan por ley del Estado.

Otra regulación, orientada a una mayor consistencia del patrimonio, se encuentra para las cinco regiones con estatuto especial, aunque con algunas asimetrías entre ellas que se fundamentan en el rango constitucional de estos estatutos.

[78] Decr. leg. 42, art. 90, de 22 enero 2004.

[79] Ley 968, art. 1, de 27 diciembre 1977.

[80] C. C., art. 826, ap. 3.

[81] Real decr. 827, art. 9, de 23 mayo 1924, "Reglamento para la administración del patrimonio y para la contabilidad general del Estado".

[82] Corte di cassazione, secc. un. civ., sent. 4330, de 25 febrero 2014, y secc. un. civ., sent. 6019, de 25 marzo 2016.

[83] Ley 281 de 1970; decreto del presidente de la República 616, de 24 julio 1977.

El Estatuto de la Región Siciliana establece que se atribuyen al patrimonio de la región los bienes patrimoniales del Estado ubicados en el territorio de la región; que forman parte del patrimonio indisponible de la región los bosques, que conforme a las leyes sobre la materia constituyen el demanio forestal del Estado en la región; minas, canteras y turberas, cuando se prive de la disponibilidad al propietario del predio; cosas de interés histórico, arqueológico, paleontológico y artístico, por cualquiera y que de cualquier forma se encuentren en el subsuelo regional; los edificios destinados a la sede de oficinas públicas de la región con su mobiliario; los demás bienes destinados a servicios públicos regionales[84].

El Estatuto de Sardegna establece que la región, dentro de su territorio, sucede en los bienes y derechos patrimoniales del Estado de tipo inmueble y demanial, con exclusión del demanio marítimo. Los bienes y derechos relacionados con servicios estatales y los monopolios fiscales quedan en el patrimonio del Estado, mientras subsista esta condición. Los inmuebles situados en la región, que no sean de propiedad de nadie, pertenecen a la región[85].

El Estatuto de Valle d'Aosta establece que los activos inmobiliarios del Estado ubicados en la región se transfieren a los activos de esta. Forman parte del patrimonio indisponible de la región: los bosques que, de acuerdo con las leyes vigentes, pertenecen al Estado; las canteras, cuando se prive de la disponibilidad al propietario del predio; edificios destinados a la sede de oficinas públicas de la región y otros bienes destinados a un servicio público regional; las minas existentes en su territorio se entregan en concesión gratuita a la región por noventa y nueve años. La concesión podrá renovarse[86].

El Estatuto de Friuli-Venezia Giulia establece que se transfieren a la Región y pasan a formar parte de los activos no disponibles los bosques, minas y aguas minerales y termales, canteras y turberas, cuando se le prive al propietario del predio la disponibilidad; además, se han transferido a la Región los bienes inmuebles del Estado que se encontraban en el territorio al momento de la entrada en vigor del Estatuto[87].

El Estatuto de Trentino-Alto Adige establece que constituyen patrimonio indisponible de la región los bosques del Estado en el territorio regional, las minas, canteras y turberas, cuando la disponibilidad se le prive al propietario del fondo, los edificios destinados a oficinas públicas regionales con su mobiliario, y los otros bienes destinados a un servicio público regional; los activos

[84] Real decr. leg. 455, art. 33, de 15 mayo 1946, convertido en Ley Constitucional 2, de 26 febrero 1948.

[85] Ley Constitucional 3, art. 14, de 26 febrero 1948.

[86] Ley Constitucional 4, arts. 6 y 11, de 26 febrero 1948.

[87] Ley Constitucional 1, arts. 55-56, de 31 enero 1963.

inmobiliarios del Estado ubicados en la región se transfieren al patrimonio de la región. Los inmuebles situados en la región, que no sean de propiedad de nadie, pertenecen a la región[88].

En relación con las provincias y los municipios, la jurisprudencia ha aclarado que con respecto a los bienes comprados y destinados a servicios públicos lo que importa para la incorporación en el patrimonio indisponible es la efectiva destinación al uso previsto, no siendo suficiente un mero acto administrativo de destinación[89].

Los bienes patrimoniales indisponibles pueden entregarse en uso a los privados solo en régimen de concesión[90].

Los bienes patrimoniales indisponibles no pueden sustraerse de su destino sino en las formas establecidas por las leyes (C. C., art. 828). Igual que para el caso de los bienes dominiales, su protección se realiza mediante la inalienabilidad, imprescriptibilidad e inembargabilidad; cabe destacar que la jurisprudencia ha determinado un progresivo acercamiento de las normas de protección de ambas categorías, lo que dificulta el entendimiento del fundamento de la diferenciación.

La inalienabilidad se considera relativa ya que los bienes son inalienables hasta que se lleve a cabo la necesaria "desclasificación"[91] a bienes patrimoniales disponibles, cuya falta haría cualquier acto de venta nulo y sin efecto. Sin embargo, mientras que la dominialidad representa una restricción real a la circulación de los bienes, salvo que la ley disponga diferentemente, un bien clasificado como patrimonial indisponible puede circular de un ente público a otro siempre que se mantenga el destino a la función o servicio público[92], que "actúa como límite de la causa del negocio jurídico"[93].

Los bienes no cualificados como bienes dominiales o patrimoniales indisponibles identifican el patrimonio disponible del Estado o de otros entes públicos (incluso los entes públicos no territoriales). La función de esta categoría de bienes es prevalentemente de tipo económico ya que se consideran recursos útiles al desempeño de la actividad de la Administración.

A estos bienes se aplica la normativa de derecho civil para los bienes de los privados (C. C., arts. 826, ap. 1, 828 ap. 1, y 830 ap. 1): a) su eventual cesión o transferencia del uso a privados se pueden llevar a cabo mediante

[88] Decreto del presidente de la República 670, art. 67, de 31 agosto 1972.

[89] *Ex multis*, Corte di cassazione, secc. un. civ., sent. 6019, de 25 marzo 2016.

[90] Corte di cassazione, secc. un. civ., sent. 6950, de 23 junio 1993.

[91] *Ex multis*, Corte di Cassazione, secc. II civ., sent. 19814, de 22 septiembre 2020.

[92] V. Caputi Jambrenghi, *Beni pubblici*, cit., pág. 11.

[93] E. Cannada Bartoli, "*In tema di inalienabilità dei beni patrimoniali indisponibili*", en *Rivista trimestrale di diritto pubblico*, 1953, págs. 815 y ss.

contratos de derecho privado (venta, arrendamiento/alquiler, préstamo de uso)[94] y no en forma de concesión administrativa; b) en todo caso, la ley prescribe transparencia y publicidad en la selección del privado[95]; c) pueden ser objeto de prescripción adquisitiva y ejecución civil; d) aquí también se presenta un problema de jurisdicción: en la mayoría de los casos, es competente el juez ordinario (por ejemplo, la determinación del valor de la renta es una cuestión "de derecho privado"[96]); cuando por ejemplo se trate de la elección del contratante mediante renovación del contrato de arrendamiento, análogamente a la renovación de una concesión administrativa la ley impone procedimientos de licitación pública, con jurisdicción del juez administrativo y de la Corte de Cuentas[97].

La desclasificación de un bien indisponible como disponible, en caso de que la ley no lo haya ni previsto ni prohibido, puede producirse por acto administrativo o de hecho, cuando la Administración utilice el bien de manera incompatible con el destino a la función pública o al servicio público[98].

Finalmente, la Corte Constitucional ha establecido que es legítimo trasladar bienes del patrimonio regional disponible al patrimonio municipal a condición de que los bienes conferidos resulten destinados para el desempeño de funciones y servicios municipales, esto porque "es el destino precedentemente establecido para esos bienes que determina el régimen jurídico a que se sujetan"; en el caso de desuso o de uso diferente del bien por los entes locales es legítima la norma que impone la retrocesión del bien a la Región, sin violación alguna del principio de tipicidad del instituto de la propiedad, y sin que todo ello configure una expropiación sin indemnización[99].

Lo anterior corrobora la idea de que sobre los bienes públicos sí pueden concretarse relaciones jurídicas de derecho privado[100]; sin embargo, la ley puede preservar un substrato de derecho público en consideración del destino del bien a la satisfacción de un interés público.

[94] Corte di cassazione, secc. un. civ., sent. 6019, de 25 marzo 2016.

[95] Ver, por ejemplo, el art. 12, ap. 2 de la ley 127, de 15 mayo 1997; recientemente, T.A.R. Salerno (Campania), secc. II, sent. 1490, de 4 septiembre 2019, sobre la necesaria licitación para la venta de un bien municipal (una Asamblea Municipal había ilegítimamente desdemanializado, desclasificado y luego enajenado un terreno mediante negociación privada con los propietarios colindantes con el terreno en cuestión).

[96] Consiglio di Stato, secc. VI, sent. 6, de 7 enero 2014, y secc. VI, sent. 3924, de 19 julio 2013.

[97] Corte dei conti, secc. del control, de 12 octubre 1999, núm. 83.

[98] Consiglio di Stato, secc. V, sent. 6195, de 22 diciembre 2014, y secc. IV, sent. 72455, de novembre 2004.

[99] Corte costituzionale, sent. 462, de 26 octubre 1995.

[100] T. Galletto, *Demanio (negozio di diritto privato sul)*, en *Digesto delle discipline privatistiche, sezione civile. Aggiornamento*, 2011, págs. 309 y ss.

4. Deuda pública, privatizaciones, nuevos entes públicos y "federalismo demanial" en su impacto sobre la categoría de los bienes públicos

A) *La desdominilización*

Por "desdominilización" se entiende el procedimiento de desclasificación de un bien dominial en bien patrimonial indisponible. De conformidad con el artículo 829 del Código Civil, el decreto de desdominilización adoptado por la Administración tiene carácter declarativo[101]. Se habla en este caso de desdominilización expresa porque, a diferencia de los casos de desdominilización tácita o de actuación concluyente, se concreta en la adopción de una medida formal mediante la cual queda clara y cierta la voluntad de la Administración[102].

El acto de desdominilización se caracteriza por la amplia discrecionalidad reconocida a la Administración; sin embargo, el acto administrativo puede ser sometido a revisión judicial por manifiesta irracionalidad o por el carácter ilógico de la decisión[103].

Además de la desdominilización expresa, la jurisprudencia y la doctrina reconocen la desdemanialización tácita por pérdida del destino del bien para el uso público como consecuencia de la conducta unívoca de la Administración incompatible con la voluntad de conservar dicho uso. Se ha establecido inclusive que solo son conductas unívocas y concluyentes aquellas de las que se desprende con certeza la renuncia a la función pública del bien[104]: a estos efectos, una situación de mera inercia es del todo insuficiente[105]; también se ha establecido que tales conductas unívocas y concluyentes deben ser incompatibles con la voluntad de preservar el destino del bien para el uso público. Además, no constituyen elementos suficientes para probar de manera inequívoca el cese del destino de un inmueble para uso público, el desuso prolongado de un inmueble dominial por parte del ente público propietario y tampoco la tolerancia por este de una ocupación del bien por particulares, siendo necesario que de la inercia de la Administración no puedan deducirse otras hipótesis distintas a la de que la Administración definitivamente haya renunciado al uso público[106].

Conclusivamente, cabe señalar que la desdominilización tácita no es aplicable a todos los bienes dominiales: queda excluido todo el demanio marítimo,

[101] Corte di cassazione, secc. II civ., sent. 10817, de 11 mayo 2009.

[102] Consiglio di Stato, secc. V, sent. 6195, de 22 diciembre 2014.

[103] T.A.R. Bologna, secc. II, sent. 489, de 13 junio 2018.

[104] Consiglio di Stato, secc. V, sent. 1701, de 12 abril 2007; secc. IV, sent. 7245, de 5 noviembre 2004; secc. VI, sent. 6507, de 27 noviembre 2002.

[105] Corte di cassazione, secc. II civ., sent. 3742, de 19 febrero 2007.

[106] Consiglio di Stato, secc. V, sent. 6338, de 30 noviembre 2011.

de conformidad con el artículo 35 del Código de la navegación que requiere una medida expresa y formal de la autoridad administrativa[107]; igualmente, quedan excluidos del procedimiento de desdominilización tácita los bienes del demanio artificial[108].

B) *El "federalismo demanial"*

El "federalismo demanial" querría ser una concreta expresión del pretendido "federalismo fiscal"[109], que debe realizarse mediante la transferencia a las autoridades locales de bienes estatales a título gratuito, de conformidad con la norma constitucional que atribuye a regiones y entes locales su propio patrimonio. La transferencia de bienes estatales conlleva el deber del ente territorial beneficiario de asegurar la máxima mejora funcional; de no ser así, esto es, en caso de falta de adecuada valoración de los bienes transferidos, ellos vendrían encomendados a la *Agenzia del Demanio*[110] o a otra Administración encargada de la gestión.

Aclarada la atávica ineficiencia del Estado, el fin principal al que se dirige la normativa sería el de asegurar la máxima valorización económica de los bienes, asignándolos "a aquellos entes que, por libre elección, por capacidad económica, por adecuación, por nivel de competencias" podrían derivar mejor valor de ellos. Se trata, por tanto, de implicar a regiones y entes locales receptores de los bienes en la identificación del patrimonio público y en la garantía de las mejores condiciones para su uso y disfrute; todo esto, considerando la mayor proximidad de la Administración, propulsaría también la responsabilización de los entes territoriales frente a sus ciudadanos-electores. Valoración y eventual posterior enajenación[111], entonces, son las palabras claves de tal confuso plan de reforma.

Con respecto al régimen legal de los bienes transferidos, ellos pasan a formar parte del patrimonio disponible del ente al cual se transfieren. Pueden ser transferidos los bienes del demanio marítimo e hídrico, los aeropuertos de interés regional o local, las minas, los demás bienes inmuebles del Estado y los muebles conexos a ellos. Quedan excluidos los ríos, los lagos suprarregio-

[107] T.A.R. Lazio, secc. II, sent. 2372, de 19 marzo 2007; TAR Campania, Salerno, secc. II, sent. 1043, de 14 julio 2006.

[108] Corte di cassazione, secc. tributaria, sent. 18345, de 31 agosto 2007.

[109] Ver *supra*, nota 18.

[110] Ver *infra*, párr. 4.3.

[111] Cfr. S. Foà, *Il patrimonio immobiliare dello Stato e degli enti territoriali come strumento correttivo della finanza pubblica*, en *Giornale di diritto amministrativo*, núm. 4, 2004, págs. 366 y ss., y V. Caputi Jambrenghi, *Beni pubblici tra uso pubblico e interesse finanziario*, en A. Police (coord.), *I beni pubblici: tutela, valorizzazione e gestione*, Milano, Giuffrè, 2008, págs. 459 y ss.

nales, el demanio militar, los bienes culturales, la dotación de la Presidencia de la República y los bienes de los otros órganos constitucionales, los inmuebles destinados a uso institucional del Estado, los puertos y aeropuertos de relevancia económica nacional o internacional, las redes infraestructurales de interés estatal, los parques nacionales y reservas naturales estatales, y los demás bienes para los cuales la ley establezca el carácter de indisponibilidad. A las regiones se asignan los bienes del demanio marítimo e hídrico, salvo las minas y lagos, que se atribuyen a las provincias, las cuales también recibirán una cuota de los cañones de concesión del demanio hídrico.

Con respecto a la futura venta de los bienes transferidos, el principio determinado por la ley es algo parecido a una "alienabilidad condicional": los bienes transferidos a municipios, provincias, ciudades metropolitanas y regiones pueden ser enajenados solo previa certificación de la adecuación del valor del bien por la "Agenzia del Demanio".

Confusión normativa y falta de lógica, fragmentación y conflictos competenciales entre órganos y entre diversos niveles de gobierno, sumados a la notoria lentitud del legislador y del executivo, han determinado, al menos hoy en día, el fracaso del "federalismo demanial".

C) *La Agenzia del Demanio*

La Agenzia del Demanio[112] es un ente público económico encargado de la gestión, racionalización y valorización del patrimonio inmobiliario del Estado.

La Agencia administra una cartera de aproximadamente 42.000 activos por un valor de 61 mil millones de euros. La Agencia promueve la valorización del patrimonio público inmobiliario en concurso con los entes locales, identificando estrategias y herramientas innovadoras para activar operaciones de regeneración urbana e incentivar la rehabilitación de edificios públicos infrautilizados o abandonados. El objetivo es maximizar el valor de los activos asegurando su correcto uso y contribuir al desarrollo del tejido económico-productivo, social y cultural del país. Para reducir el gasto público, la Agencia también se ocupa de optimizar y racionalizar los espacios utilizados por las administraciones públicas, revalorizando el patrimonio también desde el punto de vista de la prevención del riesgo sísmico, de la eficiencia energética y de la reducción de los costes relacionados con la renta pagadera y los costes de gestión y mantenimiento.

A los fines de la recuperación de los bienes en desuso y del reajuste de la deuda pública, la Agencia ha puesto en marcha un programa extraordinario de desinversiones inmobiliarias tal y como exige la Ley de Presupuestos de 2019.

[112] La Agencia ha sido creada como Agencia de derecho público por el decr. leg. 300 de 30 julio 1999; luego fue transformada en ente público económico bajo la dirección del Ministerio de Economía y Finanzas por el decr. leg. 173 de 3 julio 2003.

Conforme a su Estatuto, la Agencia tiene como fines institucionales: a) definir la composición óptima de los bienes inmobiliarios del Estado, proteger su integridad y asegurar su correcto uso, incluso mediante adquisiciones, desinversiones y desdemanializaciones; b) asegurar el conocimiento completo y actualizado de sus características físicas y jurídicas; c) garantizar los más altos niveles de rentabilidad y definir y ejecutar, también en colaboración con las autoridades locales, las intervenciones encaminadas a su mejora; d) coordinar la planificación de sus usos y de mantenimiento de construcciones.

En su más reciente audición al Parlamento[113], la Agencia ha explicitado su estrategia de acción encaminada al fortalecimiento de las acciones de regeneración de todos los bienes estatales, de inversiones en eficiencia energética, de reducción del riesgo sísmico, de reducción del consumo de suelo, de inversiones en tecnología y digitalización.

D) *Investimenti Immobiliari Italiani s.p.a.*

Para cumplir con el objetivo de valorización, mejora de la gestión y enajenación de los bienes estatales, inicialmente se constituyó Patrimonio s.p.a., bajo control exclusivo del Ministerio de Economía y Finanzas[114].

La ley de creación preveía que a Patrimonio s.p.a. podían transferirse los derechos, totales o parciales, así de los bienes dominiales como de los patrimoniales. Sin embargo, la transferencia[115] de los activos no condujo a una privatización sustancial de los mismos ya que se preservaba el régimen jurídico de los artículos 823 y siguientes del Código Civil.

La valorización de los bienes se produce principalmente mediante el cambio de destino de los inmuebles, su reurbanización, la regularización urbanística y edificatoria, así como mediante la enajenación de los bienes a través de procedimientos de licitación pública, de conformidad al principio de competencia, o través de operaciones de titulización[116].

Con un decreto ley[117] sobre la valorización de los activos inmobiliarios se ha dispuesto la disolución y liquidación de Patrimonio s.p.a. y, contemporá-

[113] *Audizione dei rappresentanti dell'Agenzia del Demanio in merito all'Affare assegnato n. 808 (Impatto dei cambiamenti climatici sui beni culturali e sul paesaggio)*, en www.agenziademanio.it, 6 julio 2021.

[114] Decr. ley 63 de 15 abril 2002, convertido en ley 112 de 15 junio 2002.

[115] Art. 7, ap. 10, ley 112/2002.

[116] Decr. ley 25 de septiembre de 2001, núm. 351, convertido en ley 23 de noviembre de 2001, núm. 410.

[117] Art. 33, decr. ley 6 de julio de 2011, núm. 98, convertido en ley 15 de julio de 2011, núm. 111.

neamente, la constitución de Investimenti Immobiliari Italiani s.p.a. (INVIMIT SGR - Sociedad de gestión del ahorro). A la INVIMIT se le ha encargado la organización y gestión de fondos mutuos de inversión, con el propósito de reducir la deuda pública.

La actividad principal de INVIMIT se bifurca en dos macro-áreas: a) la constitución y gestión de los denominados "fondos de fondos", destinados a invertir en otros fondos inmobiliarios, promovidos o participados por regiones, provincias y municipios para el desarrollo y regeneración del patrimonio público local; b) la constitución y administración de "fondos de gestión directa", cuyo patrimonio se constituirá mediante aportes de patrimonio del Estado y de otros entes públicos para la valorización y gestión de bienes públicos no instrumentales que se enajenarán mediante la venta de bienes o de cuotas de los fondos a inversores profesionales.

5. Epílogo. Acotaciones sobre la necesidad de una renovación de la regulación de los bienes públicos

A) *Sobre la bifurcación de los bienes públicos en dominiales y patrimoniales*

La técnica clasificatoria de los bienes dominiales[118] y patrimoniales del Código Civil ha pecado de fragilidad e incertidumbre después de la entrada en vigor de la Constitución en 1948.

El desarrollo de categorías e institutos legales se ha realizado en buena parte por la jurisprudencia, que por lo general se ha ido enfrentando con cuestiones de estratificación normativa, de relación entre normas generales y especiales, de avance en la forma de Estado regional, desarrollo de la potestad legislativa de las regiones y fragmentación del demanio entre Estado y regiones. Como frecuentemente ocurre en otros sectores del derecho italiano, del sistema legal anterior a la República; como ejemplo contundente, en la cardinal sentencia de la Corte de Casación (núm. 3665/2011) nos damos cuenta de que, para resolver un asunto relacionado con la dominicalidad de una laguna en los alrededores de Venezia, los jueces del mérito debieron considerar también la condición dominial del bien bajo el Imperio Austrohúngaro en 1841. A fines de mayor protección de los bienes, la jurisprudencia progresivamente ha matizado las diferencias de régimen jurídico entre bienes demaniales y patrimoniales e interpretado extensivamente la tipificación del Código Civil con sus enumeraciones.

[118] No se olvide que la noción moderna de demanio remonta a la legislación de la Asamblea nacional francesa de 1790, luego incorporada en el Código napoleónico.

En la aludida sentencia 3665 de 2011, la Corte de Casación ha certificado patentemente el anacronismo de la clasificación del Código Civil, precisamente en razón del artículo 42 de la Constitución con el cual hemos empezado el presente trabajo: "La referencia al art. 42 de la Constitución [...] envuelve no solo la tesis propuesta (y no aceptable) de la necesidad de una medida administrativa para atribuir el carácter de dominialidad a un bien; más allá de la mera calificación por ley, plantea la necesidad [...] de revisar el sistema normativo vigente de manera interpretativa, con particular referencia a los datos constitucionales, a fin de identificar los criterios indispensables para atribuir el carácter de «no privado» a un bien inmueble".

El debate sobre la reforma del Código Civil en materia de bienes públicos determinó, en 2007, la designación por el Ministerio de Justicia de una Comisión de expertos, presidida por el prof. Stefano Rodotà, encargada de elaborar un esquema de proyecto de ley de reforma. En el ámbito político todo se paró por cuestiones de inestabilidad del Ejecutivo; el informe final de la Comisión en 2008, todavía, ha ahondado con gran profundidad todos los asuntos relacionados con los bienes públicos en su relación con un sistema administrativo considerablemente transformado[119]. Entre otras cosas, la Comisión ha investigado el tema de los bienes comunes, que político-legislativamente se ha quedado prácticamente en letra muerta. Unas implícitas referencias a los bienes comunes las hizo la Corte de Casación en la sentencia 3665: "Sin embargo, no es posible limitarse hoy para la identificación de los bienes públicos o dominiales al examen de la sola legislación del Código de 1942, ya que es esencial integrarlo con las diversas fuentes del ordenamiento jurídico, y específicamente con las (posteriores) disposiciones constitucionales. La Constitución, como es bien sabido, no contiene una definición expresa de los bienes públicos, ni su clasificación, sino que se limita a establecer algunas referencias que son, sin embargo, muy importantes para la definición del régimen positivo.

Sin embargo, de los artículos 2, 9 y 42 de la Constitución se deriva, por su directa aplicabilidad, también en el contexto del "paisaje", el principio de la protección de la persona humana y su correcto desarrollo en el contexto del Estado de bienestar, con referencia específica no solo a los bienes que por clasificación legislativa y del Código Civil constituyen el demanio y el patrimonio del Estado sino también respecto a aquellos bienes que, sin perjuicio de una previa identificación por el legislador, por su naturaleza intrínseca o finalidad, sobre la base de una interpretación completa de todo el sistema normativo, son funcionales a la búsqueda y satisfacción de los intereses de la comunidad".

[119] Cfr. U. Mattei, F. Reviglio, S. Rodotà (coord.), *Invertire la rotta Idee per una riforma della proprietà pubblica*, Bologna, il Mulino, 2007, y F. Reviglio, "*Per una riforma del regime giuridico dei beni pubblici*", en *Politica del diritto*, núm. 3, 2008, págs. 531 y ss.

B) *Sobre la anacrónica definición del bien como res objeto de derechos patrimoniales*

A lo largo de ochenta años, el cambio tecnológico, la transformación de los sistemas económicos y la toma de conciencia de la escasez de los recursos naturales han revelado el carácter anacrónico de la norma del Código Civil que identifica "bien" con "res", que a ciencia cierta en 1942 correspondía "al grandioso intento de erigir una categoría general que pudiera constituir el fundamento de todo el derecho patrimonial"[120].

Hoy día, en todas las economías desarrolladas los bienes inmateriales desempeñan un papel crucial; piénsese en las páginas web y su dominio, *know-how*, bancos de datos, invenciones biotecnológicas, espectro de frecuencias, toda la economía de servicios, y mucho más[121]. En efecto, la reciente legislación sobre bienes tales como el medioambiente y los bienes culturales empieza a dejar de lado la titularidad de los derechos patrimoniales y focaliza sobre el destino y los intereses que se deben proteger, en línea con la interpretación dada por la Corte de Casación en la mencionada sentencia 3665 de 2011: "Desde este marco legislativo —constitucional [arts. 2, 9 y 42 Const., n.d.A.]— y sin perjuicio de la centralidad de la persona (y sus intereses), a realizarse mediante la tutela de los derechos inviolables y "el cumplimiento de los deberes inderogables de solidaridad política, económica y social", surge la necesidad interpretativa de "mirar" el tema de los bienes públicos más allá de una visión puramente patrimonial-propietaria para arribar a una perspectiva personal-colectivista.

Esto implica que, en relación con el tema en cuestión, más que al Estado-aparato, como persona jurídica pública entendida individualmente, se debe hacer referencia al Estado-comunidad, como ente exponencial de los intereses de la ciudadanía (colectividad) y como ente responsable de la efectiva implementación de estos; de esta forma, discutir de bienes públicos (o dominiales) y bienes privados en términos de mera dicotomía significa limitarse a la mera

[120] En tal sentido, ya S. Pugliatti, según el cual el término "cose", es "restrittivo in un duplice censo: a) da un lato limita l'àmbito dei beni a quello dei diritti aventi per oggetto cose, mentre —qua lunque sia l'ampiezza di questo termine— si deve riconoscere che esistono (diritti soggettivi e) beni che non hanno ad oggetto cose, come i diritti aventi per oggetto servizi e diritti su beni immateriali; b) dall'altro lato fa corrispondere indebitamente il numero dei beni al numero delle cose, riducendo in sostanza i beni alle cose che formano oggetto del diritto di proprietà" (*Beni (teoria generale)*, en *Enc. Dir.*, V., 1959, pág. 173); recientemente, A. Gambaro, *I beni*, en A. Cicu, F. Messineo, L. Mengoni, P Schlesinger, *Trattato di diritto civile e commerciale Cicu e Messineo*, Milano, Giuffrè, 2012, págs. 2 y ss.

[121] Sobre el tema cfr. A. C. Nazzaro, *Nuovi beni tra funzione e dogma*, en *Contratto e impresa*, 2013, págs. 1014 y ss.

identificación de la propiedad de los bienes, dejando de lado el dato ineludible de la clasificación de los mismos con relación a su función y a los intereses implicados.

De ello se sigue que, cuando un bien inmueble, independientemente de su titularidad, resulte por sus connotaciones intrínsecas, especialmente las de tipo ambiental y paisajístico, destinado a la realización del Estado de bienestar, "fuera de la ya desfasada perspectiva del *dominium* romanista y de la propiedad del Código Civil, dicho bien ha de ser considerado «común», es decir, independientemente del título de propiedad, instrumentalmente ligado a la realización de los intereses de todos los ciudadanos".

C) *Sobre la mayor eficiencia del sistema administrativo*

Durante unos lustros el derecho administrativo italiano ha sufrido muchas transformaciones que han alterado sus caracteres originales. Todo esto se debe a factores externos, sobre todo al avance de la integración europea y la rigidez de las normas financieras supranacionales para hacer frente a una deuda pública insostenible, e internos, relacionados con la insatisfacción de los ciudadanos por el ineficiente funcionamiento de la Administración[122].

Lejos de cualquier prejuicio para el privado, que con toda seguridad puede ser más eficiente que el público y por completo conforme a la norma constitucional, tres décadas de privatizaciones frecuentemente mal definidas y discordantes han complicado el sistema administrativo en lugar de simplificarlo.

Las reformas, prácticamente, han atañido a todos los sectores de la Administración, tales como la justicia administrativa, el procedimiento, la organización de la administración central y local, la creación de agencias estatales y autoridades independientes, los servicios públicos. La mejora en la gestión del patrimonio público, en buena parte ignoto a la misma Administración, por cierto constituye un difícil pero laudable objetivo; lo que parece todavía contradictorio, o al menos mal definido, es el matrimonio entre, por un lado, los objetivos de rentabilidad de los bienes públicos y su eventual enajenación para reducir la deuda y permitir a Estados, regiones y entes locales buscar recursos para el desempeño de sus funciones y pelear con las deudas extrapresupuestarias ("debiti fuori bilancio", a cubrirse con las enajenaciones); por

[122] Sobre estos asuntos, reflexiones más detalladas en A. Tarzia, *¿La eficiencia económica del Estado como sustituto de la ética pública convencional? Perspectivas del derecho italiano y europeo*, en *A&C - Revista de Direito Administrativo e Constitucional*, 2008, núm. 31, págs. 11 y ss., e Id., *Moneta, sistemi dei pagamenti ed equilibri di finanza pubblica nell'UEM*, en G. F. Ferrari (coord.), *Diritto pubblico dell'economia*, 3ª ed., Milano, Egea, 2019, págs. 327 y ss.

otro lado, la función de los bienes públicos y su relación con los intereses de la colectividad[123], que no se identifican únicamente con el abatimiento de la deuda.

Por cierto, la categoría del "demanio público" padece una crisis, como se ha intentado referir en el presente trabajo; el principal interrogante sobre su destino es la "ansiedad de proveer" de un legislador confuso, en búsqueda de legitimación, fascinado por la ideología del "Estado regulador"[124] y obsesionado por la enorme deuda pública.

[123] Tal como ha bien destacado la Corte di cassazione en la sentencia 3665 de 2011.

[124] Cfr. A. La Spina, G. Majone, *Lo Stato regolatore*, Bologna, Il Mulino, 2000.

URUGUAY

BIENES PÚBLICOS EN URUGUAY

Carlos E. Delpiazzo*

1. Categorías

Para desarrollar las actividades a su cargo, las diversas Administraciones públicas necesitan, además de personal y recursos, disponer de bienes que constituyen su patrimonio.

Sobre el particular, establece el artículo 80 del Texto Ordenado de la Ley de Contabilidad y Administración Financiera (TOCAF)[1]. "Integran el patrimonio del Estado el derecho de dominio y los demás derechos reales sobre los bienes inmuebles, muebles y semovientes así como los derechos personales que, por institución expresa de la ley o por haber sido adquiridos por sus organismos

* Doctor en Derecho y Ciencias Sociales por la Universidad Mayor de la República Oriental del Uruguay. Profesor Emérito de la Facultad de Derecho de dicha Universidad. Director de la Especialización y Maestría en Derecho Administrativo y Gestión Pública en la Facultad de Derecho de la misma Universidad. Catedrático de Derecho Administrativo en dicha Maestría y en la Facultad de Derecho de la Universidad de Montevideo. Excatedrático de Derecho Informático y de Derecho Telemático en la Facultad de Derecho de la Universidad Mayor de la República. Exdirector de la Escuela de Posgrado de dicha Facultad. Exdecano de la Facultad de Derecho de la Universidad Católica del Uruguay Dámaso Antonio Larrañaga. Autor de 83 libros y más de 550 trabajos publicados en el país y en el exterior. Profesor Invitado del Instituto Nacional de Administración Pública (España). Profesor Visitante de la Especialización en Derecho Administrativo de la Universidad de Belgrano (Argentina). Profesor Extraordinario Visitante de la Universidad Católica de Salta (Argentina). Miembro del Comité Académico de la Maestría de Derecho Administrativo de la Facultad de Derecho de la Universidad Austral (Argentina) y de la Comisión Académica del Programa de Doctorado de Derecho Administrativo Iberoamericano liderado por la Universidad de La Coruña (España). Exdirector y miembro del Instituto Uruguayo de Derecho Administrativo, del Instituto de Derecho Administrativo de la Universidad Notarial Argentina, de la Asociación Argentina de Derecho Administrativo, de la Asociación de Derecho Público del Mercosur, de la Asociación Centroamericana de Derecho Administrativo, de la Academia Internacional de Derecho Comparado, de la Asociación Iberoamericana de Derecho Administrativo, y del Instituto Internacional de Derecho Administrativo. Secretario General del Foro Iberoamericano de Derecho Administrativo. Miembro de Número de la Academia Nacional de Derecho y de la Academia Nacional de Economía del Uruguay.

[1] Carlos E. Delpiazzo, *Texto ordenado de contabilidad y administración financiera*, Montevideo, F.C.U., 2021, pág. 112.

y entes, son de propiedad nacional en los términos de los artículos 477 y 478 del Código Civil" (a los que se hará referencia más adelante).

El aludido derecho de dominio admite dos especies: el público o dominial y el privado o fiscal.

En orden a la *caracterización del dominio público* es posible realizarla desde el punto de vista conceptual con arreglo a tres criterios fundamentales[2]:

a) el orgánico, que atiende a la pertenencia del bien a una entidad estatal (ya que no se conciben bienes dominiales de propiedad particular);

b) el objetivo, que tiene en cuenta la naturaleza del bien (limitándose por algunos a los inmuebles), y

c) el teleológico, que se funda en el destino del bien.

A partir de verificar que el criterio orgánico es insuficiente por sí solo y de que el criterio objetivo carece de sustancialidad, la mayoría de las opiniones se han reunido en torno al criterio de la destinación del bien. Pero el acuerdo deja de ser tal cuando se procura precisar el alcance de dicha destinación, surgiendo multiplicidad de enfoques al respecto, entre los que cabe destacar los siguientes:

a) la afectación al uso de todos;

b) la destinación a los servicios públicos en sentido amplio;

c) la aplicación a fines de utilidad pública, y

d) la dedicación a la función pública que cumplen las entidades estatales.

En Uruguay, a partir de las enseñanzas de Enrique Sayagués Laso, se entiende que la dominialidad debe atribuirse a los bienes destinados directamente al uso público y los afectados a la ejecución de algunos cometidos estatales, no pudiendo determinarse mediante un criterio único sino teniendo en cuenta diversidad de factores tales como la naturaleza de los bienes (cuando son insusceptibles de propiedad privada), la imposibilidad o dificultad para sustituirlos, o su importancia en la organización del servicio[3].

Para la *caracterización del dominio privado*, cabe afirmar que está integrado por todos los bienes pertenecientes a las entidades estatales que no son bienes del dominio público.

Tal caracterización, no obstante su exactitud, es residual y, consecuentemente, hace de la extensión del dominio fiscal algo variable en función de la mayor o menor amplitud que se atribuya al concepto de dominio público[4].

[2] Carlos E. Delpiazzo, *Derecho administrativo general*, vol. 2, 3ª ed. actualizada y ampliada, Montevideo, 2020, págs. 118 y ss.

[3] Enrique Sayagués Laso, *Tratado de derecho administrativo*, t. II, Montevideo, 1959, pág. 258.

[4] Carlos E. Delpiazzo, *Derecho administrativo general*, *op. cit.*, pág. 122.

La mejor doctrina nacional ha entendido que integran el dominio privado los bienes corporales o incorporales, muebles o inmuebles, pertenecientes a cualquier entidad estatal, destinados al cumplimiento de los cometidos y demás actividades a su cargo[5].

2. Titulares y fuentes reguladoras

Para considerar la *titularidad* de los bienes del Estado, es preciso tener en cuenta que la República Oriental del Uruguay es uno de los países más pequeños de América del Sur, que está situado entre los paralelos 30° y 35° de latitud Sur y los meridianos 53° y 58° de longitud Oeste, limitando al Norte y Noreste con la República Federativa del Brasil, al Oeste con la República Argentina, al Sur con el Río de la Plata y al Este con el Océano Atlántico, siendo su capital, Montevideo, la ciudad capital más austral del mundo.

El espacio geográfico nacional abarca actualmente un área terrestre de 176.215 kilómetros cuadrados, al que corresponde agregar el espacio acuático de sus ríos y lagunas limítrofes y de su mar territorial sobre el Océano Atlántico, con sus respectivas islas, totalizando 313.782 kilómetros cuadrados.

La Constitución contempla un régimen unitario en el que los entes territoriales son la persona jurídica mayor Estado y las personas jurídicas menores gobiernos departamentales[6].

Junto a ellas, la Carta reconoce también la existencia de entes autónomos y servicios descentralizados que expresan la descentralización funcional o por servicios.

Respecto a los bienes del dominio público, suele entendérselos atribuidos a los entes territoriales en tanto que los bienes del dominio privado pueden pertenecer a cualquier entidad estatal.

En cuanto a las *fuentes reguladoras* de los dominios público y privado del Estado, el panorama es diverso.

Así, por vía de ejemplo, respecto al agua, el artículo 47 de la Constitución establece que "Las aguas superficiales, así como las subterráneas, con excepción de las pluviales, integradas en el ciclo hidrológico, constituyen un recurso unitario, subordinado al interés general, que forma parte del dominio público estatal, como dominio público hidráulico".

Tal proclamación de dominialidad pública general vino a modificar el régimen precedente contenido en el Código de Aguas, conforme al cual se distinguía entre aguas dominiales y privadas, incluyéndose entre estas últimas

[5] Enrique Sayagues Laso, *Tratado de derecho administrativo*, *op. cit.*, págs. 305 y 306.

[6] Carlos E. Delpiazzo, "Organización territorial uruguaya", en Carlos de Cores Helguera (coord.), *El derecho en Uruguay*, Madrid, Reus, 2017, págs. 107 y ss.

las aguas pluviales que caen o se recogen en un predio, mientras escurren por él, pudiendo el propietario en consecuencia, construir dentro de su propiedad las obras necesarias para su captación, conservación y aprovechamiento (art. 19), las aguas manantiales que nacen continua o discontinuamente en terrenos particulares (art. 26), las aguas de lagos, lagunas, charcas y las aguas embalsadas que ocupen terrenos de propiedad particular (art. 39, inc. 2º), y las aguas subterráneas que se extrajeren de un predio particular (art. 43) y las halladas por el titular de una concesión minera (art. 44)[7].

A su vez, según se desarrollará seguidamente, *el Código Civil* normatiza al respecto. También el citado *TOCAF*, el *Código General del Proceso* y el *Código de Minería* contienen disposiciones al respecto, sin perjuicio de *otras leyes*.

3. Régimen jurídico general del dominio público

Desde el punto de vista del Derecho positivo uruguayo, el artículo 477 del Código Civil establece en su inciso 1º que "Los bienes de propiedad nacional cuyo uso pertenece a todos los habitantes del Estado, se llaman bienes nacionales de uso público o bienes públicos del Estado".

Quiere decir que se consagra el criterio de la afectación al uso directo por los habitantes, lo que resulta confirmado por la enumeración que realiza el artículo 478, a cuyo tenor "Son bienes nacionales de uso público:

"a) las calles, plazas y caminos públicos;

"b) los puertos, abras, ensenadas y costas del territorio oriental, en la extensión que determinen las leyes especiales;

"c) los ríos o arroyos navegables o flotables en todo o parte de su curso;

"d) las riberas de esos ríos o arroyos, en cuanto al uso que fuera indispensable para la navegación;

"e) el agua corriente aun de los ríos no navegables o flotables, en cuanto al uso para las primeras necesidades de la vida, si hubiere camino que la haga accesible, y

"f) los puentes, canales y demás obras públicas, construidas y conservadas a expensas de la Nación".

Dicha enumeración no es de carácter taxativo, según resulta del principio general del artículo 477 y lo confirma el artículo 479 cuando, luego de mencionar prácticamente a todos los bienes mencionados en el artículo 478, alude en general a "todos los bienes nacionales de uso público".

De la referida normativa es posible inferir que, en nuestro Derecho positivo, integran el dominio público los bienes corporales o incorporales, muebles o inmuebles, pertenecientes a cualquier entidad estatal, destinados al uso público.

[7] Carlos E. Delpiazzo, *Derecho administrativo general*, *op. cit.*, págs. 136 y ss.

Consecuentemente, los mismos están sometidos a un régimen jurídico de Derecho público consecuencial de su especial situación de destinación e indisponibilidad, que los hace[8]:

a) inalienables;

b) imprescriptibles, y

c) inembargables.

En primer lugar, *son inalienables* porque su afectación al uso público de todos los habitantes los excluye del comercio, tal como lo confirma el artículo 1668 del Código Civil, al que se remite el artículo 477 ya citado. En virtud de su inalienabilidad, no pueden ser hipotecados ni gravados con derechos reales.

En segundo lugar, *son imprescriptibles* por iguales fundamentos, según resulta también de la remisión del mencionado artículo 477 a los artículos 1193 y 1194 del Código Civil, el primero de los cuales declara imprescriptibles los bienes que no están en el comercio, mientras que el segundo reconoce que los bienes de propiedad privada del Estado son susceptibles de prescripción.

En tercer lugar, *son inembargables* como consecuencia de su ajenidad al comercio, corroborada originalmente por el artículo 2363, numeral 11 del Código Civil y actualmente por el artículo 381, numeral 8 del Código General del Proceso.

4. Régimen general del dominio privado

De acuerdo con el inciso 2º del multicitado artículo 477 del Código Civil, se dispone que "Los bienes de propiedad nacional cuyo uso no pertenece generalmente a los habitantes, se llaman bienes privados del Estado o bienes fiscales".

Añade el artículo 481 del mismo Código Civil que también "Son bienes fiscales todas las tierras que, estando situadas dentro de los límites del Estado, carecen de otro dueño".

Igualmente, conforme al artículo 482 del Código Civil, "Los bienes vacantes y los de las personas que mueren sin dejar herederos, pertenecen también al Fisco; y, en general, es propiedad fiscal todo lo que por leyes especiales está declarado serlo o se declare en adelante".

En cuanto a su régimen jurídico, los bienes del dominio privado o fiscal de las entidades estatales carecen de reglas generales aplicables a todos ellos, en virtud de su heterogeneidad. Sin perjuicio de ello, es posible sistematizar los principales atributos que enmarcan su régimen jurídico diciendo que[9]:

[8] Carlos E. Delpiazzo, *Derecho administrativo general*, *op. cit.*, págs. 120 y ss.

[9] Carlos E. Delpiazzo, *Derecho administrativo general*, *op. cit.*, págs. 123 y ss.

a) están regidos por leyes especiales;
b) su enajenación requiere ley;
c) son prescriptibles;
d) suelen ser inembargables, y
e) están excluidos de toda imposición.

En primer lugar, al tenor del artículo 483 del Código Civil, "La administración y enajenación de los bienes fiscales *se rigen por leyes especiales*".

En segundo lugar, si bien los bienes del dominio privado no son inalienables, *su enajenación requiere de una norma legal* autorizante. Así lo dispone el artículo 483 del Código Civil, en solución reiterada en el artículo 37 de la ley orgánica departamental 9.515 de 28 de octubre de 1935 para los bienes de propiedad departamental, y en el artículo 81 del TOCAF, con alcance general.

En tercer lugar, los bienes del dominio privado del Estado *son prescriptibles* por cuanto "están sujetos a prescripción conforme a lo dispuesto por el Título respectivo del Libro Tercero" del Código Civil, según reza la parte final del artículo 483 y lo ratifica el artículo 1194 del mismo Código.

En cuarto lugar, puesto que los bienes privados o fiscales son enajenables y prescriptibles, parecería lógico admitir que pueden ser embargados para responder al pago de las obligaciones del ente público propietario de los mismos. Sin embargo, *la ley ha previsto supuestos de inembargabilidad.*

Así, de acuerdo con el *artículo 2363, numerales 10 y 11 del Código Civil* ya se establecía que "No son embargables: [...] Las contribuciones y rentas públicas, ya sean nacionales o municipales [y] Las propiedades públicas, sean nacionales o fiscales".

A partir de que la embargabilidad es de principio y la inembargabilidad de excepción, queda excluida toda interpretación extensiva y se impone un criterio estricto para establecer el alcance de dichos textos legales, cuya fórmula no es universal y comprensiva de todos los bienes y derechos estatales, sino que se limita a "propiedades" y "rentas"[10].

Consecuentemente, se ha sostenido que la expresión "propiedades" debe ser entendida en su sentido natural y obvio, que alude a inmuebles, en tanto que la expresión "rentas", interpretada en su contexto histórico, alude a los ingresos que las entidades estatales perciben por tributos u otros conceptos, por lo que debe inferirse que procede la embargabilidad de otros bienes y de créditos, tales como fondos en cuentas bancarias, vehículos o mobiliario.

Recibida esta tesis por algún pronunciamiento jurisprudencial (así, por vía de ejemplo, sent. 105 de 2998 del Tribunal de Apelaciones en lo Civil de 2° Turno), la cuestión no fue resuelta por la aprobación del artículo 381, numeral 8 del Código General del Proceso en su versión original.

[10] Carlos E. Delpiazzo, *Derecho administrativo general*, *op. cit.*, pág. 127.

En su mérito, en una pretendida interpretación auténtica de la misma (sin aludir a la similar del C. C.), el artículo 478, inciso 2° de la ley 17.930 de 19 de diciembre de 2005 estableció: "Declárase [...] que la expresión «propiedades y rentas públicas y municipales», utilizada en el artículo 381, numeral 8 del Código General del Proceso, comprende toda clase de bienes, cuentas o créditos del Estado o de los municipios" (C. C., art. 460).

Al presente, conforme a la actual redacción del artículo 381, numeral 8 del Código General del Proceso, dada por la ley 19.090 de 14 de junio de 2013, se prevé que "No se trabará embargo en los siguientes bienes: [...] Toda clase de bienes, cuentas o créditos del Estado y de los gobiernos departamentales" (C. C., art. 460)"[11].

Significa que, en la medida que la norma refiere al Estado (como persona pública mayor) y a los gobiernos departamentales (en tanto personas jurídicas públicas menores que expresan la descentralización territorial), es obvio que no alcanza a los entes autónomos y servicios descentralizados (como personas jurídicas que expresan la descentralización funcional). En consecuencia, como la inembargabilidad es una medida de excepción, es de interpretación estricta; por tanto, al no quedar comprendidos los bienes de los entes autónomos y servicios descentralizados entre aquellos que la ley considera inembargables, pueden ser embargados[12].

Además, como ya he tenido oportunidad de sostenerlo antes de ahora, en un contexto de defensa de la competencia como el que resulta de la ley 18.159 de 20 de julio de 2007, la genérica inembargabilidad de los bienes públicos de las entidades estatales que concurren con los particulares en los ámbitos comercial e industrial no solo atenta contra el principio de la libre competencia sino también contra el de igualdad. Parece obvio que no es posible que dos sujetos que actúen en competencia, si uno no cumple sus obligaciones pueda ser embargado (el privado) y otro no (el público)[13].

En tal sentido, desde la perspectiva de la tutela de los derechos fundamentales propia del Estado constitucional de Derecho, la inembargabilidad indiscriminada de los bienes estatales debe considerarse inconstitucional en

[11] Edgardo Ettlin, *Ejecuciones judiciales contra el Estado. Obligaciones de pagar dinero, dar, hacer y no hacer*, Montevideo, Uruguay, La Ley, 2014, págs. 351 y ss.; Santiago Garderes, "La inembargabilidad de los bienes estatales y el derecho a la tutela judicial efectiva", en *Revista Uruguaya de Derecho Procesal*, año 2006, núm. 1, págs. 75 y ss.; y Gabriel Valentin, "Un estudio de las inembargabilidades en el derecho procesal uruguayo", en *Revista Uruguaya de Derecho Procesal*, año 2000, núm. 2, págs. 327 y ss.

[12] Augusto Duran Martínez, "Ejecución de la sentencia anulatoria en el contencioso administrativo uruguayo", en *Estudios de derecho público*, vol. II, Montevideo, 2008, págs. 357 y ss.

[13] Carlos E. Delpiazzo, "Régimen administrativo de defensa de la competencia", en *Revista La Ley,* núm. 2, Uruguay, año 2008, págs. 123 y ss.

tanto no distingue entre los bienes dominiales y los privados estatales afectados al desenvolvimiento de actividades económicas, especialmente aquellas desarrolladas en concurrencia con los particulares.

En quinto lugar, sucesivas leyes han declarado con carácter más o menos amplio que los bienes del dominio privado de las entidades estatales *están fuera de toda imposición*, sea nacional o departamental.

Así, al tenor del artículo 1º del decreto-ley 14.264 de 9 de setiembre de 1974, "Declárase, en ejercicio de la potestad conferida por el numeral 20 del artículo 85 de la Constitución de la República, que los bienes pertenecientes al dominio privado o fiscal del Estado, cualquiera sea el órgano titular del derecho de propiedad, y de los entes comprendidos en el artículo 220 de la Constitución, están fuera de toda imposición nacional o municipal".

Reclamada la inconstitucionalidad de dicha norma por algunos gobiernos departamentales, la Suprema Corte de Justicia la consideró inicialmente arreglada a la Carta (así: sent. 23, de 16 de noviembre de 1976, entre otras). No obstante, dicha jurisprudencia varió a partir de la sentencia de la Corporación 402 de 17 de setiembre de 1987.

Reaccionando frente a tal situación, se aprobó el artículo 463 de la ley 16.226 de 29 de octubre de 1991, a cuyo tenor "Declárase que el Estado, los organismos comprendidos en el artículo 220 de la Constitución y los gobiernos departamentales gozan de inmunidad impositiva, tanto nacional como departamental, por sus bienes y actividades no comerciales ni industriales"[14].

Dicha norma no mereció reproche de inconstitucionalidad por parte de la Suprema Corte de Justicia frente a los embates de algunos gobiernos departamentales contra la misma (así: sent. 146, de 5 de mayo de 1997).

Con posterioridad, en norma de discutida constitucionalidad, el artículo 581 de la ley 17.296 de 21 de febrero de 2001 amplió el alcance del anterior acto legislativo en el siguiente sentido: "Declárase que la inmunidad impositiva establecida por el artículo 463 de la ley 16.226 de 29 de octubre de 1991, no tendrá aplicación cuando la misma implique un trato discriminatorio para los bienes de producción nacional ofrecidos en plaza con respecto a los importados"[15].

5. Aspectos específicos del dominio público

A) *Utilización, afectación y desafectación*

En cuanto a la *utilización* de los bienes del dominio público, corresponde distinguir entre su uso común (abierto a todos los habitantes sin determinación

[14] Washington Lanziano, "La declaración de inmunidad impositiva establecida en la ley Nº 16.226", en *Revista Tributaria*, tomo XIX, núm. 109, págs. 237 y ss.

[15] Gonzalo Aguirre Ramírez, "La inmunidad fiscal del Estado y el art. 581 de la ley Nº 17.296", en *Revista de Derecho Público*, núm. 21-22, Montevideo, 2002, págs. 71 y ss.

especial de destinatario) y las utilizaciones privativas (por personas determinadas, mediando concesión)[16].

El *uso común* es, en principio, libre y gratuito, lo que no enerva la posibilidad de que se requieran ciertas formalidades (como autorizaciones) o pagos (como es el caso de los peajes o los parquímetros). El habitante se encuentra frente a los bienes del dominio público en una situación jurídica de derecho público perfecto respecto a su uso común.

Excepcionalmente, los bienes del dominio público pueden ser objeto de *utilizaciones privativas* siempre que, con ellas, no se altere sustancialmente su destinación al uso común. Según sus fines, las mismas pueden tener diversos objetivos, tales como facilitar actividades privadas (como la colocación de mesas de cafés en plazas), procurar un mejor uso de ciertos bienes conforme a su destino habitual (como la colocación de carpas y sombrillas en las playas), o posibilitar que el bien dominial cumpla cabalmente su fin (como los puestos de venta en mercados). El titular del uso privativo no tiene un derecho preexistente al mismo sino que su derecho deriva de la concesión por la Administración competente del uso del bien dominial de que se trate.

Respecto al *origen y cese de la dominialidad*, que enmarcan el régimen jurídico de Derecho público reseñado, conviene distinguir entre los bienes naturales y los artificiales.

El *nacimiento de la dominialidad* de los bienes naturales acaece por el solo hecho de su existencia siempre que estén destinados al uso público.

En cambio, si se trata de bienes artificiales, su dominialidad surgirá de la ley que disponga su afectación al uso público o, no existiendo ley, del destino efectivo del mismo por acto expreso o implícito de la Administración.

A su vez, la *extinción de la dominialidad* de los bienes naturales depende de la ley, sin perjuicio de causas naturales.

Respecto a los bienes artificiales, si la dominialidad fue establecida por ley, solo por ley puede verificarse la desafectación. En cambio, no mediando ley en el origen, cabe concebir que la desafectación acaezca mediante acto administrativo.

B) *Mutaciones dominiales clásicas*

Cuando una entidad estatal necesita para el cumplimiento de sus cometidos de un bien del dominio público perteneciente a otra entidad estatal, la transferencia del mismo debe realizarse mediante una operación que la doctrina clásica ha denominado mutación dominial. La misma debe verificarse a través de una ley —sea esta genérica o específica— pero sin alterar la destinación

[16] Carlos E. Delpiazzo, *Derecho administrativo general*, *op. cit.*, pág. 121.

del bien al uso público porque, de lo contrario, dejaría de ser dominial para pasar a ser privado o fiscal[17].

Se verifica tal hipótesis cuando, por ejemplo, la persona pública mayor Estado requiere un camino departamental perteneciente a un gobierno departamental para el trazado de una carretera nacional.

En tales casos, se entiende que los bienes dominiales no pueden cambiar de titular por los medios ordinarios[18] y, por lo tanto, aun cuando la entidad estatal requirente esté dotada de potestad expropiatoria, no procede la expropiación como consecuencia de la inalienabilidad que caracteriza a los bienes del dominio público, lo que los hace inexpropiables.

6. Aspectos específicos del dominio privado

A) *Adquisición y enajenación de los bienes fiscales*

En orden a la adquisición de bienes por parte de las administraciones públicas, cabe distinguir entre procedimientos coactivos, voluntarios e interadministrativos[19].

Los dos primeros se verificarán según se imponga la voluntad estatal o ella se articule con la voluntad de un tercero, respecto a los bienes de propiedad privada. En cambio, el tercero acontecerá cuando un organismo público requiera de un bien afectado a otro organismo público (procedimiento interadministrativo), dando lugar a lo que se llaman mutaciones dominiales modernas, a las que se hará referencia más adelante.

En primer lugar, entre los *procedimientos coactivos*, el más importante es la expropiación que, en el Derecho uruguayo, cualquiera sea el objeto de que se trate[20], es un instituto de Derecho público mediante el cual la Administración, para el cumplimiento de sus fines públicos, logra coactivamente la adquisición de bienes muebles o inmuebles, siguiendo un procedimiento determinado y pagando una justa y previa compensación en los términos del artículo 32 de la Constitución[21].

[17] Enrique Sayagués Laso, *Tratado de derecho administrativo, op. cit.*, pág. 281.

[18] Washington Lanziano, *Estudios de derecho administrativo*, Montevideo, 1993, págs. 161 y ss.

[19] Carlos E. Delpiazzo, "Procedimientos especiales para la obtención de bienes por la Administración", en Jaime Rodríguez Arana, Carlos E. Delpiazzo y otros (Comité Editorial), *Procedimientos administrativos.* Ponencias del XIX Foro Iberoamericano de Derecho Administrativo", Corte Suprema de Justicia, San Salvador, 2021.

[20] Carlos E. Delpiazzo, "Objeto de la expropiación", en *Rev. Uruguaya de Derecho Constitucional y Político*, t. VI, núm. 35, Montevideo, 1990, págs. 272 y ss.; y en *Anuario de Derecho Comercial*, Montevideo, t. 5, 1991, págs. 97 y ss.

[21] Enrique Sayagués Laso, *Tratado de derecho administrativo, op. cit.*, págs. 312 y 313.

En cuanto a su tramitación, la expropiación se consuma a través de un procedimiento, que se desarrolla en una etapa administrativa (necesaria) y otra jurisdiccional (eventual), culminando con la escrituración del bien cuando corresponde[22].

Aunque de menor importancia, cabe mencionar asimismo la requisa y el comiso.

Por una parte, en cuanto a la requisa, se la ha definido como "un instituto de Derecho público aplicable generalmente en circunstancias de carácter excepcional, legalmente previstas, por el cual el Estado coactivamente y a través de un procedimiento sumario, adquiere la propiedad de bienes muebles o el uso de bienes inmuebles, establecimientos comerciales o industriales e impone la prestación de servicios personales, mediante el pago de una indemnización posterior"[23].

Al respecto, debe tenerse presente que, conforme al artículo 35 de la Constitución, "Nadie será obligado a prestar auxilios, sean de la clase que fueren, para los ejércitos ni franquear su casa para alojamiento de militares, sin orden del magistrado civil según la ley, y recibirá de la República la indemnización del perjuicio que en tales casos se le infiera".

Por otra parte, si bien tanto en el comiso como en la confiscación se opera la privación del derecho de propiedad, debe tenerse presente que "en ambos casos hay una diferencia esencial con la expropiación, que radica en el fundamento de aquellos institutos, pues uno y otro tienen carácter de sanción"[24]. Especialmente, el comiso está consagrado en la legislación como sanción de ciertas infracciones fiscales y en materia de lavado de activos, pero su aplicación está reservada al poder judicial y, por ende, sustraída a la Administración.

Además, la confiscación de bienes como medida de carácter político está expresamente prohibida en nuestro Derecho (art. 14 de la Constitución).

En segundo lugar, por lo que refiere a los *procedimientos voluntarios* para la obtención de bienes privados por parte de la Administración (que devendrán fiscales), los mismos remiten al campo de la contratación pública.

En el Derecho uruguayo no existe una normativa legal ordenada y sistemática en materia de contratación pública sino que existe un conjunto de disposiciones que regulan diversos procedimientos administrativos de formación de los contratos y múltiples normas dispersas referentes a distintos aspectos de los diferentes contratos posibles[25].

[22] Carlos E. Delpiazzo, *Derecho administrativo general*, *op. cit.*, págs. 171 y ss.

[23] Edgardo Carvalho "Requisición de materias primas", en *Revista de la Facultad de Derecho y Ciencias Sociales*, año XIX, núm. 3-4, Montevideo, 1968, págs. 415 y ss.

[24] Enrique Sayagués Laso, *Tratado de derecho administrativo, op. cit.*, pág. 316.

[25] Carlos E. Delpiazzo, *Normas y principios de la contratación administrativa*, Montevideo, F.C.U., 2002, págs. 9 y ss.; y "La contratación pública en Uruguay", en José A. Moreno

Por tal razón, se atribuye una especial importancia a los principios generales de Derecho, tanto por la doctrina[26] como por la jurisprudencia[27]. Así, el 149 del Texto Ordenado de la Ley de Contabilidad y Administración Financiera (TOCAF) enuncia expresamente los siguientes: a) flexibilidad, b) publicidad, c) igualdad, d) concurrencia, e) razonabilidad, f) delegación, g) ausencia de ritualismo, h) materialidad frente al formalismo, i) veracidad salvo prueba en contrario, j) transparencia y k) buena fe, señalando que los mismos "servirán de criterio interpretativo para resolver las cuestiones que puedan suscitarse en la aplicación de las disposiciones pertinentes"[28].

Varios son los procedimientos especiales de contratación de los que la Administración puede servirse para obtener bienes, los que pueden tramitarse en forma convencional o electrónica.

Entre ellos, merecen especial mención la licitación pública, que es el procedimiento competitivo de contratación que se regula con mayor detalle, la licitación abreviada, el concurso de precios, el pregón o puja a la baja, la subasta o remate y los convenios marco además de los supuestos legales habilitantes de la contratación directa y otros procedimientos especiales[29].

En tercer lugar, cuando un ente estatal necesita un bien que integra el patrimonio de otro sujeto de naturaleza estatal, los procedimientos que se deben seguir se inscriben en el marco de las *relaciones interadministrativas*[30] y, entre ellas, en las llamadas mutaciones dominiales.

Molina y Andry Matilla Correa (coords.), *Contratos públicos en España, Portugal y América Latina*, Madrid, Difusión, 2008, págs. 707 y ss.

[26] Carlos E. Delpiazzo, "Recepción de los principios generales de derecho por el derecho positivo uruguayo", en AA. VV., *Los principios en el derecho administrativo Iberoamericano.* Actas del VII Foro Iberoamericano de Derecho Administrativo", La Coruña, Netbiblo, 2008, págs. 607 y ss.; y "Reconocimiento de los principios generales de derecho en el derecho administrativo uruguayo", en Jaime Arancibia y José Ignacio Martínez (coords.), *La primacía de la persona.* Estudios en homenaje al Prof. Eduardo Soto Kloss", Santiago de Chile, Legal Publishing, 2009, págs. 229 y ss.

[27] Carlos E. Delpiazzo y Graciela Ruocco, *Tratado jurisprudencial y doctrinario sobre actos y contratos de la administración*, t. I, Montevideo, La Ley Uruguay, 2013, págs. 226 y s., y t. II, págs. 1095 y ss.

[28] Carlos E. Delpiazzo, "Los principios generales en la contratación pública", en Juan Carlos Cassagne y Enrique Rivero Isern (Dir.), *La contratación pública*, t. 1, Buenos Aires, Hammurabi, 2007, págs. 543 y ss.; y "Eficacia aplicativa de los principios generales de derecho en la contratación administrativa", en *Anuario de Derecho Administrativo*, t. XIII, Montevideo, 2006, págs. 65 y ss.

[29] Carlos E. Delpiazzo, *Contratación administrativa*, edición aumentada y puesta al día, Montevideo, F.C.U., 2019, págs. 231 y ss.; *Derecho administrativo general*, *op. cit.*, págs. 525 y ss., y Carlos E. Delpiazzo y Graciela Ruocco, *Tratado jurisprudencial y doctrinario sobre actos y contratos de la administración*, *op. cit.*, págs. 239 y ss.

[30] Aparicio Méndez, *Las relaciones inter-administrativas*, Montevideo, 1943, págs. 10 y ss.

En otro orden, es valor aceptado que la *enajenación de bienes fiscales* requiere de autorizaciones legislativas, las cuales pueden ser de carácter específico (cuando refieren a un determinado bien) o de carácter genérico (cuando habilitan la enajenación de los que se encuentren comprendidos en el supuesto previsto por la norma respectiva).

Entre las normas legales de alcance general posibilitadoras de la enajenación de bienes del dominio fiscal, especialmente de naturaleza inmueble, cabe mencionar las siguientes[31]:

a) Conforme al artículo 343 de la ley 13.835 de 7 de enero de 1970, se autorizó al poder ejecutivo, en el ámbito de la persona pública mayor Estado, la enajenación de bienes fiscales, exigiendo como fundamento la necesidad o utilidad de la misma y estableciendo un determinado procedimiento competitivo para hacerlo;

b) Para contemplar a los entes autónomos y servicios descentralizados del dominio industrial y comercial del Estado, se dictó el decreto ley 14.982 de 24 de diciembre de 1979, por el que se facultó a sus directorios a enajenar a título oneroso y mediante licitación pública, licitación abreviada u otro procedimiento competitivo los bienes inmuebles de propiedad de dichas entidades que se consideren absolutamente innecesarios para el cumplimiento de su fines;

c) Ampliando el ámbito de órganos y organismos habilitados para enajenar bienes del dominio fiscal, se dictó el artículo 108 del decreto ley 15.167 de 6 de agosto de 1981, a cuyo tenor se autoriza al poder ejecutivo, previo informe de la Oficina de Planeamiento y Presupuesto, a disponer la venta de bienes inmuebles del activo patrimonial de los incisos 1° al 26 del Presupuesto Nacional, considerados improductivos por las unidades ejecutoras correspondientes, cumpliendo con el procedimiento establecido por las normas vigentes;

d) Según el decreto ley 15.625 de 19 de setiembre de 1984, se estableció que el Banco de la República Oriental del Uruguay podrá enajenar por el procedimiento del remate los inmuebles de cualquier naturaleza que hayan ingresado o ingresen a su patrimonio, como consecuencia de gestiones de recuperación de créditos otorgados o de daciones en pago, rigiendo en los demás casos lo dispuesto en el citado decreto-ley 14.982;

e) De acuerdo con el artículo 17 de la ley 15.739 de 28 de marzo de 1985, orgánica de la Administración Nacional de Educación Pública, se estableció que la adquisición y la enajenación a título oneroso de bienes inmuebles, deberá ser resuelta en todos los casos por cuatro votos conformes en el Consejo Directivo Central (que se integra con cinco miembros), previa consulta a los consejos desconcentrados cuando se tratare de bienes destinados o que deban

[31] Carlos E. Delpiazzo, *Contratación administrativa*, *op. cit.*, págs. 202 y ss.

destinarse a su servicio, agregando que las enajenaciones a título gratuito requerirán la unanimidad de votos del Consejo Directivo Central;

f) Sin exigir unanimidad, una autorización similar figura en el artículo de la ley 12.549 de 16 de octubre de 1958, orgánica de la Universidad de la República, sin establecer ningún requisito de forma ni de procedimiento, de manera tal que el organismo tendrá discrecionalidad al respecto;

g) Una norma de similar tenor contiene el artículo 7°, literal J) de la ley 15.977 de 14 de setiembre de 1988, conforme a la cual la venta de los bienes del Instituto Nacional del Menor debe ser autorizada por la unanimidad del directorio, no estableciéndose valor base;

h) En virtud de la ley 16.240 de 7 de enero de 1992, se vuelve a incursionar en la regulación de la enajenación de los bienes muebles o inmuebles que ingresen al patrimonio del Banco de la República Oriental del Uruguay como consecuencia de gestiones de recuperación de créditos o de daciones en pago, los que podrán ser enajenados ya no solo por remate —como preceptuaba la ley 15.625— sino también "en la forma que mejor estime su directorio, respetando los principios de publicidad e igualdad de oferentes" (art. 1°), habilitando asimismo la enajenación de "los restantes bienes de propiedad del Banco" (art. 2°), así como también de los "bienes inmuebles que constituyen parte de las inversiones con funciones de reserva del Banco de Seguros del Estado" (art. 4°);

i) En virtud de la ley 16.736 de 5 de enero de 1996 se obliga a todos los incisos de la persona pública mayor Estado a realizar un inventario de sus inmuebles, "indicando expresamente su uso, ubicación, características, área, situación jurídica y catastral, así como todo otro elemento relevante a los efectos de su correcta individualización y valoración" (art. 732) a fin de determinar cuáles son imprescindibles (art. 733) y autorizando la enajenación de los prescindibles (art. 735), sea total o parcialmente, posibilitando su uso compartido, o la afectación a áreas verdes, zonas de recreación, reservas naturales y similares (art. 736), así como la posible definición de "áreas de desarrollo coordinado" con los gobiernos departamentales, el Instituto Nacional de Colonización y asociaciones nacionales y locales con competencia en la materia, y

j) La ley 16.902 de 26 de diciembre de 1997 autorizó al Banco de Seguros del Estado a enajenar sus bienes, salvo los considerados indispensables, por medio de subasta o llamado público.

B) *Mutaciones dominiales modernas*

A partir de la década del setenta, por la vía legislativa, comenzó a designarse como mutación dominial o mutación de bienes no ya la transferencia de bienes del dominio público entre entidades estatales sino el procedimiento que se debe seguir y las formas que deben cumplirse para efectuar el cambio de destino de los bienes inmuebles del dominio privado o fiscal, entre los entes y órganos estatales (en sentido amplio)[32].

Siguiendo la opinión de APARICIO MÉNDEZ, en oportunidad de discutirse y aprobarse el decreto ley 14.346 de 29 de marzo de 1975, se postuló que debía abandonarse la tradición secular según la cual el cambio de destino de bienes inmuebles entre los entes estatales se realizaba mediante expropiación y formalmente extendiendo escritura pública ya que, en tales casos, no hay traslación patrimonial sino cambios de afectación o destino dentro del complejo patrimonial del Estado[33].

Dicha posición se apoyó en la consideración del Uruguay como un Estado unitario, cuyo patrimonio (entendiendo al Estado como noción comprensiva de todas las personas públicas estatales) es uno solo, aunque en los hechos los distintos bienes aparezcan afectados a cada una de las personas jurídicas estatales. En consecuencia, todo cambio de destino de los bienes fiscales que figuran como del patrimonio de las entidades que comprende el Estado así entendido, no puede ni debe hacerse en función de los medios tradicionales, de modo que los institutos de la expropiación, la compraventa, la permuta o la donación y el modo tradición solo proceden con los particulares. Pero entre entidades estatales, el instrumento jurídico idóneo para disponer afectaciones y desafectaciones debe ser en principio la ley, sin perjuicio de lo que se dirá.

En virtud de la ley, tales afectaciones y desafectaciones pueden realizarse a título oneroso o gratuito, con carácter particular (para un determinado caso) o con carácter genérico (para una determinada categoría de situaciones), sea con un fin específico o con un fin general. Por lo tanto, se reputa innecesaria la escritura pública, debiendo inscribirse el cambio de titularidad en el Registro de Traslaciones de Dominio.

La aplicación de esta postura ha llevado, desde el punto de vista procedimental, a asumir una variedad de alternativas.

En primer lugar, para la mutación de bienes fiscales *entre personas jurídicas estatales* (o sea, el Estado, los entes autónomos, los servicios descentralizados y los gobiernos departamentales), se entiende que debe procederse por ley nacional.

[32] EDUARDO G. ESTEVA GALLICCHIO, "Aproximación a una década en materia de desafectaciones dispuestas por ley de bienes inmuebles integrantes del patrimonio del Estado", en *Gaceta Forense*, t. I, núm. 3, Montevideo, 1984, págs. 163 y ss.

[33] HÉCTOR FRUGONE SCHIAVONE, *Teoría y práctica de las mutaciones dominiales en Uruguay*, Montevideo, F.C.U., 1984, págs. 22 y ss.

En segundo lugar, el procedimiento para la mutación de bienes fiscales *entre órganos componentes de una misma persona jurídica estatal* admite algunos matices[34]:

a) en el caso de que los dos órganos sean componentes de un mismo sistema orgánico (como es el caso de los ministerios dentro del poder ejecutivo), para el cambio en la afectación del uso de un bien será suficiente el dictado de un acto administrativo por parte del jerarca, lo que resultaría corroborado por lo dispuesto en el artículo 82 del TOCAF, a cuyo tenor "La autoridad superior de cada organismo público dispondrá del uso de los bienes inmuebles de su jurisdicción para el funcionamiento de los servicios a su cargo";

b) en el caso de que los dos órganos estén jerarquizados a una misma persona jurídica (v. gr., los órganos componentes de la Universidad de la República), por similares fundamentos a los de la hipótesis anterior, será posible operar la mutación de bienes fiscales mediante acto administrativo del jerarca, y

c) en el caso de que la mutación de bienes debiera verificarse entre dos sistemas orgánicos (p. ej., los poderes de gobierno) o entre dos órganos (como es el caso del Tribunal de Cuentas y de la Corte Electoral) equiordenados de una misma persona jurídica, debe acudirse a la ley aun cuando, desde el punto de vista conceptual, cabría imaginar alternativas convencionales interadministrativas entre los jerarcas respectivos.

[34] Carlos E. Delpiazzo, *Derecho administrativo general*, *op. cit.*, págs. 129 y ss.

VENEZUELA

LOS BIENES PÚBLICOS EN VENEZUELA

VÍCTOR RAFAEL HERNÁNDEZ-MENDIBLE*

1. INTRODUCCIÓN

El derecho de los bienes históricamente se ha abordado desde la perspectiva de los estudios del derecho civil y a través de este se advierte la distinción entre los bienes sujetos al régimen de derecho privado, en concreto al Código Civil y los bienes regidos por el derecho público, sujetos de manera preeminente al Derecho administrativo[1].

Esta distinción no se trata de una mera diferenciación académica sobre el estudio de los bienes, sino que la misma tiene encaje en la regulación de derecho positivo, en la cual se dispone que aquellas "cosas que pueden ser objeto de propiedad pública o privada son bienes muebles e inmuebles"[2] y las personas que pueden ser titulares de esa propiedad son las personas político-territoriales, es decir, la República, los estados que integran la Federación, los municipios, el distrito capital y demás entidades locales[3]. Las personas jurídicas institucionales como los establecimientos públicos (institutos autónomos) y demás personas jurídicas (sociedades, asociaciones, fundaciones) y las personas humanas[4]. Conforme a ello, lo fundamental para considerar una cosa como bien es la posibilidad jurídica de su sujeción o pertenencia a una persona.

El estudio y compresión de la propiedad pública, las características que la identifican y las personas que pueden ejercer su titularidad adquieren relevancia

* Doctor en Derecho y Post-doctor en Derecho y Nuevas Tecnologías. Profesor-Director del Centro de Estudios de Regulación Económica en la Universidad Monteávila y en la Universidad del Rosario. Miembro del Instituto Internacional de Derecho Administrativo (IIDA) y de la Red Internacional de Bienes Públicos (RIBP) y presidente de la Red Iberoamericana de Derecho de la Energía (RIDE). www.hernandezmendible.com

[1] JOSÉ ARAUJO JUÁREZ, *Derecho administrativo. Parte general,* Caracas, Ediciones Paredes, 2007, págs. 731 y 737.

[2] C. C., art. 525.

[3] ALLAN R. BREWER CARÍAS, "El Estado, la República y la Nación", precisión sobre las personas jurídicas estatales en la Constitución de 1999 y sobre el error en el incurrió la Sala Constitucional al confundir la 'Nación' con la 'República', en *Revista de Derecho Público,* núm. 134, Caracas, Editorial Jurídica Venezolana, 2013, págs. 207-211.

[4] C. C., art. 538.

ante el reconocimiento de la propiedad privada como un derecho fundamental, lo que ha ocurrido desde el inicio de la vida republicana en Venezuela[5].

En tal sentido, ante la existencia del derecho de propiedad privada, —que es considerado como sinónimo de dominio privado por la mejor doctrina[6]—, existen bienes que no son susceptibles de apropiación privada, bien sea porque el Estado se los ha reservado o porque los declara como propiedad pública y son considerados como bienes del dominio público[7].

Ello así, sin perjuicio de las precisiones que se harán posteriormente, se parte de la premisa de que la propiedad privada es aquella que se ejerce sobre los bienes privados muebles e inmuebles, regulados por el régimen jurídico privado; y la propiedad pública se relaciona con los bienes públicos muebles e inmuebles, que están sujetos a un régimen jurídico especial de derecho público[8].

El presente trabajo se orientará al estudio de los bienes públicos y dentro de ello se tratará de comprobar que la anterior hipótesis se encuentra acertada o que producto de la evolución normativa, se está en presencia de nuevos paradigmas.

En aras de una mayor claridad en la exposición de las ideas, el presente trabajo de dividirá en los siguientes aspectos a saber: las categorías de bienes públicos (2); las fuentes reguladoras y los titulares (3); la organización administrativa de los bienes públicos (4); las prerrogativas establecidas sobre los bienes públicos (5); los bienes públicos, su clasificación y distinción (6); el dominio privado (7); el dominio público (8); el dominio colectivo (9), y las consideraciones finales (10).

2. Las categorías de bienes públicos

Este epígrafe se dedicará al estudio tanto de las categorías de bienes públicos del dominio privado y del dominio público —entendidos como aquellos pertenecientes a las personas públicas[9]—, como a los del dominio colectivo, que necesariamente no pertenecen a persona alguna, sino a comunidades o grupos.

[5] Allan R. Brewer Carías, "El derecho de propiedad y la libertad económica. Evolución y situación actual en Venezuela", en *Estudios sobre la Constitución. Libro Homenaje a Rafael Caldera*, t. II, Caracas, Universidad Central de Venezuela, 1979, págs. 1139-1246.

[6] Luis E. Aveledo Morasso, *Las cosas y el derecho de las cosas. Derecho civil II*, Caracas, Paredes, 2006, pág. 153; María Candelaria Domínguez Guillén y Carlos Pérez Fernández, "El derecho de propiedad: breves notas para su sistematización", en *Revista Tachirense de Derecho*, núm. 31, San Cristóbal, UCAT, 2020, pág. 76.

[7] Allan R. Brewer Carías, "Adquisición de la propiedad privada por parte del Estado en el derecho venezolano", en *Revista de Control Fiscal*, núm. 94, Caracas, Contraloría General de la República, 1979, pág. 76.

[8] Allan R. Brewer Carías, *Derecho administrativo. Escritos de juventud (1959-1964)*, Caracas, Editorial Jurídica Venezolana, 2014, pág. 700.

[9] José Araujo Juárez, *Derecho administrativo. Parte general*, Caracas, Ediciones Paredes, 2007, pág. 275.

A) *El dominio privado*

El Código Civil no señala qué se debe entender por dominio privado, pero se puede deducir que este es el vínculo que une a la persona pública con sus bienes, de manera similar al que se establece entre la persona privada y los bienes de propiedad privada. Por argumentación en contrario, en principio integrarían los bienes públicos del dominio privado de las entidades político-territoriales, aquellos que no integran del dominio público, es decir, que no estén afectados a un uso público o la defensa nacional[10].

Estos bienes se encuentran sujetos a un régimen jurídico mixto, es decir, que aun cuando en una primera aproximación se podría pensar que existe una prevalencia del derecho privado y de manera complementaria se admitiría la aplicación de disposiciones de derecho público expresamente establecidas, en virtud de lo dispuesto en el artículo 544 del Código Civil, en una lectura más a fondo la doctrina científica ha llamado la atención sobre el tema, indicando que la redacción en realidad establece un orden de prelación donde el régimen general de los bienes del dominio privado será de derecho público —leyes especiales respectivas—, aunque distinto del que regula de manera general al dominio público y de manera supletoria se aplicarían las disposiciones del Código Civil[11].

Los bienes del dominio privado pueden enajenarse conforme a las leyes y por disposición constitucional, en el caso de bienes públicos nacionales, el ejecutivo nacional debe solicitar autorización del poder legislativo[12].

Dentro de los bienes del dominio privado el legislador menciona a todas las tierras, que estando situadas dentro de los límites del territorio nacional carecen

[10] Ana María Ruggeri, *Ordenación sistemática de la legislación vigente sobre bienes del Estado,* t. I, Caracas, Facultad de Ciencias Jurídicas y Políticas en la Universidad Central de Venezuela, 1981, pág. 47.

[11] Se señala que "la redacción del artículo 544 del Código Civil dejó la idea de que el régimen aplicable al dominio privado es básicamente el que el Código Civil establece para la propiedad privada a lo cual se le añaden algunas disposiciones derogatorias del derecho común, previstas en leyes especiales. Sin embargo, la realidad es otra: las normas constitutivas del régimen aplicable al dominio privado están mayoritariamente contenidas en esas leyes especiales, de carácter administrativo, las cuales son muy numerosas (Ley Orgánica de Hacienda Pública Nacional, Ley de Tierras Baldías y Ejidos, Leyes Estadales de Hacienda, ordenanzas de hacienda municipal, etc.), ya que en esta materia la producción ha sido más abundante que en relación con el dominio público; y el Código Civil funciona solo en los raros casos en que, en la legislación especial haya alguna laguna". Ana María Ruggeri, *Ordenación sistemática de la legislación vigente sobre bienes del Estado,* t. I, Caracas, Facultad de Ciencias Jurídicas y Políticas en la Universidad Central de Venezuela, 1981, págs. 48-49.

[12] Art. 187.12 de la Constitución. "En la doctrina científica", Eloy Lares Martínez, *Manual de derecho administrativo* (actualizada por Rodrigo Eloy Lares Bassa), 14ª ed., Caracas, Universidad Central de Venezuela, 2013, pág. 689.

de otro propietario. En tal caso, el Código Civil atribuye la propiedad a alguna entidad político-territorial en los siguientes términos: "Ante el supuesto que tales bienes se encuentren ubicados en el territorio del espacio que comprendía el Distrito Federal, los territorios o las dependencias federales se consideraban propiedad de la entidad político-territorial que constituye actualmente la República y en el escenario que se tratase de tierras que estuviesen dentro de los límites geográficos de los estados que integran la Federación, entonces serían propiedad de estos"[13]. Esta última previsión legal quedó derogada por la Constitución de 1999, al disponer que se constituyen en ejidos —es decir, propiedad pública de los municipios— las tierras baldías ubicadas en el área urbana, salvo que sean propiedad de los pueblos o comunidades indígenas[14].

Todos los bienes que dejen de estar destinados al uso público y a la defensa nacional pasan del dominio público al dominio privado[15].

Más recientemente se produjo una reforma normativa sobre los bienes públicos y en concreto al regular aquellos que integran el dominio privado, se dispone que se consideran como tales los que siendo propiedad del Estado o de algún ente público, "no están destinados al uso público, ni afectados a algún servicio público"[16].

En conclusión, la noción de bienes públicos del dominio privado es residual o negativa, por lo que el dominio privado de una entidad político-territorial lo integran todos los bienes que no son del dominio público.

B) *El dominio público*

El origen del dominio público se encuentra en las disposiciones del Código Civil expedidas en el último tercio del siglo XIX[17], que mantienen su desarrollo a través de las sucesivas reformas que llegan hasta el presente, en concreto, el capítulo III, título I, del Libro Segundo, en los artículos 538 al 544[18], regulan los bienes en relación con las personas a quienes pertenecen.

[13] C. C., art. 542.

[14] Art. 181 de la Constitución,.

[15] C. C., art. 541.

[16] Art. 6 del *Decreto con rango, valor y fuerza de Ley Orgánica de Bienes Públicos, Gaceta Oficial* núm. 6.155, de 19 noviembre 2014.

[17] Víctor R Hernández Mendible, "La formación, trayectoria, significado actual, estado de la doctrina y enseñanza del dominio público en Venezuela", en Fernando López Ramón y Orlando Vignolo Cueva (coords.), *El dominio público en Europa y América Latina*, Lima, Red Internacional de Bienes Públicos y Circulo de Derecho Administrativo, 2015, págs. 457-462.

[18] Instituto de Derecho Privado, *Código Civil de Venezuela. Artículos 525 al 544*, Caracas, Facultad de Ciencias Jurídicas y Políticas de la Universidad Central de Venezuela, 1991, págs. 339-611.

Es así como dispone que los titulares de los bienes son las entidades político-territoriales, que para el momento de su expedición se denominó como la Nación —actualmente la personificación jurídica territorial nacional le corresponde a la República—, los estados que integran la Federación, los municipios, los establecimientos públicos y demás personas jurídicas públicas[19]. Respecto a los tres primeros sujetos de derecho que constituyen las entidades político-territoriales, se considera que los bienes son del dominio público y del dominio privado[20].

Luego señala que los bienes del dominio público son de uso público o de uso privado de las entidades político-territoriales que son sus titulares[21] y agrega que estos bienes deben estar destinados al uso público o a la defensa nacional, porque de lo contrario, cuando no tengan tal uso o cesen en ese destino pasarán del dominio público al dominio privado de sus titulares[22].

También se estableció que los bienes del dominio público son inalienables; mientras que aquellos que son del dominio privado pueden enajenarse de conformidad con las leyes que le conciernen[23].

Las entidades político-territoriales y las demás personas jurídicas están sujetos a la prescripción de sus bienes patrimoniales, de la misma manera que los particulares. Únicamente la prescripción no tiene efecto respecto de los bienes que están fuera del comercio[24].

Las anteriores son las premisas de derecho positivo que inicialmente debían servir a la doctrina científica y a la jurisprudencia para desarrollar la teoría de los bienes públicos y del régimen del dominio público durante el siglo XX.

En efecto, la teoría general de los bienes públicos, así como su régimen jurídico había sido objeto de poco desarrollo por la doctrina científica iusadministrativa[25], que se había dedicado más específicamente a determinadas categorías de bienes —minas, hidrocarburos y aguas—, pero no al estudio de manera integral.

A esta carencia debía añadirse la ausencia de una legislación que de manera sistemática identificase y regulase tales bienes y las modalidades de utilización. Es así como resultaba "curiosa la ausencia *absoluta* de regulaciones

[19] C. C., art. 538.

[20] C. C., art. 539.

[21] C. C., art. 540.

[22] C. C., art. 541.

[23] C. C., art. 543.

[24] C. C., arts. 1959 y 1960.

[25] Cfr. Víctor R Hernández Mendible, "La formación, trayectoria, significado actual, estado de la doctrina y enseñanza del dominio público en Venezuela", cit., págs. 449-455.

positivas para determinadas categorías de bienes que requieren de tratamiento especializado; tal es el caso, por ejemplo, de las playas y costas de mar"[26].

Cabe destacar que la Constitución de 1961 no contenía referencia concreta a los bienes del dominio público o a la propiedad pública de la República, únicamente reconocía expresamente la existencia de los bienes inmuebles del dominio privado de la Nación (*rectius*: República)[27]. En tanto si contenía referencia a los bienes públicos municipales, al declarar los ejidos como imprescriptibles e inalienables, salvo las excepciones indicadas en el mismo texto[28].

Como consecuencia de esta escueta regulación de jerarquía constitucional durante el pasado siglo, que orientase la conceptualización de la noción, el operador jurídico se vio forzado a acudir a la legislación ordinaria, entiéndase, el Código Civil y las escasas disposiciones contenidas en leyes especiales, a los fines de formular la teoría del dominio público.

En la realidad jurídica actual, el concepto de dominio público se mantiene en su noción más ortodoxa, conforme a la descripción constitucional, legal, de la mayoría de la doctrina científica y de la jurisprudencia. Así lo entienden y aplican los distintos operadores jurídicos, en razón de que la realidad plantea una omnipresencia del Estado, que tiene una intensa intervención en todos los sectores y que se manifiesta tanto sobre los bienes como en las actividades económicas.

La mejor verificación de ello es que la Constitución de 1999, enmendada en 2009, contempla diversas disposiciones, que tienden a la constitucionalización de lo que se encontraba establecido en la legislación o incluso califica por vez primera a determinados bienes como del dominio público nacional.

Por otro lado, la tradición constitucional iniciada en 1925, respecto de los bienes del dominio público municipal con sus sucesivas modificaciones, se mantiene al establecer que los ejidos son imprescriptibles e inalienables, salvo los supuestos reconocidos en la Constitución. Sin embargo, se introduce una novedad al establecer que los terrenos ubicados en las áreas urbanas de los municipios, que carezcan de propietarios son considerados ejidos, sin perjuicio de los legítimos derechos de terceros, que se hayan constituido válidamente[29]. Adicionalmente se produce un cambio importante: por disposición constitucional las tierras baldías que anteriormente eran reconocidas por ley, como bienes del dominio privado de los estados que integran la Federación, en la medida que se encuentren ubicadas en el área urbana de los municipios

[26] Ana María Ruggeri, *Ordenación sistemática de la legislación vigente sobre bienes del Estado, op. cit.*, pág. 2.

[27] Art. 150.2 de la Constitución.

[28] Art. 32 de la Constitución.

[29] Art. 181 de la Constitución.

quedan trasferidos a estos como ejidos, es decir, como bienes del dominio público municipal[30]. De esta modificación quedan excluidas las tierras que pertenecen a las comunidades y pueblos indígenas, que tienen su propio régimen constitucional y legal.

No obstante, siguiendo la clasificación tradicional se puede distinguir entre el dominio público natural y el dominio público artificial[31], a los que se hará una breve referencia inmediatamente, no sin antes advertir que la distinción efectuada por la doctrina científica a partir del Código Civil, entre ambos tipos de bienes del dominio público es rechazada por BREWER-CARÍAS, quien la considera irrelevante[32].

a) *El dominio público natural.* La noción dominio natural o necesario se refiere a aquellos bienes que integran el dominio público cuya presencia en un espacio geográfico es producto de la naturaleza y que no han experimentado una intervención humana para su existencia.

Conforme a la definición, estos bienes serían del dominio público natural terrestre, marítimo, fluvial, lacustre o aéreo —sin que todas constituyan categorías pacíficamente aceptadas— y según lo que señala el Código Civil, se ubicarían en esta categoría aquellos bienes que constituyen caminos naturales, lagos y ríos u otros de semejante naturaleza[33].

El reconocimiento del dominio público natural requiere de una actuación de los órganos del poder constituyente o del poder legislativo para su declaración formal, en la medida que suponen una afectación del derecho fundamental de propiedad y una sustracción *ad cautelam* de su eventual apropiación futura.

Esta declaración además constituye el título jurídico por el cual el Estado ejercerá la titularidad sobre tales bienes, con sujeción al ordenamiento jurídico.

b) *El dominio público artificial.* El dominio artificial, también denominado accidental —aunque esta expresión es menos frecuente y se emplea según la influencia doctrinal que se siga— lo componen el conjunto de bienes que integran el dominio público, cuya existencia se produce por el resultado de las actividades humanas en un espacio geográfico.

El legislador ubica en esta categoría a los caminos construidos, las murallas, los fosos, los puentes de las plazas de guerra y demás bienes semejantes[34].

[30] Ley Orgánica del Poder Público Municipal, art. 131.1, *Gaceta Oficial* núm. 6.015, de 28 diciembre 2010.

[31] ANA MARÍA RUGGERI, *Ordenación sistemática de la legislación vigente sobre bienes del Estado*, *op. cit.*, pág. 37.

[32] ALLAN R. BREWER CARÍAS, "Adquisición de la propiedad privada por parte del Estado en el derecho venezolano", cit., pág. 26.

[33] C. C., art. 542.

[34] C. C., art. 542.

El reconocimiento del dominio público artificial supone una previa declaración genérica de utilidad pública e interés social, por el órgano que ejerce el poder legislativo y luego una declaración formal específica de afectación por la autoridad administrativa competente, a un uso público o al uso de todos; y de uso privado o afectados al uso exclusivo de sus titulares.

Sin embargo, se ha admitido que la afectación también puede ser tácita, sin necesidad de una declaración formal, en atención al destino de los bienes al uso público o al funcionamiento del servicio público.

En consecuencia, esta declaración constituye el título habilitante a través del cual el Estado ejercerá la titularidad sobre tales bienes, con sujeción al ordenamiento jurídico.

C) *El dominio colectivo*

El dominio colectivo comprende el conjunto de bienes que son calificados constitucional o legalmente como del dominio público, cuya titularidad estos textos atribuyen a una comunidad o un grupo de personas, que tienen sentido de pertenencia e intereses comunes que los vinculan a dichos bienes, cuyo destino no puede ser cambiado libremente y su disfrute es para beneficio de todos los integrantes o asociados de esa comunidad o grupo.

En este contexto se observa que ha sido la Constitución la norma que reconoce esta categoría de dominio sobre bienes inmuebles como la tierra de los pueblos indígenas[35] o los bienes culturales e intelectuales de determinados colectivos[36].

El dominio público colectivo se traduce en un derecho colectivo de los pueblos indígenas y comunidades ancestrales, para que una vez reconocida la capacidad jurídica colectiva en el ordenamiento jurídico[37], disfruten de plena protección de su propiedad, con sujeción a lo contemplado en el bloque de convencionalidad y la jurisprudencia interamericana sobre derechos humanos de los pueblos indígenas[38].

[35] Art. 119 de la Constitución.

[36] Art. 124 de la Constitución.

[37] Corte IDH, *caso Pueblo Saramaka vs. Surinam*, Excepciones Preliminares, Fondo, Reparaciones y Costas, sent. 172, de 28 de noviembre de 2007, serie C, párr. 194.b); *caso Pueblos Kaliña y Lokono vs. Surinam*. Fondo, Reparaciones y Costas, sent. 309, de 25 de noviembre de 2015, serie C, párr. 279. En este último se dice de manera muy clara que "[...] a fin de lograr una reparación integral de las violaciones acreditadas, a través de la restitución de los derechos conculcados, corresponde al Estado adoptar las siguientes medidas: i) Respecto de la personalidad jurídica y la propiedad colectiva a) otorgar a los Pueblos Kaliña y Lokono el reconocimiento legal de la personalidad jurídica colectiva correspondiente con la comunidad que ellos integren, con el propósito de garantizarles el ejercicio y pleno goce de su derecho a la propiedad de carácter colectiva, así como el acceso a la justicia como comunidad [...]".

[38] Corte IDH, *caso Comunidad Mayagna (Sumo) Awas Tingni vs. Nicaragua*, Fondo, Reparaciones y Costas, sent. 79, de 31 de agosto de 2001, serie C, párr. 151; *caso Comuni-*

3. Las fuentes reguladoras y los titulares

La reforma constitucional de 1999 constitucionalizó varios de los bienes públicos y estableció los fundamentos para su regulación, así como la distribución de competencias que corresponden a los órganos que ejercen el poder público. Seguidamente se analizarán tantos las normas esenciales reguladoras de los bienes públicos, como las reglas de atribución de titularidad.

A) *La regulación general del dominio público*

Conforme al ordenamiento jurídico vigente se analizarán el texto constitucional, el decreto con rango, valor y fuerza de ley orgánica de bienes públicos y el Código Civil, que comprende el marco jurídico general, sin perjuicio de aquellas disposiciones que contengan las leyes especiales.

a) *Las disposiciones constitucionales.* Corresponde iniciar señalando que el artículo 11 de la Constitución contiene una declaración sobre los bienes, que no se encuentra dirigida ni a regular la titularidad, ni la destinación, sino al reconocimiento expreso de soberanía de la República sobre el espacio continental, el insular, el mar territorial, la zona marítima contigua, la plataforma continental y la zona económica exclusiva. Además, se reconocen derechos en el espacio ultraterrestre suprayacente y en las áreas que se consideran patrimonio común de la humanidad.

Esto es complementado por lo dispuesto en el artículo 13 de la Constitución, el cual estableció que en ningún caso el espacio que comprende el territorio nacional podrá ser cedido, traspasado, arrendado, ni en forma alguna enajenado, total, parcial o incluso temporalmente.

A continuación, se hará referencia a algunos de los bienes declarados del dominio público en la Constitución.

a') *El dominio público de las minas, hidrocarburos y costas.* Se deben destacar las disposiciones constitucionales, que a partir de la reforma introdujeron específicamente la calificación de determinados bienes como del dominio público.

Es así como el artículo 12 de la Constitución expresamente dispone que:

Los yacimientos mineros y de hidrocarburos, cualquiera que sea su naturaleza, existentes en el territorio nacional, bajo el lecho del mar territorial, en

---

dad Moiwana vs. Surinam, Excepciones Preliminares, Fondo, Reparaciones y Costas, sent. 124, de 15 de junio de 2005, serie C, párrs. 133-134; *caso Comunidad Indígena Yakye Axa vs. Paraguay*, Fondo Reparaciones y Costas, sent. 125, de 17 de junio de 2005, serie C, párr. 131; *caso Comunidad Indígena Sawhoyamaxa vs. Paraguay*, Fondo, Reparaciones y Costas, sent. 146, de 29 de marzo de 2006, serie C, párr. 130; *caso del Pueblo Saramaka vs. Surinam*, Excepciones Preliminares, Fondo, Reparaciones y Costas, sent. 172, de 28 de noviembre de 2007, serie C, párrs. 90-91.

la zona económica exclusiva y en la plataforma continental, pertenecen a la República, son bienes del dominio público y, por tanto, inalienables e imprescriptibles. Las costas marinas son bienes del dominio público.

Esta novedosa disposición sin precedentes a nivel constitucional, carece de técnica legislativa por falta de sistematización, pues en la misma se regulan tres categorías de bienes que fueron demanializados constitucionalmente, pero de manera diferenciada. La primera son los yacimientos mineros que son considerados titularidad de la República; el segundo son los yacimientos de hidrocarburos que también son declarados propiedad de la República; y la tercera son las costas marinas, que no fueron declarados expresamente de titularidad de la República; no obstante esta última tiene en común como las dos primeras categorías que son considerados bienes del dominio público, aunque cabe advertir que el Constituyente predica que los dos primeros son inalienables e imprescriptibles, pero pese a considerar bienes del dominio público a las costas marinas, no mencionó nada respecto a su condición de inalienabilidad e imprescriptibilidad. Siendo que ambas son ínsitas a la declaración de dominio público de determinados bienes, no se comprende por qué la Constitución en esta norma no brinda un trato integral al asunto y respecto a unos bienes destaca esa condición y respecto a otro no.

b') *El dominio público de las aguas*. El artículo 304 de la Constitución introduce otra novedad constitucional, con respecto a una categoría de bienes que no gozaba de otra referencia en el texto constitucional anterior, que no fuese para establecer la competencia al Poder Legislativo en cuanto a la expedición de su régimen jurídico[39]. En este caso se trata de la constitucionalización de las aguas como bienes del dominio público[40]. Al respecto el artículo mencionado dispone:

[39] Víctor R Hernández Mendible, "El servicio público de agua potable y saneamiento", en V. R. Hernández-Mendible (Dir.), *Los servicios públicos domiciliarios*, Caracas, Editorial Jurídica Venezolana -Fundación del Estudios de Derecho Administrativo (FUNEDA) - Centro de Estudios de Regulación Económica de la Universidad Monteávila (CERECO-UMA), 2012, págs. 47-54.

[40] Sostiene Allan Brewer Carías, que "este principio constitucional y legal conlleva cuatro consecuencias centrales: en primer lugar, la necesidad de que en un Estado federal como el venezolano, la titularidad del dominio público corresponda a una de las entidades político territoriales, que debe ser la República: en segundo lugar, la necesidad de establecer una autoridad única de las aguas en el nivel nacional, la cual se regula en la Ley de Aguas y que se atribuye al Ministerio con competencia en la materia, que es el Ministerio del Ambiente y de los Recursos Naturales Renovables: en tercer lugar, la necesidad de que jurídicamente no se diferencien las aguas según su estado, como ahora lo hace la Ley de Aguas, sean superficiales, subterráneas, aptas o no para la navegación, dulces, salobres, saladas o mineralizadas, como tampoco las aguas termales y de las de los manantiales; y en cuarto lugar, la necesidad de que haya un único régimen de aprovechamiento, protección y control, que es el que ahora se establece en la Ley de Aguas". *Ley de Aguas*, Caracas,Editorial Jurídica Venezolana, 2007, pág. 17.

Todas las aguas son bienes de dominio público de la Nación, insustituibles para la vida y el desarrollo. La ley establecerá las disposiciones necesarias a fin de garantizar su protección, y aprovechamiento y recuperación, respetando las fases del ciclo hidrológico y los criterios de ordenación del territorio.

Se debe señalar que la norma citada demanializa las aguas atribuyéndolas a la Nación[41], no a la República como había hecho la otra disposición constitucional antes referida. Tampoco contiene una mención expresa a su condición de inalienabilidad e imprescriptibilidad.

Un aspecto relevante a destacar —sin extenderse en él por exceder los límites de este trabajo—, es que al entrar en vigencia la demanialización constitucional de todas las aguas, se produjo una derogación de las disposiciones del Código Civil, que admitían la propiedad privada sobre algunas aguas. Ello generó como consecuencia adicional, que los propietarios de las fincas, los fundos o los predios privados que tenían derecho a apropiarse y utilizar las aguas en los términos permitidos por el derecho común, vieron extinguido su derecho de propiedad sobre las aguas, con la consecuente disminución patrimonial del valor de su finca, fundo o predio, al no poder utilizar libremente aunque conforme a los usos y costumbres, el agua para el riego, el abrevadero, la piscicultura o la recreación.

Esto debió plantear el tema de la responsabilidad del Estado por acto legítimo, es decir, por acto normativo del Poder Constituyente que extinguió el derecho de propiedad privada sobre las aguas, que estaba reconocido con anterioridad a la expedición y entrada en vigencia de la reforma constitucional y que traslado la titularidad de todas las aguas a la Nación[42].

[41] Tribunal Supremo de Justicia en Sala Constitucional, sent. 285, de 4 de febrero de 2004.

[42] Se debe mencionar que el art. 539 del C. C., dispone que los lagos y ríos son bienes del dominio público, pero admite que las aguas de los ríos pueden apropiárselas los particulares, siempre que se den las condiciones allí mencionadas. Igualmente, los arts. 650 y 651 de C. C., reconocían la propiedad privada de los manantiales; así como los arts. 656 y 657 del mismo Código, establecían que el propietario o poseedor de las aguas podía servirse libremente de ellas y disponer de las mismas en favor de otros, siempre que no se oponga a ello un justo título o un título de prescripción e igualmente se reconocía el derecho de los propietarios del agua a oponerse a los desmontes que pretendan hacer los propietarios de los fundos superiores en las cabeceras de los ríos o vertientes que se la suministran, siempre que dichos desmontes pudieran disminuir las aguas que usaban. Al entrar en vigencia la reforma constitucional de 1999, estás disposiciones legales quedaron derogadas por virtud de lo dispuesto en la Disposición derogatoria única de la Constitución, que es norma de superior jerarquía y posterior. El asunto es que a los propietarios o poseedores a quienes se les extinguieron los derechos no fueron indemnizados como exige la garantía expropiatoria también establecida en la Constitución, sino que por vía legal, en la Ley de Aguas expedida el 2 de enero de 2007, se estableció en las Disposiciones Transitoria Primera, Segunda y Tercera, un régimen de exención de pago de canon por el uso de las aguas, durante un período de veinte años, pretendiendo con ello sustituir la justa indemnización por la extinción del derecho de propiedad que exige la Constitución.

c') *Una atípica demanialidad de los bienes culturales.* La Constitución se refiere a los valores de la cultura, que se consideran un bien irrenunciable del pueblo y un derecho fundamental que el Estado debe garantizar y proteger para enriquecer, conservar y restaurar el patrimonio cultural, tangible e intangible y la memoria histórica de la Nación.

En razón de ello establece que los bienes que integran el patrimonio cultural de la Nación son inalienables, imprescriptibles e inembargables[43]. Aquí cabe destacar que este patrimonio cultural no es declarado formal y expresamente en la Constitución como bien del dominio público, pero sí se le atribuyen todas las características de tales bienes.

Lo anterior permite nuevamente observar la notable falta de sistemática en el tratamiento que la Constitución le otorgó a los bienes, que fueron declarados del dominio público en ese texto jurídico.

d') *El dominio público municipal.* En oportuno recordar lo expuesto anteriormente, en lo relacionado a que los ejidos son considerados imprescriptibles e inalienables, salvo los supuestos reconocidos en la Constitución, siempre que las excepciones se den con sujeción a los procedimientos legales[44].

b) *El decreto con rango, valor y fuerza de ley de bienes públicos.* Conviene tener presente la premisa que la legislación reguladora de los bienes del dominio público no se encuentra codificada, sino que la integran un conjunto de disposiciones dispersas que conservan su génesis en el Código Civil[45] y de disposiciones contenidas en leyes especiales que han experimentado cambios en su interpretación y aplicación, en virtud del decreto con rango, valor y fuerza de Ley orgánica de bienes públicos[46], que deroga expresamente toda la normativa general en la materia.

Este texto comienza declarando su carácter de orden público[47] y luego señala que sus disposiciones "se aplicarán con preferencia a cualquier otra del

[43] Art. 99 de la Constitución.

[44] Art. 181 de la Constitución.

[45] ARMANDO RODRÍGUEZ, "Apuntes sobre el régimen patrimonial de los bienes públicos y la articulación territorial del Estado (A propósito del decreto con rango, valor y fuerza de Ley Orgánica de Bienes Públicos)", en *Decreto con rango, valor y fuerza de Ley Orgánica de Bienes Públicos*, Caracas, Universidad Central de Venezuela-CAJO, 2014, pág. 18.

[46] *Gaceta Oficial* núm. 39.952, de 26 de junio de 2012, reformada según *Gaceta Oficial* núm. 6.155, de 19 de noviembre de 2014.

[47] En la doctrina científica se ha denunciado que "La contradicción e incoherencia que domina el eje teleológico del decreto-ley, se hacen más evidentes y destacadas, cuando se pretende imponer una absurda primacía desde sus propias normas, autoasignándose el carácter de orden público y acentuando que se aplicarán con preferencia a cualquier otra del mismo rango. Lo que pone de manifiesto el desconocimiento de los principios y técnicas propios de la disciplina jurídica que, en su construcción y aplicación, se manifiesta como un espacio lógico

mismo rango"[48]. No obstante, este texto jurídico reconoce validez y vigor a las disposiciones contenidas en las leyes especiales, al disponer lo siguiente[49]:

Las normas contenidas en leyes especiales, que regulen los bienes a que se refiere este Título, se aplicarán en tanto no contradigan las disposiciones establecidas en el presente decreto con rango, valor y fuerza de ley orgánica.

Según esta disposición, las normas contenidas en leyes especiales que regulen los bienes públicos se deben aplicar en cuanto no contradigan las contenidas en este texto jurídico, pero conforme al artículo que lo declara de orden público, las disposiciones del decreto ley terminarían siendo de aplicación preferente a las contenidas en las leyes especiales, aunque estas no la contradigan.

Esto se traduce en la aplicación de los textos jurídicos en el siguiente orden: En primer lugar, las disposiciones del decreto ley, por su carácter de orden público y de aplicación preferente; y en segundo lugar, por las disposiciones contenidas en las leyes especiales que no contradigan el decreto ley, que serían de aplicación supletoria.

Sin embargo, esta afirmación preliminar aparentemente luce reñida, con la disposición del mismo decreto ley que establece expresamente que los bienes públicos se "regirán por sus respectivas leyes y solo supletoriamente por lo establecido en el presente decreto con rango, valor y fuerza de ley orgánica"[50].

Inmediatamente, procede a enumerar las categorías de bienes que se rigen preferentemente por sus respectivas leyes, resultando el decreto ley de aplicación supletoria. Estos son los siguientes:

1. Los yacimientos mineros y de hidrocarburos, cualquiera que sea su naturaleza, existentes en el territorio nacional, bajo el lecho del mar territorial, en la zona económica exclusiva y en la plataforma continental.

2. Los espacios lacustre y fluvial, mar territorial, áreas marinas interiores, históricas y vitales, las comprendidas dentro de las líneas de base recta que ha adoptado o adopte la República; las costas marinas; el suelo y subsuelo de estos; el espacio aéreo continental, insular, marítimo y los recursos que en ellos se encuentran, incluidos los genéticos, los de las especies migratorias, sus productos derivados y los componentes intangibles que por causas naturales allí se hallen.

---

deontológico, con sus propias reglas y principios". ARMANDO RODRÍGUEZ, "Apuntes sobre el régimen patrimonial de los bienes públicos y la articulación territorial del Estado (A propósito del Decreto con rango, valor y fuerza de Ley Orgánica de Bienes Públicos)", cit., pág. 34.

[48] Decreto Ley de Bienes Públicos, art. 3.

[49] Decreto Ley de Bienes Públicos, art. 14.

[50] Decreto Ley de Bienes Públicos, art. 15.

3. Los bienes públicos asignados directamente a la seguridad y defensa de bienes y personas.

4. El espectro radioeléctrico[51].

5. Las tierras baldías[52].

6. Las tierras propiedad del Instituto Nacional de Tierras y aquellas que en virtud de la ley le pertenezcan.

7. Los bienes públicos empleados directamente por las Industrias Básicas Pesadas, de las que el Estado es accionista, que tienen por objeto el aprovechamiento y transformación de los recursos naturales.

8. Los bienes públicos involucrados en los procedimientos de privatizaciones.

9. Los estupefacientes y sustancias psicotrópicas, así como las sustancias químicas, precursoras y esenciales, susceptibles de ser utilizadas en la fabricación ilícita de drogas.

10. Los haberes de los fondos públicos de prestaciones, pensiones y jubilaciones.

11. Los bienes de valor artístico e histórico propiedad de la República, los estados, los municipios o los distritos, sin que ello constituya obstáculo para que sean incluidos en los registros de bienes, establecidos en el Decreto Ley de Bienes Públicos.

En esta enumeración se incluyen tanto los bienes públicos propiamente tales, como bienes que ni el decreto ley, ni las leyes especiales han calificado ni califican como públicos.

Debe señalarse que la enumeración además de exceder el objeto que persigue el decreto ley, es incompleta, pues dejó sin reconocer que existen bienes públicos —distintos de los históricos y artísticos— de los estados y los municipios, regidos por leyes especiales, que no fueron mencionados en lo que respecta a la aplicación preferente de estas con respecto al decreto ley.

Lo anterior no constituye una mera disquisición teórica, sino que plantea problemas a la hora de aplicar el ordenamiento jurídico, sin lagunas, ni vacíos, ni contradicciones, situación a la que el decreto ley no contribuye.

[51] Sobre la impropiedad de considerar al espectro radioeléctrico como un bien del dominio público, se recomienda Víctor R. Hernández-Mendible, *Telecomunicaciones. Regulación y competencia*, Caracas, Editorial Jurídica Venezolana-FUNEDA, 2009, págs. 522-527.

[52] Las tierras baldías que conforme al art. 542 del C. C. tradicionalmente habían sido consideradas bienes del dominio privado, experimentaron la demanialización a partir de la entrada en vigor de la Ley de Tierras y Desarrollo Agrario, publicada en *Gaceta Oficial* núm. 37.323, de 13 de noviembre de 2001, reformada según *Gaceta Oficial* núm. 5.771, de 18 de mayo de 2005 y nuevamente según *Gaceta Oficial* núm. 5.991, de 29 de julio de 2010.

Por otro lado, si se analizan las disposiciones de la Ley Orgánica del Poder Público Municipal[53], en principio se puede comprender el sistema de fuentes establecido en el ámbito municipal, conforme al cual "Los municipios y las entidades locales se regirán por las normas constitucionales, las disposiciones de la presente ley, la legislación aplicable, las leyes estadales y lo establecido en las ordenanzas y demás instrumentos jurídicos municipales"[54] y en lo que respecta a los bienes municipales se dispuso que "La adquisición, enajenación, administración, conservación, custodia, mejora, restitución, desincorporación y demás operaciones que tengan por objeto bienes municipales se rigen por las ordenanzas y reglamentos dictados en la materia por los municipios. La legislación sobre bienes nacionales se aplicará con carácter supletorio en cuanto sea procedente"[55].

Según ambas disposiciones que integran el estatuto municipal, el orden de las fuentes normativas que regulan concretamente los bienes públicos serían[56]:

1. La Constitución de la República.
2. La Ley orgánica del poder público municipal.
3. Las ordenanzas y los reglamentos dictados por los municipios.
4. l Decreto Ley de Bienes Públicos.

No obstante, la diafanidad normativa del régimen municipal, ella se ensombrece cuando se expide el decreto ley que rige los bienes públicos, pues el artículo 15 de este texto, al omitir la referencia a la aplicación supletoria de dicho decreto ley a la legislación municipal podría llevar a la conclusión que en materia de bienes públicos municipales y conforme a los artículos 3 y 14 del mismo decreto ley, sus disposiciones son de aplicación preferente y solo supletoriamente serían las contenidas en los textos municipales.

Todo lo anterior pone de manifiesto algunos de los problemas que deben enfrentar los operadores jurídicos al momento de estudiar, analizar e interpretar las disposiciones vigentes, para definir la jerarquía en el sistema de fuentes que deben aplicar cuando van a resolver un determinado asunto.

B) *Los sujetos titulares de bienes públicos*

Lo primero que se debe mencionar es que el decreto ley denomina como bienes públicos, tanto a los que integran el dominio público como el dominio

[53] *Gaceta Oficial* núm. 6.015, de 28 de diciembre de 2010.

[54] Ley Orgánica del Poder Público Municipal, art. 5.

[55] Ley Orgánica del Poder Público Municipal, art. 135.

[56] Alejandro Canónico, *Sinopsis sobre la regulación de los bienes públicos en Venezuela, Decreto con rango, valor y fuerza de Ley Orgánica de Bienes Públicos*, Caracas, Universidad Central de Venezuela-CAJO, 2014, pág. 53.

privado de los entes que conforman lo que se denomina sector público[57]. Esta referencia no es casual, sino que guarda cierta identidad con el capítulo II, título I, del Libro Segundo del Código Civil, que regula los bienes "en relación a las personas a quienes pertenecen"[58].

Este sector público se encuentra integrado por un grupo de sujetos de derecho, que lo constituyen las entidades político-territoriales, la Administración Pública descentralizada funcionalmente, el Banco Central de Venezuela y las universidades de gestión pública.

La enumeración establecida permite advertir que se ha instaurado una ampliación de los sujetos que pueden ser titulares de bienes públicos —aunque ya se había establecido un precedente en el art. 95 de la Ley de Tierras y Desarrollo Agrario—, pues a la titularidad de dichos bienes que la tradición legislativa y doctrinal le había reconocido a las entidades político-territoriales; ahora se incorporan otras personas jurídicas públicas que también pueden ser titulares de bienes del dominio público o del dominio privado, dado que el decreto ley no hace distinción respecto a estos sujetos. Como toda clasificación que se realiza de manera irracional, terminan existiendo bienes públicos que no encuadran en ninguna de las categorías de bienes nacionales, estadales, municipales y distritales, como sucede con aquellos que pertenecen tanto al Banco Central de Venezuela como a las universidades de gestión pública[59].

4. La organización administrativa de los bienes públicos

Bajo el epígrafe de organización administrativa se abordarán tres temas: El primero versará sobre la competencia de los órganos administrativos especializados; el segundo se relacionará con los inventarios administrativos; y, el tercero se referirá al registro de bienes públicos.

A) *Los órganos especializados*

El ordenamiento jurídico ha creado lo que se ha denominado el Sistema de Bienes Públicos, que lo integran tanto reglas como entes y órganos. Las reglas vienen dadas por los principios, normas y procedimientos que persiguen regular de manera integral y coherente, la adquisición, uso, administración, mantenimiento, registro, supervisión y disposición de los bienes públicos, por sus titulares y demás gestores, con sujeción a las políticas que establezca la autoridad rectora[60].

[57] Decreto Ley de Bienes Públicos, art. 4.

[58] C. C., arts. 538 y 539.

[59] Decreto Ley de Bienes Públicos, art. 5.

[60] Decreto Ley de Bienes Públicos, art. 16.

Los entes y órganos son tantos los sujetos de derecho titulares como los órganos de gestión, que adquieren, usan, administran, mantienen, registran, supervisan y disponen de los bienes públicos. En esta perspectiva subjetiva también se encuentra la autoridad rectora. Es así como el legislador menciona dentro de los órganos y entes que integran el Sistema de Bienes Públicos, a las siguientes administraciones públicas[61]:

1. La Superintendencia de bienes públicos, que debe actuar como la autoridad administrativa rectora del Sistema.

La Superintendencia es órgano administrativo, de carácter desconcentrado especializado, sin personalidad jurídica, adscrito al Ministerio de Finanzas, con una autonomía cualificada en materia económica, técnica y capacidad de gestión administrativa, operativa, presupuestaria, financiera y de disposición, que tiene atribuida la rectoría del Sistema de Bienes Públicos. La organización, autogestión y funcionamiento de la Superintendencia de Bienes Públicos se debe establecer en el reglamento interno, que se deberá expedir con sujeción a lo estipulado en la Ley Orgánica de la Administración Pública[62].

2. Las máximas autoridades de los órganos y entes que conforman el sector público, en los términos definidos en el Decreto Ley de Bienes Públicos.

El denominado sector público se encuentra integrado por un grupo de sujetos de derecho, que lo constituyen las entidades político-territoriales, la Administración Pública descentralizada funcionalmente, el Banco Central de Venezuela y las universidades de gestión pública[63].

La enumeración anterior permite advertir que se ha instaurado una ampliación de los sujetos que pueden ser titulares de bienes públicos —aunque ya se había establecido un precedente en el artículo 95 de la Ley de Tierras y Desarrollo Agrario—. La tradición legislativa y doctrinal había reconocido la titularidad de dichos bienes a las entidades político-territoriales; ahora se ha incorporado a otras personas jurídicas públicas que también pueden ser titulares de bienes públicos del dominio público o del dominio privado, dado que el decreto ley no hace distinción respecto a estos sujetos.

Con independencia de los sujetos que pueden ser titulares de los bienes públicos, se introduce una categorización de los bienes en función de las entidades político-territoriales y de los entes descentralizados funcionalmente de dichas entidades, que pueden ser sus titulares. Pero como sucede con toda clasificación que se realiza de manera irracional, terminan existiendo bienes públicos que no encuadran en ninguna de las categorías de bienes nacionales,

[61] Decreto Ley de Bienes Públicos, art. 19.

[62] Decreto Ley de Bienes Públicos, art. 22.

[63] Decreto Ley de Bienes Públicos, art. 4.

estadales, municipales y distritales, como sucede con aquellos que pertenecen al Banco Central de Venezuela o las universidades de gestión pública[64].

3. Las unidades encargadas de la administración y custodia de los bienes públicos, en los órganos y entes que conforman el sector público, quienes son responsables patrimoniales.

Tales unidades administrativas responsables patrimonialmente son creadas por el decreto ley, en cada órgano y ente del sector público antes mencionados y deberán actuar con sujeción al mencionado decreto ley, sus reglamentos y a las normas que expida la autoridad rectora, en lo relativo a la adquisición, uso, mantenimiento, registro y disposición de sus bienes y de los que se encuentren a su cargo[65].

Estas autoridades deben funcionar bajo los criterios de cooperación y colaboración, con basamento en las normas, lineamientos, directrices y pautas técnicas dictadas por la Superintendencia de Bienes Públicos.

Aunque el decreto ley dispone que son de obligatorio cumplimiento para los estados, municipios, distritos, distritos metropolitanos, entes públicos no territoriales, demás entes y organismos que conforman estos niveles de gobierno, tanto el propio decreto ley, sus reglamentos y las normas que dicte la Superintendencia de Bienes Públicos, relacionadas con el registro, conservación y mantenimiento de bienes públicos, tal regulación constituye un exceso por desconoce la autonomía que constitucionalmente tienen atribuidos los estados y los municipios, quienes en el ámbito de sus competencias constitucionales y legales no pueden ser supervisados, ni controlados por las autoridades administrativas nacionales, sino únicamente por los órganos del poder judicial.

Finalmente cabe destacar que los órganos y entes del sector público, en el ámbito de sus competencias, colaborarán con la Superintendencia de Bienes Públicos y esta los apoyará fomentando la corresponsabilidad.

B) *Los inventarios administrativos*

La regulación de la elaboración de los inventarios de los bienes públicos es muy escueta.

En efecto, el decreto ley ordena que tanto las instituciones privadas como las personas naturales que por cualquier concepto usen, posean, administren o tengan bajo su custodia bienes y derechos propiedad del sector público tienen la obligación de proporcionar los datos y los informes que les solicite la Superintendencia de Bienes Públicos, así como remitirle los registros o inventarios de tales bienes[66].

[64] Decreto Ley de Bienes Públicos, art. 5.

[65] Decreto Ley de Bienes Públicos, art. 21.

[66] Decreto Ley de Bienes Públicos, art. 48.

En ejercicio de sus competencias normativas, la Superintendencia estableció entre las funciones de las Unidades de Bienes Públicos de los órganos y entes del sector público, el deber de realizar la inspección en el sitio de los inventarios, verificando las características técnicas, los responsables de uso, la ubicación física, las condiciones de mantenimiento, la conservación, la utilización y la finalidad a que se destina el bien, a fin de validar y actualizar de ser el caso, la información registrada[67].

Por otro lado, corresponderá al responsable patrimonial consolidar y remitir los inventarios de los bienes públicos a la Superintendencia de Bienes Públicos[68].

En el contexto del régimen local, el alcalde tiene entre sus atribuciones y obligaciones el proteger y conservar los bienes de la entidad, para lo cual deberá hacer la actualización del inventario correspondiente[69].

Corresponde a la contraloría municipal velar porque el alcalde forme y actualice anualmente el inventario de los bienes, con sujeción a las normas expedidas por la Contraloría General de la República[70]. Además compete a la contraloría municipal remitir anualmente, dentro de los tres meses siguientes a la finalización del respectivo período fiscal, el inventario anual actualizado de los bienes de la entidad[71].

En concreto, la Contraloría General de la República al expedir las Normas para regular la entrega de los órganos y entes de la administración pública y de sus respectivas oficinas o dependencias, dispuso que el funcionario saliente debe elaborar, presentar y suscribir el acta de entrega, que deberá tener entre sus anexos, el inventario de bienes muebles o inmuebles[72]. En el caso que la entrega se deba hacer en una alcaldía, dirección de hacienda distrital o municipal, además de lo antes mencionado, se deberá anexar el inventario detallado de los terrenos ejidos y de los terrenos del dominio público distritales o municipales[73].

[67] Art. 2.12 de la providencia de la Superintendencia de Bienes Públicos, que contiene la Normativa sobre la unidad de bienes públicos y el responsable patrimonial de los órganos y entes del sector público, *Gaceta Oficial* núm. 41.522, de 12 de noviembre de 2018.

[68] Art. 9.2 de la providencia de la Superintendencia de Bienes Públicos, que contiene la Normativa sobre la unidad de bienes públicos y el responsable patrimonial de los órganos y entes del sector público, *Gaceta Oficial* núm. 41.522, de 12 de noviembre de 2018.

[69] Ley orgánica del Poder Público Municipal, art. 88.4.

[70] Ley orgánica del Poder Público Municipal, art. 104.10.

[71] Ley orgánica del Poder Público Municipal, art. 107.

[72] Art. 11.3 de la resolución de la Contraloría General de la República en la que se establecieron las Normas para regular la entrega de los órganos y entidades de la administración pública y de sus respectivas oficinas o dependencias, *Gaceta Oficial* núm. 39.229, de 28 de julio de 2009.

[73] Art. 17.4 de la resolución de la Contraloría General de la República en la que se establecieron las Normas para regular la entrega de los órganos y entidades de la administración pública y de sus respectivas oficinas o dependencias, *Gaceta Oficial* núm. 39.229, de 28 de julio de 2009.

C) *El registro de bienes públicos*

El decreto ley contempla un doble sistema de registro de bienes públicos: el institucional y el general.

El registro institucional es competencia de las unidades administrativas, que deben llevar la inscripción de los bienes públicos del respectivo órgano o ente del sector público, con absoluta sujeción a las normas e instructivos que dicte la Superintendencia de Bienes Públicos[74].

La Dirección encargada del registro de bienes además de registrarlos deberá efectuar el control y seguimiento de los bienes muebles, inmuebles, activos intangibles, activos financieros y acciones del sector público, sean estos de dominio público o privado, con especificación del órgano y ente al que pertenezcan en propiedad, asignación o adscripción de los mismos. Lo mismo hará con los derechos patrimoniales incorporales y los bienes georreferenciados de valor artístico e histórico[75].

El registro general denominado Registro General de Bienes Públicos es un sistema de información actualizado, que debe estar soportado en medios informáticos y que es competencia de la Superintendencia como autoridad rectora[76], que deberá velar por la consistencia e integridad del mismo. Este Registro se constituye con la información que suministren los registros de las unidades administrativas encargadas de la gestión de los bienes públicos, dentro de cada órgano o ente del sector público. A estos corresponderá rendir la información actualizada del inventario de bienes, dentro de los primeros quince días continuos siguientes al vencimiento de cada trimestre, conforme a los mecanismos e instrucciones para la rendición de la información que expida la autoridad rectora[77].

Con la finalidad de la constitución del Catastro Georreferenciado, se debe inscribir en los registros de las unidades administrativas que gestionen bienes públicos, la siguiente información[78]:

1. Los títulos jurídicos mediante los cuales se enajene, modifique, grave o extinga el dominio, posesión y los demás derechos reales sobre los bienes inmuebles propiedad del sector público.

2. Los contratos de comodato y de arrendamiento, sobre los bienes inmuebles propiedad del sector público.

[74] Decreto Ley de Bienes Públicos, art. 43.

[75] Decreto Ley de Bienes Públicos, art. 26.

[76] Decreto Ley de Bienes Públicos, art. 42.

[77] Decreto Ley de Bienes Públicos, arts. 42 y 44.

[78] Decreto Ley de Bienes Públicos, art. 45.

3. Las decisiones de ocupación y sentencias de los órganos jurisdiccionales, relacionadas con los bienes inmuebles propiedad del sector público.

4. Los títulos supletorios y los justificativos de perpetua memoria producidos para acreditar la propiedad, la posesión y el dominio sobre bienes inmuebles, por parte del sector público.

5. Las sentencias judiciales o los laudos de árbitros, que produzcan alguno de los efectos mencionados en el numeral 1 de esta enumeración.

6. Las decisiones, sentencias o actos que incorporen o desincorporen del dominio público, determinados bienes inmuebles propiedad del sector público.

5. Las prerrogativas establecidas sobre los bienes públicos

Los bienes públicos, con independencia que sean del dominio público o privado, así como las rentas, los derechos y las acciones que formen parte del patrimonio de la República, no están sujetos a embargos, secuestros, hipotecas, ejecuciones interdictales y en general, a ninguna medida preventiva o ejecutiva[79].

Cabe destacar que estas prerrogativas, en principio, únicamente se le reconocen a aquellos bienes públicos que forman el patrimonio de la República, lo que excluiría a los bienes de los demás entes del sector público.

No obstante, debe tenerse presente que conforme a la Ley Orgánica de la Administración Pública[80] y la Ley orgánica de descentralización, delimitación y transferencias de competencias del poder público[81] tantos los institutos autónomos como los estados que integran la Federación tienen las mismas prerrogativas de la República, por lo que en consecuencia, los bienes, las rentas, los derechos y las acciones de estos también se benefician de dichas prerrogativas.

En lo que respecta a los bienes de los municipios, al no haber sido mencionados en el decreto ley y no existir una norma de remisión expresa que le atribuya las prerrogativas de la República, en principio, no pueden beneficiarse de las mismas; sin embargo, la legislación municipal contempla una disposición semejante en la cual se establece que "los bienes, rentas, derechos o acciones pertenecientes al municipio o a una entidad municipal, no estarán sujetos a medidas preventivas; tampoco estarán sometidos a medidas ejecutivas, salvo en

[79] Decreto Ley de Bienes Públicos, art. 10 y Ley orgánica de la Procuraduría General de la República, art. 87, publicada en la Gaceta Oficial núm. 6.220, de 15 de marzo de 2016.

[80] Ley orgánica de la Administración Pública, art. 100, publicada en *Gaceta Oficial* núm. 6.147, de 17 de noviembre de 2014.

[81] Ley orgánica de descentralización, delimitación y transferencias de competencias del Poder Público, art. 36, publicada en *Gaceta Oficial* núm. 39.140, de 17 de marzo de 2009.

los casos previstos en esta ley"[82], lo que conduce a que los bienes municipales disfruten de las prerrogativas establecidas en la Ley orgánica del Poder Público Municipal, con las excepciones y modalidades contempladas en la misma.

A) *La incomerciabilidad o sustracción al tráfico jurídico comercial*

Inicialmente el Código Civil establecía que los bienes del dominio público eran inalienables y los del dominio privado podían enajenarse de conformidad con las leyes[83]. Además disponía que no producía efecto jurídico, la posesión de las cosas cuya propiedad no puede adquirirse[84] y agregaba que la prescripción no tiene efecto respecto de los bienes que están fuera del comercio, es decir, de los bienes del dominio público[85]. En tanto sí procede la prescripción respecto a los bienes patrimoniales del Estado[86].

Conforme ha sido la tradición en el ordenamiento jurídico nacional, la Constitución dispone que algunas categorías de bienes del dominio público —mineros e hidrocarburos— son imprescriptibles e inalienables[87] y menciona lo propio con respecto a los ejidos[88].

Esto lo reitera el Decreto Ley de Bienes Públicos al disponer que todos los bienes del dominio público son imprescriptibles, inembargables e inalienables. Además están exentos de contribuciones o gravámenes nacionales, estadales y municipales[89].

En consecuencia, cualquier negocio jurídico que desconozca la condición de incomerciabilidad de un bien público del dominio público, deberá ser considerado nulo de pleno derecho.

B) *El deslinde de los bienes del dominio público*

El decreto ley estableció un procedimiento administrativo especial y común, tanto para la desafectación como para el deslinde de bienes del dominio público.

En tal sentido, señala que en caso que sea necesario el deslinde del dominio público de los inmuebles sobrantes que deben pasar al dominio privado de la República, la incorporación de ellos a este dominio se concretará cuando el

[82] Ley orgánica del Poder Público Municipal, art. 156.

[83] C. C., art. 543.

[84] C. C., art. 778.

[85] C. C., art. 1959.

[86] C. C., art. 1960 C. C., art..

[87] Art. 12 de la Constitución.

[88] Art. 181 de la Constitución.

[89] Decreto Ley de Bienes Públicos, arts. 9 y 10.

presidente de la República expida el decreto en consejo de ministros, una vez obtenida la autorización del poder legislativo[90].

Aunque el texto jurídico no lo señala expresamente, dado que el decreto puede afectar derechos de terceros, para su expedición se debe aplicar la Ley Orgánica de Procedimientos Administrativos.

C) *La recuperación posesoria*

La posesión sobre los bienes que están fuera del tráfico jurídico comercial no surte efectos, lo que imposibilita que la posesión pública, pacífica, continua, no equivoca, notoria e ininterrumpida durante un tiempo prologando pueda generar derechos o expectativas legítimas de titularidad en el poseedor, mediante la invocación de la institución de la prescripción adquisitiva o usucapión.

En razón de ello, los titulares de bienes públicos del dominio público tienen el deber de adoptar las acciones necesarias para la defensa administrativa y jurisdiccional, de aquellos que les pertenecen y cuya gestión les corresponda[91].

La entidad político-territorial denominada República —no así los estados que integran la Federación, ni los municipios— tiene la potestad de retener administrativamente los bienes y además esta facultada para recuperar por sí misma la posesión indebidamente perdida, sobre los bienes o derechos que integran su patrimonio[92].

Respecto a los bienes municipales, el desarrollo normativo es más amplio, pues comienza por señalar que todos los actos orientados a su restitución se rigen por las ordenanzas y los reglamentos expedidos por los municipios, resultando de aplicación supletoria en la medida que ello proceda, las normas sobre los bienes nacionales[93].

En particular, cuando en aplicación de la excepción establecida en la ley, los municipios hayan donado, dado en usufructo, comodato o enfiteusis los bienes públicos inmuebles del dominio privado y estos dejen de cumplir el fin específico para el cual se hizo la adjudicación, revertirán o se restituirán de pleno derecho a los municipios, libres de gravamen y sin pago alguno por parte de la entidad[94].

Igualmente se contempla que en el caso que el municipio convenga con una persona privada, la construcción o la cesión del uso, tenencia o propiedad sobre terrenos ejidos desafectados, que posea bajo presunción de ser ejidos o

[90] Decreto Ley de Bienes Públicos, art. 7.

[91] Decreto Ley de Bienes Públicos, art. 12.

[92] Decreto Ley de Bienes Públicos, art. 57.

[93] Ley orgánica del Poder Público Municipal, art. 135.

[94] Ley orgánica del Poder Público Municipal, art. 137.

sobre sus terrenos privados propios y este no haya cumplido dentro del plazo previsto en el contrato traslativo de la tenencia o propiedad, una vez vencido el plazo sin haberse solicitado su prórroga debidamente justificada o cuando habiéndose solicitado la ampliación del plazo esta fuere negada expresamente por la autoridad competente, se deberá producir un acuerdo formal del concejo municipal, que autorice al alcalde para iniciar el debido procedimiento administrativo y la audiencia de la parte contratante o su representante legal, a los fines de expedir un acto administrativo motivado que disponga la resolución del contrato. La decisión administrativa surtirá sus efectos frente a terceros, a partir de la publicación en la gaceta municipal y el municipio procederá a rescatar el terreno, sin obligación de pago de indemnización alguna[95].

Cuando el contrato se haya autenticado o protocolizado será suficiente que el alcalde remita un oficio, con la copia de la gaceta municipal donde aparece publicada la decisión administrativa de resolución del contrato, al notario o al registrador y uno u otro deberán autenticar o protocolizar tal decisión y estampar las notas marginales en los protocolos respectivos, revirtiendo de pleno derecho la propiedad del inmueble al municipio.

En todos los casos, la intervención orientada a la recuperación de los bienes públicos debe llevarse a cabo con respeto a los derechos fundamentales, previa tramitación del debido proceso en sede administrativa y jurisdiccional, así como en estricta sujeción de los principios de razonabilidad y proporcionalidad.

Una vez producida la recuperación de los bienes deberá efectuarse la inscripción, en el Registro General de Bienes Públicos[96].

6. Los bienes públicos, su clasificación y distinción

En este epígrafe se hará referencia a los bienes públicos, cómo se clasifican y categorizan, en el derecho positivo vigente.

En sus primeras disposiciones el decreto ley considera como bienes públicos, los siguientes[97]:

1. Los bienes muebles e inmuebles, títulos valores, acciones, cuotas o participaciones en sociedades y demás derechos, que hayan adquirido o adquieran los órganos y entes que integran el sector público, con independencia del nivel de político-territorial al que pertenezcan.

2. Los bienes, mercancías o efectos que no tienen propietario, que se encuentran en el territorio de la República.

[95] Ley orgánica del Poder Público Municipal, art. 148.

[96] Decreto Ley de Bienes Públicos, art. 76.1.

[97] Decreto Ley de Bienes Públicos, art. 5.

3. Los bienes muebles e inmuebles, títulos valores, acciones, cuotas o participaciones en sociedades y demás derechos provenientes de las herencias yacentes.

4. Las mercancías que se declaren abandonadas.

5. Los bienes, mercancías o efectos que sean objeto de una medida de comiso firme, mediante acto administrativo o sentencia definitiva y los que mediante sentencia firme o por procedimiento de ley, sean puestos a la orden del Tesoro Nacional.

6. Los bienes muebles e inmuebles pertenecientes al Estado, que se encuentren en tránsito o que estén permanentemente instalados en el país extranjero ante cuyo gobierno estén acreditados, según las disposiciones en materia del servicio exterior.

Efectuada la anterior calificación de determinados bienes como públicos, resulta pertinente ver cómo se encuentran ordenados.

A) *La clasificación de los bienes públicos*

Al respecto los bienes públicos están clasificados entre aquellos considerados como del dominio público y los otros del dominio privado[98].

Los primeros, los bienes del dominio público son:

1. Según su destino: aquellos cuya finalidad es un uso público, como plazas, parques, infraestructura vial, vías férreas, caminos y otros similares.

2. Según su naturaleza, asociada a su aprovechamiento: aquellos que en razón de su configuración natural, construcción o adaptación especial, o bien por su importancia histórica, científica o artística sean necesarios para un servicio público o para dar satisfacción a una necesidad pública y que no puedan ser fácilmente reemplazados en esa función.

3. Según su función estratégica para el Estado: los espacios lacustre y fluvial, mar territorial, áreas marinas interiores, históricas y vitales, las comprendidas dentro de las líneas de base recta que ha adoptado o adopte la República; las costas marinas; el suelo y subsuelo de estos; el espacio aéreo continental, insular y marítimo, así como los recursos que en ellos se encuentran, incluidos los genéticos, los de las especies migratorias, sus productos derivados y los componentes intangibles que por causas naturales allí se hallen.

4. Según su aprovechamiento para la generación de riqueza: los yacimientos mineros y de hidrocarburos, cualquiera que sea su naturaleza, existentes en el territorio nacional, bajo el lecho del mar territorial en la zona económica exclusiva y en la plataforma continental.

5. Según su calificación legal: todos aquellos bienes a los que por ley se confiera tal cualidad.

[98] Decreto Ley de Bienes Públicos, art. 6.

La anterior enumeración arroja dos importantes conclusiones: la primera es la demanialización de bienes distintos de aquellos que había establecido expresamente la Constitución —aunque se debe reconocer que se incluyen bienes mencionados en ella—, pero que no fueron calificados como demaniales en dicho texto normativo; la segunda es que se trata de una enumeración enunciativa, pues además de los bienes expresamente mencionados, también pueden ser considerados del dominio público aquellos que así declaren las leyes especiales.

Los bienes públicos de dominio público pueden ser susceptibles de desafectación en caso que dejen de estar destinados al uso público, a la prestación de los servicios públicos o que no sean requeridos para tales fines y se entenderán incorporados al dominio privado de la República, previa autorización del poder legislativo y posterior expedición del decreto del presidente de la República, en consejo de ministros[99].

La manera como se plantea la desafectación hace pensar que los gobernadores y alcaldes como administradores de la hacienda pública estadal y municipal, así como de los bienes que las integran, no tienen competencia para desafectar bienes públicos estadales o municipales y proceder a la incorporación de los mismos al dominio privado de los estados y los municipios. Pero lo más grave, es que brinda la impresión que aquellos bienes públicos estadales y municipales que dejen de cumplir la función para la que fueron destinados, al ser desafectados por el presidente de la República en consejo de ministros, forzosamente van a ser incorporados al dominio privado de la República. Sin duda la redacción de la disposición fue muy desafortunada.

Los segundos, los conforman los bienes del dominio privado, que son aquellos bienes públicos no incluidos en las categorías de bienes mencionadas en la enumeración anterior, los cuales siendo propiedad de los entes del sector público, no están destinados al uso público, ni afectados a la prestación de un servicio público o a la satisfacción de una necesidad pública[100].

La afectación de un bien público de dominio privado al uso público o a la prestación de los servicios públicos, en calidad de bien del dominio público, solo será posible mediante ley especial dictada por la Asamblea Nacional[101].

B) *La distinción de los bienes públicos, de aquellos no públicos*

A lo anterior cabe agregar, que el decreto ley considera que no todos los bienes que adquieren los órganos y entes del sector público merecen la consi-

[99] Decreto Ley de Bienes Públicos, art. 7.

[100] Decreto Ley de Bienes Públicos, art. 6.

[101] Decreto Ley de Bienes Públicos, art. 8.

deración de bienes públicos. En tal sentido establece una distinción, que lleva a excluir de la consideración de bienes públicos a los siguientes:

1. Los bienes —aquí se empleó la expresión "productos" para referirse a los bienes— que sean adquiridos, concebidos, extraídos o fabricados por las personas regidas por el decreto ley, con la finalidad de venderlos.

2. Los bienes —aquí se empleó la expresión "artículos" para referirse a los bienes— calificados como materiales y suministros, según el Clasificador Presupuestario expedido por la Oficina Nacional de Presupuesto.

3. Los bienes adquiridos con la finalidad de ser donados de forma inmediata.

4. Los bienes adquiridos en ejecución de norma expresa, en cumplimiento de fines institucionales, con el objeto de ser enajenados a terceros.

Esta enumeración genera una importante interrogante: si los bienes públicos son del dominio público y del dominio privado de sus titulares, estos bienes al no ser categorizados como públicos, ¿cómo deben ser catalogados? Si la respuesta fuese que son bienes privados, en definitivamente terminarían siendo bienes del dominio privado de personas públicas y por ende seguirían sometidos al decreto ley.

Si la intención fue excluirlos del ámbito de aplicación de los bienes de las personas públicas regulados por el decreto ley, se debió haber establecido expresamente que se trataba de bienes públicos del dominio privado no incluidos en el ámbito de aplicación del decreto ley y que por tanto estarían regidos únicamente por las previsiones contenidas en leyes especiales y en ausencia de ellas, por las disposiciones establecidas en las leyes civiles y comerciales.

En conclusión, siendo bienes públicos todos aquellos que pertenecen a las personas públicas, con independencia de que se encuentren en el dominio público o en el dominio privado; que el Decreto Ley de Bienes Públicos reconozca la existencia de una categoría de bienes, que aunque los adquieran las personas públicas con presupuesto público no se consideran bienes públicos, genera una notable confusión con respecto a su naturaleza y al régimen jurídico aplicable, por lo que cabe echar en falta mayor precisión en la redacción, pues no deja claro ¿qué tipos de bienes no públicos son?, ni ¿qué consecuencias jurídicas se derivan de ello?.

7. El dominio privado

Respecto a los bienes públicos del dominio privado, resulta de especial interés destacar tres asuntos: uno, relacionado a los modos de adquisición de tales bienes; dos, con los modos de adquisición establecidos por el derecho privados; y el otro, con los modos de adquisición previstos por el derecho público.

A) *Los modos de adquisición*

La incidencia o vulneración sobre los derechos fundamentales debe ser realizada por el Estado con absoluta apego al bloque de convencionalidad, el bloque de constitucionalidad y el bloque de legalidad. De allí que estando vinculado el Estado al ordenamiento jurídico integralmente considerado, para adquirir la propiedad de sus bienes puede hacerlo a través de los medios establecidos en el derecho privado[102] o en el derecho público[103].

La doctrina científica ha señalado que los modos de adquirir la propiedad lo constituyen aquellos hechos o los actos jurídicos, que con sujeción a la ley cumplen la función de atribuir a una persona, la cualidad de propietario del bien y cada uno de ellos se singulariza, por un determinado hecho que surte efectos jurídicos[104].

B) *Los modos de adquisición previstos en el derecho privado*

Corresponde señalar que de manera enunciativa el Código Civil expresa, que la propiedad se adquiere por la ley, por ocupación, por sucesión, por efecto de los contratos y por prescripción adquisitiva[105].

En razón de ello, la doctrina científica ha destacado que los modos de adquirir la propiedad, se pueden clasificar dentro del derecho privado en[106]:

1. Originarios (accesión, ocupación y prescripción) y derivativos (contrato y sucesión).

2. Voluntarios (contrato compra-venta, permuta, donación o dación en pago) y no voluntarios (sucesión intestada y adjudicación en remate judicial).

3. Por acto entre vivos (transmisión en vida) y por causa de muerte (sucesión).

4. A título universal (sucesión) y a título particular (legado).

5. De manera gratuita (donación u ocupación) y de manera onerosa (compra-venta o permuta).

Estos modos de adquisición pueden ser utilizados por el Estado, en la medida que sean adecuados, idóneos y eficaces para la consecución de los ob-

[102] ALLAN R. CARÍAS BREWER, "Adquisición de la propiedad privada por parte del Estado en el derecho venezolano" en, *Revista de Control Fiscal*, núm. 94, Caracas, Contraloría General de la República, 1979, pág. 61.

[103] *Ibidem*, pág. 62.

[104] MARÍA CANDELARIA DOMÍNGUEZ GUILLÉN y CARLOS PÉREZ FERNÁNDEZ, "Aspectos generales de los modos de adquirir la propiedad en el Derecho venezolano", en *Revista Venezolana de Legislación y Jurisprudencia*, núm. 15, Caracas, 2020, págs. 79-80.

[105] C. C., art. 796.

[106] *Ibidem*, pág. 221.

jetivos de interés general, que le encomienda el ordenamiento jurídico y que además sean compatibles con el principio de proporcionalidad, respecto a la incidencia en el efectivo ejercicio de los derechos fundamentales.

C) *Los modos de adquisición previstos en el derecho público*

Los modos de adquisición de la propiedad por el Estado que se encuentran regulados por el derecho público, ordinariamente conducen a la extinción de la propiedad privada sobre bienes concretos, que se traduce en la transferencia de la titularidad, debiendo mediar una indemnización previa, salvo los supuestos en que la extinción se produzca como consecuencia de una pena o una sanción, por la comisión de un delito o de una infracción administrativa respectivamente[107].

El decreto ley establece un doble régimen: uno, se concentra en la regulación de la adquisición de los bienes inmuebles, por los órganos y entes del sector público, que deberá realizarse con sujeción a criterios de racionalidad, economía, proporcionalidad del gasto y a las normas de dicho texto normativo[108]. El otro, se refiere sin distinción a todos los bienes —más allá de los inmuebles— y señala que la propiedad, administración y gestión de los mismos se atribuirá a los entes que lo hayan válidamente adquirido por cualquier título, salvo disposición en contrario de leyes especiales sobre la materia[109].

La adquisición de bienes por parte de los órganos y entes que conforman el sector público, se hará a través de los actos jurídicos de compra, permuta, donación, dación en pago o por medio de la expropiación o cualquier otra medida judicial[110].

La doctrina científica reconoce como los modos de adquisición de la propiedad privada, regulados en el derecho público a[111]: la expropiación[112], la requisición[113], la reversión[114], las medidas punitivas o sancionatorias como el

[107] Brewer Carías, *ibidem*, pág. 62.

[108] Decreto Ley de Bienes Públicos, art. 58.

[109] Decreto Ley de Bienes Públicos, art. 59.

[110] Decreto Ley de Bienes Públicos, art. 60.

[111] Brewer Carías, "Adquisición de la propiedad privada por parte del Estado en el derecho venezolano", *op. cit.*, págs. 62-76.

[112] Víctor R Hernández-Mendible, "La expropiación en Venezuela". Marco constitucional, legal y jurisprudencial, en Julián Pimiento Echeverri y Héctor Santaella Quintero (dirs.), *La expropiación forzosa en América y Europa*, Bogotá, Universidad Externado de Colombia, 2017, págs. 527-582.

[113] Arts. 24 y 25 de la Ley orgánica sobre Estados de Excepción, publicada *Gaceta Oficial*, núm. 37.261, de 15 de agosto de 2001.

[114] Ley orgánica del Poder Público Municipal, art. 73.3.

comiso de bienes muebles[115], la confiscación[116], las cesiones obligatorias por razones de urbanismo (auténticas contribuciones especiales)[117] y la adquisición derivada de la declaratoria expresa y formal del dominio público[118].

Además de la adquisición de los bienes que tienen propietarios, el decreto ley contempla la posibilidad de adquisición de los bienes que sean *res nullius*. Es así como dispone que aquellos bienes que carecen de propietarios y que se encuentren en el territorio de la República serán incorporados al patrimonio de esta, para lo que se atribuye competencia al Superintendente de Bienes Públicos, a los fines de que solicite la posesión real al juez de primera instancia civil de la jurisdicción en que se encuentren los bienes[119].

Las mercancías que sean declaradas abandonadas o que se encuentren en desuso serán puestas a la orden del Tesoro Nacional, mediante un acto administrativo que expedirá la Superintendencia de Bienes Públicos[120].

8. El dominio público

Históricamente se ha considerado que los bienes públicos del dominio público pueden estar destinados al uso general o público, así como a la prestación de un servicio público, mediante una declaratoria de afectación expresa, una afectación implícita o una tácita, siendo responsabilidad del titular su gestión, aprovechamiento y uso; mientras que existen otros bienes públicos que son adscritos a los entes públicos dependientes o tutelados de aquel, para su vinculación directa a un servicio de su competencia (uso público) o para el cumplimiento de sus fines propios (uso privado)[121].

De los variados aspectos que se pueden analizar en relación con los bienes públicos del dominio público, sucintamente se hará referencia a la afectación; a la desafectación; y a la utilización.

[115] Arts. 10.10 y 33 del Código Penal, publicado en *Gaceta Oficial*, núm. 5.768, de 13 de abril de 2005; 28 de la Ley Penal del Ambiente, publicada en *Gaceta Oficial*, núm. 39.913, de 2 de mayo de 2012; 112.4 y 112.5 de la Ley Orgánica del Ambiente, publicada en *Gaceta Oficial*, núm. 5.833, de 22 de diciembre de 2006; y 110 del Decreto Ley de Aduanas, publicada en *Gaceta Oficial*, núm. 38.875, de 21 de febrero de 2008, y 52 del Decreto Ley de Bienes Públicos.

[116] Arts. 116 y 271 de la Constitución.

[117] Arts. 68 de la Ley orgánica del Ordenación del Territorio, publicada en *Gaceta Oficial*, núm. 3.238, de 11 de agosto de 1983. Brewer Carías, *Urbanismo y propiedad privada*, Caracas, Editorial Jurídica Venezolana, 1980, págs. 495-542.

[118] Art. 304 de la Constitución.

[119] Decreto Ley de Bienes Públicos, art. 50.

[120] Decreto Ley de Bienes Públicos, art. 51.

[121] Cfr. Fernando López Ramón, *Sistema jurídico de los Bienes Públicos*, Pamplona, Civitas-Thomson Reuters, 2012.

A) *La afectación*

La afectación desde una dimensión objetiva produce que un bien público pase a estar destinado a un uso público o a la prestación de un servicio público[122]; desde el punto de vista temporal, marca la oportunidad en que el bien ingresa al dominio público; y desde la perspectiva formal, supone el cambio del régimen jurídico aplicable al mismo.

En la doctrina científica, la afectación constituye la pieza clave para incluir a un bien en la categoría de dominio público, con la subsecuente aplicación de un régimen jurídico concreto. Tal afectación se produce por el ejercicio de una potestad de la autoridad pública competente, que se manifiesta formalmente mediante una declaración expresa contenida en un acto jurídico general y abstracto, como una norma de la Constitución o la ley; o un acto jurídico individual y concreto como un acto administrativo o por conducta o actuación fáctica e inequívoca de destinación del bien, a un uso general o a un servicio público[123].

Por su parte, el decreto ley vigente dispuso que la afectación de un bien público del dominio privado al uso público o a la prestación de un servicio público, en calidad de bien público del dominio público "solo será posible mediante ley especial", expedida por el poder legislativo[124].

B) *La desafectación*

En principio, la desafectación produce en los bienes públicos del dominio público la cesación de los efectos de la afectación, es decir, la desafectación supone la desaparición de la vinculación de los bienes al destino de uso general o a la prestación de un servicio público, la extinción de la condición de bienes del dominio público y la consecuente incorporación al régimen de bienes del dominio privado.

La desafectación consiste en una declaración contenida en la Constitución, una ley, un acto administrativo o una sentencia (desafectación formal y expresa), o en la falta de uso del bien durante un período prolongado (desafectación implícita) o por hechos de la naturaleza o imputables a terceros, que hacen que el bien deje de ser útil al fin para el que se afectó (desafectación tácita), que

[122] Corte Suprema de Justicia en Sala Político Administrativa, sents. de 13 de agosto de 1964 y de 19 de octubre de 1964. José Araujo-Juárez, *Derecho administrativo. Parte General*, Caracas, Ediciones Paredes, 2007, pág. 736.

[123] Ana María Ruggeri, *Ordenación sistemática de la legislación vigente sobre bienes del Estado,* t. I, Caracas, Facultad de Ciencias Jurídicas y Políticas en la Universidad Central de Venezuela, 1981, pág. 37.

[124] Decreto Ley de Bienes Públicos, art. 8.

conllevan al cese de la cualidad de dominio público que pesa sobre el mismo, es decir, se sustrae al bien del destino de uso público o servicio público al que estaba vinculado, llegándose a retirar del dominio público y trasladándolo al dominio privado de su titular o incluso de un particular.

Por razones de seguridad jurídica lo idóneo es que se realice una desafectación expresa[125] y esta puede ser total o parcial[126]. La autoridad competente para efectuar la desafectación será aquella que realizó la afectación (principio del paralelismo de las competencias), el procedimiento para llevar a cabo la desafectación debe ser el mismo que se utilizó para establecerla (principio del paralelismo de los procedimientos) y la naturaleza del acto jurídico que declara la desafectación debe ser similar al que estableció la afectación (principio del paralelismo de las formas), salvo los supuestos de decaimiento por disposición expresa del ordenamiento jurídico[127].

En la legislación sobre la ordenación del territorio se dispuso, que los terrenos que se expropien por razones urbanísticas deben ser destinados al fin específico establecido en el plan, pero en caso de pretender modificarse su afectación o de agotarse la vigencia del plan, sin que se haya cumplido el destino al que se afectaron debe procederse a la retrocesión de la expropiación de tales terrenos, con arreglo a lo que dispongan las normas legales correspondientes[128].

El decreto ley contempla un procedimiento administrativo especial para la desafectación de bienes del dominio público. Al respecto indica que los bienes públicos del dominio público que sean susceptibles de desafectación, por haber dejado de estar destinados al uso público o a la prestación de los servicios públicos o no requerirse para tales fines, se entenderán incorporados al dominio privado de la República, a partir del momento en que el presidente de la República expida el decreto en consejo de ministros, una vez obtenida la autorización del poder legislativo[129].

En lo que respecta a los bienes públicos del dominio público municipal, estos podrán ser desafectados previa consulta a los consejos locales de planificación pública, así como obtenida la opinión del síndico procurador y del contralor municipal, mediante acuerdo adoptado por el voto favorable de las

[125] Eloy Lares Martínez, *Manual de derecho administrativo* (actualizada por Rodrigo Eloy Lares Bassa), 14ª ed., Caracas,Universidad Central de Venezuela, 2013, pág. 689.

[126] Ley orgánica del Ordenación del Territorio, art. 17, parg. 2°.

[127] Víctor R Hernández-Mendible, "Las afectaciones y los mecanismos jurídicos para su control", en *Revista de la Fundación Procuraduría*, núm. 17, Caracas, 1997, págs. 51-56.

[128] Arts. 69 de la Ley orgánica del Ordenación del Territorio y 51 de la Ley de expropiación por causa de utilidad pública o social, publicada en *Gaceta Oficial*, núm. 37.475, de 1° de julio de 2002. José Muci Borjas, *La retrocesión en la expropiación*, Caracas, Editorial Jurídica Venezolana, 1988, pág. 27.

[129] Decreto Ley de Bienes Públicos, art. 7.

tres cuartas partes de los integrantes del concejo municipal. Cuando los bienes a desafectar sean ejidos deberá procederse con sujeción a la Ley orgánica del Poder Público Municipal y a las ordenanzas respectivas[130].

C) *La utilización*

Los órganos y entes que conforman el sector público deben procurar el uso racional y social de los bienes públicos que se encuentran bajo su administración, para atender a los fines y objetivos institucionales, debiendo procurar que no estén injustificadamente inactivos o desprovisto de un destino útil[131]. Este aprovechamiento deberá realizarse conforme a los procedimientos establecidos en los lineamientos, directrices y pautas establecidos en el decreto ley.

Ahora bien, los bienes públicos pueden ser utilizados de manera directa por sus titulares o de manera indirecta a través de otros órganos y entes del sector público, que los tengan adscritos o asignados y por los particulares, en aquellos supuestos previstos por la Constitución o las leyes[132].

Es importante destacar que las concesiones sobre bienes públicos no transfieren derechos reales, únicamente otorgan frente al concedente y sin perjuicio de los derechos de terceros, el derecho a realizar el uso, aprovechamiento o explotación del bien, de acuerdo con las normas y condiciones que establezcan las leyes respectivas[133]. El concesionario que tenga los mencionados derechos vigentes también tendrá derecho preferente de adquisición, en el supuesto que se resuelva la enajenación del respectivo bien público[134], luego de cumplidos todos los trámites legales. Por su parte, el concedente tiene derecho a la reversión una vez expire el tiempo de la concesión[135].

Resulta preciso añadir que las leyes sectoriales tienen contempladas disposiciones especiales, para la concesión de los bienes públicos.

Finalmente es pertinente señalar que la utilización de los bienes públicos inmuebles también puede otorgada temporalmente a los particulares, mediante la expedición de una autorización o permiso[136] y una vez vencido el término, los mismos revertirán al órgano o ente respectivo[137].

[130] Ley orgánica del Poder Público Municipal, arts. 54.2 y 134.

[131] Decreto Ley de Bienes Públicos, arts. 11 y 78.

[132] Decreto Ley de Bienes Públicos, art. 74.

[133] Decreto Ley de Bienes Públicos, art. 75.

[134] Decreto Ley de Bienes Públicos, art. 77.

[135] Decreto Ley de Bienes Públicos, art. 76.

[136] Víctor R. Hernández Mendible, "Los títulos habilitantes y las actividades económicas de interés general (Homenaje a Jesús Caballero Ortiz)", en *Revista Venezolana de Legislación y Jurisprudencia*, núm. 16, Caracas, 2021, págs. 275-310.

[137] Decreto Ley de Bienes Públicos, art. 76.

9. El dominio colectivo

El dominio colectivo impone la protección de la propiedad de las comunidades y pueblos indígenas, tal como se ha mencionado anteriormente, pero cabe destacar que no se trata de un dominio privado tradicional, ni de un dominio público en sentido ortodoxo, sino de un dominio que tiene como principal finalidad la conservación de las etnias y pueblos indígenas. Es ello lo que brinda una importancia fundamental a la propiedad colectiva de la tierra, que constituye una práctica en la tradición y las costumbres ancestrales por el grupo o comunidad y siendo esencial para su preservación, demanda protección del Estado.

Estos pueblos y etnias tienen derecho a vivir libremente en sus propios territorios y a tener una estrecha relación con su tierra y sus recursos naturales, que es la base fundamental de su cultura, su vida espiritual, su integridad y su supervivencia económica, es decir, no es una relación de posesión y producción, sino un elemento material y espiritual del que deben disfrutar plenamente, para preservar su legado cultural y transmitirlo a las generaciones futuras[138]. En estos casos se considera que, a falta de un título jurídico formal de propiedad, la posesión de la tierra debe ser suficiente para que el Estado otorgue el reconocimiento oficial y el consecuente registro[139]. Ello ha llevado a entender que los miembros de la comunidad deben ser considerados los dueños legítimos de sus tierras tradicionales y por tanto tienen derecho al uso y goce de las mismas[140].

En lo concerniente a la posesión de la tierra de los grupos étnicos y comunidades indígenas, se han identificado cuatro escenarios[141]:

1) La posesión tradicional sobre sus tierras tiene efectos equivalentes, al título de pleno de propiedad que otorga el Estado;

2) La posesión tradicional otorga el derecho a exigir el reconocimiento oficial de la propiedad y su registro;

3) Cuando los miembros de los pueblos indígenas por causas ajenas a su voluntad han sido desplazados o han perdido la posesión de sus tierras tradicionales mantienen el derecho de propiedad sobre las mismas, aunque no

[138] Corte IDH, *caso Comunidad Mayagna (Sumo) Awas Tingni vs. Nicaragua*, Fondo, Reparaciones y Costas, sent. 79, de 31 de agosto de 2001, serie C, párr. 149.

[139] *Ibidem*, párr. 151; *caso de la Comunidad Moiwana vs. Surinam*, Excepciones Preliminares, Fondo, Reparaciones y Costas, sent. 124, de 15 de junio de 2005, serie C, párr. 131.

[140] Corte IDH, *caso de la Comunidad Moiwana vs. Surinam*, Excepciones Preliminares, Fondo, Reparaciones y Costas, sent. 124 de 15 de junio de 2005, serie C, párr. 134.

[141] Corte IDH, *caso Comunidad Indígena Sawhoyamaxa vs. Paraguay*, Fondo, Reparaciones y Costas, sent. 146, de 29 de marzo de 2006, serie C, párr. 128.

tengan el título formal, salvo que las tierras hayan sido lícitamente transferidas a terceros de buena fe; y

4) Cuando los miembros de los pueblos indígenas involuntariamente han perdido la posesión de sus tierras y estas han sido transferidas lícitamente a terceros de buena fe, estos tienen el derecho de recuperarlas o a obtener alternativamente otras tierras de igual extensión y calidad.

En todos estos casos la obligación del Estado consiste en adoptar las medidas necesarias, para garantizar a los pueblos indígenas su derecho a la propiedad colectiva. El Estado, con fundamento en el principio de seguridad jurídica debe demarcar, delimitar y titular los territorios de las comunidades indígenas y tribales, asegurando así el uso y goce de los bienes de los miembros de dichas comunidades[142].

Finalmente es preciso mencionar, que existe compatibilidad entre las áreas naturales protegidas y el derecho de los pueblos indígenas y tribales en la protección de los recursos naturales que se encuentren en sus territorios tradicionales, porque su interrelación con la naturaleza y formas de vida contribuyen de manera relevante en dicha conservación[143].

10. Las consideraciones finales

El presente análisis sobre el régimen jurídico de los bienes públicos que integran tanto el dominio privado como el dominio público ha puesto en evidencia la necesidad de contar con una regulación más adecuada, que permita darle coherencia y armonía a las normas que rigen el uso y aprovechamiento racional, pacífico y eficiente de los bienes.

La regulación de los bienes públicos del dominio público tiene una incidencia directa en derechos fundamentales como la propiedad privada, la libertad de empresa, la iniciativa privada y la libre competencia, por lo que todo su régimen fundamental debería estar previsto en leyes formalmente expedidas. Sin embargo, la mayoría de los textos normativos que regulan los bienes del dominio público se encuentran contemplados en decretos expedidos por el poder ejecutivo, con la pretendida intención de que sean equiparables a las leyes, al calificarlos como decretos a los que se les atribuye rango, valor y fuerza de ley, aunque sin cumplir con el mínimo del procedimiento legislativo de formación

[142] Corte IDH, *caso de los Pueblos Indígenas Kuna de Madungandí y Emberá de Bayano y sus Miembros vs. Panamá*, Excepciones Preliminares, Fondo, Reparaciones y Costas, sent. 284, de 14 de octubre de 2014, serie C, párr. 119.

[143] Corte IDH, *caso Pueblos Kaliña y Lokono vs. Surinam*, Fondo, Reparaciones y Costas, sent. 309, de 25 de noviembre de 2015, serie C, párr. 181.

de las leyes, ni contar con la posterior aprobación del poder legislativo[144]. En este orden de ideas, los textos normativos aludidos, al pretender establecer competencias administrativas y otorgar la titularidad de bienes del dominio público a personas distintas de las político-territoriales, incurren en una contravención de la Constitución, por ser ello materia de estricta reserva legal.

Adicionalmente cabe mencionar, que varios de los textos jurídicos objeto de los comentarios precedentes notablemente carecen de técnica legislativa y por tanto, lejos de haber precisado adecuadamente el régimen jurídico de los bienes de los entes públicos han generado mayor confusión, pues ni el marco normativo aplicable es común, dado que existe un conjunto de bienes que al encontrarse regulados en leyes especiales quedan excluidos de este pretendido marco general, ni las premisas en que se fundamentan se pueden considerar como "Principios comunes" que recogen la evolución jurídica de las instituciones que se pretenden regular, a lo que se suma el hecho de la existencia de disposiciones que se superponen y se contradicen generando mayor inseguridad jurídica, producto de la mencionada deficiente técnica legislativa con que se han redactado.

En razón de todo lo anterior se requiere una urgente reforma normativa, que con plena sujeción a la Constitución y en correcto uso de la técnica legislativa, proceda a regular los bienes del dominio público e incluso aquellos del dominio privado de las entidades político-territoriales, que garantice su efectivo aprovechamiento, su correcto uso y su potencial tráfico jurídico de una manera confiable y segura, tanto a las entidades político-territoriales como a los particulares.

Solo de esta manera se pueden evitar potenciales conflictos respecto a la titularidad de derechos sobre los bienes entre las personas político-territoriales o entre ellas y los particulares; y además ello permite disminuir los riesgos de eventuales declaraciones de responsabilidad civil, penal, disciplinaria y administrativa de los funcionarios públicos, por haber incurrido en una mala gestión y administración de los bienes públicos.

144 ARMANDO RODRÍGUEZ, "Apuntes sobre el régimen patrimonial de los bienes públicos y la articulación territorial del Estado (a propósito del decreto con rango, valor y fuerza de Ley Orgánica de Bienes Públicos), en *Decreto con rango, valor y fuerza de Ley Orgánica de Bienes Públicos*, Caracas, Universidad Central de Venezuela-CAJO, 2014, págs. 31-32.

ESTUDIO
DE DERECHO COMPARADO

EVOLUCIÓN DEL RÉGIMEN DE LOS BIENES PÚBLICOS EN EUROPA Y LATINOAMÉRICA

Fernando López Ramón*

1. Pluralidad de influencias y tendencias

El régimen de los bienes públicos en Europa y Latinoamérica está influenciado por un variado conjunto de elementos históricos, ideológicos y dogmáticos que, en las diferentes experiencias nacionales, condicionan las categorías, las denominaciones y las características empleadas. Tradición indígena, colonización, liberalismo, elaboración autóctona, función social o sostenibilidad pueden expresar las grandes pautas sucedidas en el tiempo, cuya mezcla o fusión ha producido complejos sistemas. Las fuentes que vamos a manejar se encuentran en las leyes de Indias, la codificación civil, la legislación administrativa y las constituciones.

Las regulaciones establecidas en los diferentes países han generado sistemas distintos, como se aprecia fácilmente en una primera aproximación a la materia. La misma expresión de bienes públicos no es un concepto estandarizado ni en su contenido ni en su comparación con conceptos que pueden parecer equivalentes, como los bienes estatales o los nacionales. Las incógnitas se prolongan en relación con las clasificaciones de los bienes de titularidad pública, donde se incluyen los de dominio público o en ocasiones únicamente los de uso público, así como los de dominio privado, que resultan cercanos a los bienes patrimoniales o fiscales en algunos países.

No obstante, también encontramos tendencias comunes. En ocasiones, como ya se ha apuntado, las encontramos enmascaradas por la diversidad de denominaciones. Junto a ello, no podemos dejar de considerar el surgimiento de necesidades semejantes que originan líneas de actuación muy cercanas. En tal sentido, la comprensión del régimen jurídico de los bienes controlados por las instituciones públicas nos exige relacionarlos con dos fenómenos cada vez más significativos en América Latina: de una parte, tenemos la generalizada recuperación de los bienes colectivos, que pueden vincularse a toda la humanidad para formar las cosas comunes o a grupos humanos restringidos como los de tipo vecinal, indígena o afroamericano y, de otra parte, no cabe

* Catedrático de Derecho Administrativo, Universidad de Zaragoza (España).

desconocer el condicionamiento de la finalidad o, si se quiere, de la utilidad de los bienes públicos por la función social que, como resultado de un largo proceso histórico, ha terminado vertebrando los bienes de propiedad privada y particularmente, dentro de ellos, los bienes de interés público.

Estamos ante instituciones vivas, dotadas de una gran problematicidad como consecuencia de las tensiones que se generan en su aplicación. Los actores implicados son muy variados y presentan intereses no siempre coincidentes. De ahí la necesidad de establecer regímenes jurídicos que ayuden a prevenir y resolver los conflictos para una mejor satisfacción de los intereses públicos.

2. La fragmentaria herencia colonial de los bienes comunales

La legislación colonial española no parece haber prestado ninguna atención especial a las cuestiones conceptuales o sistemáticas en relación con los bienes públicos. En ella únicamente encontramos referencias indirectas al hilo de normas sobre la ordenación urbana, las haciendas locales, los usos vecinales y por supuesto, las minas. En consecuencia, cabe pensar que, en las tierras americanas, habría de aplicarse el aparato conceptual que, procedente del Derecho romano, se divulgó en la Castilla medieval y continuaba empleándose en la época colonial.

En efecto, la clasificación romana fue en gran parte asumida en el siglo XIII por las *Partidas* (partida tercera, tít. XXVIII), que incluían entre los entonces denominados *bienes comunales*:

a) Los pertenecientes a todos los seres vivos, como el aire, las aguas de lluvia, y el mar y su ribera (ley 3ª).

b) Los de todos los hombres, como los ríos, caminos y puertos (ley 6ª).

c) Los pertenecientes a una población y destinados al uso de los vecinos, como fuentes, plazas, mercados, arenales, ejidos, montes o dehesas, que eran objeto de protección especial (ley 9ª).

d) Los que pertenecían a una población, pero proporcionaban renta al común, como huertos, olivares y otras heredades, ganados, siervos y navíos; bienes estos enajenables y susceptibles de usucapión, aunque conforme a reglas especiales como la prohibición de transmisiones gratuitas, la exigencia de formalidades para las enajenaciones o el establecimiento de plazos de prescripción de cuarenta años (ley 10ª).

e) Al margen de la anterior clasificación, en relación con el patrimonio del rey, se diferenciaba entre las heredades que son *quitamente del rey* y las que *pertenescen al reyno*, entendidas estas como el conjunto de bienes y derechos cuya característica común era la producción de renta o de utilidad vinculada al poder público (partida segunda, título XVII, ley 1ª).

Dentro de ese aparato conceptual parece, pues, que podrían situarse las referencias que, procedentes principalmente de los siglos XVI y XVII, se incluyeron en la *Recopilación de Leyes de los Reynos de las Indias* llevada a cabo en 1791. Citaremos las siguientes, que aparecen dispersas en los diferentes libros de esa obra:

a) Procedente de las ordenanzas para el arreglo de las nuevas poblaciones, figura lo que podemos concebir como el inicial sistema viario público: "quando hagan la planta del Lugar, repártanlo por sus plazas, calles y solares á cordel y regla, comenzando desde la plaza mayor, y sacando desde ella las calles á las puertas y caminos principales" (ya CARLOS I en 1523 y luego FELIPE II y otros monarcas: libro III, tít. VII, ley I).

b) En textos de diversa procedencia, los reyes se ocupan específicamente de garantizar la existencia de bienes que presten la debida utilidad económica a los vecinos, mandando, así, "que el uso de todos los pastos, montes, y aguas de las Provincias de las Indias, sea común á todos los vecinos de ellas, que ahora son, y después fueren para que los puedan gozar libremente" (CARLOS I en 1541: libro IV, tít. XVII, ley V), beneficio que alcanza a los indígenas pues se ordena que "los montes, pastos, y aguas [...] deben ser comunes a los españoles é Indios" (CARLOS I en 1533: libro IV, tít. XVII, ley VII), llegando incluso a preverse "que á los Indios se les dexen tierras" y específicamente "que la venta, beneficio y composición de tierras se haga con tal atención, que á los Indios se les dexen con sobra todas las que les pertenecieren, así en particular, como por Comunidades, y las aguas y riegos" (FELIPE III en 1642, libro IV, tít. XII, ley XVIII).

c) En las ya citadas ordenanzas de poblaciones, se identifican asimismo, junto a los bienes de tipo comunal que prestan utilidad económica a los vecinos, otros bienes denominados "propios", que son productores de rentas para los concejos municipales, ya que, antes de repartir las tierras entre los pobladores y el titular de la capitulación, se ordena: "sáquese primero lo que fuere menester para los solares del Pueblo y exido competente, y dehesa en que pueda pastar abundantemente el ganado, que han de tener los vecinos, y mas otro tanto para los propios del lugar" (FELIPE II en 1563: libro III, tít. VII, ley VII; anteriormente, CARLOS I en 1523: libro iv, tít. XIII, ley I).

d) En relación, finalmente, con los importantísimos recursos mineros, aun manteniéndose el criterio regaliano que los considera propiedad del príncipe, se instaura un sistema de libertad de aprovechamiento, de manera que "todas las personas, de cualquier estado, condición, preeminencia, ó dignidad, españoles, e indios, nuestros vasallos, puedan sacar oro, plata, azogue, y otros metales por sus personas, criados, ó esclavos en todas las minas, que hallaren, ó donde quisieren, y por bien tuvieren, y los coger, y labrar libremente sin ningún género de impedimento" (CARLOS I en 1526 y FELIPE II en 1568: libro IV, tít. XIX, ley I), debiéndose dar cuenta de ello a las autoridades para garantizar la percepción del quinto real, el "quinto neto" al que se refieren los Reyes Católicos en 1504 y Felipe II en 1572 mandando que los extractores "hayan de pagar, y paguen la quinta parte de lo que cogieren, ó sacaren neto", pues "nuestra voluntad es hacerles merced de las otras quatro partes, para que cada uno pueda disponer de ellas como de cosa suya propia, libre, quita y desembargada en consideración a las costas, y gastos que hicieren", de manera que formalmente se mantiene la regalía minera de la Corona (libro VIII, tít. X, ley I), igual que sucede con las perlas (libro IV, tít. XXV, leyes XXIX y XXX).

Algunas reglas vigentes en el ámbito latinoamericano parecen entroncar con la que cabría considerar como herencia colonial en esta materia. Se trata de conceptos parciales, fragmentos de viejas ordenaciones que, a veces, figuran en algunas regulaciones mezclándose con las procedentes de otras tradiciones:

a) En el Código Civil de Haití (1825), junto a la clasificación de las pertenencias estatales siguiendo el modelo de la codificación francesa, se identifican también las "cosas que no pertenecen a nadie y cuyo uso es común a todos" (art. 575).

b) De más empaque dogmático parece la declaración del Código Civil de Chile (1855) al referirse a "las cosas que la naturaleza ha hecho comunes a todos los hombres, como la alta mar", estableciendo que "no son susceptibles de dominio, y ninguna nación, corporación o individuo tiene derecho a apropiárselas", aunque "su uso y goce" se rige "entre individuos de una Nación por las leyes de esta, y entre distintas Naciones por el Derecho internacional" (art. 585).

c) La categoría parece entroncar con la tradición medieval española de las cosas que, en las *Partidas*, pertenecen a todos los seres vivos, tal y como queda reflejado en sucesivas redacciones del Código Civil de Puerto Rico (1932 y 2020): "Las cosas comunes son aquellas cuya propiedad no pertenece a nadie en particular y en las cuales todas las personas tienen libre uso, en conformidad con su propia naturaleza: tales son el aire, las aguas pluviales, el mar y sus riberas" (arts. 254 y 241, respectivamente).

Más raramente todavía aparecen en la codificación latinoamericana referencias a los bienes que actualmente llamamos comunales o colectivos, esas cosas que Carlos I mandaba que fueran "comunes a los españoles é indios":

a) En el primer Código Civil unitario de Perú (1852), vigente hasta 1936, la clasificación de las cosas incluía las comunes, definidas como "las que pertenecen colectivamente a una corporación legalmente reconocida" (art. 459).

b) En el Código Civil de Nicaragua (1904), las también llamadas cosas comunes comprenden terrenos municipales y corrientes de agua no navegables ni flotables siempre que sean de titularidad municipal o de alguna corporación pública, pues se exige que no estén apropiadas individualmente, siendo su destino el aprovechamiento por "los individuos comprendidos en cierta circunscripción administrativa, o que forman parte de determinada corporación pública" (art. 612).

Generalmente, sin embargo, el movimiento codificador prescindió, al menos en la Europa mediterránea y en Latinoamérica, de estos bienes que tanta trascendencia tienen para la misma supervivencia de las comunidades rurales.

3. La fórmula autóctona de los bienes nacionales en el Código Bello

Conforme a los planteamientos liberales, el régimen general de los bienes públicos tiene su acomodo natural en el Código Civil, puesto que tal régimen implica una excepción al principio general de que los bienes son las cosas susceptibles de ser apropiadas. El reconocimiento, la garantía y el fortalecimiento del derecho de propiedad, que constituyeron motores históricos de la codificación civil, quedarían en nada si los poderes públicos pudieran excluir a su antojo grupos de bienes del ámbito del citado principio. De ahí que haya de considerarse cuestión de típica competencia civil la configuración, dentro de los bienes públicos, de la categoría de los bienes de dominio público excluidos del comercio.

Buena prueba de ello viene proporcionada por la circunstancia relevante de que el Código Civil de los franceses (1804) regulara, como enseguida vamos a ver, el dominio público y no, en cambio, el dominio privado de los entes públicos, probablemente por considerar que en este último no concurrían especialidades civiles dignas de mención. Las singularidades exigibles por razón del carácter público de los entes propietarios procederán de la legislación administrativa afectando genéricamente a las cuestiones de competencia y procedimiento relativas al dominio privado de los mismos.

La naturaleza esencialmente civil del dominio público es planteamiento del que cabe obtener jugosas consecuencias, especialmente cuando se pueda contar para ello con la constitucionalización de las más importantes características de la categoría. Baste con recordar en tal sentido la jurisprudencia del Tribunal Constitucional español que ha permitido:

a) Sostener la competencia exclusiva del Estado para declarar de dominio público géneros o conjuntos de bienes con fundamento en sus competencias sobre legislación civil (SSTC 227 de 1988 y 149 de 1991).

b) Limitar la aplicación de la regla de la inembargabilidad en relación con los bienes del dominio privado de los entes públicos (STC 166 de 1998).

Las especialidades de los bienes públicos con respecto a los de particulares han de justificarse en específicas razones de interés público que no cabe suponer siempre concurrentes. En tal sentido, sería un apriorismo afirmar que todo bien perteneciente a un ente público cumple directa o indirectamente funciones de interés general. La preferencia que damos a los fines públicos no puede convertirse en instrumento de sumisión incondicionado. Así, en nuestra materia, el criterio dominante desde la codificación, que persiste y se potencia en el movimiento constitucional de los Estados de derecho, es la general sujeción de los bienes a iguales derechos de apropiación de los individuos. Por tanto, exceptuar del derecho de propiedad un determinado bien requiere de una adecuada justificación, y ello tanto si la exención se refiere a una categoría de bienes naturales (el mar, las aguas continentales, las minas) como si consiste en el establecimiento de algún tipo de privilegio a favor del ente propietario de un bien (el deslinde o la recuperación posesoria)[1].

Dentro de la codificación dotada de bases autóctonas, es en el Código Civil de Chile (1855) donde se manifiesta un contrastado equilibrio en sus elementos[2]. Obra personal en buena medida del ilustre caraqueño ANDRÉS BELLO, la sabiduría y la prudencia de su autor se manifiestan en muchos de sus contenidos. Ello permite explicar tanto su prolongada aplicación temporal, sin perjuicio de las reformas parciales incorporadas al texto refundido vigente (2000), como su importante ámbito de influencia, que se extiende, entre otros, a los Códigos de Ecuador, El Salvador, Uruguay, Colombia y Honduras[3].

El Código chileno se ocupa con cierto detenimiento de los que denomina bienes nacionales (arts. 589-605[4]). En la tradición española, los bienes nacionales designaban a los bienes de manos muertas incorporados al patrimonio del Estado en la legislación desamortizadora con la finalidad de enajenarlos (Ley de Bienes Nacionales de 29 de julio de 1837). Sin embargo, en el Código chileno "se llaman bienes nacionales aquellos cuyo dominio pertenece a la Nación toda" (art. 589). Son nacionales porque pertenecen originariamente a la Nación, esa idea llamada a transformar los fundamentos del derecho público de los grandes imperios absolutistas a fin de constituir los Estados de derecho.

[1] Para determinar el ámbito de las cosas públicas, con apoyo en la conocida terminología de L. DUGUIT, vengo proponiendo emplear una escala de la publicidad de las cosas que se desenvuelva entre el límite negativo derivado de la prioridad que corresponde a la propiedad privada y el límite positivo proporcionado por las utilidades públicas que prestan las cosas públicas (F. LÓPEZ RAMÓN, 2012: 50-58).

[2] La codificación propiamente endógena en Latinoamérica, no limitada a la simple copia o transcripción del texto francés, se inicia con el primer Código Civil unitario de Perú (1852), que prolongó notablemente su vigencia (hasta 1936). Para la caracterización general de este texto dentro del movimiento codificador, véanse: A. GUZMÁN BRITO (2001) y J. F. GÁLVEZ (2010).

[3] Efectivamente, los mismos planteamientos sobre los bienes nacionales del Código Civil de Chile (1855) se encuentran, con algunos cambios en las denominaciones, en los Códigos de Ecuador (1858, arts. 604-621), El Salvador (1859, arts. 571-586), Uruguay (1868, arts. 476-485), Colombia (1887, arts. 674-684) y Honduras (1906, arts. 617-633).

[4] Versión original en A. BELLO (1855: 413-422).

Aparcando momentáneamente las cuestiones que suscita la titularidad de los bienes nacionales, cabe ahora informar que dentro de ellos se identifican dos grandes categorías (en el mismo art. 589):

a) Los bienes de uso público o públicos, cuyo uso "pertenece a todos los habitantes de la Nación, como el de calles, plazas, puentes y caminos, el mar adyacente y sus playas".

b) Los bienes del Estado o fiscales "cuyo uso no pertenece generalmente a los habitantes".

Los bienes de uso público —siempre en el Código Bello— son objeto de desarrollo para los sectores marítimo e hídrico. Encontramos, así:

a) Definiciones bien construidas y reglas ponderadas sobre los espacios marítimos, donde se distinguen las zonas de dominio nacional de aquellas en las que se ejerce jurisdicción nacional (art. 593[5]), regulándose también la "playa del mar" (art. 594).

b) A continuación, las referencias a los ríos, las aguas corrientes de cauces naturales y los grandes lagos, con un régimen ponderado que incluía las identificaciones tradicionales (arts. 595-596)[6].

Como bienes del Estado o fiscales, solo se identifican singularmente en el Código chileno las tierras "que carecen de otro dueño" (art. 590) y las nuevas islas que se formen en el mar territorial, los ríos y grandes lagos (art. 597). Las restantes reglas del título de bienes nacionales están referidas, en su mayor parte, al régimen de utilización, incluyendo desde una amplia remisión al reglamento del "uso y goce" por particulares de los bienes de uso público (art. 598), hasta un variopinto conjunto de reglas sobre la realización de obras en cualesquiera bienes nacionales o exclusivamente en los que integran el sistema viario, además de otras cuestiones (arts. 599-603).

El gran pragmatismo con el que se abordan diversos aspectos en el Código Bello no impide, como ya hemos adelantado, identificar el problema jurídico relativo a la titularidad de los bienes nacionales. La Nación es un concepto de carácter ideal, una entidad filosófica no personificada, por lo que resulta difícil atribuirle la titularidad de bienes. Los llamados bienes del Estado o fiscales es claro que tienen un titular distinto de la Nación, pues en su misma denominación se resalta que son bienes "del Estado", al que se atribuyen los bienes que carecen "de otro dueño" (art. 590) y al que "pertenecerán" las

[5] La redacción vigente de los arts. 593 y 596 del Código de Chile procede de la ley 18565 de 1986.

[6] Arts. 595-596 del original Código de Chile (1855). En la actualidad, únicamente art. 595 conforme a la redacción dada por ley 16.640 de 1967, declarando simplemente y de manera genérica que "todas las aguas son bienes nacionales de uso público"; el art. 596 pasó a regular la zona económica exclusiva y la plataforma continental según la ley 18.565.

nuevas islas que se formen en el mar territorial y otros ámbitos (art. 597). En cambio, para los bienes de uso público, la cuestión del titular no se soluciona, limitándose el texto chileno a atribuirlos a la jurídicamente evanescente Nación, que integra a todos los habitantes que pueden usar de tales bienes[7].

Parece conectar aquí el Código Bello con el inicial criterio de la doctrina francesa que, mientras identificaba los bienes de dominio privado como manifestación del derecho de propiedad, consideraba los bienes de dominio público cercanos o equivalentes a las cosas comunes o a *res nullius*[8]. Sin embargo, la insuficiencia de tal criterio se pone claramente de relieve en el propio texto original chileno, al menos en las siguientes ocasiones:

a) La primera cuando un tanto ambiguamente se procede a regular las minas dejando sin aclarar en cuál de las dos categorías enunciadas habrían de encajar, pero aseverando que "el Estado es dueño de todas las minas", lo que, por cierto, permite más adelante, en el mismo precepto, establecer la discutible regla de que los particulares a los que se conceden las facultades de "catar y cavar", así como las de "labrar y beneficiar" las minas, pueden también "disponer de ellas como dueños" (art. 591).

b) La segunda al preverse que "los puentes y caminos construidos a expensas de personas particulares en tierras que les pertenecen, no son bienes nacionales, aunque los dueños permitan su uso y goce a todos" (art. 592), regla que pone en evidencia el carácter artificial de buena parte de los bienes de uso público y la consiguiente necesidad de disponer de un dueño de los mismos adecuadamente personificado.

c) Y la tercera al establecerse, en el precepto que cierra el título de los bienes nacionales, una amplísima cláusula de irretroactividad, de manera que, "no obstante lo prevenido [...] relativamente al dominio de la nación sobre ríos, lagos [...] subsistirán en ellos los derechos adquiridos por particulares antes de la promulgación de este Código" (art. 605), previsión que amenaza a las nuevas y evanescentes titularidades nacionales desde la solidez que pudiera llegar a concederse a viejos títulos.

4. La influencia del dominio público de origen francés

Los planteamientos franceses en relación con el dominio público lograron una amplia difusión en Europa y Latinoamérica. Inicialmente, ello fue debido

[7] Al autor del Código chileno, sin embargo, no le resultaba ajena la caracterización de los bienes de uso público como propiedad del Estado, según pone de relieve J. Pimiento (2011: 215-217) con referencia a publicaciones de Derecho romano y Derecho internacional de Andrés Bello; aunque no cabe desconocer que la ambigüedad del texto legal ha propiciado interpretaciones excluyendo que los bienes de uso público pudieran ser objeto de propiedad del Estado, tesis dominante, por ejemplo, en la jurisprudencia colombiana (*ibidem*: 218-219).

[8] En tal sentido, véanse J. M. Pardessus (1806) y V. Proudhon (1832-1834).

al prestigio que rodeó al Código Napoleón (1804), aunque en la materia concreta de los bienes públicos no dejara de presentar incógnitas y lagunas, que determinaron quizá las aportaciones autóctonas representadas por el Código Bello. Posteriormente, la influencia derivó de las importantes aportaciones de autores del ámbito francófono, que terminaron por configurar un sistema general de los bienes públicos objeto de admirada atención en el caso español. No obstante, la incorporación latinoamericana del modelo francés, especialmente de la procedente de la versión española, puede considerarse moderada.

A) *La particular recepción caribeña del Código Napoleón*

El Código napoleónico constituyó el primer modelo de la codificación civil en el ámbito latinoamericano, donde fue seguido por diversos textos, como los de Haití (1825) y República Dominicana (1884). La clasificación de los bienes del Código galo (arts. 538-542) es mantenida en buena medida literalmente en los dos citados (Haití: arts. 442-446; República Dominicana: arts. 537-542). No obstante, las transcripciones plantean algunos problemas que parecen derivar de una imperfecta expresión en el modelo original.

El texto francés parte de una distinción implícita entre el dominio público y el dominio privado del Estado, aunque la misma no se formula literalmente en el Código. En este texto, encontramos referencias al dominio público vinculadas a la enumeración de algunas de sus dependencias (art. 538: vías a cargo del Estado, ríos navegables y flotables, ribera del mar y puertos) o partes (art. 540: obras de defensa y fortalezas)[9].

El mismo concepto del dominio público, al incluir "en general todas las partes del territorio francés que no sean susceptibles de una propiedad privada" (art. 538), resulta:

a) Por un lado, de una gran amplitud, hasta el punto de que, en una lectura no reforzada por la exégesis habitual, pudiera incluir también el dominio privado del Estado.

b) Y por otro lado, excesivamente restrictivo, ya que no menciona los bienes muebles ni los pertenecientes a los municipios y otros entes públicos.

Como decimos, una comprensión literal de la norma permitiría entender que el dominio público comprende todos los bienes del Estado: tanto los incluidos en las relaciones citadas por su destino al uso público (art. 538) o a las necesidades de la defensa (art. 540), como los que "pertenecen al Estado" en régimen privado, conforme a la fórmula de atribución de los bienes abintestatos o abandonados (art. 539). Tal entendimiento del Código francés podría resultar confirmado por un evidente error en la ordenación de sus preceptos en

[9] La distinción entre el dominio público y el dominio privado de los entes públicos fue formulada por V. PROUDHON (1832-1834); véase P. BON (1998: 309).

esta materia. Así, el capítulo concernido (cap. III, tít. I, libro II: "De los bienes según las personas a que pertenecen"):

a) Empieza con la enumeración de las principales dependencias del dominio público y su indeterminado concepto general (art. 538).

b) Pasa a declarar pertenecientes al Estado determinados bienes vacantes, aunque sin declararlos explícitamente de dominio privado como hubiera procedido (art. 539).

c) Vuelve a mencionar ciertos bienes, esta vez relacionados con la defensa, indicando que "también (¿igual que los inmediatamente anteriores?) forman parte del dominio público" (art. 540).

d) El capítulo termina asegurando que "lo mismo sucede (¿quiere así decirse que son de dominio público?) en los terrenos, fortificaciones y murallas que ya no son obras de defensa" (art. 541).

Parece claro que los redactores invirtieron el orden lógico de los artículos 539 y 540, pues, primero, tenían que haber enumerado los bienes de dominio público, tanto por razón de su uso público (art. 538) como por su interés para la defensa (art. 540) y después, los bienes de dominio privado referidos, de un lado, a los abintestatos y abandonados (art. 539) y, de otro, a las obras defensivas innecesarias, que "pertenecen al Estado, si no han sido válidamente enajenadas, o si la propiedad no ha prescrito contra este" (art. 541).

Es posible que esa falta de claridad en la redacción del modelo haya influido en las versiones latinoamericanas. Así, los dos códigos caribeños citados transcriben literalmente los preceptos del texto galo, en el mismo idioma francés en el caso haitiano y en su traducción española en el dominicano. Ambos hacen eso, pero con una sola diferencia coincidente, pues en los dos se declara que los bienes sin dueño, abintestatos o abandonados pertenecen, no "al Estado" como se lee en la versión original (Código francés, art. 539), sino "al dominio público" (Código de Haití, art. 444, aunque en el art. 574 se declara, con mayor rigor, que los bienes sin dueño "pertenecen al Estado"; Código de República Dominicana, art. 539).

Con ese cambio tan importante —de pertenecer al Estado a pertenecer al dominio público—, parece subsanarse (equivocadamente, cabría subrayar) el error en la sistemática del Código francés, constituyéndose, así, el dominio público como concepto general que incluye bienes de uso público, bienes afectados a la defensa nacional, bienes vacantes pertenecientes al Estado por razones económicas y bienes desafectados de la defensa nacional.

Tan amplio concepto del dominio público resulta de escasa utilidad, pues incluye elementos de muy diferentes características, cuyo régimen jurídico es sensiblemente distinto. Quizá ello permita explicar la novedad que, con respecto al modelo francés, figura en ambos textos caribeños cuando se refieren a "los bienes que pertenecen al Estado" expresando que "se administran o se arriendan" y que "no pueden ser enajenados más que con las formas y siguiendo las reglas que les son peculiares" (Código de Haití, art. 442; Código de República Dominicana, art. 537.2). Da la impresión de que tal caracterización identifica el dominio privado del Estado (los pertenecientes o de propiedad del Estado), pues resultaría difícil aplicarla a los bienes de uso público o afectados a la defensa.

B) *La propiedad pública en la incierta estela del proyecto García Goyena*

El proyecto de Código Civil de FLORENCIO GARCÍA GOYENA (1851), aunque no llegó a entrar en vigor, gozó de prestigio en España y Latinoamérica. No obstante, en lo relativo a la clasificación de los bienes, cabe relativizar tanto el significado de las novedades del proyecto español, como el mismo alcance de su huella americana.

En la clasificación de los bienes del proyecto GARCÍA GOYENA (arts. 384-389), cabría destacar inicialmente los dos elementos siguientes:

a) De una parte, conforme a la literalidad del texto, parece prescindirse de la categoría romana de *res extra commercium*, concibiendo los bienes de propiedad pública con un alcance subjetivo del que se derivan límites para la "administración y enajenación" de estos bienes, pero no para su prescripción, a la que expresamente se sujetan (art. 388).

b) Y de otra parte, sujeto titular de la propiedad pública no solo es el Estado, pues también puede serlo "una provincia o un pueblo" (art. 385), quebrándose así el monopolio estatal en la pertenencia de los bienes públicos procedente de la originaria codificación francesa.

Ahora bien, si la apertura a otros entes públicos es clara, en cambio, el concepto de propiedad pública que sugiere la lectura del proyecto no puede prevalecer en una interpretación acorde con los precedentes y los criterios que el autor del mismo hace valer[10]. Así, ha de entenderse que la expresión propiedad pública del proyecto (art. 385) se realiza "por contraposición a la privada", siendo "bien claras y notables las diferencias" entre ambos tipos de dominio, de manera que los bienes pertenecientes al Estado según el proyecto "son las cosas llamadas públicas en Derecho romano" como nos dice el autor.

Lo sorprendente es que se emplee la misma expresión para tratar de los bienes que "pertenecen a una provincia o un pueblo" (art. 387), aunque aquí el precepto, según su autor, "prescinda de que el uso o aprovechamiento sea común, y mira únicamente a la propiedad o pertenencia". Lo mismo sucede

[10] F. GARCÍA GOYENA (1852: 348-349).

con la enfática sujeción a prescripción "de los bienes que pertenecen al Estado, a una provincia o a un pueblo" (art. 388), que, sin embargo, como nuevamente nos informa el autor, ha de entenderse únicamente "de los bienes susceptibles de propiedad privada"[11].

Esas contradicciones del proyecto GARCÍA GOYENA parecen explicar y justificar su limitado influjo en la codificación latinoamericana al tratar de esta materia. Vamos a comprobarlo en el primer Código de Argentina (1869) y en el todavía vigente de Costa Rica (1885), textos donde, si puede encontrarse alguna impronta del proyecto español, se establece en todo caso una notable depuración del aparato conceptual empleado.

En el ya derogado primer Código Civil de Argentina (1869: arts. 2339-2350), se distinguía directamente entre bienes públicos y privados, pudiendo pertenecer ambos al Estado general o a los Estados particulares según la distribución constitucional de competencias (art. 2339) o también a las municipalidades (art. 2344). Como bienes públicos se identificaban diversos elementos de la vialidad, el agua, el mar y otros (art. 2340, en redacción dada por ley 17.711, de 26 abril 1968) cuyo uso y goce se atribuía a los particulares (art. 2341). De manera que en la categoría de bienes privados estatales se incluyeron, junto a los tradicionales bienes vacantes y abintestatos, "los muros, plazas de guerra, puentes, ferrocarriles y toda construcción hecha por el Estado o por los Estados, y todos los bienes adquiridos por el Estado o por los Estados por cualquier título" (art. 2342).

Con eficacia y pulcritud, en el Código Civil de Costa Rica (1885: arts. 261-263) la clasificación se limita a las cosas públicas y las privadas, siendo las primeras "las que, por ley, están destinadas de un modo permanente a cualquier servicio de utilidad general, y aquellas de que todos pueden aprovecharse por estar entregadas al uso público", mientras que "todas las demás cosas son privadas y objeto de propiedad particular, aunque pertenezcan al Estado o a los municipios, quienes para el caso, como personas civiles, no se diferencian de cualquier otra persona" (art. 261). A continuación, el Código costarricense se limita a extractar el régimen jurídico de las cosas públicas precisando que "están fuera del comercio" (art. 262) y que su uso y aprovechamiento se rige "por los respectivos reglamentos administrativos" sin perjuicio de las competencias judiciales (art. 263). Nótese en todo caso que el texto, junto a la virtud de su claridad, merece ser destacado por incluir entre las cosas públicas no solo las de uso público, sino también las destinadas a servicios de utilidad general que, en los Códigos anteriores aquí manejados, se consideraban bienes del dominio privado.

[11] Lo que parece confirmarse en el C. C. de Uruguay (1868) que, pese a situarse aquí en la órbita del Código Bello, recoge algunos aspectos del proyecto GARCÍA GOYENA, como la expresa sujeción a prescripción referida exclusivamente a los bienes fiscales (art. 483).

C) *Los dominios público y privado en la codificación española y su limitada incorporación americana*

La clasificación de los bienes según las personas a que pertenecen tiene las siguientes características en el tardío Código Civil español (1889: arts. 338-345):

a) Comprende exclusivamente los bienes de dominio público y los de propiedad privada o patrimoniales[12].

b) En la categoría del dominio público se incluyen tanto los destinados al uso público o común, como los destinados al servicio público o a otros objetos de interés público (art. 339: "los que pertenecen privativamente al Estado, sin ser de uso común, y están destinados a algún servicio público o al fomento de la riqueza nacional, como las murallas, fortalezas y demás obras de defensa del territorio, y las minas, mientras no se otorgue su concesión").

c) Con el carácter de propiedad privada se identifican los restantes bienes pertenecientes al Estado en los que no concurren las circunstancias indicadas, que reciben la específica denominación de bienes patrimoniales.

d) Los anteriores planteamientos se aplican también a los bienes de las provincias y los pueblos (o municipios) con la variante de que su dominio público únicamente incluye bienes de uso público, sin comprender pues los destinados al servicio público u otros fines de interés público.

El sistema del Código español era claramente de tipo propietario conforme a los planteamientos que ya se advertían en el proyecto García Goyena y en abierta oposición a las tesis que, en la primera doctrina francesa y en la codificación latinoamericana ligada al Código Bello, como hemos visto, venían equiparando el dominio público a cosas comunes o a *res nullius*. El cambio de perspectiva que permitió explicar mejor las relaciones de la Administración con el dominio público, se consolidará, ya en el siglo XX, de la mano de importantes contribuciones doctrinales del área francófona.

Así, O. Mayer (1905) presenta el dominio público como una propiedad de Derecho público, una propiedad de otra especie que la de Derecho privado, "la idea de la propiedad civil transportada a la esfera del Derecho público". Se trata de una propiedad "profundamente modificada" de acuerdo con las exigencias del interés público. Al propio tiempo, este modelo se constituye en límite determinante del ámbito del dominio público, dado que "en principio la gestión de la propiedad depende del Derecho civil", por lo que solo

[12] La denominación de bienes patrimoniales se encontraba empleada ya en el Código Civil italiano entonces vigente (1865), donde los bienes públicos que no se declaraban de dominio público eran denominados bienes patrimoniales del Estado, de las provincias o de los municipios (art. 432).

cabe establecer el régimen de dominio público cuando puedan identificarse "intereses vitales de la sociedad".

En todo caso, la elaboración definitiva de la categoría corresponde a M. Hauriou (1892-1933), quien rechaza concebir al dominio público como *res nullius* argumentando que la naturaleza de las cosas que no pertenecen a nadie es ser objeto de propiedad mediante la ocupación, lo que considera incompatible con la inalienabilidad. Postula en cambio el autor la tesis de que el dominio público es una propiedad fiduciaria de la Administración, es decir, una propiedad que corresponde a los servicios administrativos por cuenta del público. La tesis le permite explicar contenidos propios del derecho de propiedad como el ejercicio de acciones posesorias o el derecho a accesiones y frutos, además de presentar la inalienabilidad de estos bienes, no ya como una condición jurídica del objeto derivada de la naturaleza inapropiable del mismo, planteamiento que nuestro autor rechaza adoptando "el punto de vista del metro cuadrado", sino como consecuencia de la incapacidad para enajenar de la propia Administración.

De esta manera, al desligarse de la predominante o exclusiva relación con el uso común, el dominio publico puede ya extenderse fácilmente a toda propiedad administrativa afectada a la utilidad pública, comprendiendo tanto el uso directo del público como el uso por un servicio público. Aunque estas tesis tuvieron sus oponentes, en ellas encontramos los fundamentos de la moderna concepción expansiva del dominio público[13]. En el caso español, los planteamientos del Código Civil proporcionaron un claro soporte para la importación de las doctrinas subjetivas[14].

En el ámbito latinoamericano, si bien cabe advertir la influencia de la codificación española, en ningún caso parece equiparable al significado y alcance

[13] Las tesis de tipo propietario o subjetivo no fueron inmediatamente aceptadas. Entre los autores que plantearon explicaciones diferentes en su época, conviene destacar a L. Duguit (1923), que consideraba radicalmente incompatibles los regímenes jurídicos del dominio público y de la propiedad privada. La afectación a las necesidades de los servicios públicos era lo que hacía diferente al dominio público como categoría, aunque se apreciaban distintos regímenes entre sus diversas especies, situación que el autor evocó con la feliz imagen de la escala de la demanialidad.

[14] Las tesis subjetivas, propietarias o patrimoniales sobre el dominio público se introducen en España por R. Fernández de Velasco (1921). Desde entonces, entre los autores españoles se extendió ampliamente la idea de que el dominio público es una forma de propiedad administrativa inalienable e imprescriptible derivada de la afectación a un uso o servicio público; así se puede apreciar, entre otros autores, en M. Ballbé (1945), quien llevó a cabo una completa y valiosa sistematización del concepto de dominio público descomponiéndolo en los elementos subjetivo, objetivo, teleológico y normativo. En la actualidad estas tesis son las dominantes en Francia y España como puede comprobarse en F. López Ramón (2012: 38-45).

del Código Bello[15]. Conforme nos adentramos en el siglo xx, los nuevos textos muestran plurales conexiones con el Derecho comparado:

a) En el *Código Civil de Nicaragua (1904)*, se advierten diferencias sistemáticas y terminológicas con respecto al modelo español, pues la clasificación de cosas en públicas, comunes y de particulares (arts. 610-614), por un lado, es más amplia al incluir las llamadas cosas comunes cuyo aprovechamiento corresponde a los individuos de un territorio o de una corporación; pero, por otro lado, es más limitada al circunscribir las cosas públicas a ciertos elementos viarios, marítimos e hídricos que pueden ser utilizados por todos, sin comprender en consecuencia las destinadas al servicio público.[16]

b) En el *Código Civil de la República de Panamá* (1916), encontramos mayores semejanzas de contenidos y términos con el texto español, aunque se introducen pequeñas innovaciones (arts. 328-334) cuales son la curiosa declaración del aire no ya como cosa común, sino como bien de dominio público, o la aptitud de los municipios para ser titulares de cualquier bien de dominio público, no solo de los de uso público. No obstante, en conexión con lo anterior, ha de subrayarse la sorprendente previsión de que los bienes de dominio público municipal desafectados pasan a formar parte de los bienes de propiedad del Estado.

c) En el *Código Civil de México (1928)*, los bienes de dominio del poder público pertenecientes a la Federación, los estados o los municipios (arts. 764-773) se dividen en: 1°) bienes de uso común por todos los habitantes, que son inalienables e imprescriptibles; 2°) bienes destinados a un servicio público, declarados también inalienables e imprescriptibles, pero únicamente "mientras no se les desafecte del servicio público a que se hallen destinados" (art. 770), y 3°) bienes propios, cuyo régimen jurídico material parece habrá de coincidir con el de los bienes de propiedad de los particulares.

d) En el *Código Civil de Guatemala (1963)*, los bienes de dominio público o nacionales (arts. 457-463) se clasifican en: 1°) bienes de uso público común, que se sitúan fuera del comercio e incluyen obras de vialidad y otras de aprovechamiento general, así como elementos marítimos, hídricos y aéreos, llegando a comprender también el espacio aéreo y la estratosfera, y 2°) bienes de uso especial o no común, que carecen de un régimen definido en el propio

[15] En todo caso, la doctrina parece haber preferido las tesis que ligan el dominio público con titularidades de la Nación o del Pueblo, o con un evanescente dominio eminente del Estado, como puede comprobarse en la influyente monografía argentina de M. Marienhoff (1960: ep. 1704) o en el estudio del mexicano M. Díaz Martín (1991). No obstante, en contra de esas posturas, manteniendo la tesis propietarista o subjetiva, véase la sólida exposición del argentino M. M. Díez (1940: 306-311).

[16] Parecido es el *Código Civil de Puerto Rico (1930)*, aunque aquí las cosas comunes se refieren a las de libre uso de todos los hombres (arts. 253-257).

Código y abarcan una amalgama de bienes, desde los destinados al servicio público, los patrimoniales y las minas, e incluso ingresos fiscales y municipales[17].

e) En el *Código Civil de Paraguay (1985)* encontramos (arts. 1898-1908) los siguientes aspectos: 1°) inicialmente, los bienes de dominio público del Estado parecen ser únicamente los destinados al uso público sin comprender los de servicio público, pero luego resulta que los bienes del dominio privado estatal terminan por incluir los "no afectados al servicio público"; 2°) para los bienes municipales se distingue entre bienes públicos, que son los destinados "al uso y goce de todos sus habitantes", y bienes privados, que son "los demás", y 3°) todos los bienes del Estado y de las municipalidades, no sólo los de dominio público, resultan ser imprescriptibles.

f) En el vigente *Código Civil de Argentina (2014)*, se establece una regulación de los bienes públicos que emplea los grandes conceptos de dominio público y dominio privado procedentes del ordenamiento francés. En el dominio público, sin perjuicio de su regulación en leyes especiales, se comprenden, en una relación detallada, los demanios marítimo, hídrico, aéreo, viario documental, arqueológico y paleontológico (art. 235). En el dominio privado se incluyen genéricamente los bienes adquiridos por los entes públicos y específicamente otros bienes como los inmuebles carentes de dueño o las minas (art. 236).

Contemplamos, en definitiva, una sucesión de denominaciones y de diferencias en los regímenes jurídicos que, aun procediendo lícitamente de las respectivas soberanías estatales, pudieran producir cierta preocupación. Desde luego, también parece adecuado preguntarse críticamente si, más allá de la voluntad del correspondiente poder legislativo, las especialidades encuentran una justificación objetiva en las diversas trayectorias estatales o quizá en las distintas realidades geográficas. A veces, puede tenerse la impresión de que diferentes legisladores buscan, más que la razón de la diferencia, la misma diferencia como razón determinante de la norma.

5. Los bienes públicos entre la codificación civil y la legislación administrativa

En la moderna codificación civil se advierte una tendencia a renunciar a la tradicional clasificación de los bienes en función de las personas a que pertenecen. El Código de Bolivia (1975) se limita a remitir a "la Constitución y a las leyes especiales" el régimen de los bienes del Estado, de los municipios,

[17] De manera similar, en el *Código Civil de Venezuela (1982)* los bienes de dominio público (opuestos a los de dominio privado) comprenden los de uso público y los de uso privado (arts. 538-544), sin que se sepa cuál es exactamente el alcance de este último tipo.

de las universidades y otras entidades públicas (art. 85). Y los Códigos de Perú (1984) y de Brasil (2002) omiten toda referencia a la materia.

Ante esta situación cabe volver a las consideraciones iniciales de este trabajo, cuando sosteníamos que las bases conceptuales de los bienes públicos y en particular del dominio público son esencialmente civiles. No cabe dejar todo a la legislación administrativa, tan susceptible de vincularse en sus contenidos a volubles decisiones que ni siquiera proceden en la práctica del gobierno, sino del ministro de turno. Las reglas básicas corresponde establecerlas en el Código Civil.

Sería interesante, pues, plantearse la necesidad o, al menos, la conveniencia de llegar a un consenso sobre determinadas reglas comunes que, entre otras, habrían de referirse claramente a las siguientes cuestiones:

a) Las denominaciones aplicables, que si ciertamente pueden ser elegidas libremente por los legisladores, también pueden conformarse a las generalmente empleadas, distinguiendo, dentro de los bienes públicos, los de dominio público y los de dominio privado[18].

b) La identificación del titular de los bienes de dominio público, evitando inefectivas atribuciones a la Nación para, en cambio, promover un régimen de protección y utilización que sume el derecho civil de propiedad y el régimen administrativo del dominio público.

c) La ruptura del viejo monopolio estatal, reconociendo la plena capacidad de los entes públicos, especialmente los municipios y demás entes territoriales, para ser propietarios de los bienes públicos.

d) La apertura del dominio público a los bienes de servicio público, aunque precisando también el alcance de los mismos a fin de no trivializar la categoría.

e) Las razones determinantes de los privilegios administrativos especialmente de los relativos al dominio privado.

Conviene advertir que en ningún caso se pretende renegar aquí de la legislación administrativa, cuya regulación es asimismo precisa para definir el régimen jurídico de los bienes públicos. Variadas son las experiencias a este respecto, cuyo análisis y crítica merecerían un estudio especial[19]. Únicamente

[18] Dominio público y dominio privado constituyen las grandes categorías generales o de referencia de los bienes públicos, sin perjuicio de las especialidades requeridas en las regulaciones administrativas de los diferentes bienes públicos (como aguas, costas, minas, carreteras o edificios públicos).

[19] En Europa cabe referir últimamente la española Ley del Patrimonio de las Administraciones Públicas (2003) y el francés Código General de la Propiedad de las Personas Públicas (2006). En Latinoamérica, con muy diferentes alcances, pueden citarse el decreto-ley sobre adquisición, administración y disposición de bienes del Estado de Chile (1977), la Ley General de Bienes Nacionales de México (2004), el Sistema Nacional de Bienes Estatales de Perú (2007) o la reglamentación denominada Ley Orgánica de Bienes Públicos en Venezuela (2012).

indicaremos que, junto a las leyes generales sobre los bienes públicos, han de destacarse también las leyes sectoriales que regulan el régimen de las aguas, las costas, las minas o los montes, así como las relativas a las diferentes infraestructuras de carreteras, obras hidráulicas, puertos y otras, pues todas ellas configuran políticas públicas esenciales para la vida social y económica de los países.

6. La recuperación de los patrimonios colectivos y otros extremos en el nuevo constitucionalismo latinoamericano

Dentro del movimiento constitucional latinoamericano, en materia de bienes públicos, parece apropiado destacar la trayectoria mexicana, habida cuenta del prestigio asociado a la misma. La importancia de ese precedente se advierte en la recuperación de algunos de sus elementos en los textos del nuevo constitucionalismo latinoamericano. En tal sentido, aunque las referencias constitucionales sobre los bienes públicos resultan asistemáticas, cabe identificar unas pautas comunes significativas, como la decidida recuperación de los patrimonios colectivos.

Vamos a ocuparnos de esos aspectos en este epígrafe, dejando para el siguiente la importante cuestión, que también puede deducirse de los mismos textos fundamentales, de la función social de la propiedad y su relación con los nuevos patrimonios públicos.

A) *El precedente mexicano*

Bajo la Constitución de 1857, se aplicaron planteamientos desamortizadores que habían de conducir a la transformación en latifundios privados de amplias superficies de bienes baldíos, indígenas y eclesiásticos. Como reacción, en la Constitución aprobada en Querétaro en 1917, se establecieron las bases de un sistema que trataba de combinar principios liberales y sociales, hasta entonces considerados opuestos[20].

Así, en el largo y complejo artículo 27 de la Constitución de México (1917) se adoptó un conjunto de decisiones sobre la propiedad inmueble que cabría articular en torno a los siguientes ejes:

a) *Propiedad originaria de la Nación* sobre todas las tierras y aguas, configurando no solo un general dominio eminente sobre el completo territorio estatal, sino también un efectivo dominio directo sobre los recursos naturales.

[20] Sobre la mezcla de principios relativos a la titularidad y aprovechamiento de los bienes raíces en la Constitución mexicana de 1917, véase C. Elizondo (2018), quien lleva a cabo una comparación con el sistema estadounidense.

b) *Propiedad privada configurada por el interés público*, como consecuencia del título originario de la Nación, que le permitía imponer el fraccionamiento de los latifundios y desarrollar la pequeña propiedad agrícola.

c) *Dominio nacional inalienable e imprescriptible* de todos los recursos minerales e hidrocarburos, así como de las aguas marinas y continentales, salvo las subterráneas.

d) *Propiedad especial de los entes públicos* al reconocerse que Estado, Distrito Federal, territorios y municipios tienen plena capacidad de "adquirir y poseer los bienes raíces necesarios para los servicios públicos".

e) *Limitaciones a la propiedad de las personas jurídicas*, que afectan no solo a las instituciones eclesiásticas y de beneficencia, sino también a las sociedades comerciales, a los bancos y en general a toda "corporación civil".

f) *Patrimonios colectivos* fortalecidos y promovidos, que incluye la nulidad de las enajenaciones ilegales de "tierras, aguas y montes pertenecientes a los pueblos, rancherías, congregaciones y comunidades", así como la dotación de ejidos a los núcleos de población que carecieren de ellos.

Las anteriores previsiones de la Constitución de México continúan en buena medida en vigor, aunque fueron objeto de significativas modificaciones en 1998[21]. Además, han ejercido amplia influencia en toda Latinoamérica[22].

B) *Las dispersas referencias constitucionales sobre los bienes públicos*

En todo caso, en las diversas experiencias estatales, se aprecia que las referencias constitucionales sobre el régimen de los bienes son dispersas en su ubicación, cuando no oscuras o enigmáticas en su significación y a veces, incluso ocasionales en su oportunidad. Es decir, no obedecen a intentos de sistematización de todas las modalidades de conservación y apropiación de las

[21] En la reforma de 1998 de la Constitución mexicana, con respecto al régimen de los bienes establecido en el art. 27, cabría destacar los siguientes aspectos: a) en la *limitación de la propiedad privada por el interés público*, se incluye explícitamente el establecimiento de las medidas necesarias "para preservar y restaurar el equilibrio ecológico"; b) las *limitaciones a la propiedad de las personas jurídicas* fueron suavizadas, permitiéndose la titularidad de terrenos rústicos hasta determinadas superficies por las sociedades mercantiles y asimismo de los bienes indispensables para su objeto por parte de asociaciones religiosas, instituciones de beneficencia y bancos, y c) los *patrimonios colectivos* resultan reforzados al reconocerse la personalidad jurídica de "los núcleos de población ejidales y comunales", protegiéndose "su propiedad sobre la tierra", con especial atención a "la integridad de las tierras de los grupos indígenas".

[22] Siguiendo a R. Gargarella (2018: 114), el influjo del sistema mexicano se advierte, en distintos grados, en las Constituciones de Brasil (1937), Bolivia (1938), Cuba (1940), Ecuador (1945), Argentina (1949) o Costa Rica (1949).

cosas como los que pueden encontrarse, con todos sus defectos y carencias, en la codificación civil. Más bien, las normas sobre los bienes públicos, en el movimiento constitucional, se relacionan con la identificación de las políticas públicas consideradas esenciales o necesitadas de un impulso en relación con diferentes tipos de bienes, en ocasiones como directa reacción ante problemas concretos. Lo podemos comprobar en las referencias que cabe encontrar en los textos vigentes del denominado nuevo constitucionalismo latinoamericano:

a) En la *Constitución de Colombia (1991)*, se incluyen como "bienes de uso público" situados fuera del comercio (son inalienables, imprescriptibles e inembargables) el patrimonio natural, las tierras comunales de grupos étnicos, las tierras de resguardo de comunidades amerindias y el patrimonio arqueológico de la Nación (art. 63)[23]. Separadamente, se declara "bien público inenajenable e imprescriptible" el espectro electromagnético (art. 74).

b) En la *Constitución de Perú (1993)*, el "patrimonio cultural de la Nación" es objeto de protección "independientemente de su condición de propiedad privada o pública" (art. 21). Los recursos naturales se declaran también "patrimonio de la Nación", precisándose que su aprovechamiento precisa de la oportuna concesión administrativa (art. 66). El dominio público, que parece manejarse como categoría distinta de la anterior, es objeto de una genérica declaración que lo coloca fuera del comercio, aunque sin enumerar los bienes correspondientes (art. 73). Son objeto de especial atención las propiedades de las comunidades campesinas y nativas, que se declaran imprescriptibles, salvo en caso de abandono (art. 89).

c) En la *Constitución de Argentina (1994)*, como venía siendo tradicional, se presta particular cuidado a las tierras de propiedad nacional destinadas a la colonización (art. 75.18), propiedades cuya venta o locación constituye un ingreso del gobierno federal (art. 4), aunque se atribuye al Congreso disponer del uso y de la enajenación de las mismas (art. 75.5)[24]. No obstante, el mismo Congreso queda ahora obligado a garantizar la posesión y propiedad comunitaria de las tierras, de conformidad con el reconocimiento de la preexistencia étnica y cultural de los pueblos indígenas (art. 75.17).

d) En la *Constitución de Venezuela (1999)*, encontramos la prohibición de enajenar tierras baldías (art. 13), la declaración como fuera del comercio de los bienes que integran el patrimonio cultural de la Nación (art. 99), el respeto de los *"derechos originarios"* sobre las tierras que "ancestral y tradicionalmente"

[23] Después, en la misma Constitución de Colombia (1991), se sitúa el patrimonio cultural bajo la protección del Estado, aunque diferenciadamente, en coherencia con lo establecido en el art. 63, se hace referencia al régimen de incomerciabilidad propio del patrimonio arqueológico (art. 71).

[24] Las dos últimas referencias coinciden con los arts. 64.4 y 64.16 de la Constitución argentina de 1853.

ocupan los pueblos y las comunidades indígenas (art. 119), así como la consideración de "todas las aguas" como dominio público de la Nación (art. 304).

e) En la *Constitución de Ecuador (2008)*, los recursos naturales no renovables se declaran patrimonio inalienable e imprescriptible del Estado (arts. 317 y 408), concediéndose relieve al "agua", que genéricamente se califica de "patrimonio nacional estratégico" (art. 12) o "patrimonio estatal de uso público" (art. 318), en todo caso situado fuera del comercio. El mismo régimen de incomerciabilidad corresponde al patrimonio cultural del Estado (art. 379). Advertimos también que una intensa tutela se reclama para "los pueblos ancestrales, indígenas, afroecuatorianos", reconociéndose también "a las comunas que tienen propiedad colectiva de la tierra" (art. 60).

f) En la *Constitución de Bolivia (2009)*, los recursos naturales se estiman "propiedad del pueblo boliviano" (arts. 349 y 357), lo que conduce al establecimiento de detallados regímenes sobre hidrocarburos, minería y recursos hídricos (arts. 359-377), además de la misma tierra (arts. 393-397). Las naciones y pueblos indígenas tienen reconocido el derecho a la titulación colectiva de sus tierras y territorios (art. 30.II.6), así como el uso y aprovechamiento exclusivos de los recursos naturales renovables de su territorio, aunque esto sea incluyendo la cláusula "sin perjuicio de los derechos adquiridos legítimamente por terceros" (art. 30.II.17). Finalmente, "los bienes patrimonio del Estado y de las entidades públicas" son objeto de un régimen jurídico excepcional que los equipara a los bienes de dominio público, pues "constituyen propiedad del pueblo boliviano, inviolable, inembargable, imprescriptible e inexpropiable", prohibiéndose estrictamente el empleo de los mismos "en provecho particular alguno" (art. 339.II).

C) *Algunas conclusiones operativas*

No es fácil obtener conclusiones operativas sobre el alcance y significado de estas cláusulas constitucionales, que frecuentemente originan problemas interpretativos en su aplicación. Las dificultades pueden acentuarse cuando quienes intervienen en los correspondientes debates no comparten los criterios de fondo que tratan de imponerse en el movimiento constitucional. Así, la perplejidad de algunos intérpretes ante las novedades detectadas, en realidad, pudiera estar disfrazando un radical rechazo de los fundamentos y efectos de las mismas reformas. No obstante, y esperando no merecer el reproche de actitud farisaica, lo cierto es que, en las novedades constitucionales que estamos refiriendo, abundan las sorpresas y los enigmas, cuando no simplemente los efectismos dirigidos a evidenciar progresos que podían haberse logrado mediante expresiones más claras.

Por ejemplo, si se dispone de un acervo jurídico comparado que, con origen en la prestigiosa experiencia francesa, nos permite diferenciar entre el dominio público y el dominio privado de los entes públicos, ¿por qué ni para qué han de emplearse otras expresiones que pudieran generar incertidumbre? Es verdad que el Derecho constitucional no puede quedar condicionado por los conceptos empleados en otras ramas del ordenamiento jurídico. Sin embargo, también parece lógico no separarse de los significados consolidados de las palabras si no hay elementos diferenciales.

De cualquier manera, hechas las anteriores advertencias, me parece que, en el régimen de los bienes públicos del nuevo constitucionalismo latinoamericano, cabría destacar los siguientes elementos:

a) La consideración de los *recursos hídricos como bienes de dominio público* implicados en la garantía del derecho de acceso al agua. No se trata ya del tradicional demanio ligado a los cauces, las corrientes y los lagos, sino del agua entendida como recurso natural esencial para la vida en el planeta. Elemento, sin duda, novedoso y necesitado de reflexión para ir estableciendo sus desarrollos legislativos.

b) El *régimen exorbitante del dominio privado* de los entes públicos, que llega a disfrutar de características y privilegios similares o iguales a los propios del dominio público[25].

c) La destacada preocupación por la conservación de los *patrimonios colectivos* de las comunidades indígenas, étnicas y campesinas, lo que contrasta con la tradicional visión privatista propia de la codificación civil. Generalmente, no se trata de bienes públicos, puesto que no suelen pertenecer a un ente público[26], pero ello no impide establecer la presencia del interés general como motor de estos patrimonios, que hemos de incluir en las categorías objeto de atención en el derecho administrativo[27].

d) El amplio acogimiento de las categorías del *patrimonio natural y cultural*, cuya consideración como bienes públicos o de interés público es consecuencia destacada de la funcionalización social del derecho de propiedad, según pasamos a justificar a continuación.

7. La funcionalización social del derecho de propiedad y los nuevos patrimonios públicos

Tal y como ya hemos adelantado, en los mismos textos constitucionales latinoamericanos se advierte la formación de nuevos patrimonios públicos de

[25] Para una crítica, en el caso español, de la extensión al dominio privado de las prerrogativas del dominio público (inembargabilidad, investigación, deslinde, recuperación posesoria, desahucio administrativo), véase F. López Ramón (2014).

[26] En la experiencia española, los bienes comunales se consideran bienes de dominio público de los municipios cuyo aprovechamiento pertenece al común de los vecinos (ley 7 de 1985, básica del régimen local: arts. 79.3 y 80.1).

[27] Cabe recordar el importante esfuerzo de promoción de los patrimonios colectivos ligado a la obra de E. Ostrom (1990).

características especiales. El origen de los mismos se vincula al asentamiento de la función social del derecho de propiedad, que, desde los importantes precedentes mexicano y alemán, se ha desarrollado notablemente en el movimiento constitucional. Una de sus aplicaciones más interesantes es la producida en la doctrina italiana de los bienes privados de interés público, que nos conduce a las modernas figuras del patrimonio cultural y natural.

A) *La evolución general del derecho de propiedad*

Como es sabido, el derecho de propiedad ha experimentado una formidable evolución en su contenido y alcance, tanto en Europa como en Latinoamérica:

a) Durante la colonización, se aplicaron los sistemas de propiedad de origen medieval, donde pervivían privilegios de diverso origen y alcance. Cabe recordar en tal sentido: la concentración en las clases privilegiadas de los títulos sobre la tierra y el mercado, la mezcla de los derechos de uso y disfrute del suelo con las potestades de gobierno, la adscripción incluso de las personas a los fundos en calidad de siervos, el establecimiento de vinculaciones impidiendo o condicionando el mercado de tierras o el fomento de la actividad ganadera en detrimento de la agricultura. Todo ello mezclado con la pervivencia de modalidades colectivas de propiedad rural y de fórmulas paternalistas que podían atenuar el peso de la dominación en función de la época y del lugar considerados[28].

b) En las repúblicas criollas surgidas de la independencia, se asumieron los postulados liberales del derecho de propiedad uniforme y absoluto, comprensivo de la omnímoda capacidad de usar, disfrutar y disponer de los bienes. Se seguía, así, la influyente fórmula, puesta en circulación por los revolucionarios franceses, de la propiedad como "derecho sagrado e inviolable" (Declaración de Derechos, 1789, art. 17); declaración que, unos años después, en la codificación, se completaría con la definición de la propiedad como "el derecho de gozar y disponer de las cosas de la manera más absoluta" (Código Civil de los franceses, 1804, art. 544). Ambos contenidos fueron objeto de reiteradas transcripciones en las constituciones y los códigos civiles latinoamericanos[29].

[28] Para la trayectoria española, véanse los estudios sobre la evolución de los regímenes pro pietarios desde el siglo XV recopilados por S. DE DIOS, J. INFANTE, R. ROBLEDO y E. TORIJANO (coords.) (1999). En los países latinoamericanos, se añadían los condicionantes derivados del régimen colonial, que había originado peculiares entrecruzamientos de principios vertebradores y regímenes aplicables; véanse las consideraciones de H. O. NOEJOVICH (2003), quien rechaza la existencia de una noción de propiedad en la América precolombina, sosteniendo que los planteamientos comunitarios indígenas convivieron con las fórmulas individualistas de origen europeo, lo que determinó una yuxtaposición de sistemas propietarios que perviviría hasta el presente.

[29] El carácter "inviolable" del derecho de propiedad se afirmó solemnemente en variados textos constitucionales latinoamericanos del siglo XIX: por ejemplo, en México (1822, art. 12),

c) En el camino hacia los Estados sociales de derecho, comenzó una lenta y profunda transformación derivada de la vinculación del derecho de propiedad al cumplimiento de su función social[30]. Las primeras manifestaciones constitucionales de los nuevos planteamientos se orientaron preferentemente a garantizar la explotación económica de la propiedad rural[31]. Planteamientos estos de larga permanencia en Latinoamérica debido a la importancia y significado de las aspiraciones de reforma agraria[32]. Después, diversos textos

Bolivia (1843, art. 95) o Argentina (1853, art. 17). En la codificación civil, cabe citar la aún más contundente expresión del Código Bello aprobado para Chile (1855, art. 582), donde se define el dominio o propiedad como "el derecho real en una cosa corporal para gozar y disponer de ella arbitrariamente, no siendo contra ley o contra derecho ajeno", fórmula que fue literalmente reproducida en otros casos como el Código Civil de Colombia (1887, art. 669).

[30] El origen de la "propiedad función social" se vincula especialmente a L. Duguit (1912), en el volumen que recoge las conferencias impartidas en la Facultad de Derecho de Universidad de Buenos Aires durante los meses de agosto y septiembre de 1911. El sexto y último de aquellos notables discursos sobre las transformaciones del derecho privado fue el dedicado precisamente a sostener que la propiedad había dejado de ser un derecho subjetivo individual para configurarse como una función social que genera obligaciones a su titular (*ibidem*, 147-178). El maestro bordelés refería el progreso de la legislación europea en tal sentido, considerando que, en el caso argentino (y latinoamericano en general, cabría añadir), había de avanzarse en esa misma línea, definidora del paso de la "propiedad especulación" a la "propiedad funcional", todo ello, habida cuenta de la necesidad económica de afectar ciertas riquezas a fines productivos de utilidad tanto individual como colectiva (*ibidem*, 150-151). Sobre el influjo de Duguit en el ámbito hispano-americano pueden verse: T. R. Fernández Rodríguez (2010) y C. M. Herrera (2014).

[31] Así se advierte en los dos textos constitucionales pioneros en la materia: a) en la Constitución de México (1917), la propiedad privada se concibió ya como un derecho esencialmente limitado por el interés público, que exigía dictar las medidas necesarias "para el fraccionamiento de los latifundios, para el desarrollo de la pequeña propiedad, para la creación de nuevos centros de población agrícola", entre otros objetivos (art. 27); b) paralelamente, en la Constitución del Reich alemán promulgada en Weimar (1919), se partía de la significativa declaración de que "la propiedad obliga" (art. 153), previéndose expropiar tierras para fines de colonización interior, roturaciones o desarrollo de la agricultura, y asimismo configurando el cultivo y explotación de la tierra como "un deber de su propietario para con la comunidad" (art. 155).

[32] Tras el ya citado precedente mexicano, la *Constitución cubana (1940)* fue, en este ámbito geográfico, la primera que, dentro de los postulados liberales, adoptó medidas vinculando la protección de la propiedad privada a su función social (arts. 87, 90 y 91). En Argentina, la *Constitución peronista (1949)* consagró asimismo la función social de la propiedad, atribuyendo al Estado la misión de fiscalizar su distribución y utilización en el sector agrario (arts. 38-40). En la *revolución cubana (1959)* se puso en marcha una reforma agraria basada en explotaciones colectivas que ejercería fuerte influjo en el continente americano. Así, en la década siguiente, diversos textos fundamentales incluyeron previsiones encaminadas a establecer los grandes objetivos y las principales medidas de la reforma agraria, que en varios casos comprendían la progresiva eliminación del latifundio improductivo. En la *Constitución de Bolivia (1961)* se identificaba al trabajo como la fuente de la propiedad agraria y se rechazaban los latifundios, además de incluirse detallados contenidos sobre el régimen campesino (arts. 164-165). En la *Constitución de Honduras (1965)* simplemente se impulsaba la colonización agraria (art.

fundamentales ampliaron los objetivos de la función social de tipo productivo atribuida a la propiedad, imponiendo la explotación racional del suelo y otros recursos naturales o, en una formulación más actualizada, el desarrollo sostenible[33].

En todo caso, conviene tener presente que la evolución indicada no es homogénea, de manera que todavía podemos asistir al enfrentamiento entre posiciones individualistas y solidarias sobre el contenido y alcance del derecho de propiedad[34]. No obstante, en una consideración global, ha de subrayarse que la función social de los derechos patrimoniales no deja de progresar. En el derecho positivo, las características propias de los diferentes tipos de bienes

257), pero en la *Constitución de Ecuador (1967)* ya se ordenaron planes de reforma agraria para lograr la justa distribución de la tierra, la más eficaz utilización del suelo y la mejora del nivel de vida del campesino, estableciéndose la obligación del propietario de explotar directa y racionalmente los predios agrarios, además de preverse la determinación de la extensión máxima y mínima de la propiedad agraria (art. 51). La serie parece terminar con la *Constitución de Panamá (1972)*, donde se impuso el deber de cultivo, se enumeraron los variados fines de la política agraria, estableciéndose la protección de los patrimonios de las comunidades indígenas y una especial jurisdicción agraria (arts. 121-124).

[33] En Europa, durante el período entreguerras, cabe referir la *Constitución de la II República española (1931)*, donde se subordinaba la riqueza del país, pública y privada, "a los intereses de la economía nacional", admitiéndose la expropiación "de toda clase de bienes" incluso sin indemnización, es decir, con carácter confiscatorio (art. 44). Tras la segunda guerra mundial, encontramos destacados compromisos en la Constitución italiana (1947), donde la propiedad se vincula a su función social asumiéndose los objetivos de "hacerla accesible a todos" (art. 22) y también de "conseguir el aprovechamiento racional del suelo y establecer relaciones sociales equitativas" (art. 44). Asimismo, en la Ley Fundamental de Bonn (1949), conforme al precedente de Weimar, se sigue estableciendo que "la propiedad obliga" (art. 14), de manera que "su uso deberá servir, al mismo tiempo, el bien común", previéndose la transferencia de la tierra, los recursos naturales y los medios de producción a la propiedad pública o colectiva "con fines de socialización" (art. 15). Dentro del nuevo constitucionalismo latinoamericano, podemos citar: la *Constitución de Colombia (1991)*, donde se impone la vinculación de la propiedad a su función social y ecológica (art. 58); o la *Constitución de Ecuador (2008)*, que establece la función social y ambiental como fundamento general del derecho de propiedad (art. 66.26), ya sea propiedad pública, privada, comunitaria, estatal, asociativa, cooperativa o mixta (art. 321) y específicamente como base del derecho a la ciudad (art. 31) y de la tierra (art. 317).

[34] Un buen ejemplo puede venir dado por el carácter *"arbitrario"* atribuido al derecho de propiedad, por influencia del Código Bello, en el Código Civil de Colombia (1887: art. 669), según antes hemos recordado. La expresión parecía contrastar con la función social del mismo derecho impuesta en la reforma constitucional colombiana de 1936. Sin embargo, la Corte Suprema de Justicia (sent. 86 de 1988) declaró el precepto civil exequible por no considerarlo contrario a la Constitución. Hubo que esperar a la vigente Constitución colombiana (1991), cuya definición de la propiedad como *"una función social que implica obligaciones" y a la que es inherente "una función ecológica"* (arts. 1° y 58), determinó ya que la Corte Constitucional (sent. C-595 de 1999) la estimara incompatible con la caracterización arbitraria del mismo derecho de propiedad en el viejo Código Civil.

determinan los regímenes jurídicos básicos de la propiedad forestal, agraria y urbana, que constituyen los puntos de partida de las pormenorizadas regulaciones administrativas de muy diferentes bienes. La funcionalización ha permitido insertar intereses generales en las reglas que los titulares privados han de aplicar, hasta el punto de poder hacer innecesario el paso a la mano pública de los bienes implicados. Particularmente se advierte esta situación con respecto a los bienes privados de interés público, que integrarían, por tanto, la última categoría de las cosas públicas.

B) *La categoría italiana de los bienes privados de interés público*

En realidad, vamos a tratar de bienes que tanto pueden ser de propiedad pública como de propiedad privada. El aspecto determinante del carácter público de los mismos es, en todos los supuestos, la incidencia en su régimen jurídico de un relevante interés general determinante de la conservación del bien y de su disfrute colectivo. La presencia del interés público se formaliza en los casos más significativos mediante un acto administrativo (a veces, legislativo) que declara la pertenencia del bien al género previamente diseñado en la legislación. En estos bienes, la Administración *"patrimonializa"* el valor correspondiente al interés público cuya permanencia, tutela y valorización le corresponde asegurar.

Bajo la óptica del contenido del derecho de propiedad, cabe subrayar que los bienes (normalmente privados) de interés público representan el estadio más evolucionado del proceso histórico de impregnación de valores sociales que ha experimentado el derecho de propiedad. El fin esencial del régimen jurídico especial de los bienes de interés público consiste, como ya hemos indicado, en la conservación del bien y el acceso del público a su disfrute, lo que supone un añadido en relación con las limitaciones derivadas de la función social de la propiedad. Por tanto, no todos los bienes cuyo régimen jurídico se encuentra vertebrado por las exigencias de la función social encajan directamente en la categoría que manejamos, pues no en todos ellos se advierte el objetivo de la conservación de los mismos bienes como rasgo determinante de su régimen jurídico.

Una peculiar aproximación a las funciones de los bienes de interés público podría identificarse en el Derecho alemán, donde, frente a los planteamientos de origen francés, las cosas públicas constituyen una categoría que incluye un conjunto heterogéneo de bienes destinados a fines públicos con independencia de su titularidad pública o privada, e incluso cosas que carecen de propietario por su propia naturaleza, como el aire o el mar abierto. De la afectación de la cosa al fin público realizada directamente por la ley o por la Administración competente deriva la aplicación del régimen especial de las cosas públicas, que es el requerido para el desarrollo de las correspondientes funciones públicas.

Ese régimen especial se superpone al derecho de propiedad privada sobre el bien como una servidumbre jurídico-pública o, más genéricamente, como un derecho real limitado que determina el estatuto de la denominada propiedad modificada[35].

Los bienes privados de interés público integran una categoría particularmente trabajada por la doctrina italiana a partir de las observaciones de A. M. Sandulli (1956), quien dio cobijo conceptual a las especialidades observadas en el régimen jurídico, entre otros, de los objetos artísticos, las bellezas naturales o los parques nacionales[36]. El régimen jurídico de estos bienes compatibiliza las facultades de los propietarios con intensos vínculos derivados de los intereses públicos que concurren, a fin de garantizar su adecuada conservación y su disfrute por la colectividad.

El supuesto más tradicional de bienes de interés público está constituido por los bienes culturales, cuyo concepto se ha desarrollado en Italia a partir de l os debates de la Comisión Franceschini (1967). En las declaraciones finales de esta comisión parlamentaria se llegó, entre otras, a las siguientes convenciones: a) la identificación del bien cultural con todo bien de interés arqueológico, histórico, artístico, ambiental, paisajístico, documental y bibliográfico, "y cualquier otro bien que constituya testimonio material con valor de civilización"; b) la compatibilidad del bien cultural con el disfrute y disposición del mismo por su propietario dentro de los límites establecidos por la legislación, que aplica así la función social del derecho de propiedad, y c) el carácter declarativo de la intervención administrativa que identifica la cualidad cultural determinante del régimen jurídico especial, dado que tal cualidad deriva de las características del propio bien, respondiendo el acto administrativo al tipo de la comprobación pues "produce certeza legal de la cualidad". En todo caso, la elaboración jurídica del concepto de bien cultural contó con la destacada aportación de M. S. Giannini (1976), que marcó una fructífera línea de trabajo en la doctrina italiana[37].

En la misma experiencia italiana, consecuencia importante deducida de la naturaleza declarativa del bien cultural será, en las sentencias de la Corte Constitucional 56 de 1968 y 79 de 1971, la admisión de la legitimidad cons-

[35] En la literatura en castellano sobre el régimen alemán de los bienes públicos, véanse M. Gámez Mejías (2009) y M. J. Bobes Sánchez (2007: 71-107).

[36] El estudio pionero sobre la categoría de los bienes de interés público fue el de A. M. Sandulli (1956). La primera exposición completa de dicha categoría parece haber sido la de G. Palma (1971). En la misma doctrina italiana se encuentran precedentes en la literatura sobre el régimen jurídico del patrimonio cultural como M. Grisolia (1952) y M. Cantucci (1953).

[37] El trabajo de M. S. Giannini (1976) resultó de gran influencia en España y Latinoamérica. Posteriormente, sobre el régimen de los bienes culturales en Italia, véanse, entre otros: T. Alibrandi & P. Ferri (1978 y 1995); M. Cammelli, dir. (2000); así como los comentarios a la legislación en la materia de G. Caia (2000) y A. Rende (2002).

titucional de las declaraciones protectoras y de los instrumentos de planificación de los bienes de interés público a fin de configurar el contenido de los derechos de propiedad afectados sin necesidad de indemnización[38].

C) *La formación de los patrimonios culturales latinoamericanos*

La penetración en Latinoamérica de los anteriores conceptos y de las correspondientes políticas conservacionistas resulta todavía limitada como se puede advertir en relación con el patrimonio cultural. En efecto, la trayectoria en este ámbito sigue dominada por el síndrome del expolio, que sucesivamente se ha vinculado a la codicia e intolerancia de conquistadores e inquisidores, a la desfachatez y prepotencia de viajeros y museos, y por último, a la presión y el agobio de promotores y turistas; todos ellos estimulados tanto por la pobreza e ignorancia de las poblaciones locales, como por la displicencia y corrupción de las autoridades[39].

Sin perder de vista ese contexto que tantas distancias produce entre la norma y la realidad, la evolución del régimen jurídico del patrimonio cultural en Latinoamérica tiene su punto de partida en las complejas bases culturales de la colonización, que desembocaron en un radical nacionalismo criollo caracterizado por la exclusiva incorporación del patrimonio arqueológico indígena al dominio nacional de las nuevas repúblicas, para alcanzar finalmente la etapa de apertura a corrientes internacionales y comparadas que se ha plasmado en la formación normativa de los grandes patrimonios culturales contemporáneos[40].

[38] La doctrina se admitió en las citadas sentencias de la Corte Constitucional 56 de 1968 (*caso de las bellezas naturales*) y 79 de 1971 (*caso del parque nacional de Stelvio*). Conforme a la misma, los bienes de interés público constituyen una categoría de bienes que reúnen naturalmente ciertas características, en concreto: "tienen un valor paisajístico por una circunstancia que depende de su localización y de su inserción en un complejo que reúne las cualidades indicadas por la ley". El acto que individualiza los espacios naturales protegidos no modifica la situación preexistente del bien, sino que "desempeña una función correlativa a los caracteres propios de los bienes naturales paisajísticos y por ello no es equivalente a un acto expropiatorio". La identificación del bien de interés público no supone, por tanto, ninguna privación del derecho de propiedad, que "ha nacido con su correspondiente límite y con ese límite vive".

[39] Las actitudes ante los expolios oscilan entre la completa pasividad y las explosiones del orgullo nacional herido en concretos episodios. Así, de un lado, la impotencia se traduce en una generalizada actitud social y política favorecedora de los derechos de propiedad absolutos y las libertades empresariales ilimitadas frente a las reglas de defensa de los patrimonios culturales; y de otro lado, la virulencia de algunas reacciones lleva frecuentemente a la incapacidad para la negociación y la composición de los intereses enfrentados, cuando no termina generando conductas delictivas mejor planificadas y más destructivas.

[40] Cabe remitir al conjunto de estudios reunidos por F. López Ramón (2017), donde se incluyen aportaciones sobre el régimen jurídico del patrimonio cultural en Argentina, Colombia, Costa Rica, Perú, Uruguay y Venezuela. Para México, país clave en esta materia, pueden

Los expolios fueron favorecidos por la vetusta regulación del tesoro, el cual, siguiendo los precedentes romanos divulgados en el Código Napoleón (1804, art. 716), ha de atribuirse por mitades al dueño del lugar y al descubridor. Así se estableció en la codificación civil americana, incluso en el Código Bello aprobado en Chile (1855, art. 626), que, como ya nos consta, se considera el de contenido más propiamente autóctono. Por supuesto, también en otros textos como los Códigos Civiles de Argentina (1869, art. 2556), Colombia (1887, art. 701) o México (1928, art. 877). Conforme a esos regímenes jurídicos, en caso de hallazgos de interés artístico únicamente se reservaba al Estado la potestad de adquirirlos por expropiación, mecanismo cuya práctica dependía de la capacidad financiera pública.

Las anteriores son regulaciones en buena medida todavía vigentes, aunque las ruinas y los yacimientos arqueológicos paulatinamente fueron objeto de normativas especiales que excluyeron la aplicación del régimen civil, tanto el del tesoro como el de la accesión a favor del propietario del suelo. Así, ya en una ley de 1869, Argentina estableció nada menos que el dominio público sobre esos objetos, reiterándose la propiedad de la nación sobre los mismos en otra ley de 1912, donde se previó también la necesidad de permiso de la autoridad competente para su utilización o explotación. En México, mediante las leyes de 1896 y 1897 se estableció un primer régimen de protección de los monumentos arqueológicos, ordenándose por un decreto de 1902 incluir en el inventario de bienes del Estado los sitios prehispánicos.

La reivindicación arqueológica se puso, así, al servicio de la construcción de los Estados nacionales generando una característica posición ideológica cuya continuidad se prolonga hasta el presente[41]. Dado ese contexto, en los regímenes especiales se pudieron alterar las tradicionales regulaciones civiles, pues la excepción quedaba justificada nada menos que por el mantenimiento de la esencia de la Nación reflejada en el patrimonio arqueológico, que demostraba la calidad de los valores indígenas suplantados por la colonización[42].

La transición a los patrimonios culturales abiertos parece haberse realizado en dos fases a lo largo del siglo XX:

---

emplearse la monografía sobre la evolución del patrimonio arqueológico de D. SHÁVELZON (1987) y los trabajos sobre el significado del patrimonio cultural mexicano compilados por E. FLORESCANO (1993). Para una descripción de conjunto de la legislación sobre patrimonio cultural en Latinoamérica, véase E. R. HARVEY (1997) y F. LÓPEZ RAMÓN (2018).

[41] Para el siglo XX mexicano, la vinculación política entre nación y patrimonio cultural se demuestra ampliamente en la investigación de B. COTTOM (2008).

[42] Paralela y contradictoriamente, las repúblicas americanas consolidaban la construcción nacional imponiendo a las comunidades indígenas el aprendizaje del español; véase S. MUÑOZ MACHADO (2017: 525-659).

a) La fase de la *ampliación cronológica* del patrimonio protegido se inició hacia 1910 y parece haber culminado en las reformas constitucionales de la década de 1960. El objeto de protección pasó a estar claramente integrado no solo por elementos de procedencia indígena, sino también por bienes de las épocas virreinal y republicana. Se trataba de un patrimonio de naturaleza material y carácter elitista, pues comprendía cosas corpóreas seleccionadas por su altos valores históricos o artísticos, tras seguir garantistas procedimientos de declaración[43].

b) La fase de la *ampliación conceptual* del objeto de protección parece haberse gestado entre 1970 y 1990, traduciéndose en la eliminación de las anteriores restricciones. Probablemente fue auspiciada por la teoría italiana de los bienes culturales, que fue acogida y divulgada en la importante ley española de 1985. También debió influir la celebración de grandes tratados internacionales en la materia como el relativo al tráfico de bienes culturales (París, 1970), el del patrimonio mundial (París, 1972) o el de ámbito regional adoptado por las naciones americanas sobre el patrimonio arqueológico, histórico y artístico (Washington, 1976). Así, un genérico e indeterminado ámbito del patrimonio cultural fue anunciándose en las nuevas leyes de Ecuador (1979), Paraguay (1982) o Perú (1985)[44].

[43] Encontramos asumidos los anteriores planteamientos en la legislación sobre conservación de monumentos históricos y artísticos en México (1914), sobre el patrimonio documental y artístico en Costa Rica (1920) o sobre el patrimonio histórico y arqueológico en Perú (1929). En todo caso, la ampliación de los objetos protegidos se confirmaría tras la segunda guerra mundial, especialmente en diversas reformas constitucionales: la Constitución peronista en Argentina (1949) empleaba terminología moderna al situar el "patrimonio cultural de la nación" bajo la tutela del Estado (art. 37); objetivos constitucionales claros en la materia se expresaron en la Constitución de Venezuela (1961), que comprometía al Estado en "la protección y conservación de las obras, objetos y monumentos de valor histórico o artístico que se encuentran en el país" (art. 83); en la reforma de la Constitución de México (1966) al facultarse al Congreso de la Unión para "legislar sobre monumentos arqueológicos, artísticos e históricos, cuya conservación sea de interés nacional" (art. 73); y en la Constitución de Uruguay (1967), que situó bajo la tutela estatal "toda la riqueza artística o histórica del país, sea quien fuere su dueño", riqueza que se caracterizaba como "el tesoro cultural de la nación" (art. 34). Ya no se trataba solo de los restos arqueológicos indígenas, sino de amplios e indeterminados conjuntos de bienes materiales de valor histórico o artístico. En la legislación ordinaria el objeto de protección, si bien continuaba recibiendo la denominación de patrimonio histórico y artístico en Colombia (1959) o Brasil (1961), empezó también a identificarse bajo la genérica denominación de patrimonio cultural. Tal fue el título de la ley uruguaya de 1971, que aplicó, a los bienes muebles e inmuebles de cualesquiera épocas históricas identificados como monumentos u otras declaraciones tutelares, un régimen de "servidumbres"; entre ellas, se incluían prohibiciones de modificar el bien o de destinarlo a usos incompatibles con su adecuado mantenimiento, obligaciones de conservación y reparación, sujeción a visitas inspectoras y otros aspectos, previendo en contrapartida determinadas exenciones tributarias a favor del propietario.

[44] Las anteriores manifestaciones han encontrado sólido acomodo normativo en las reformas constitucionales producidas en diversos países latinoamericanos en torno a la década de

En definitiva, el nacionalismo ha dejado de ser el marco conceptual del patrimonio cultural. Este ya no se refiere ni exclusiva ni predominantemente a elementos identitarios de la comunidad política. La Nación ha pasado a ser simplemente el espacio territorial organizado en cuyo ámbito se identifican los valores históricos, artísticos, estéticos, folclóricos y otros que justifican el característico régimen de protección y promoción cultural.

La incorporación del concepto y régimen del patrimonio natural parece producirse también en el nuevo constitucionalismo latinoamericano, aunque con ritmos todavía más pausados. Así, en la Constitución de Colombia (1991) se incluye entre los bienes de uso público (art. 63) y en la Constitución de Ecuador (2008) es objeto de especiales medidas tutelares (art. 404)[45].

BIBLIOGRAFÍA

ALIBRANDI, TOMMASO & FERRI, PIERGIORGIO (1978): *I beni culturali e ambientali*, 3ª ed., Milano, Giuffrè, 1995.

BALLBÉ, MANUEL (1945): "Concepto de dominio público", en *Revista Jurídica de Cataluña*, 5, 25-73 (reproducido como voz "Dominio público", *Nueva Enciclopedia Jurídica*, t. VII, 1955).

BELLO, ANDRÉS (1855): "Código Civil de la República de Chile I", en *Obras completas de Andrés Bello*, vol. 14, con introducción y notas de P. LIRA URQUIETA, 2ª ed., Caracas, Fundación La Casa de Bello, 1981.

BOBES SÁNCHEZ, MARÍA JOSÉ (2007): *La teoría del dominio público y el derecho de carreteras*, Madrid, Iustel.

BON, PIERRE (1998): "El dominio publico ante el Derecho administrativo francés", en *Revista Chilena de Derecho*, 25-2.

1990. Así, en la Constitución de Colombia (1991, art. 72) se colocó "el patrimonio cultural de la nación" bajo la protección del Estado, integrando al mismo tiempo al patrimonio arqueológico en el dominio público nacional. Por añadidura, esos compromisos constitucionales han sido objeto de completos desarrollos. En el mismo caso colombiano, las leyes de 1997 y 2008 configuran el patrimonio cultural integrado por elementos materiales e inmateriales. Los primeros pueden ser bienes de todo tipo, protegiéndose característicamente a los bienes muebles mediante la formación y el mantenimiento de museos públicos y privados, así como por la prohibición de exportación, mientras que los inmuebles se tutelan en conjuntos urbanos o de manera singular, imponiéndose la exigencia de autorización administrativa especializada para todo tipo de intervención en los mismos. Los segundos incluyen manifestaciones representativas de conocimientos y actividades de la cultura tradicional como las lenguas, las manifestaciones artesanas, los actos religiosos o la gastronomía, que se incluyen en la Lista Representativa del Patrimonio Cultural Inmaterial de la Nación a fin de articular las pertinentes medias para su conservación, estudio y documentación.

[45] Véase el conjunto de estudios en la materia recopilados en F. LÓPEZ RAMÓN (coord.) (2018).

CAIA, GIUSEPPE (2000): *Il testo unico sui beni culturali e ambientali. Analisi sistematica e lezioni*, Milano, Giuffrè.

CAMMELLI, MARCO (dir.) (2000): *La nuova disciplina dei beni culturali e ambientali*, Bologna, Il Mulino.

CANTUCCI, MICHELE (1953): *La tutela giuridica delle cose d'interesse artistico o storico*, Padova, CEDAM.

Commissione Franceschini (1967): *Per la salvezza dei beni culturali in Italia*, Roma, Colombo, 3 vols.

COTTOM, BOLFY (2008): *Nación, patrimonio cultural y legislación: los debates parlamentarios y la construcción del marco jurídico federal sobre monumentos en México, siglo XX*, México, Porrúa.

DÍAZ Y DÍAZ, MARTÍN (1991): "¿Es oportuna una teoría sobre el dominio público en México?", en *Revista de Investigaciones Jurídicas* (Escuela Libre de Derecho).

DÍEZ, MANUEL MARÍA (1940): *Dominio público (Teoría general y régimen jurídico)*, Buenos Aires, Valerio Abeledo.

DIOS, S. DE, INFANTE, J., ROBLEDO, R. y TORIJANO, E. (coords.) (1999): *Historia de la propiedad en España. Siglos XV-XX: encuentro interdisciplinar*, Madrid, Centro de Estudios Registrales.

DUGUIT, LÉON (1912): *Les transformations genérales du droit privé depuis le code Napoleon*, Paris, Félix Alcan (trad. española de C. G. Posada, Madrid, F. Beltrán, 2ª ed., 1920).

— (1923): *Traité de droit constitutionnel*, t. III, 2ª ed., Paris, Boccard.

ELIZONDO MAYER-SERRA, CARLOS (2018): "Constitución y territorio propiedad del Estado: dos casos polares", en *Revista Mexicana de Sociología*, 80-2.

FALLAS VEGA, ELENA (1998): "Los bienes públicos desde la perspectiva de la Sala Constitucional", en *Revista Parlamentaria*, 6-3.

FERNÁNDEZ DE VELASCO, RECAREDO (1921): "Naturaleza jurídica del dominio público según Hauriou. Aplicación de su doctrina a la legislación española", en *Revista de Derecho Privado*.

FERNÁNDEZ RODRÍGUEZ, TOMÁS RAMÓN (2010): "Léon Duguit en España y en español", en *Revista de Administración Pública*, 183.

FIGALLO, GUILLERMO (1990): "Régimen de los recursos naturales en la Constitución de 1979", en *Derecho*, Facultad de Derecho, Pontificia Universidad Católica del Perú.

FLORESCANO, ENRIQUE (comp.) (1993): *El patrimonio cultural de México*, México, Fondo de Cultura Económica.

GALINDO GARFIAS, IGNACIO (1983): "Algunos comentarios a la Ley General de Bienes Nacionales de 23 de diciembre de 1981", en *Revista de la Facultad de Derecho de México*.

GÁLVEZ, JOSÉ FRANCISCO (2010): "Codificación y derecho indiano: el Código Civil peruano de 1852", en *Revista Chilena de Historia del Derecho*.

GÁMEZ MEJÍAS, MANUEL (2009): "Los bienes públicos en Alemania", en *Derecho bienes públicos Parejo y Palomar*, II.

GARCÍA GOYENA, FLORENCIO (1852): *Concordancias, motivos y comentarios del Código Civil español*, Madrid, Sociedad Tipográfico-Editorial, t. I.

GARGARELLA, ROBERTO (2018): "Sobre el Nuevo constitucionalismo latinoamericano*", en Revista Uruguaya de Ciencia Política*, 27-1.

GIANNINI, MASSIMO SEVERO (1976): "I beni culturali", en *Revista Trimestrale di Diritto Pubblico* (publicado como "I beni culturali nell'ordinamento italiano" en el volumen colectivo, *La vinculación de la propiedad privada por planes y actos administrativos*, Madrid, Instituto de Estudios Administrativos, 1976, y trad. española, *Patrimonio Cultural y Derecho*, 9, 2005).

GRISOLIA, MARIO (1952): *La tutela delle cose d'arte*, Roma, Foro italiano.

GUZMÁN BRITO, ALEJANDRO (2000): *La codificación civil en Iberoamérica: siglos XIX y XX*, Santiago, Editorial Jurídica de Chile.

— (2001): "El tradicionalismo del Código Civil peruano 1852", en *Revista de Estudios Histórico-Jurídicos*, 23.

— (2006): *Historia de la codificación civil en Iberoamérica*, Cizur Menor (Navarra), Thomson-Aranzadi.

HARVEY, EDWIN R. (1997): "Protección del patrimonio cultural en la legislación de América Latina", en *Patrimonio cultural y derecho,* 1.

HAURIOU, MAURICE (1892): *Précis de droit administratif et de droit public*, 12ª ed., Paris, Sirey, 1933.

HERNÁNDEZ MARTÍNEZ, EDUARDO (2011): "Los recursos naturales y el patrimonio de la nación", en *Ius et Praxis. Revista de la Facultad de Derecho de la Universidad de Lima*, 42.

HERRERA, CARLOS MIGUEL (2014): "Léon Duguit en Buenos Aires: sociabilidad y política en la recepción de una teoría jurídica", en *Problema. Anuario de Filosofía y Teoría del Derecho*, 8.

JIMÉNEZ MURILLO, ROBERTO (2012): "Los bienes estatales en la jurisprudencia constitucional", en *Homenaje a Allan Brewer-Carías. Comentarios a la jurisprudencia de Derecho administrativo del Tribunal Constitucional peruano (2000-2010)*, Lima, Ius et Veritas.

LÓPEZ RAMÓN, FERNANDO (2012): *Sistema jurídico de los bienes públicos*, Madrid, Civitas-Thomson.

— (2014): "Una visión crítica de las prerrogativas comunes a los bienes públicos", en *Por el derecho y la libertad. Libro homenaje al profesor Juan Alfonso Santamaría Pastor*, Madrid, Iustel, 2014.

— (2018): "Evolución del régimen del patrimonio cultural en Latinoamérica", en *Patrimonio Cultural y Derecho*, 22.

— (2017): *El patrimonio cultural en Europa y Latinoamérica*, Madrid, Instituto Nacional de Administración Pública.

— (coord.) (2018): *El patrimonio natural en Europa y Latinoamérica*, Zaragoza, Monografías de la Revista Aragonesa de Administración Pública.

López Ramón, Fernando y Vignolo Cueva, Orlando (2015): *El dominio público en Europa y América Latina*, Lima, Círculo de Derecho Administrativo.

Marienhoff, Miguel (1960): *Tratado del dominio público*, Buenos Aires, Tipográfica Editora Argentina.

Mayer, Otto (1905): *Le droit administratif allemand*, t. III, Paris, Giard y Brière.

Montés, Vicente L. (1980): *La propiedad privada en el sistema del Derecho civil contemporáneo (Un estudio evolutivo desde el Código Civil hasta la Constitución de 1978)*, Madrid, Civitas.

Muñoz Machado, Santiago (2017): *Hablamos la misma lengua. Historia política del español en América, desde la conquista a las independencias*, Barcelona, Crítica,.

Noejovich, H. O. (2003): "La noción abstracta de propiedad en América: una visión desde los Andes", en *Derecho PUCP. Revista de la Facultad de Derecho*, 56.

Ostrom, Elinor (1990): *El gobierno de los bienes comunes. La evolución de las instituciones de acción colectiva*, 2ª ed. con nueva trad. esp. de L. Merino, prólogo de J. Sarukhán, México, Fondo de Cultura Económica, 2011.

Palma, Giuseppe (1971): *Beni di interesse pubblico e contenuto della prorietà*, Napoli, Jovene.

Pardessus, Jean Marie (1806): *Traité de servitudes ou services fonciers*, 2 tomos, Paris (8ª ed. 1838).

Pimiento Echeverri, Julián Andrés (2011): "Reflexiones en torno a la división de los bienes públicos en el Código Civil", en *Revista de Derecho Privado*, Bogotá, Universidad Externado de Colombia.

Pimiento Echeverri, Julián Andrés (2012): *Teoría de los bienes de uso público*, Bogotá, Universidad Externado de Colombia.

Proudhon, Jean Baptiste Victor (1832-1834): *Traité du domaine public ou de la distinction des biens considérés principalement par rapport au domaine public*, 4 tomos, Dijon, Legier.

Pureza, José Manuel (2002), *El patrimonio común de la humanidad: ¿hacia un Derecho internacional de la solidaridad?*, Madrid, Trotta.

Rende, Alfonso (2002), *Gli edifici privati di interesse culturale. La normativa di tutela*, Soveria Manneli, Rubbettino.

Sandulli, Aldo M. (1956): "Spunti per lo Studio dei beni privati di interesse pubblico", en *Il Diritto dell'Economia*.

Shávelzon, Daniel (1987): *La conservación del patrimonio cultural en América Latina. Restauración de edificios prehispánicos en Mesoamérica, 1750-1980*, Buenos Aires, Instituto de Arte Americano.

Notas

Notas

Notas

Notas

Notas

Notas

Notas

Notas

www.libreriatemis.com

LABORE ET CONSTANTIA

www.ingramcontent.com/pod-product-compliance
Lightning Source LLC
LaVergne TN
LVHW070756051026
849558LV00045B/571
* 9 7 8 9 5 8 3 5 2 0 5 5 6 *